S0-AKJ-515

soluciones naturales
para la salud de los
niños

soluciones naturales para la salud de los niños

TXUMARI ALFARO
PEDRO RAMOS

PLAZA & JANÉS

Diseño de portada
Ozono

Diseño de interiores
Ozono

Maquetación, portada e interiores
Ozono

Primera edición: abril, 2000

© 2000, Jesús María Alfaro y Pedro Ramos
© de la presente edición
2000, Plaza & Janés Editores, S. A.
Travessera de Gràcia, 47-49
08021 Barcelona

Queda rigurosamente prohibida, sin la autorización escrita de los titulares del Copyright, *bajo las sanciones establecidas en las leyes, la reproducción parcial o total de esta obra por cualquier medio o procedimiento, comprendidos la reprografía, el tratamiento informático y la distribución de ejemplares mediante alquiler o préstamo públicos.*

Printed in Spain - Impreso en España

ISBN: 84-01-37669-6
Depósito legal: B. 17.783 - 2000

Impreso en EGEDSA
Sabadell (Barcelona)

L 3 7 6 6 9 6

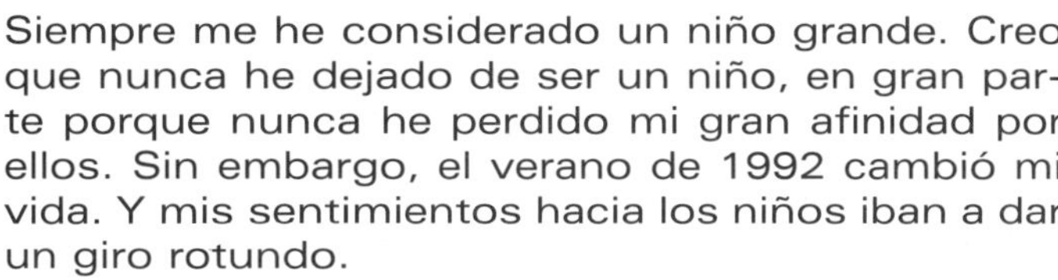

Siempre me he considerado un niño grande. Creo que nunca he dejado de ser un niño, en gran parte porque nunca he perdido mi gran afinidad por ellos. Sin embargo, el verano de 1992 cambió mi vida. Y mis sentimientos hacia los niños iban a dar un giro rotundo.

Conocí al padre Carlos Rey Estremera en Granada, por casualidad, cuando ambos visitábamos a nuestras respectivas tías, que pertenecían a la misma congregación, la de las Siervas de María.

Txumari Alfaro en la actualidad y durante su infancia.

El padre Carlos, un hombre inteligente y generoso, podía haber elegido ser arquitecto, biólogo, abogado o médico. Sin embargo, decidió dedicar su vida a ser misionero salesiano. Cuando le preguntaron por la labor social a la que quería dedicarse, él respondió que deseaba trabajar con los niños, en el lugar donde sus superiores decidieran. Y decidieron el Infierno.

Llamo así a Cuiabá, la blanca y caliente. Blanca, por ser un cruce de caminos de droga y contrabando de la selva amazónica, pues gran parte del tráfico de esmeraldas, drogas, diamantes, maderas y otras preciosidades pasa por esa ciudad. Caliente, porque la temperatura media es de 40°C.

El padre Carlos me habla de los niños de Cuiabá, donde había comenzado su labor. De Campo Grande, la ciudad en la que seiscientos mil habitantes se mueven entre el lujo más insultante y las mayores miserias de los barrios de favelas. Allí es donde el padre Carlos instala la Casa Don Bosco para acoger a los niños de la calle, apartándolos de la delincuencia, la prostitución, las drogas y la tristeza de una infancia que con toda probabilidad apenas llegará a la adolescencia.

Me habla de un país, de las llamadas *meninas da noite*, niñas de apenas 11 años que son secuestradas y conducidas al *garimpo* —las minas de oro—, un lugar prácticamente inaccesible, en medio de un muro infranqueable de más de 3.000 kilómetros de selva amazónica, al que es posible acceder apenas dos veces al año en hidroavión o en barco. Un lugar de donde muchas de ellas nunca tendrán la oportunidad de salir. Donde morirán o desaparecerán para siempre.

Y decido viajar a Brasil. La primera tarea que nos encargan, nada más llegar, es la de recoger el cadáver de un niño de 13 años, asesinado de un tiro por la espalda. Los camellos no consentían que hubiera dejado ese mundo para refugiarse en la Casa

Don Bosco. Lo mataron para advertir de lo que les esperaba a todos los que como él intentaran empezar una nueva vida, más apropiada para un niño.

En esta ciudad del Mato Grosso, junto al padre Carlos, conozco niñas que, apenas tienen la primera menstruación, quedan embarazadas o sufren de terribles enfermedades como el sida, la sífilis, la malaria o la tuberculosis. Además de obligarlas a ejercer la prostitución, la única higiene con la que cuentan es el agua del río contaminada por el mercurio, metal que utilizan los *garimpeiros* —buscadores de oro— para aglutinar el oro y separarlo de la tierra y el barro.

Todas las noches recorríamos la zona para recoger niñas abandonadas y llevarlas a la misión. Una noche, topamos con unas niñas que estaban secuestradas en un barrio junto al río. Se encontraban en un tugurio de madera de donde salía un olor fétido, arremolinadas bajo la única luz de una pequeña bombilla.

Comenzamos a conversar con ellas. De repente se oyó una voz ronca, preguntando en portugués con quién hablaban, que menos charleta y a trabajar. De la oscuridad rota por la débil bombilla surgió un hombre gordo como un cerdo listo para el matadero. Con su camisa mugrienta y mostrando su torso sudoroso, el proxeneta nos espetó que el precio por entrar con alguna de las niñas eran 4.000 cruceiros. Apenas 230 pesetas. Recuerdo cómo una de ellas se aferraba al brazo del padre Carlos y le pedía que las sacara de ese infierno.

Después de once viajes a Brasil, con una estancia en total de 18 meses viviendo experiencias parecidas o aún más duras, no puedo dejar de preocuparme por los niños. Sobre todo porque son débiles e impotentes ante el mundo, a veces cruel, de los adultos.

Soy consciente de que pocos de los que tengáis este libro entre las manos llegaréis a vivir experiencias como las que yo viví junto al padre Carlos en Cuiabá. Sin embargo, como padres y madres de niños, sabed muy bien que cuando cuidéis de vuestros hijos con los remedios y conocimientos que encontraréis en este libro —muchos de los cuales vienen de estas tierras de Brasil—, estaréis, en cierto modo, cuidando de estos niños también.

Ellos y el padre Carlos os lo agradecerán.

Pedro Ramos

A lo largo de casi 20 años estrechamente relacionado con la actividad médica como Doctor en Medicina y Cirugía y Profesor titular de la Universidad del País Vasco, he tenido la oportunidad de comprobar que el mejor PLAN DE PENSIONES para nuestra vida adulta es la SALUD, y que el momento ideal para crearlo es la INFANCIA Y ADOLESCENCIA.

Efectivamente, las dos primeras décadas de la vida, incluso los nueve meses de gestación, marcan muchas de nuestras características futuras en lo que se refieren a huesos, músculos, capacidad de memoria y aprendizaje, tejido adiposo, actividad cardiorrespiratoria y otras cualidades de nuestro rendimiento físico y/o intelectual.

Desde la fecundación hasta, aproximadamente, los 20 años de vida, cada uno de los órganos de nuestro cuerpo crece y se desarrolla adquiriendo las características del adulto aunque los 100.000 genes que hay en cada una de nuestras células (50.000 del padre y 50.000 de la madre) definen gran parte de nuestras características, hay otros factores que pueden afectar, para bien o para mal, el crecimiento y desarrollo de nuestros hijos.

PARA ASEGURAR que su capacidad intelectual, su talla definitiva, la densidad de sus huesos, la resistencia de sus músculos o la eficacia de su sistema defensivo sean las mejores posibles, ESTE LIBRO puede ser SU GRAN ALIADO. En sus páginas encontrará formas y maneras para tratar y prevenir las enfermedades más frecuentes durante la infancia y adolescencia, las reglas de una buena alimentación, como puede estimular su desarrollo psicomotriz, cuándo y cómo debemos vacunarles, beneficios de la actividad física... y un largo etcétera que dará a su hijo el mejor "plan de pensiones", la SALUD.

índice

Txumari Alfaro es mi amigo. Y no lo es porque me resulte simpático o porque me haya ayudado en momentos difíciles, sino porque ha compartido mis ideales y mi vida.

Muchas personas han pasado por mí. Txumari se ha quedado. Y lo ha hecho a pesar de la distancia que nos separa. Conmigo, en Brasil, o lejos de mí, en España, ha continuado siempre buscando mil formas de ayudar a los niños de la Casa Don Bosco y del AMPARE, las dos obras que he fundado para chicos y chicas de la calle o que corren riesgo de caer en ellas.

¡Qué poco vale la vida de un niño! Me ha tocado defenderla poniendo la mía en peligro, pero también ellos han defendido la mía.

Fue una noche en que la policía de Campo Grande cerró todas las salidas de la plaza situada frente a la Casa Don Bosco. Violentamente, fueron prendiendo a todos los muchachos que encontraban, acusándolos de usar y vender drogas. Entre ellos cogieron a algunos chicos de la Casa Don Bosco que salían para ir a la escuela. Indignado, intervine y me enfrenté a un grupo de policías que gritaban como energúmenos.

No había cómo hablar con ellos. Empezaron a empujarme violentamente hasta derribarme. Al levantarme, vi que los chicos salían de la Casa Don Bosco con escobas para enfrentarse a los policías y defenderme. Al mirar hacia los policías, vi que uno de ellos, gritando como un loco, apuntaba su revólver hacia los chicos.

Me acordé de Jesucristo en la cruz y en aquel momento sentí que sería capaz de dar mi vida por ellos, pero no quería que ninguno de ellos muriera por mí. Me humillé, acepté la voz de prisión y fui llevado a la comisaría, de donde sólo salí a altas horas de la noche.

Todo lo que se refiere a niños y niñas me interesa, pues son ellos lo más importante que tenemos. Si mis palabras pueden ayudar a despertar en las personas sentimientos de respeto y amor por la vida humana, me doy por satisfecho.

Comprad este libro pensando en el bienestar de vuestros hijos, pero acordaos también de mis niños y niñas que no tienen familia, ni casa, ni remedios... ni cariño. Así podréis ser mis amigos, como Txumari lo es, participando de mis ideales y de mi vida.

Que Dios os bendiga.

Carlos Rey Estremera
Sacerdote Salesiano

Corumbá 26/03/00

presentación

Los niños forman parte de un mundo maravilloso en el que se conjugan lo mejor de la naturaleza, de la biología y del ser humano. Por una parte constituyen un organismo en constante crecimiento y desarrollo, lo que conduce a que año tras año nos ofrezcan manifestaciones distintas de su ser y conductas diferentes; por otra, suponen la sinceridad, la bondad, la ingenuidad, la ternura y el cariño, virtudes éstas que muchas veces nosotros, los adultos, apenas atendemos.

Por tratarse precisamente de un mundo en cambio constante, no son pocas las ocasiones en las que los más jóvenes son víctimas propicias de la enfermedad. Desde el momento mismo de su nacimiento y hasta la juventud, y debido a que su organismo no se encuentra plenamente desarrollado, infecciones, traumatismos, problemas del crecimiento, enfermedades hereditarias y otras muchas patologías les afectan, limitando considerablemente su calidad de vida y, en ocasiones, poniendo en peligro su propio desarrollo.

Tras varios años de intenso trabajo hemos elaborado este libro, que pretende ser de utilidad para padres, profesores, tutores, cuidadores y, en general, para todos aquellos que se hallan estrechamente relacionados con los niños (hasta la adolescencia) y su entorno. Presentamos en diferentes capítulos las características de crecimiento y de desarrollo de los más pequeños, la prevención de accidentes en casa o en el medio urbano, la importancia de las vacunas, los cuidados fundamentales del niño enfermo, un diccionario médico y, lo más importante, la descripción pormenorizada de más de doscientas enfermedades o síntomas que suelen afectar a

los niños, acompañada de más de dos mil remedios para salvar con eficacia y rapidez, y sin efectos secundarios, las molestias que con mayor frecuencia les afectan.

Tales remedios, siempre de tipo natural, están basados en sustancias y elementos que se encuentran a nuestro alcance en el frigorífico, la despensa, la huerta o el bosque cercano a nuestro lugar de residencia. Son fáciles de realizar y brillantes en sus resultados, ya que han sido ratificados en cuanto a su eficacia por la experiencia de muchos años de práctica profesional e, incluso, por los laboratorios de las más prestigiosas universidades y hospitales del mundo entero. Aun así, nunca deben sustituir los consejos del pediatra, sino servir como complemento seguro de sus indicaciones.

También forman parte de este libro: un botiquín doméstico natural, que nos librará de más de una urgencia; más de cien curiosidades de la medicina y de nuestro cuerpo, que nos acercarán en mayor grado a su funcionamiento; y una guía de teléfonos con más de doscientos números de colectivos, asociaciones y organizaciones diversas relacionadas con la salud y la enfermedad de nuestros hijos.

Esperamos que estas páginas, de fácil lectura, interesantes por su contenido y amigas por sus propuestas, proporcionen a vuestros hijos tanta salud como cariño hemos puesto nosotros en su elaboración, que, os aseguramos, no es poco.

Txumari Alfaro
Pamplona-Vitoria, abril de 2000

características del crecimiento

Características del crecimiento

Para que el recién nacido alcance las características de adulto, deberá verse acompañado durante los primeros 16 a 20 años de su vida por unos procesos biológicos a los que denominamos crecimiento y desarrollo. Crecimiento, en el sentido de que aumentarán su talla y su peso, cualidades mensurables, es decir, de tipo cuantitativo. Desarrollo, porque muchos de sus órganos (sistema nervioso, aparatos digestivo y respiratorio, etc.) perfeccionan día a día sus funciones hasta alcanzar las características propias del adulto.

El crecimiento del niño, tanto en lo que se refiere al peso como a la altura, es un proceso continuo a lo largo de la infancia, la pubertad y la adolescencia, con la particularidad de que presenta "tirones", épocas en las que se crece más que en otras. Por ejemplo, se crece más en verano que en invierno, o después de estar enfermo, o durante la noche, etc. Este proceso es idéntico para ambos sexos hasta los 10 años; a partir de este momento, las niñas comienzan a crecer más que los niños, aun cuando éstos, después de la pubertad, superan a aquéllas tanto en peso como en altura.

¿cómo se crece en los primeros años?

La talla media en el momento del nacimiento es de 47 cm. Durante el primer año, el bebé aumentará su talla en cerca de 25 cm. En los años posteriores, el aumento de talla es notable, aun cuando pierde velocidad año tras año, según se observa en la gráfica. Esta sería la velocidad media de crecimiento para ambos sexos, con pequeñas oscilaciones hacia arriba o abajo. Para comprobar la situación de cada bebé, o de cada niño, nada mejor que comparar su talla en cada momento con el resto de los niños o las niñas de su edad. Para ello contamos con las llamadas tablas de percentiles para los diferentes grupos de edad y de sexo. Gracias a ellas sabemos si la altura del niño se sitúa por encima o por debajo de la media (la media es el percentil 50). Al final de este capítulo presentamos diferentes percentiles para distintas edades, con diferentes parámetros (altura, peso, perímetro craneal) y aplicables a ambos sexos.

nacimiento	47 cm
1 año	25 cm
2 años	12 cm
3 años	8 cm
4 años	7 cm
5 años	6 cm
6-12 años	4 cm por cada año
adolescencia	22 cm

Las variaciones de peso muestran, asimismo, su ritmo particular. En el momento del nacimiento, oscila entre los 3,5 kg para los niños y los 3,3 para las niñas. Durante el primer mes, todos engordan entre 250 y 350 g por semana (salvo la primera semana, en que suelen perder peso), lo que equivale a 4,5 kg al finalizar este período. Los siguientes años presentan unos cambios muy significativos y casi idénticos para ambos sexos.

Al igual que sucede en el caso de la altura, el aumento de peso tiene también sus tablas de percentiles para

nacimiento	3,5/3,3 Kg
1 mes	4,4 Kg
2 meses	5,4 Kg
3 meses	6,2 Kg
4 meses	7,0 Kg
5 meses	7,6 Kg
6 meses	8,0 Kg
7 meses	8,5 Kg
8 meses	8,9 Kg
9 meses	9,3 Kg
10 meses	9,6 Kg
11 meses	9,9 Kg
1 año	10,6 Kg
2 años	12,5 Kg
3 años	14,6 Kg
4 años	16,8 Kg
5 años	18,5 Kg
6 años	20,8 Kg

cada edad hasta la juventud, que mostramos al final de este capítulo.

factores que influyen en el crecimiento

Son diversos los factores que influyen en el crecimiento; particularmente, los genes o herencia cromosómica, las hormonas, el tipo de alimentación y de actividad física, las condiciones ambientales y sociales, etc. La incidencia de cada uno de estos factores sobre el peso o la talla definitivos es distinta. Así, por ejemplo, los genes heredados de los padres son responsables de casi el 50 o 60 por 100 de todo el crecimiento; en el caso de la alimentación, su influencia puede extenderse, al parecer, desde un 20 hasta un 30 por 100; y el resto de factores —como enferme-

dades, condicionantes ambientales y sociales, actividad física regular, etc.— tendrían un peso de alrededor del 10 por 100. Podemos ahora entender por qué un hijo puede tener un peso (y sobre todo una altura) superior o inferior al de sus progenitores.

genes y hormonas

En conjunto, tanto los genes (unos del padre y otros de la madre) como las hormonas (cuya cantidad, calidad, etc., dependen en gran medida de los propios genes) son los principales motores del crecimiento. Así por ejemplo, y en general, la talla baja de los padres indica una más que probable escasa altura de los hijos, aun cuando hay que recordar que en nuestros propios genes hay también información de nuestros padres, que influye para bien o para mal. En el caso del peso, la situación es muy parecida.

Considerando la herencia, los especialistas aportan una fórmula que nos permite hacernos una idea de la altura de los hijos en función del sexo y la altura de los padres (hay que utilizar estas fórmulas empleando las alturas en cm; el margen de error es del 5 por 100):

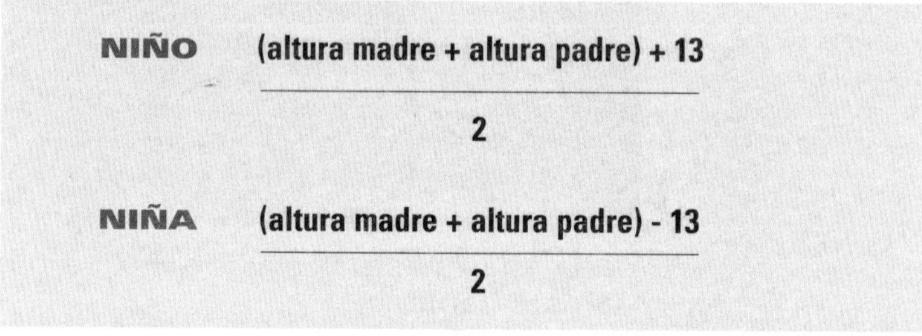

NIÑO $$\frac{\text{(altura madre + altura padre)} + 13}{2}$$

NIÑA $$\frac{\text{(altura madre + altura padre)} - 13}{2}$$

Del mismo modo que heredamos una probable altura o un probable peso, heredamos también una velocidad de crecimiento, de tal forma que se da por supuesto que los "tirones" que se producen en la infancia y en la pubertad están codificados por los genes. Sin embargo debe tenerse en cuenta que, puesto que las combinaciones de genes que pueden darse son muy distintas, cada hijo es un mundo diferente y presenta distintas características de crecimiento. Para incluir este factor, disponemos de otra fórmula orientativa a la hora de valorar la talla definitiva del niño, partiendo de la altura a la edad de 2 años tomada en cm:

NIÑO	**(talla a los 2 años x 2) + 5 = talla adulta en cm**
NIÑA	**(talla a los 2 años x 2) - 5 = talla adulta en cm**

Considerando las hormonas y su influencia sobre el crecimiento, debemos recordar que las más importantes son la del crecimiento o GH, las sexuales (andrógenos y testosterona en los niños y estrógenos en las niñas) y las tiroideas. La GH, que se libera especialmente durante las horas de sueño (de aquí la importancia de respetar las horas de sueño en los niños), colabora en el aumento de tamaño de los órganos, todos en general y, particularmente, en los sistemas óseo y muscular; su producción es continua durante la infancia y la pubertad, si bien se ve reducida lentamente a partir de esta edad, se mantiene dentro de unos mínimos durante el resto de la vida, desaparece hacia los 50 años favoreciendo los signos de envejecimiento.

Las hormonas sexuales participan evidentemente, sobre todo, en el desarrollo de los órganos sexuales, pero también en el crecimiento de los músculos, en especial los andrógenos (por realizar esta función, se trata de hormonas de tipo anabolizante). Hacia los 7 u 8 años, este tipo de hormonas comienzan a producirse de forma considerable: hay un notable "tirón" en estos meses, al que denominamos pico androgénico o suprarrenal por ser estas hormonas las responsables del mayor crecimiento que se observa en tales fechas.

También son hormonas las que desequilibran la igualdad en altura y peso que se observa entre ambos sexos hasta los 10 años. A partir de este momento se produce en las mujeres la explosión hormonal, de manera que hacia los 13 años puede observarse una diferencia de 2 a 2,5 años entre niños y niñas, siempre en favor de estas últimas y tanto en el crecimiento como en el desarrollo. Ahora bien, las hormonas sexuales femeninas -los estrógenos- no sólo posibilitan que hacia los 13 años se produzca la primera menstruación o menarquía, con crecimiento de las mamas, ensanchamiento de las caderas y distribución del vello de forma ya adulta, sino que, además, hacen que la osificación de los huesos se produzca con

mayor rapidez (durante la infancia los huesos son más cartílago que tejido óseo; de ahí que se denominen "huesos de goma"), limitando en el tiempo las posibilidades de crecimiento. Por último, hacia los 15 a 16 años el potencial de crecimiento de las niñas casi ha finalizado.

En el caso de los niños, el "estirón" se inicia hacia los 12 años; se agrava la voz y aumentan la musculatura, el tamaño de los genitales y el desarrollo del vello; hacia los 14 o 15 años tendrán la primera eyaculación.

una buena alimentación

El organismo del niño se encuentra en continuo crecimiento (aumento de tamaño) y diferenciación (los órganos perfeccionan sus actividades y funciones). Por esta razón, y al igual que sucede con una casa en construcción, necesita materiales de primera calidad para satisfacer las necesidades que el crecimiento y el desarrollo le exigen. Esto supone —tal como señalamos en el capítulo dedicado a la alimentación— que los alimentos deben ser ingeridos poco a poco y que los ácidos grasos esenciales, las proteínas, los minerales y las vitaminas son necesarios de manera especial e incluso en mayores cantidades que las exigidas por un adulto.

En conjunto, y de acuerdo con la opinión de la mayoría de los especialistas, la alimentación participa directamente en un 25 o 30 por 100 de la talla definitiva. Si durante los primeros lustros de vida del niño la alimentación se realiza de manera equilibrada y ajustada a su edad (véase el capítulo de alimentación), es muy difícil que surjan carencias y se altere el crecimiento normal.

Hay que contemplar la alimentación no sólo como un factor decisivo que aporta "materiales" para la construcción del cuerpo humano o la rehabilitación de aquello que se altera con la enfermedad, sino también como una fuente de vida que previene la propia enfermedad. Muchas lesiones derivan de una alimentación desequilibrada. Los miembros de las sociedades más ricas y con buena alimentación muestran por lo general mayor altura que los de las económicamente pobres, en las que la alimentación inadecuada es acompañada, además, por incontables enfermedades.

otros factores que influyen en el crecimiento

Si bien con menor importancia que los genes o la alimentación, hay otros factores que pueden influir en el crecimiento, en unos casos para bien y en otros para mal. En este grupo podemos citar las variaciones estacionales, el ambiente familiar, la actividad física y las enfermedades.

Es hecho probado que, aunque se crece a lo largo de todo el año, el aumento de la talla es mínimo en primavera y máximo entre verano y otoño, quizá influido por una mayor actividad en el período estival con mayor producción de hormona del crecimiento. Un ambiente familiar lleno de afecto, comunicación y cariño, sobre todo en los primeros años de vida, puede también ser un estímulo para el crecimiento y el desarrollo. De hecho, es una evidencia que, en el caso de los niños prematuros, el contacto físico con otras personas y la propia madre aceleran el desarrollo.

La actividad física, el movimiento o el deporte suponen un estímulo importante antes de la pubertad y durante ella, ya que con ello se estimula el desarrollo del cartílago de crecimiento de los huesos, lo cual facilita su "estiramiento", aumenta la llegada de sangre al hueso y con ello una mayor aportación de minerales (calcio, sales), incrementándose la mineralización del hueso... Por lo demás, la actividad física mejora el funcionamiento de pulmones, aparato cardiovascular, sistema hormonal, etc.; sin olvidar que puede constituir un método muy eficaz para tratar numerosas enfermedades, desde procesos alérgicos hasta la diabetes, pasando por lesiones osteoarticulares (véase capítulo de actividad física).

Finalmente, las enfermedades desempeñan un doble papel en el crecimiento. Si son frecuentes y dificultan la alimentación normal del niño o reducen las posibilidades de actividad física, alteran el sistema hormonal e incluso la relación social, pudiendo reducir las posibilidades de crecimiento y desarrollo (aun cuando nunca podrán anular las capacidades definidas por los genes). Hay ciertas enfermedades que pueden influir en el peso y la talla definitiva de los niños, destacando entre ellas las que tienden a facilitar diarreas de forma más o menos crónica, como la alergia a las proteínas de la leche de vaca, la intolerancia a la lactosa, las alergias al gluten, etc. Sus efectos se notan cuando el tratamiento no se practica con rigor y aparecen las diarreas. Otras dolencias que se deben considerar son la espina bífida, ciertas enfermedades metabóli-

cas, la diabetes, etc., con la particularidad de que si son detectadas a tiempo el pronóstico es muy favorable.

Curiosamente, cuando la enfermedad se produce de forma aislada podemos observar lo que denominamos "tirones del enfermo", hecho éste que se manifiesta sobre todo en la infancia y la pubertad. Tras guardar cama durante unos días, parecería que los niños han crecido. Esto se debe, ante todo, a que, como consecuencia del estrés a que ha estado sometido el organismo tratando de combatir la enfermedad durante tal período, se han producido mayores cantidades de una hormona, la somatomedina, que colabora en sus funciones con la hormona del crecimiento.

algunas falsas creencias

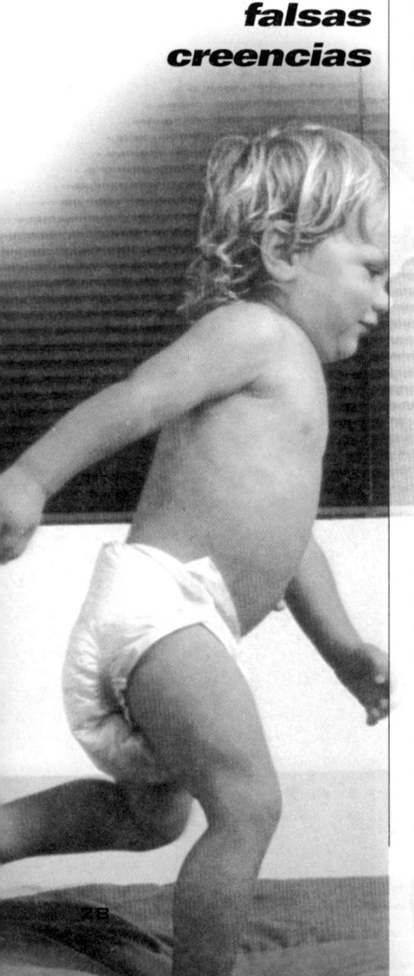

Hay una serie de creencias populares que relacionan determinados hábitos con un buen crecimiento y que, en realidad, carecen de fundamento ya que no son observables las consecuencias que anuncian. Son algunos de estos errores:

- **CUANTO MÁS COMA, MÁS CRECE.** No hay que obligar al niño a devorar todos los alimentos que se le sirven, ni, por supuesto, sobrealimentarlo. Él tiene su propio ritmo de crecimiento y basta con satisfacer sus necesidades, sin forzarle. Ya hemos indicado que una buena alimentación colabora en el crecimiento, pero no de forma decisiva, y menos aún si la alimentación es forzada. Recuérdese el refrán: "No por mucho madrugar amanece más temprano".

- **LOS NIÑOS ENFERMOS CRECEN MENOS.** El avance de la ciencia médica hace posible detectar enfermedades graves e incluso prevenir las recaídas frecuentes, situación ésta que sí podría convertirse en una limitación para el crecimiento. En la actualidad hay muy pocas enfermedades que puedan influir negativamente, y la mayoría de ellas pueden ser tratadas (hipotiroidismo o retraso en el crecimiento por falta de hormona del crecimiento, síndrome de Turner, etc.).

- **A MÁS DEPORTE, MÁS CRECIMIENTO.** Tal como hemos indicado, la actividad física colabora parcialmente en el desarrollo y el crecimiento de los huesos y otros órganos del cuerpo siempre que esté adaptada a la edad del niño. Es muy beneficiosa, sí, para evi-

tar problemas derivados de sobrepeso, infecciones frecuentes, procesos alérgicos y/o asmáticos, etc. También hay que recordar que la práctica deportiva excesiva —como sucede con ciertas modalidades deportivas profesionalizadas a edades muy tempranas— puede alterar el crecimiento y el desarrollo normal por abundancia de carga física y psicológica.

• **A IGUAL EDAD, SIMILAR ALTURA.** Es éste un error muy común, aplicable sobre todo entre los 10 y los 16 años. En esta época de la vida la edad cronológica (en años) nada tiene que ver con la real, la de los huesos. Dado que cada niño posee su propio ritmo de crecimiento, unos "pegan los tirones" antes que otros, pudiendo parecer incluso "los padres" de aquellos que tienen la misma edad. Esto sucede tanto entre chicas como entre chicos. A veces, ante una misma edad cronológica (12 o 13 años) puede haber 2 o 3 años de diferencia biológica. Para salir de dudas, utilice siempre la tabla de percentiles: sólo en el caso de ver al niño situado en las curvas inferiores (percentil 3) o por debajo de ellas, se debe consultar con el médico.

desarrollo de los caracteres sexuales secundarios

NIÑOS

edad (años)	**cualidad**
10-11	Ligero crecimiento del pene y de los testículos
11-12	Inicio de la actividad de la próstata
12-13	Aparición del vello pubiano
13-14	Mayor crecimiento del pene y de los testículos
14-15	Aparece el vello en axilas y bigotes; surgen cambios en la voz por dilatación de la laringe
15-16	Hay espermatozoides maduros en los testículos (variación entre los 11 y los 17 años de edad)
16-17	Aparición masiva del vello facial y corporal
21	Finaliza el crecimiento de los huesos

desarrollo de los caracteres sexuales secundarios

	NIÑAS
edad (años)	**cualidad**
9-10	Ensanchamiento de la cadera por crecimiento de los huesos de la pelvis
10-11	Desarrollo del pezón y de la mama. Aparición del vello púbico
11-12	Cambios en el epitelio vaginal, apareciendo sus primeras secreciones. Crecimiento de los genitales externos e internos
12-13	Desarrollo de la pigmentación de los pezones y del tamaño de las mamas
13-14	Desarrollo del vello axilar. Primera menstruación o menarquía (variación entre los 9 y los 17 años de edad). Los primeros ciclos menstruales suelen carecer de óvulos
14-15	Capacidad para fecundar
15-16	Cambios en la voz por agrandamiento de la laringe
17	Cese del crecimiento de los huesos.

Crecimiento (hasta los 36 meses): niños

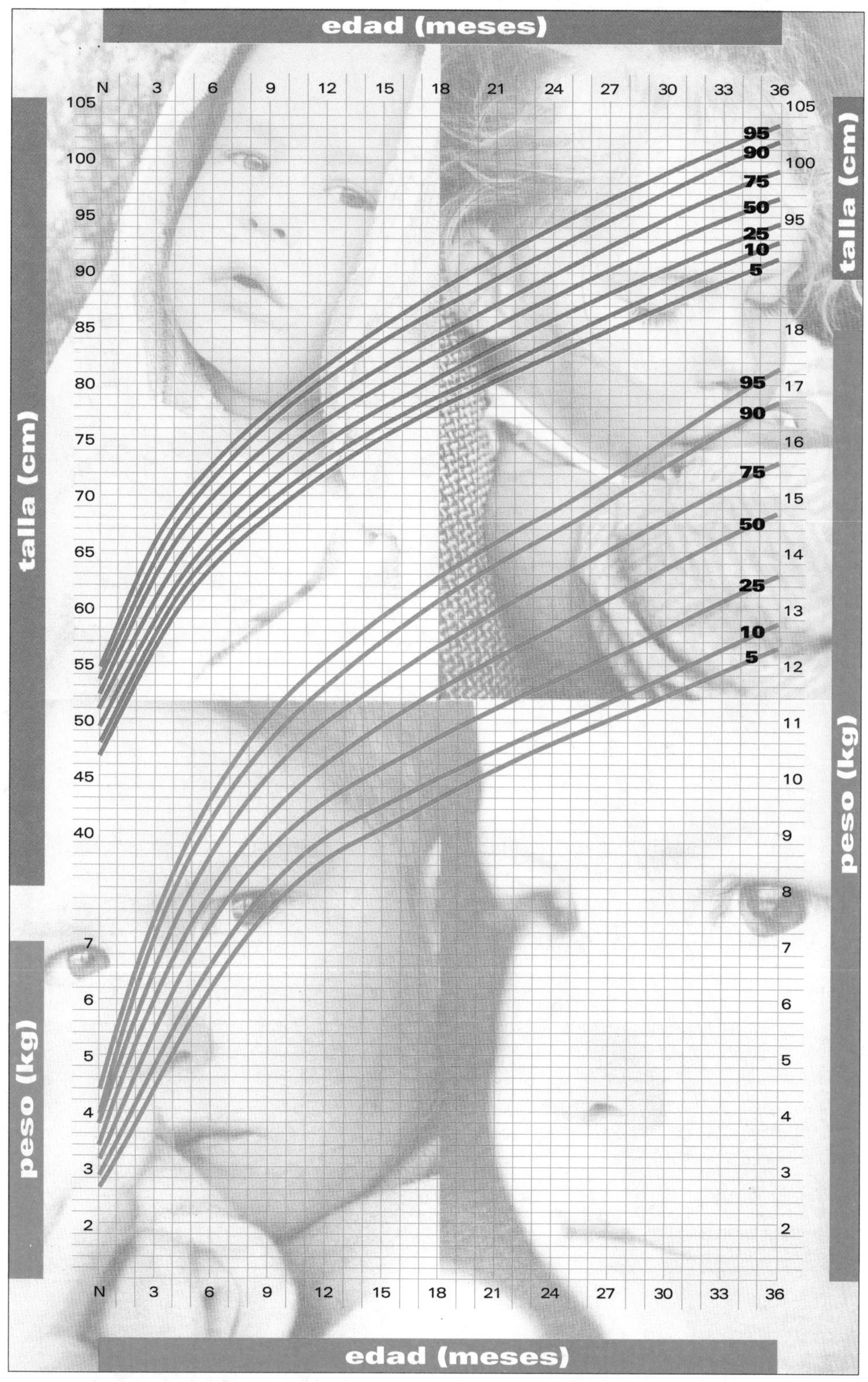

COMO UTILIZAR LAS GRÁFICAS: localice el punto que le corresponde a su hijo por su edad (arriba o abajo línea horizontal) y por su peso o talla. Luego observe si ese punto está cerca de la línea percentil) 5, 10, 25, 50, 75, 90 o 95. Cuanto más arriba, más peso o talla.

Crecimiento (hasta los 36 meses): niñas

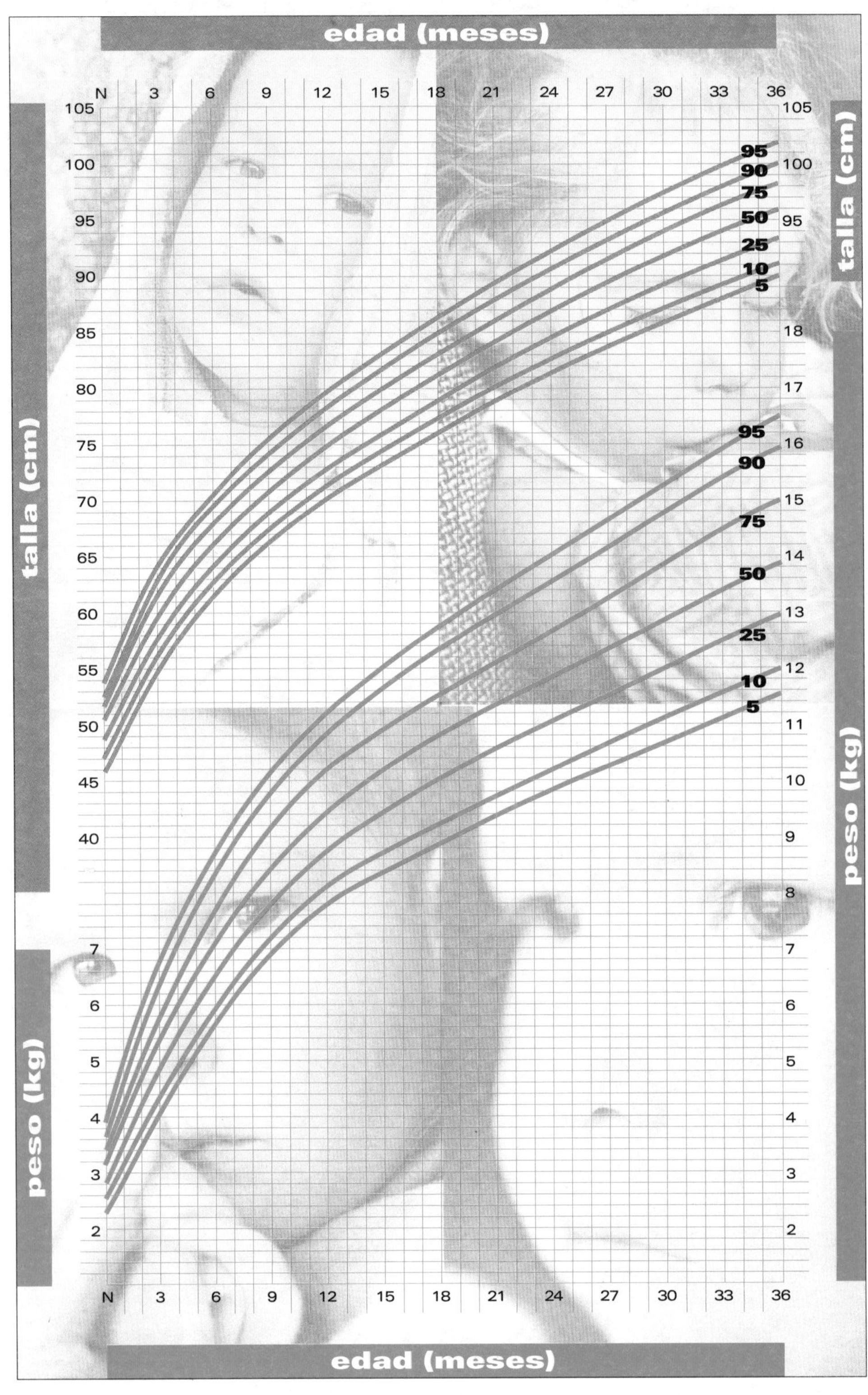

Crecimiento (2-18 años): niños

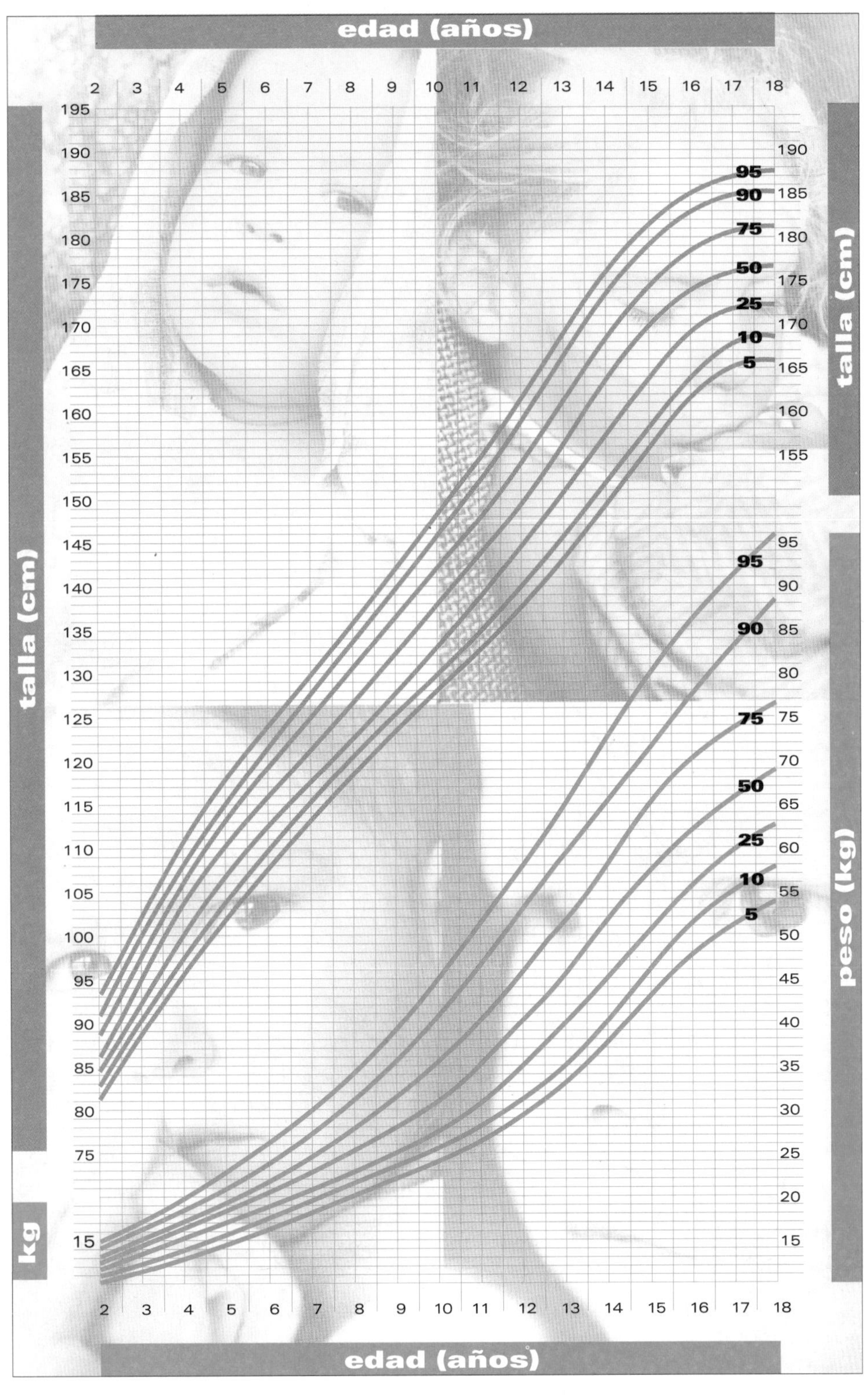

Crecimiento (2-18 años): niñas

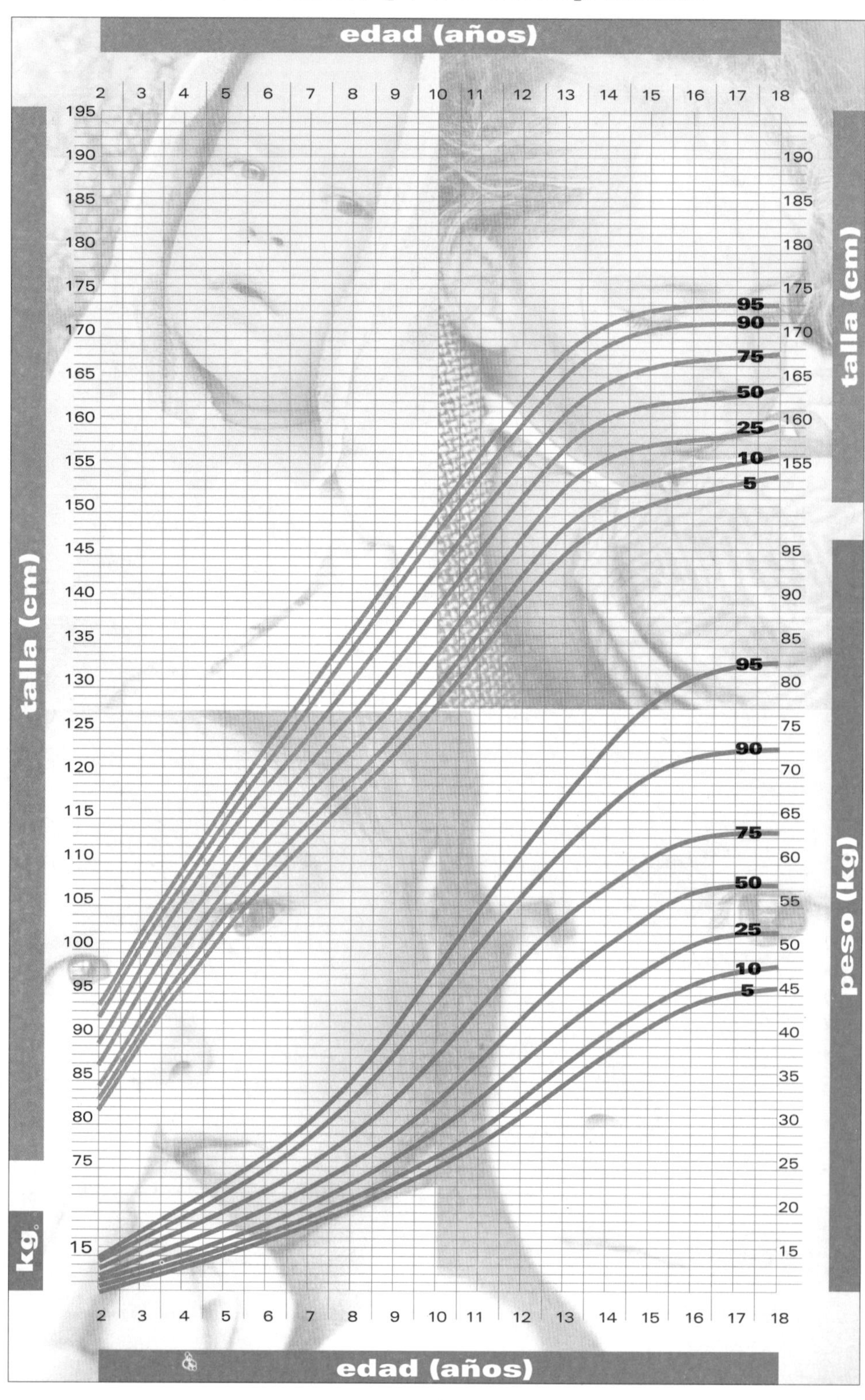

perímetro craneal (hasta los 36 meses)

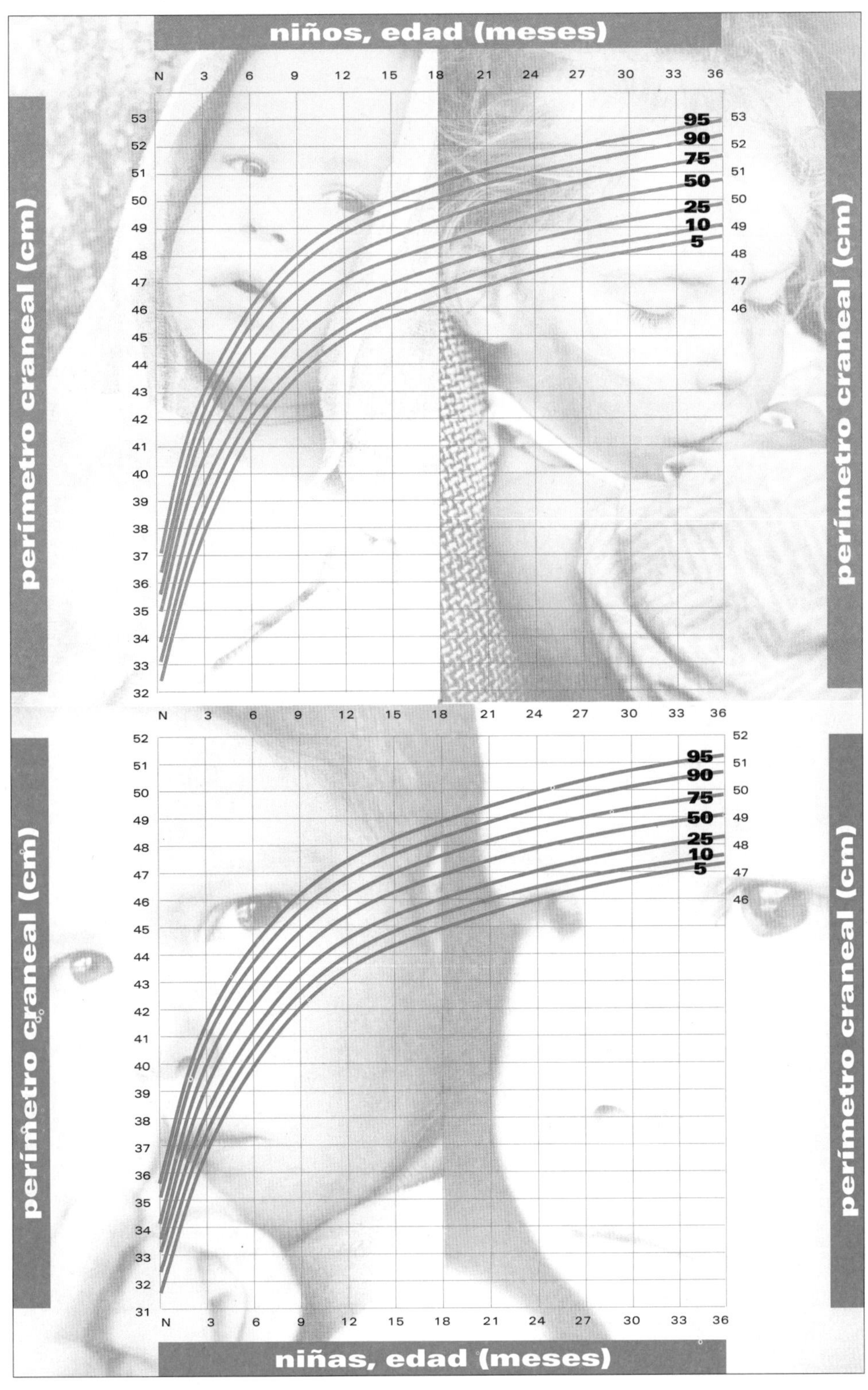

características del desarrollo psicomotriz

Características del desarrollo psicomotriz

introducción

Los recién nacidos tienen aparatos y órganos formados pero escasamente desarrollados, por lo que las características propias de cada uno de ellos son apreciables de manera muy simple. El corazón late a mayor velocidad que el del adulto; el estómago, además de pequeño, apenas tiene jugos para tratar el alimento, por lo que hay que darle únicamente lo que puede tomar: leche; el intestino no puede digerir todas las sustancias que hasta él llegan; los músculos son débiles y con escasa capacidad de contracción; los huesos son como moldes de tejido cartilaginoso, una especie de chicle de cierta consistencia, por lo que apenas tiene minerales (falta, sobre todo, calcio); en el sistema nervioso, las neuronas trabajan de modo lento debido a que su madurez y las uniones entre ellas, son mínimas...

En definitiva, tales características de los órganos y aparatos del recién nacido son las que marcan su diferencia respecto del adulto que llegará a ser. El desarrollo o la maduración de los órganos se extiende a lo largo de varios años, más en el caso de unos aparatos y menos en el de otros. El que quizá más tiempo requiere para madurar es el sistema nervioso, pues finaliza el proceso de maduración hacia los 18 o 20 años, momento en el que cualidades como la coordinación de movimientos, reflejos, etc., adquieren su máximo desarrollo. Con el fin de valorar en conjunto el desarrollo o la maduración de los órganos, es necesario comprobar cómo evoluciona el sistema nervioso del niño, ya que se trata del que más se exterioriza de todos los aparatos, así como el que, en mayor medida, marca su relación con el entorno e incluso determina su personalidad.

mes 1

• **ACTIVIDAD CORPORAL.** Se mantiene todavía cierta influencia del período fetal. Ello se debe a que en el bebé los puños se encuentren cerrados y las piernas, siempre, flexionadas; mueve ligeramente la cabeza cuando está boca abajo; distingue sobre todo los sabores salado y dulce (prefiere este último); su agudeza visual es mayor para los objetos situados a 30 cm y aprende poco a poco a mirar y fijar la vista sobre éstos, o sobre caras. Casi todos los movimientos se basan en reflejos: si le damos nuestro dedo, lo aprieta con fuerza; si le acariciamos la cara, gira la cabeza hacia el lado de la caricia; si escucha un ruido, extiende brazos, piernas y manos.

• **RELACIÓN CON EL ENTORNO.** El bebé está casi todo el tiempo dormido, despertándose y llorando cuando tiene hambre o se siente molesto ante algo (el pañal húmedo, por ejemplo); abre y cierra la boca como si hablara, emitiendo de vez en cuando algunos sonidos; le molestan los ruidos fuertes; reconoce los olores de la persona que más tiempo pasa con él (en particular, el de la madre), tranquilizándose ante la voz de ésta. Nuestra piel es la mejor manera de comunicarnos con él.

• **PARA ESTIMULARLE.** A este efecto, hay que hablarle o cantarle con frecuencia para que se acostumbre a nuestra voz; darle un masaje después del baño; mirarle a los ojos cuando se le alimenta; colocar algún objeto móvil y musical en la cuna. Hablar con frecuencia con el bebé —y más tarde con el niño— tiene, aunque no lo parezca, unos efectos muy positivos ya que facilitamos así el desarrollo de sus capacidades intelectuales y, en concreto, las uniones entre los millones de neuronas del cerebro, pilar fundamental para las capacidades intelectuales futuras del niño.

mes 2

• **ACTIVIDAD CORPORAL.** El bebé comienza a estirar la mano, la chupa y juega con la lengua; puede mantener erguida la cabeza durante unos segundos; fija su atención en muchos objetos y cada vez con mayor frecuencia; es capaz de seguir algo con la mirada (a personas u objetos móviles).

• **RELACIÓN CON EL ENTORNO.** Al bebé le atraen los objetos de colores llamativos y, particularmente, los móviles; reconoce las voces que oye con frecuencia, y, a veces, les responde con una sonrisa e incluso sue-

le permanecer quieto cuando se le habla; mueve brazos y piernas si está contento.

• **PARA ESTIMULARLE.** Hay que hacer gestos exagerados con nuestros ojos, boca, etc., para que el bebé nos imite; mirarle siempre a los ojos; hablarle suavemente y facilitar su sonrisa. Disfruta mucho cuando se le canta, se le habla...

mes 3

• **ACTIVIDAD CORPORAL.** El bebé abre las manos y juega con ellas, mirándolas con frecuencia y haciendo diversos movimientos; sujeta la cabeza cuando se le mantiene erguido; se sostiene en la cuna sobre los brazos y levanta la cabeza.

• **RELACIÓN CON EL ENTORNO.** El bebé sonríe a casi todo el mundo; emite sonidos cuando alguien se dirige a él, o cuando está solo y contento; reconoce con la mirada a las personas habituales de su entorno.

• **PARA ESTIMULARLE.** Hay que darle juguetes blandos en la mano para que juegue (en esta fase, la actividad manual es importante); presentarle pequeños juguetes para que fije su mirada en ellos y luego los siga cuando juegue con ellos; hablarle mucho y esperar que nos conteste con sus ruidos.

mes 4

• **ACTIVIDAD CORPORAL.** El bebé ve muy bien, y sus manos representan su juguete preferido; comienza a llevarse a la boca todo lo que cae en sus manos; intenta coger aquello que se le enseña.

• **RELACIÓN CON EL ENTORNO.** El bebé reconoce el biberón, y, si está llorando, se calma al verlo; gira la cabeza cuando escucha cualquier ruido; se ríe con frecuencia; procura tocar todo lo que se pone delante de él (si es una cara, la acaricia o tira del pelo); trata de comunicarse por medio de gestos y sonidos e incluso del llanto. Comienza a diferenciar distintas partes del día: el baño, la hora de comer, la de salir, etc.

• **PARA ESTIMULARLE.** Es el momento de ponerle canciones infantiles y juguetes blandos en cuna, en sillas, etc., para que estén a su alcance; hay que jugar un poco con él cada día y contarle pequeños cuentos mirándole a los ojos. Se ríe muchísimo si se le hacen cosquillas.

mes 5

• **ACTIVIDAD CORPORAL.** El bebé puede llegar a permanecer sentado con un poco de ayuda; domina los movimientos de la cabeza; coge todo lo que se le cae; sigue usando la boca para "probar" las cosas; juega constantemente con su propio cuerpo (pies, manos, lengua). Si le cogemos de las manos, intenta incorporarse.

• **RELACIÓN CON EL ENTORNO.** El bebé agita los juguetes que hacen ruido; reconoce a todos los que están habitualmente cerca de él; emite muchos sonidos, algunos de los cuales comienzan a parecerse a los de su entorno; empieza a dar gritos cuando está contento e incluso practica más de una "charla" en solitario.

• **PARA ESTIMULARLE.** Hay que hablarle y cantarle con frecuencia; contarle cuentos cada vez más largos y jugar haciendo breves ejercicios de gimnasia en el suelo.

mes 6

• **ACTIVIDAD CORPORAL.** El bebé consigue mantenerse sentado unos instantes, aun cuando siempre acaba cayendo de lado si no puede apoyarse con las manos en algo, o bien situándolas delante de él, en el suelo; puede darse la vuelta cuando está tumbado; domina la mano, pudiendo coger lo que quiere si está a su alcance, incluso hallándose boca abajo; puede también coger un objeto en cada mano; comienza a moverse en el suelo, como si estuviera arrastrándose.

• **RELACIÓN CON EL ENTORNO.** El bebé comienza a repetir monosílabos, como ca, ta, ga, ma, da, etc.; empieza a explorar todo aquello que alcanza con sus manos; rechaza los alimentos que no le gustan cerrando la boca; cuando se despierta no chilla, salvo que escuche ruidos, en cuyo caso gritará para llamar la atención.

• **PARA ESTIMULARLE.** Hay que dejar cuatro o cinco juguetes alrededor del bebé para que los explore, cambiándolos con frecuencia; facilitarle una alfombra con diversos juegos; utilizar la trona para comer. Es necesario comunicarse mucho con él (palabras, cuentos, canciones, música, juegos, gimnasia).

mes 9

• **ACTIVIDAD CORPORAL.** El bebé puede permanecer sentado durante mucho tiempo; apoyado en algo, puede mantenerse en pie o ponerse de pie; gatea por toda la casa; todos los objetos le llaman la atención y procura cogerlos, en especial los más pequeños (enchufes, canicas, etc.; hay que tener cuidado con ello); le gusta morder las cosas; es capaz de señalar con los dedos.

• **RELACIÓN CON EL ENTORNO.** El bebé sabe cuándo va a salir a la calle, y esto le gusta dado que, entre otras cosas, se encontrará con otros niños y buscará tocarlos; reconoce su nombre y atiende al llamado; le gusta tirar objetos para ver cómo vuelan, así como el ruido que hacen al golpear en el suelo; tiene desconfianza de los extraños y llora cuando los conocidos se alejan; tiene un rico lenguaje de gestos, como decir adiós con la mano, estirar los brazos para que le cojan o apretar la cara en signo de agrado; comienza a decir palabras de dos sílabas (mamá, papá, tata, caca, etc.) e imita todos los sonidos que oye.

• **PARA ESTIMULARLE.** Debe permitirse que el bebé cuente con un espacio amplio y seguro para jugar. Hay que jugar con él mirando libros y cuentos, escondiendo objetos, citando los nombres de cada cosa, enseñándole a contestar con gestos (aplaudir, sonreír, etc.); llevarle con frecuencia a la calle; imitar sus palabras animándole a que las repita y procurando corregirle; jugar con él a esconder objetos, e incluso a meter unos dentro de otros.

mes 12

• **ACTIVIDAD CORPORAL.** El bebé gatea perfectamente por toda la casa e, incluso, se levanta sobre rodillas y pies; camina cuando logra sujetarse en los muebles o con ayuda de un adulto; le gusta comer solo utilizando los dedos.

• **RELACIÓN CON EL ENTORNO.** Abre todos los cajones (hay que cuidar que no se pille los dedos o coja objetos de pequeño tamaño); imita las muecas y las utiliza para expresar emociones; domina dos o tres palabras que emplea con frecuencia (en especial, papá, mamá, agua, adiós, caca, etc.); entiende frases cortas y, en particular, aquellas que piden o prohíben; cuando hace algo que provoca la risa de los demás, lo repite.

• **PARA ESTIMULARLE.** Hay que jugar con el bebé a imitar, incluidos los animales; ayudarle a caminar a menudo sin decirle nada para que se concentre en mayor grado y siempre animándole al término del esfuerzo; jugar con él a cambiar cosas (yo te doy, tú me das).

mes 15

• **ACTIVIDAD CORPORAL.** El bebé anda solo como un pato, con las piernas muy abiertas para mantener el equilibrio (aun así, suele caerse hacia atrás); sigue andando a gatas, en especial para subir escaleras; además de comer solo (con los dedos), puede beber sin ayuda; es capaz de identificar algunas partes de su cuerpo (mano, boca, ojos...).

• **RELACIÓN CON EL ENTORNO.** Tiene gran capacidad de imitar animales; le hace gracia verse en el espejo, en fotografías, en películas de vídeo; muestra ya cierto dominio de una docena de palabras, entre las que se encuentran calificativos como bueno o malo; le agrada la compañía de los adultos para jugar y la de otros niños para apoderarse de sus juguetes y utilizarlos.

• **PARA ESTIMULARLE.** Hay que hablar al bebé y presentarle libros con frecuencia, un poco todos los días; con el fin de que practique la forma de andar, deben ponerse a su disposición juguetes que se arrastran e incluso le conviene jugar a la pelota; se le debe permitir que haga cosas por sí solo (comer, vestirse, desvestirse, etc.).

1 año y medio

• **ACTIVIDAD CORPORAL.** El bebé anda con cierta firmeza, sube y baja escaleras ayudándose con el pasamanos o con un adulto; comienza a correr un poquito, pero sólo hacia adelante y sin capacidad de frenar (suele darse trompazos); es capaz de observar algo con suma delicadeza (en el caso de un libro, pasa las páginas sin ningún problema); empieza a controlar los movimientos más finos de la mano y los garabatos en papeles y otros elementos son casi una norma.

• **RELACIÓN CON EL ENTORNO.** Le gustan mucho los juegos, en especial los que exigen movimiento (la pelota, el escondite, la búsqueda de cosas, etc.); comienza a compartir sus cosas con los demás niños;

su vocabulario es cada vez más rico y cada día aprende nuevas palabras.

• **PARA ESTIMULARLE.** Hay que jugar con frecuencia con él; se le debe permitir y animar todos los días a que haga cosas solo (comer, vestirse, desvestirse); conviene enseñarle libros, las diferentes partes de su cuerpo, canciones breves y enseñarle a señalar los objetos.

2 años

• **ACTIVIDAD CORPORAL.** El bebé tiene mayor capacidad para correr, aunque todavía no puede frenar, hacerlo hacia atrás o doblar las esquinas; puede apilar objetos sin que se caigan; se mueve al son de la música; comienza a hacerse presente su madurez mental: se muestra capaz de formar imágenes de las cosas que le rodean; puede resolver problemas pequeños, dudas e interrogantes.

• **RELACIÓN CON EL ENTORNO.** El bebé conoce una media de 350 palabras, que utiliza para formar frases breves combinando dos o tres de ellas; empieza a utilizar la negación a menudo, sustituyendo gestos y otro tipo de respuestas; emplea su propio nombre.

• **PARA ESTIMULARLE.** No hay que imitar al bebé repitiendo sus palabras de manera deformada; se debe poner a su disposición libros con imágenes, música infantil, espacio para pintar, etc.

para consultar con el pediatra

Antes de continuar con la descripción de los principales hitos en el desarrollo psicomotriz del niño, y como quiera que los dos primeros años son cruciales en este sentido, conviene mantenerse alerta acerca de algunas situaciones que pudieran reflejar la existencia de patologías que, tratadas a tiempo, pueden ser resueltas en la mayoría de los casos. Algunas de estas situaciones son las siguientes:

- **3 meses:** no es capaz de fijar la mirada, apenas sonríe, o no puede sostener la cabeza.
- **6 meses:** apenas si utiliza las manos, incluso no intenta coger los objetos que se le ponen a su alcance.
- **9 meses:** no se interesa por las cosas; no tiende a "conversar" ni a emitir ruidos; no quiere tocar nada.
- **12 meses:** no se interesa por juguetes nuevos, no es capaz de mantenerse de pie, o no trata de comunicarse con los demás.
- **18 meses:** no es capaz de caminar.

2 a 4 años

En este período se producen notables cambios, tanto en el aspecto físico como en la forma de comportarse e incluso de jugar. Sus principales características son:

- **ETAPA FÁLICA.** Período de la vida en el que el niño descubre sus genitales. Incluso se divierte y obtiene placer jugando con ellos. No hay que reprimirle por tal cosa, sino establecer los límites adecuados procurando que esos juegos permanezcan en el ámbito de su vida íntima, privada, sin que tenga que exponerlos a los demás.

- **CONTROL DE ESFÍNTERES.** Al mismo tiempo que descubre sus genitales, el niño comienza a sentir las sensaciones propias de esta región del cuerpo, hecho que empieza a manifestarse hacia los 22 meses (en las niñas, algo antes). Observaremos que, sobre todo al hacer caca, el niño cambia "su cara", permanece concentrado o hace una señal a la persona cercana. También se comprobará hacia esta época que durante determinadas horas del día el pañal no se moja y le sobra al niño en ese espacio de tiempo. Estas pequeñas señales invitan a que se le enseñe a realizar sus

necesidades al modo de los adultos, con la ayuda de un orinal. Ante esta situación hay que comportarse con naturalidad, sin estridencias. Debe recordarse que hasta que el niño controla por completo sus esfínteres anal y vesical (vejiga urinaria), transcurren un par de años (es normal que hasta los 4 o 4 años y medio moje de vez en cuando las sábanas).

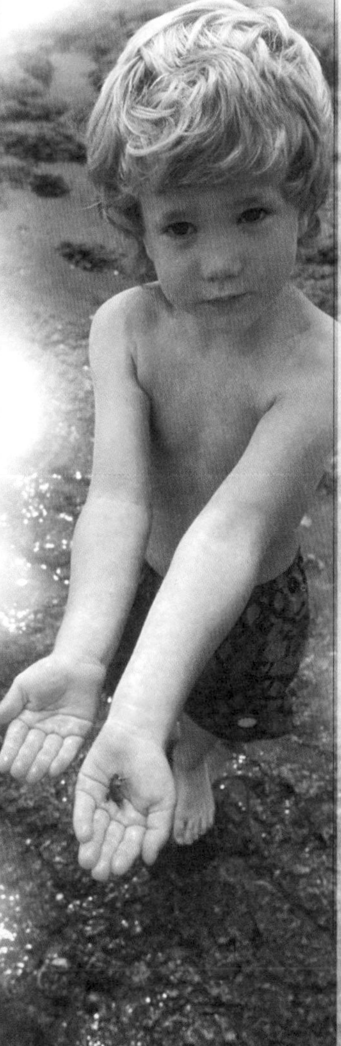

• **JUEGOS COLECTIVOS Y SOCIABILIDAD.** En esta edad el niño comienza a sentirse atraído por sus semejantes, por otros niños de su edad, y llega, incluso, a establecer amistades muy particulares. Esto también se puede observar en las necesidades del juego, que se manifiestan con una mayor tendencia hacia el juego de asociación, con otros niños, en grupo. En un principio, y puestos en el juego, todos los niños hacen lo mismo, pero algunos meses más tarde cada cual adquiere una tarea dentro del juego, repartiéndose las funciones y los papeles que el juego comporta. Por sí solo, y jugando con los demás, el niño descubre que existe lo bueno y lo malo, ganar y perder, tener algo o no tenerlo, lo que a unos produce bienestar y a otros, malestar, desagrado o dolor. Es éste el momento de comenzar a diferenciar el bien del mal, ya sea propio o ajeno. Y es, asimismo, un buen momento para jugar con el triciclo, vehículo que, además de favorecer su crecimiento y desarrollo, le permite una mayor sociabilidad y cierta independencia.

• **CADA COSA A SU TIEMPO. HAY LIMITACIONES.** Puesto que el niño comienza a tener cierto sentido del bien y del mal, así como una mayor relación con los demás, es éste un período ideal para marcarle las limitaciones de sus actos, bien en el juego, bien en las relaciones con otros, etc. El niño debe saber poco a poco que se juega a determinadas horas, que no hay que practicar con el balón en la cocina, que no se tiran piedras a otras personas, etc. Ahora bien, hay que plantear las limitaciones dialogando, con una sonrisa y sin abusar en cuanto a su número o contenido. No hay que pedir cosas absurdas. En esta época de la vida, el niño comienza a preguntar por todo, el porqué de las cosas, situación que se debe aprovechar para, con naturalidad, dar respuesta a sus inquietudes marcando los oportunos límites.

4 a 6 años

Estos años son decisivos para el desarrollo de las cualidades intelectuales del niño, así como de su idea de la amistad. El niño se parece cada vez más a los adultos por varios motivos:

- **APRENDIZAJE.** El desarrollo del cerebro, la maduración de las neuronas (en especial, las conexiones de unas con otras) son ya evidentes. Esto se manifiesta durante estos años mediante un notable impulso de la capacidad de memoria, del pensamiento lógico, de la capacidad de análisis. Por ejemplo, el niño puede clasificar objetos atendiendo a diferentes criterios; puede hablar de una cosa sin citarla, comparándola con otras cosas; su vocabulario se enriquece notablemente; es capaz de contar pequeñas historias sin ayuda de imágenes u objetos; puede aprender su dirección y número de teléfono; comienza a distinguir diferentes espacios temporales como pasado, presente y futuro. A pesar de todo, hay que esperar hasta los 6 años (exactamente al término de este período) para introducir al niño en la escritura y en la lectura.

- **AMISTAD Y JUEGOS.** El niño comienza a seleccionar sus amistades, aun cuando las cambie cada poco tiempo. Entre sus amiguitos del barrio, la guardería, etc., tendrá mayor relación con unos que con otros. Esta situación también se manifestará a la hora de jugar y llegará entonces el momento de establecer reglas entre los participantes en el juego, unas veces inventadas, otras, aprendidas. Esto ayuda asimismo a que el niño aprenda los límites de la convivencia y la relación social.

- **INTIMIDAD.** A partir de esta edad se manifiesta un cierto sentido de vergüenza, pudor y necesidad de intimidad. De hecho, el niño comienza ya a pedir, de vez en cuando, estar solo en el baño, que no se le vea desnudo, no exhibirse desnudo delante de otras personas de la casa, en la playa o en otras situaciones semejantes. Hay que respetar esta necesidad, signo, a la postre, de cierta madurez.

episodios relevantes en el desarrollo psicomotriz

A modo de resumen, presentamos a continuación los aspectos más significativos que tienen lugar durante el desarrollo psicomotriz y en cada una de sus facetas más importantes (movimiento, lenguaje y relación social). Tal como ya se ha indicado, hay que partir de la base de que el desarrollo es muy particular en cada niño, razón por la cual es imposible encontrar dos niños con idéntico desarrollo y por la que se considera, asimismo, que los espacios de tiempo para cada cualidad son muy amplios.

movimiento

se sienta solo .... **5-9** meses
gatea .... **6-12** meses
se pone en pie .... **8-17** meses
camina solo .... **9-18** meses

lenguaje

primera palabra .... **8-23** meses
frases de dos palabras .... **15-32** meses
dificultades con r, z .... **3** años
dificultades con au, tres consonantes... **4** años
domina cualquier palabra .... **6-7** años

relación social

sonríe .... **1-3** meses
come solo con los dedos .... **7-14** meses
bebe solo de un vaso .... **9-17** meses
usa la cuchara .... **12-20** meses
usa el orinal .... **16-36** meses
se viste solo .... **3-5** años

errores frecuentes de los padres

• **1er año.** Proteger en exceso al bebé. A pesar de su diminuto tamaño, el bebé tiene sus habilidades y capacidades. Hay que confiar más en él.

• **2º año.** Perder los nervios con frecuencia porque el bebé llora o tiene rabietas. Hay que tener paciencia y, algunas veces, hacer caso omiso de sus rabietas.

• **3er año.** Ridiculizar al bebé o burlarse de él ante sus temores, miedos, etc. Hay que ayudarle sin burlas y con realismo.

• **4º año.** Ayudar al niño en todo. Hay que darse cuenta de que tiene ya muchas habilidades y capacidades, y cierta independencia que es necesario favorecer y no eliminar "estando siempre encima".

• **5º año.** Exigirle demasiado. Aun cuando en esta época la capacidad de aprendizaje se manifiesta de manera notable, no hay que "exprimir" al niño, ya que, como dice el refrán: "No por mucho madrugar amanece más temprano".

algunos datos acerca del desarrollo cerebral y cómo facilitarlo

• El *cerebro* de un recién nacido tiene muchísimas posibilidades y constituye un "campo abonado" para facilitar su desarrollo si, además de estímulos externos, recibe también afecto.

• En el momento del nacimiento, el *cerebro* del bebé cuenta con cerca de 100.000 millones de neuronas. Durante el desarrollo se debe procurar que estas neuronas contacten unas con otras para conformar "un gran mapa de carreteras" en el cerebro, que luego serán utilizadas por la memoria, el pensamiento lógico, el lenguaje, etc.

• Cada neurona del *cerebro* tiene capacidad para establecer contactos con otras 15.000. Estas uniones son mucho más fáciles de realizar mediante abundantes estímulos externos, recibidos, sobre todo, a través de los sonidos y las emociones. Por ello es importante hablar con el bebé, cantarle, ponerle música, etc.

• Cualquier caricia, palabra, gesto, el biberón que toma, el masaje tras el baño... Todo constituye para él un notable estímulo que facilita el desarrollo de su *cerebro*.

• El desarrollo de las *neuronas* es intenso durante los tres primeros años de vida, aun cuando se mantiene como tal hasta los 10 o 12 años. Al parecer, una vez llegada esta edad las neuronas que no han sido utilizadas, o que apenas se han unido con otras, tienden a desaparecer.

• En la vida adulta se establecen nuevas uniones entre *neuronas* y se crean nuevas "carreteras", pero sólo entre las neuronas que forman parte de los circuitos que fueron creados durante la infancia. Es decir, se unen "las carreteras" entre sí, pero no se construyen nuevas.

• El desarrollo del movimiento, o de la zona del cerebro que lo controla, es más sensible y "absorbe" más cosas durante los cuatro primeros años de vida.

• El lenguaje se ve facilitado, sobre todo, durante los tres primeros años de vida y luego, hasta los diez. En principio, en el primer año se asimila cualquier idioma durante los tres primeros años, la o las lenguas de quienes permanecen junto al niño. A partir de los 10 años, el aprendizaje de un nuevo idioma se complica.

desarrollo psicomotor

Meses	Motor	Social	Audición y lenguaje	Ojos y manos
1	Sostiene la cabeza unos segundos.	Inmóvil al cogerlo.	Reacción a los sonidos.	Sigue una luz con la mirada.
2	Levanta la cabeza en decúbito prono.	Sonríe.	Escucha una campana o sonajero.	Sigue un campanilleo lateral y verticalmente.
3	Pataleo libre.	Sigue con los ojos a una persona.	Busca un ruido con la mirada.	Mira de un objeto a otro.
4	Sostiene la cabeza y tórax en decúbito prono.	Devuelve la sonrisa al examinador.	Ríe.	Coge y retiene un cubo.
5	Sostiene la cabeza sin apoyo.	Muestra disfrute con el juego.	Vuelve la cabeza hacia un sonido.	Se quita un pañuelo de la cara.
6	Se incorpora apoyándose en sus muñecas. Se sostiene sentado.	Vuelve la cabeza hacia su interlocutor.	Parlotea ante una voz.	Toma un cubo de una mesa.
7	Se da la vuelta.	Bebe de un vaso.	Emite cuatro sonidos distintos.	Sigue un objeto en su caída.
8	Ensaya intensamente el gateo.	Se contempla en el . espejo	Emite sonidos para llamar la atención.	Se pasa un juguete de una mano a otra.
9	Voltea sobre sí mismo en el suelo.	Sostiene un vaso para beber.	Dice papá y mamá.	Manipula dos objetos simultáneamente.
10	Se sostiene con ayuda.	Sonríe a su imagen en el espejo.	Escucha un reloj.	Golpetea dos objetos conjuntamente.
11	Se endereza para sostenerse de pie.	Come de los dedos.	Dice dos palabras con significado.	Agarra «con pinza».
12	Anda alrededor del parque.	Juego organizado.	Dice tres palabras con significado.	Sostiene un lápiz con intención.
13	Se sostiene solo.	Sostiene un vaso.	Mira ilustraciones.	Preferencia por una mano.
14	Camina solo.	Usa la cuchara.	Recoonoce su nombre.	Rayas con un lápiz.
15	Trepa escaleras.	Enseña los zapatos.	Dice cuatro palabras claras.	Coloca un objeto sobre otro.
16	Empuja un cochecito, juguete. etc.	Intenta voltear un tirador de puerta.	Dice seis palabras claras.	Garabatea libremente.
17	Trepa a una silla.	Maneja bien un vaso.	Conversación-balbuceo.	Tira de un mantel para coger un juguete.
18	Anda hacia atrás.	Se quita zapatos y calcetines.	Disfruta con un libro de grabados.	Juego constructivo con juguetes.
19	Trepando, sube y baja escaleras.	Conoce una parte de su cuerpo.	Dice nueve palabras.	Torre de tres ladrillos.
20	Salta.	Control intestinal.	Dice doce palabras.	Torre de cuatro ladrillos.
21	Corre.	Control diurno de orina.	Frases de dos palabras.	Garabateo circular.
22	Sube escaleras a pie.	Intenta explicar experiencias.	Escucha cuentos.	Torre de cinco o más ladrillos.
23	Se sienta por sí mismo en la mesa.	Conoce 2 partes del cuerpo.	Veinte o más palabras.	Copia trazos perpendiculares.
2 años	Sube y baja escaleras a pie, solo.	Conoce 4 partes del cuerpo.	Frases de tres palabras.	Copia trazos horizontales.
3 años	Sube y pedalea en triciclo.	Come bien por sí mismo.	Usa plurales. Edad de las preguntas (qué es, dónde, cómo).	Torre de 9-10 ladrillos. Copia circulos.
4 años	Baja escaleras alternando los pies.	Se lava y seca cara y manos. Se limpia los dientes.	Nombre uno o más colores correctamente. Obedece cinco órdenes («detrás, delante, al lado, encima, debajo»).	Dibuja figura humana con dos partes corporales.
5 años	Salta alternando los pies. Se sostiene sobre un pie más de 8 seg.	Se viste y desviste solo.	Comentarios descriptivos de figuras. Conoce cuatro colores.	Dibuja figura humana completa. Copia un triángulo.
6 años	Se sostiene sobre cada pie alternativamente con los ojos tapados.	Diferencia mañana de tarde. Distingue derecha de izquierda.	Desarrollo del vocabulario.	Dibuja figura humana con cuello, manos y vestidos.

la perfecta *alimentación*
del bebé y del niño

ALIMENTACIÓN

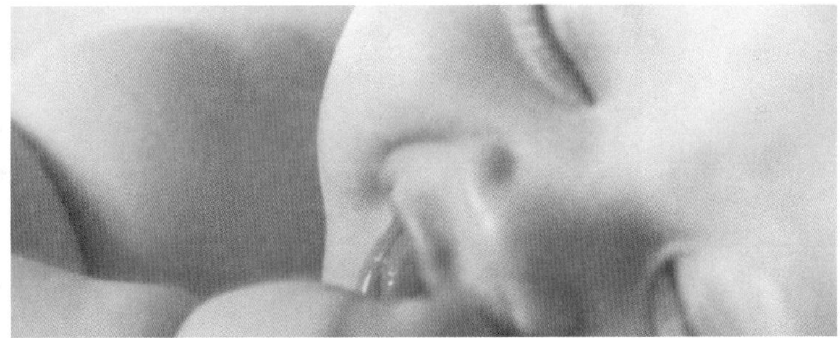

La perfecta alimentación del bebé y del niño

introducción

En el primer año de vida, la alimentación del bebé resulta crucial, ya que no sólo de sus características depende un adecuado crecimiento y desarrollo, sino que también puede determinar los gustos futuros del niño en cuanto a los alimentos, e incluso facilitar, en caso de no ser realizada convenientemente, la aparición de enfermedades como alergias, intolerancia a la lactosa, etc.

Hay tres aspectos fundamentales que se deben considerar durante este primer año: seis meses de lactancia casi en exclusiva; adecuada introducción del resto de los alimentos durante la segunda mitad del año, y coordinación de los cambios en la alimentación (de biberón a papillas y, luego, sólidos) con el desarrollo del niño y, en particular, con la masticación. Es necesario recordar que el bebé sólo puede succionar durante las primeras semanas y hasta los 5 o 6 meses, no se presenta una actividad masticadora mínimamente eficiente.

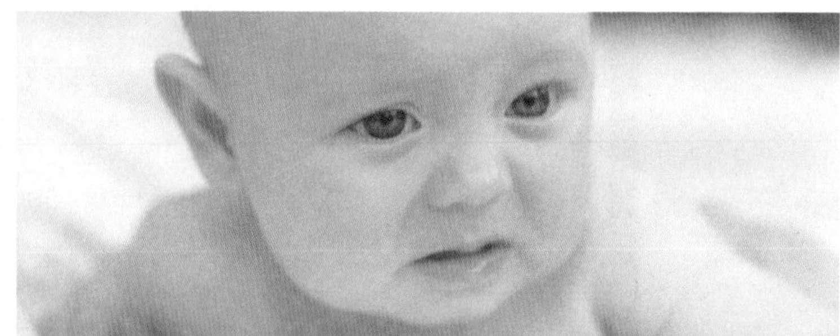

los seis primeros meses: lactancia

Tal y como se indica en la figura 1 (página 66), durante los seis primeros meses de vida la leche representa casi el único alimento del bebé. Puestos a seleccionar el tipo de leche más adecuada, la Organización Mundial de la Salud (OMS) recomienda la lactancia natural o materna, por ser éste el tipo de leche más completo, el que mejor protege y alimenta al bebé, además de reportar notables beneficios a madre e hijo. Las leches artificiales, a pesar de tener cada día una calidad más contrastada, nunca pueden equipararse a la materna y mucho menos al calostro o leche de los primeros días, que presenta una elevada concentración de anticuerpos que defienden al bebé de numerosos agresores externos. Por otra parte, debe recordarse que una buena alternativa —siempre considerando la leche adaptada— está constituida por las leches de origen vegetal (de arroz, de soja o de chufa). Durante estos seis meses, el número de tomas se reduce mes a mes, mientras que la cantidad administrada en cada una de ellas se ve incrementada en la misma proporción (figura 1).

Por lo general, las madres proporcionan su propia leche durante el primer trimestre de vida, mientras que en el segundo se utiliza con más frecuencia la leche adaptada y el biberón. Hay que recordar que la leche materna, si bien es el mejor alimento durante los primeros meses, a partir de los 5 o 6 meses no puede aportar todos los nutrientes que necesita el bebé, razón por la cual ha llegado el momento de ir introduciendo nuevos alimentos.

La leche adaptada más utilizada es la de origen animal, y en particular de vaca, aun cuando existen otras formas más recomendables (la leche de arroz, de soja o de chufa). Puede presentarse en forma líquida o en polvo (algo más frecuente y habitual). La leche adaptada derivada de vaca propicia que en algunos bebés puedan presentarse problemas de tipo alérgico, situación que hay que comentar con el pediatra para optar por otro tipo de leche (la hipoalergénica y las de origen

vegetal). Sea como fuere, la leche de vaca empleada por los adultos no debe ser proporcionada a los niños hasta cumplidos los dos años.

Si la alimentación del bebé se basa desde el primer mes en leche adaptada, conviene empezar por la llamada de inicio, seguida de la de continuación y más tarde por la de crecimiento. Eso sí, nunca se deben aportar mayores cantidades que las que el bebé necesita para su edad, ya que una sobrealimentación puede propiciar, entre otras cosas, obesidad y problemas de tipo gastrointestinal.

Es importante recordar que la lactancia artificial tiene algunas consecuencias en el bebé que le conducen a que no se comporte como en el caso de la lactancia materna. Por ejemplo, en lugar de tener hambre cada tres horas, la sentirá cada cuatro, por lo que parece estar algo inapetente aunque, en el fondo, lo único que sucede es que la leche adaptada tiene más calorías y "llena" más y se digiere con mayor dificultad que la materna; el ritmo de las cacas es un poco más lento con la leche adaptada, a la vez que las mismas son de un color verde-grisáceo y más consistentes que las de la leche materna.

Al igual que la leche, el bebé necesita mucha agua durante estos primeros meses de vida. En condiciones normales, requiere unos 100 a 150 cm^3 de agua por cada kg de peso y día (para un niño de 6 kg, casi 750 cm^3 diarios). Gran parte de ella es aportada con la leche o en el momento de preparación de los biberones. Sin embargo, conviene aportarle cantidades suplementarias, sobre todo si el bebé suda, o hace mucho calor, etc. También en estos casos hay que darle el agua con el biberón, hervida durante 10 minutos y ligeramente batida para que conserve su sabor.

el destete

El cambio de la leche materna a otro tipo de alimentación no tiene fecha fija, ya que depende de múltiples factores: el bebé (que no desea tomar el pecho o éste "no le llena" tanto) o la madre (que atiende a actividades laborales, o por comodidad o enfermedad). Eso sí, es suficiente amamantar dos veces por día (por ejemplo, en el caso de actividad laboral durante la mañana y por la noche) para mantener la secreción de leche en la mama, aun cuando se trate de condiciones mínimas. De esta manera se conseguirán las ventajas de la lactancia materna, aunque ello no ocurra en toda su extensión.

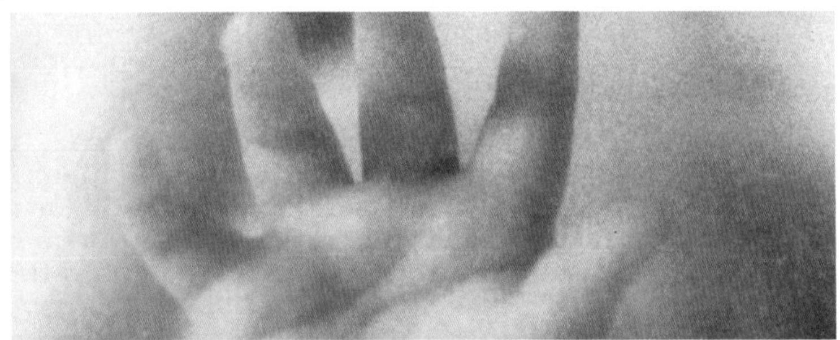

En cualquier caso, el destete debe ser siempre un proceso lento, nunca brusco. Debe ser realizado de forma progresiva para evitar alteraciones digestivas e incluso emocionales en el bebé. Cuando se toma esta decisión, lo normal es sustituir cada día una de las tomas por el biberón, de tal manera que, a lo sumo, en quince días se habrá finalizado el destete. Tal como aconsejamos en el apartado de remedios referido al destete, la primera toma que conviene sustituir es la última de la tarde (no la de la noche); luego, la de media tarde, y así sucesivamente. De esta manera, la reducción de leche en las mamas también será progresiva.

Es fundamental considerar que, cuando se sustituyen las tomas por el biberón, sea la propia madre la que proporcione el nuevo alimento al bebé para que su adaptación resulte más cómoda y note "menos cambios".

Hay ocasiones en las que es preciso retrasar el destete, como en el caso de los niños prematuros (debe alimentárseles con leche materna el mayor tiempo posible, dentro de la normalidad); o cuando el bebé está enfermo (la leche materna le aporta gran cantidad de anticuerpos que facilitan la labor de sus propias defensas); o si le están apareciendo los primeros dientes (la succión del pezón ayuda a que salgan antes las piezas dentarias, calmando las molestias).

la ingestión de nuevos alimentos: 5 a 6 meses

Por regla general, los nuevos alimentos comienzan a ser facilitados a partir de los 5 o 6 meses de vida (figura 1), si bien es cierto que "cada bebé es un mundo" y hay que vigilar en especial su desarrollo psicomotriz para comprobar que es capaz de succionar de la cuchara y, más tarde, masticar. No hay que acelerar la ingestión de alimentos, ya que se corre el riesgo de facilitar alteraciones digestivas, e incluso cierto rechazo a los productos que se desee incluir en la dieta. Este proceso es lento (dura casi dos años) pero seguro, ya que

sigue un orden muy concreto en la ingestión de cada alimento.

Hay ciertas reglas generales que recomendamos seguir: tiene que ser la madre la que facilite la introducción de cada nuevo producto, ya que esto le otorga confianza; hay que darle al bebé las primeras papillas con tiempo y paciencia; es necesario procurar los momentos del día o de la semana que mejor le vengan a la madre, y cuando más tranquila esté; da igual el momento del día que ella elija para probar un nuevo alimento (el intestino del bebé carece de preferencias).

Con la ayuda de la madre, será el pediatra quien indique el momento en el que se le pueda dar papillas, siendo las primeras en ser utilizadas aquellas que estén elaboradas con cereales sin gluten. Dato: cuando el bebé se quede con hambre por la noche, después del último biberón, está indicando que "ya necesita otras cosas". Por lo general, las papillas deben estar bien trituradas porque el bebé comienza a comer de la cuchara. Aun cuando hasta los 8 o 9 meses no mastica a la perfección, desde este momento se le podrá alimentar con otro tipo de papillas menos trituradas y potitos. Es importante introducirle en la masticación, ya que de lo contrario puede "aferrarse" a las papillas y durante los siguientes años no procurará, por comodidad, otro tipo de alimento.

Las primeras papillas tienen que ser de cereales sin gluten, para tratar de evitar con ello el desarrollo de alteraciones intestinales y de alergias por efecto de esta sustancia. Hay que recordar que el gluten también se encuentra en el pan y la mayoría de las galletas, razón por la cual no se le deben dar al bebé estos productos para que los mordisquee (es necesario esperar hasta los 7 a 8 meses, cuando se aportan papillas elaboradas con cereales con gluten).

Como podemos comprobar, los cereales son el alimento fundamental a introducir en estos meses, esto

se debe a que son muy energéticos, y tienen proteínas, minerales (hierro) y vitaminas (complejo B). En un principio, todos los lactantes digieren con cierta dificultad estos cereales, e incluso modifican sus deposiciones, pero pronto acaban acostumbrándose. Lo que nunca hay que hacer es añadir a la papilla más leche de la debida, ya que por querer darle "un poquito más" se le puede sobrecargar el aparato digestivo, e incluso el riñón.

La papilla de frutas es otro de los alimentos a introducir a partir de los 6 meses de edad, sobre todo cuando las de cereales son bien admitidas. Los primeros días hay que proporcionarle poca cantidad, unas pocas cucharadas, y no insistir en caso de que las rechace. Para elaborarlas, hay que lavar las frutas previamente, quitarles la piel, eliminar las semillas o pepitas que se encuentren en su interior y mantenerlas a una temperatura adecuada. Las primeras papillas de frutas incluyen poca cantidad. Por ejemplo, media manzana, medio plátano bien maduro y un poco de leche o de agua tibia.

También a partir de los 5 o 6 meses el bebé puede consumir pequeñas cantidades de papillas de verdura, en especial las derivadas de productos de color blanco y anaranjado, ricos en betacarotenos (importantes para el sistema inmunitario y cualquier otro tipo de elementos defensivos): patata, calabaza, zanahoria, calabacín, e incluso puerro. Más tarde, hacia los 10 meses, se puede recurrir a las verduras de color verde (hay que esperar un poco más, ya que poseen más fibra, son más difíciles de digerir y facilitan la formación de gases). Para elaborar estas papillas es fundamental seguir los pasos citados en el caso de las frutas: cocer o hervir con poca sal, elaborar el puré con un poco del agua de la propia cocción, triturar, añadir un poco de aceite de oliva virgen y otro poco de la leche que habitualmente utiliza el bebé. Es importante recordar que este tipo de papillas se oxida con facilidad (pierden muchos de sus nutrientes), y que guardadas en el fri-

gorífico no sólo no sirve de nada, sino que, además, cambian de sabor y se tornan desagradables (suponiendo que, como sucede cuando se las tiene más de 12 horas en el frigorífico, no desarrollen elementos que pueden ser tóxicos).

La yema de huevo y algunos derivados lácteos pueden ser introducidos asimismo a partir de los 5 o 6 meses. En el caso del huevo, sólo hay que aportarle una parte de la yema cocida, no más de una cuarta parte dos veces por semana. Hay que esperar hasta los 11 o 12 meses para que pueda utilizar toda la yema e incluso la clara, sin llegar a superarse medio huevo entero por semana. En lo que se refiere a los derivados lácteos elaborados a partir de la leche adaptada para bebés, se pueden encontrar quesos frescos y yogures. Sólo a partir de los 12 meses conviene aportarle derivados lácteos normales o habituales.

Por lo general, la carne es introducida a partir de los 7 meses. Bien blanca (pollo) o roja (ternera, vaca, añojo), es bien aceptada cuando se prepara en pequeñas cantidades (20 g), ya sea a la plancha o cocida. En todo caso, en un principio hay que triturarla y mezclarla con las papillas de verduras. El pescado debe esperar hasta los ocho meses, aproximadamente y se elabora de forma similar a la carne.

Por último, las pastas, el arroz y las legumbres pueden comenzar a ser preparados a partir de los 10 o 12 meses. Se trata de alimentos con elevado valor energético y agradable sabor para el bebé, que se digieren con facilidad y que, en forma de puré, son rápidos de asimilar con cierto gusto.

una alimentación equilibrada

A partir de los 12 meses, una vez introducida la mayoría de los alimentos, se irá aumentando la cantidad y su textura, durante los meses y años siguientes, siempre evitando forzar la alimentación, respetando los

gustos del niño y procurando hacer de la comida no una rutina, sino un motivo de "fiesta" cada día.

Durante los primeros catorce años de vida, la alimentación es un pilar fundamental para asegurar un óptimo desarrollo y crecimiento del niño. Durante estos años, la correcta nutrición es imprescindible para el crecimiento, el desarrollo de la inteligencia, la memoria, el aprendizaje e, incluso, aumentar la resistencia a las enfermedades. Ejemplo: la capacidad y fortaleza del sistema inmunitario empieza a declinar a partir de la adolescencia; si hasta ese momento la nutrición ha sido buena, tal declinar será lento; pero si ha sido irregular, la pérdida será más rápida.

La importancia de los componentes básicos de los alimentos (proteínas, grasas, azúcares o hidratos de carbono, vitaminas, minerales y agua) es notoria a todo lo largo y ancho del organismo, desde los huesos hasta el cerebro, pasando por el pulmón o la sangre. Ejemplo: el crecimiento del niño depende de la creación de nuevas células, compuestas principalmente por proteínas, grasas y azúcares, en cuyo proceso de formación actúan las vitaminas y minerales como directores y protectores.

La alimentación actual de muchos niños refleja algunos errores:

- Excesiva aportación de grasas en forma de frituras y bollería industrial.
- Desayuno insuficiente.
- Escasez de proteínas de origen vegetal (verduras).
- Abuso de condimentos y especias en los alimentos.

Se aconseja por lo general que el 15 por 100 de la comida sean proteínas, el 30 por 100 grasas (preferentemente de origen vegetal) y un 55 por 100 hidratos de carbono o azúcares. Dadas estas consideraciones, hay que facilitar la presencia en la mesa de:

- Vegetales con fibra (ensaladas, verduras, legumbres, hortalizas en general).
- Frutas (en lo posible, enteras y variadas, aun cuando también el zumo es muy saludable).
- Cereales (fuente energética muy importante, sobre todo en el desayuno).
- Azúcares en forma de pan, patata o pastas (espaguetis, macarrones, etc.).
- Carne roja o blanca y pescado, pero a la plancha, asada o cocida (reduciéndose así el consumo de frituras).
- Aceite de oliva crudo acompañando a las ensaladas.

Lo más importante es distribuir estos alimentos a lo largo del día en su cantidad y proporción exactas. Con el fin de que resulte más fácil conseguir una distribución equilibrada de los alimentos, presentamos la denominada pirámide de la alimentación. Con ella se da a conocer cuáles son los alimentos que más se deben poner en la mesa para asegurar la aportación de todos los nutrientes necesarios con el propósito de obtener el óptimo desarrollo y crecimiento del niño.

De acuerdo con esta pirámide, la mayoría de los alimentos diarios debe proceder del grupo de cereales, pasta, arroz, etc., altamente energéticos, con fibra y vitaminas, seguidos de verduras y frutas, en los que se encuentran proteínas de tipo vegetal (fáciles de asimilar), vitaminas, minerales y otros nutrientes. Hay que alternar, en menor cantidad, carne, huevos y pescado (nunca frito), así como aceite de oliva y azúcares.

algunas advertencias

Es importante recordar algunos aspectos que marcarán la conducta gastronómica del niño:

- El niño debe contar, desde bebé, con una alimentación variada.
- Las preferencias de los niños cambian con el tiempo, de tal manera que lo que hoy adoran, mañana puede desagradarles, y al revés.
- Los niños suelen preferir alimentos de fácil asimilación y elevado valor calórico (dulces, frituras o helados). Hay que controlar este tipo de apetencias en favor de frutas, verduras y sopas.
- Los alimentos con mayor contenido calórico llenan con facilidad a los niños, razón por la cual hay que vigilar sus cantidades (macarrones, espaguetis, etc.).
- Siguiendo la advertencia anterior, nunca hay que comer dulces antes de una comida; si no, el fracaso estará casi asegurado.
- Son normales las variaciones en el apetito de los niños, no hay que perder la paciencia: unos días comerán con facilidad, y otros, con mayor dificultad.
- Siempre hay que mantener la calma, nunca forzar a la hora de comer.
- Se debe presentar la comida de forma atractiva, tanto en su aspecto como en su ofrecimiento.

- Los alimentos nuevos suelen ser rechazados en un principio, pero por lo general acaban siendo aceptados a los pocos días.
- Los ambientes agradables (fiestas, cumpleaños, etc.) son ideales para introducir pequeñas cantidades de nuevos alimentos.
- Nunca hay que intentar premiar a la hora de comer, ya que se corre el riesgo de convertir la mesa en un intercambio permanente de premios y deseos.
- Los padres son los modelos más cercanos a los niños; se debe procurar dar ejemplo.

Para el momento de seleccionar los alimentos con los cuales elaborar menús, proporcionamos una tabla en la que se explicita la actividad anticancerígena de determinados nutrientes (que previenen la aparición de cánceres), así como otra en la que se muestran las propiedades de los alimentos más utilizados (kilocalorías, vitaminas, proteínas, etc., presentes en cada uno de ellos).

esquema de alimentación en el primer año de vida

FIGURA 1

EDAD	VOLUMEN	TOMAS	OTROS ALIMENTOS
0-14 días	60-80 cc	7	
2-6 semanas	80-120 cc	6	
2 meses	120-150 cc	6	
3 meses	150-180 cc	5	
4 meses	180-210 cc	5	
5 meses	210-240 cc	4	una toma de cereales sin gluten
6 meses	180-220 cc	4	una toma de cereales sin gluten o puré de patatas, zanahoria, calabaza, puerro (2 veces por semana) 1/4 yema de huevo duro una toma de frutas (zumo, cocida o en puré) yogur o queso fresco elaborado con leche de continuación
7 meses	220-230 cc	4	una toma de 20 g de carne 3-4 veces por semana, con puré de verduras una toma de papillas de cereales con gluten
8 meses	220-230 cc	4	una toma de 20 g de pescado con el puré de verduras, 3 veces por semana
10 meses	220-250 cc	4	una toma de puré de verduras de hoja verde pastas y arroz en forma de sopa
11 meses			1/2 huevo duro entero
			yogures y quesos normales
12 meses			legumbres en puré (coles, repollo, cebolla) subir poco a poco la cantidad de carne o pescado
24 meses			leche de vaca entera

alimentos que favorecen (cuando se usan en exceso) o previenen determinados cánceres

TABLA 1

CÁNCER	RIESGO AUMENTADO	RIESGO DISMINUIDO
MAMA	carne roja, carne frita, alcohol	vegetales, frutas
COLORRECTAL	carne roja, carne muy procesada	vegetales con fibra
PULMÓN	carne roja, alcohol	frutas, vegetales
ESTÓMAGO	sal, conservas.	frutas, vegetales
PRÓSTATA	grasa, carne roja	vegetales
CÉRVIX		frutas, vegetales
ESÓFAGO	alcohol	
PÁNCREAS	carne roja	frutas, vegetales
HÍGADO	alcohol	frutas, vegetales

características de los principales alimentos

TABLA 2

COMPOSICIÓN POR CADA 100 g DE ALIMENTO *(en g) (calcio y hierro se expresan en mg)*

alimento	proteínas	grasa	azúcares	kilocalorías	calcio	hierro	vitaminas
aceite de oliva	0	99,6	0,2	927	-	-	E
albaricoques	0,9	0,10	12,4	54	14,2	0,65	C
alcachofas	2,4	0,12	12,2	61	53	1,5	C
almendras	18,3	54,1	16	651	252	4,12	B
añojo	16,4	19,2	-	254	3	2,5	B
arroz	7	0,62	78,7	368	6	0,6	B
avena en copos	13,8	6,6	66,2	402	66	3,6	E

ALIMENTACIÓN

características de los principales alimentos

TABLA 2

COMPOSICIÓN POR CADA 100 g DE ALIMENTO *(en g) (calcio y hierro se expresan en mg)*

alimento	proteínas	grasa	azúcares	kilocalorías	calcio	hierro	vitaminas
azúcar	-	0	96,7	382	8,5	-	-
bacalao	79,2	2,5	-	372	60	4,3	B
bacon	9,1	65	0	658	9	0,8	B
bonito	21,5	5,5	-	242	40	1	B
brécol	3,3	0,2	4,4	33	105	1,3	C
cacao en polvo	19,8	24,5	37,9	472	114	12,5	B
calabaza	1,1	0,13	5,46	28	22	0,8	C
cebollas	1,25	0,25	9,55	45	31	0,5	C
cerdo	11,9	45	-	480	8	1,7	B
chocolate con leche	9,1	32,8	54,7	563	214	3,1	B
chocolate sin leche	2	31,7	62,2	551	63	3,2	B
ciruelas	0,7	0,1	12,3	53	13,3	0,4	C
refrescos de cola	-	-	11	44	4	-	-
coles	4,45	0,56	7,14	52	29	1,1	C
coliflor	2,46	0,28	3,93	28	20	0,63	C
cordero	16,4	26,4	-	323	9	2,3	B
endivias	1,75	0,2	2,05	17	54	1,4	B
espárragos en lata	1,9	0,3	2,3	19	17	0,9	C
espárragos frescos	1,9	0,14	2,9	20	21	1	C
espinacas	2,45	0,41	2,4	23	106	6,6	C
foie-gras de cerdo	12,4	41,2	0,88	449	41	5,3	-
fresas	0,9	0,4	8	39	26	0,9	C
garbanzos	22,9	1,4	60,7	370	45	5,2	B

ALIMENTACIÓN

características de los principales alimentos

TABLA 2

COMPOSICIÓN POR CADA 100 g DE ALIMENTO *(en g) (calcio y hierro se expresan en mg)*

alimento	proteínas	grasa	azúcares	kilocalorías	calcio	hierro	vitaminas
guisantes frescos	6,7	0,5	13,9	93	26	1,9	C
huevos	12,9	11,2	0,7	167	56	2,1	B
jamón serrano	18	33,3	-	395	10	2,25	B
jamón york	19,5	20,6	-	282	10	2,5	B
judías verdes	2,24	0,26	5	33	51	0,79	C
leche de cabra	3,61	4,17	4,38	74	123	0,1	C
leche materna	1,2	4,1	6,91	70	31	0,15	C
leche de oveja	5,27	6,26	4,91	100	183	0,10	C
leche de vaca	3,13	3,76	4,84	67	128	0,14	C
lechuga	1,56	0,25	1,66	15	23	0,6	C
lentejas	23,5	1,4	56,2	354	74	6,9	B
mandarina	0,7	0,3	10,6	48	33	0,3	C
mantequilla	0,7	81	0,7	755	16	0,15	E
manzana	0,3	0,3	12,1	52	8	0,35	C
margarina	0,51	78,4	0,40	733	13	0,05	E
melocotón	0,72	0,10	10,5	46	5	0,3	C
merluza	17	0,3	0	77	11	0,46	C
miel	0,38	0	80,8	305	4,5	1,3	C
naranjas	0,96	0,26	9,14	54	44	0,5	C
nata	2,2	30,4	2,9	302	75	-	C
pan blanco	8,2	1,2	50,1	259	58	0,95	E
pasta	13	2,9	72,4	390	20	2,1	B
patatas	2	0,15	18,9	85	13	0,9	C

A L I M E N T A C I Ó N

características de los principales alimentos

TABLA 2

COMPOSICIÓN POR CADA 100 g DE ALIMENTO *(en g) (calcio y hierro se expresan en mg)*

alimento	proteínas	grasa	azúcares	kilocalorías	calcio	hierro	vitaminas
pavo	20,1	20,2	0,4	282	26,5	4,2	B
peras	0,5	0,4	13,3	59	17	0,3	C
pollo	20,6	5,6	-	144	12	1,8	C
puerros	2,24	0,34	6,27	38	87	1	C
queso en crema	14,6	30,5	1,89	354	34	-	-
queso graso	22,6	27,9	2,7	368	400	0,5	B
requesón	17,2	0,58	1,82	88	71	-	C
salchichas frankfurt	13,1	20,8	0	256	8	1,75	B
salchichón	17,8	49,7	-	550	35	-	B
ternera	19,7	9,5	-	177	13	2,3	B
ternera hígado	19,2	4,3	4,1	143	4	10,6	C
ternera lomo	19,5	9	-	171	11	2,9	B
tomate fresco	0,95	0,21	3,28	19	14	0,5	C
yogur	4,8	3,75	4,5	74	150	0,2	C
zanahoria	1	0,2	7,27	35	35	0,7	A
zumo de manzana	0,05	0	11,2	47	7	0,1	C
zumo de naranja	0,8	0,3	10,2	47	20	0,28	C
zumo de limón	0,33	0,1	7,9	24	14	0,1	C
zumo de pomelo	0,6	0,1	9	28	8	0,3	C
zumo de tomate	1	0,2	3,9	21	7	0,4	C

una actividad *física*
para cada edad

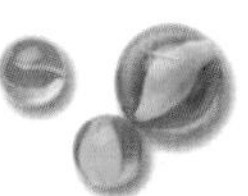

Una actividad física para cada edad

Al igual que sucede con la alimentación, la actividad física, el movimiento, es otro de los factores que más pueden contribuir al crecimiento y el desarrollo de los niños, siempre y cuando se practique en buenas condiciones. Una actividad física mal planificada, o sin las debidas protecciones, puede mostrar la cara negativa del deporte (las lesiones, la pérdida de interés e incluso, la enfermedad), de la misma manera que una alimentación desequilibrada posibilita obesidad y ciertas deficiencias. Es de agradecer que estos casos no sean los más frecuentes, lo que unido a la diversión que suponen el juego y el deporte hacen de éstos unos grandes aliados para el mejor desarrollo de los niños, así como una necesidad para ellos que se debe satisfacer.

los beneficios de la actividad física

La actividad física no sólo contribuye al desarrollo muscular y del esqueleto, sino también a la formación del carácter y su proyección psicológica. Desde los primeros meses, los bebés pueden practicar con regularidad determinada actividad física mediante los juegos; años más tarde lo harán con sus amiguitos en parques y escuelas. Finalmente, hacia los 8 o 9 años practicarán varios deportes ya reglados en el seno de los equipos del colegio, de una asociación deportiva o en uno de los muchos clubes existentes cerca de casa. Sea como fuere, la práctica regular de la actividad física ofrece numerosos beneficios que abarcan las esferas física, fisiológica, psicológica y social, e incluso económica, destacándose los siguientes:

- Facilita el crecimiento y el desarrollo de huesos, músculos, articulaciones, corazón, sistema nervioso (acentuando flexibilidad, coordinación y equilibrio) y pulmones. Un niño que practica habitualmente una actividad física "estira" al máximo sus posibilidades de crecimiento.

- Mejora el rendimiento de todos y cada uno de los órganos, de tal manera que la buena forma física no sólo hace más resistente al niño ante el esfuerzo, sino que él mismo acaba rindiendo más desde un punto de vista intelectual. Lo de *mens sana in corpore sano* no es únicamente una frase clásica, sino también una realidad.

- Facilita el control y el dominio del propio cuerpo. Con la actividad física no sólo conocemos nuestro cuerpo, sus partes, las facetas de cada una de ellas, sino que también aprendemos a dominarlo para ejecutar en cada momento el desplazamiento, el movimiento más adecuado. Con el juego, el niño aprende a concentrarse y se familiariza con sensaciones como esfuerzo, cansancio, superación, relajación, aspectos éstos que ayudan a un mejor conocimiento y control del cuerpo.

- Mejora la autoestima, ya que a medida que el niño comprueba que domina mejor su cuerpo y consigue las metas que poco a poco se propone, o se le van proponiendo, se incrementará la seguridad en sí mismo, así como un desarrollo más brillante.

- Sirve para canalizar la agresividad. No en vano la práctica deportiva, muchas veces, sirve de válvula de

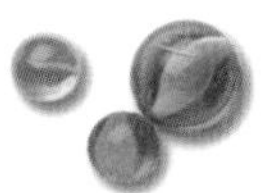

escape de tensiones, rabietas y malos humores que puedan afectarle, muchas de ellas de origen familiar.

- Enseña a saber ganar y perder, la cara y la cruz de la vida en muchas circunstancias que hay que asimilar poco a poco. El deporte es, quizá, la forma menos agresiva y más fácil de aprender a conocer lo bueno y lo malo, lo agradable y lo desagradable, aceptándolo como una faceta más de la vida.

- Desde un punto de vista social, con la actividad física —ya por medio del juego, ya por la práctica deportiva en una asociación *ad hoc*— el niño conocerá las reglas que marcan el juego, aprendiendo entonces a respetar normas y estrategias, o las formas de hacer y actuar, así como a respetar su turno o su oportunidad, y, en el fondo, a respetar las decisiones que en cada momento se tomen, actitudes todas de gran importancia para su futura participación social.

- El juego es una de las formas más fáciles de hacer amigos, tener nuevas amistades y estrechar lazos con otros niños de la misma edad. Pero el deporte no es sólo una fuente de nuevas amistades, sino también de respeto hacia los demás, al acatarse las reglas y normas del juego.

- El juego es, asimismo, una diversión que enseña cosas nuevas, tanto desde un punto de vista social como desde otro intelectual. Supone un notable intercambio de experiencias entre los diferentes niños, una forma distinta de adquirir conocimientos y conocer opiniones diferentes.

- Por último, la actividad física supone también, en el fondo, una fuente de ahorro económico, propiciado por un mejor rendimiento físico que hace menos probable la enfermedad y todo lo que ello supone. De hecho, muchas de las enfermedades frecuentes en la infancia (asma, reacciones alérgicas, enuresis, lordosis, cifosis, escoliosis, etc.) tienen en la actividad física uno de sus pilares terapéuticos.

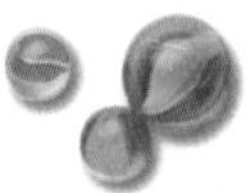

un deporte para cada edad

La actividad física puede ser empleada a lo largo de la infancia desde un triple punto de vista: para la prevención de la enfermedad, ya que se mejora el rendimiento físico general; para el tratamiento de determinadas patologías (asma y procesos alérgicos, entre otras); y para rehabilitar el organismo tras la enfermedad (fracturas, luxaciones, alteraciones de la columna vertebral).

Con el propósito de conocer mejor las propiedades de cada actividad física y los beneficios que puede proporcionar al organismo, así como la edad más recomendable para su inicio, presentamos el siguiente esquema:

	natación	patinaje	ballet	esquí	fútbol
edad de inicio (años)	**3**	**4**	**5**	**5**	**6**
mejora cardiovascular	4	2	2	3	3
desarrollo muscular	4	2	3	2	3
coordinación	4	3	4	3	3
prevención de posturas anómalas	4	1	3	1	1
resistencia	4	2	3	2	3
relajación	2	3	2	2	0
exigencia técnica	2	4	4	3	1
peligro de lesión	0	2	1	4	4
concentración	1	0	4	3	2
inteligencia	1	0	2	2	3
autodisciplina	1	0	3	2	2
agresividad	0	0	0	2	3

(0: nula influencia; 1: escasa; 2: media; 3: notable; 4: influencia muy grande)

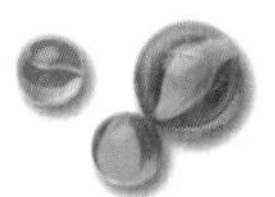

	ping-pong	atletismo	baloncesto	balonmano	tenis
edad de inicio (años)	**6**	**10**	**10**	**10**	**11**
mejora cardiovascular	2	4	3	3	4
desarrollo muscular	2	4	2	3	3
coordinación	3	3	3	3	3
prevención de posturas anómalas	2	2	1	1	1
resistencia	3	3	2	3	3
relajación	0	0	0	0	0
exigencia técnica	2	1	1	1	2
peligro de lesiones	0	2	1	4	2
concentración	4	3	3	3	3
inteligencia	3	4	1	2	3
autodisciplina	2	3	2	2	3
agresividad	2	1	1	3	3

(0: nula influencia; 1: escasa; 2: media; 3: notable; 4: influencia muy grande)

Tal como puede comprobarse, no todos los deportes son adecuados para todos los niños, ni deben ser practicados a cualquier edad. Los especialistas aconsejan que los niños no se especialicen en una disciplina en concreto antes de que finalice la pubertad para no limitar todo el desarrollo posible de cada una de sus cualidades físicas, fisiológicas y/o psicológicas.

cómo prevenir las lesiones deportivas

Hay una serie de normas básicas que se deben observar para facilitar una práctica deportiva saludable y huérfana de riesgos que faciliten la aparición de lesiones. Entre las mismas, destacamos las siguientes:

- La iniciación en la actividad deportiva puede llevarse a cabo hacia los 5 o 6 años. Debe procurarse que predomine siempre el aspecto divertido, lúdico, de juego. La exigencia debe ser mínima, con aplicación de esfuerzo progresivo para no facilitar la aparición de lesiones.

- Es fundamental proporcionar un equipo y vestuario adecuado para la actividad física que se va a realizar, especialmente en lo relativo al calzado.

- Las instalaciones en las que se practique la actividad física deben ser seguras y encontrarse en perfecto estado de mantenimiento, con particular atención a las condiciones meteorológicas que no sólo son peligrosas en caso de desplazamientos, sino también para la propia práctica deportiva.

- La actividad física debe ser practicada con niños de edades similares con el fin de evitar sobrecargas y esfuerzos exagerados.

- Siempre que se vaya a practicar una actividad física, hay que realizar un calentamiento previo que disponga en la mejor situación posible a todos nuestros sistemas y aparatos. De igual manera, al terminar el ejercicio hay que relajarse un poco con movimientos sencillos.

- Es fundamental practicar la actividad física con moderación y regularidad. Los efectos son mucho más saludables cuando se trata de 30 minutos al día o cada dos días, que de 3 horas una vez a la semana.

- Hay que vigilar que la alimentación del niño satisfaga todas las necesidades energéticas que requiere la práctica deportiva que realiza: cuanto más se mueve, más calorías y nutrientes (proteínas, vitaminas) necesita.

- Es importante observar la presencia de determinados síntomas que pueden advertir acerca del exceso de actividad física, sobrecarga, etc. Entre ellos destacamos el dolor en una zona determinada, cansancio

con facilidad (astenia), falta de apetito o de las ganas de comer, dificultades para dormir, estado de ánimo "apagado" o irritable, etc. En caso de que aparezcan, hay que avisar a los responsables deportivos y, planteada la situación, consultar con el médico.

• Hay que asegurarse de que el niño practica una actividad física con monitores especializados.

• Conviene realizar —como mínimo una vez al año— un pequeño reconocimiento médico que certifique el buen estado físico y fisiológico del niño, así como los beneficios que la actividad física le puede estar reportando.

un gran amigo: *las vacunas*

Un gran amigo: Las vacunas

Se calcula que, gracias a las vacunas, podemos salvar más de cuatro millones de vidas al año, ya que mediante sus efectos evitamos la aparición, en millones de niños, de cerca de doce enfermedades infecciosas diferentes que generan gran mortalidad (sarampión, poliomielitis, varicela, hepatitis, meningitis, tétanos, etc.). La promoción de los calendarios de vacunaciones nos asegura, además, un mejor futuro; no en vano muchas enfermedades han desaparecido al impedirse su desarrollo (viruela, próximamente el sarampión, poliomielitis, tétanos neonatal). Por ejemplo, en Cataluña ya casi no existe el sarampión, y en toda España no se ha registrado ningún caso de poliomielitis desde 1989. Por lo general, casi el 95 por 100 de la población infantil de España es vacunada de forma gratuita durante su primer año de vida, tiempo en el que se administra la mayoría de las vacunas aunque algunas de ellas se renuevan en edades posteriores.

qué son las vacunas y cómo actúan

Las vacunas que forman parte del calendario de vacunaciones que se administra actualmente a los niños están constituidas por virus atenuados (sin capacidad de desarrollar la enfermedad) o por fragmentos (trozos) de bacterias que impulsan el desarrollo de una determinada patología. Gracias a estos virus atenuados, o los trozos de bacterias, nuestro sistema inmunitario "los estudia" y descubre cuáles son "sus puntos débiles" con el fin de fabricar células y anticuerpos específicos contra ese microorganismo. De esta manera, cuando el niño entra en contacto con el virus o la bacteria (que llega con toda su virulencia tras el contagio), el sistema inmunitario fabrica de forma inmediata las defensas más eficaces para destruir y anular al invasor sin que se llegue a padecer la enfermedad. Debido a sus efectos beneficiosos, y por el bien de todos, las vacunas incluidas en el calendario de vacunaciones son de administración obligatoria. Téngase en cuenta algo muy importante: si dejáramos de vacunar a nuestros niños, todas las enfermedades que tratamos de combatir volverían a presentarse entre nosotros con inusitada virulencia y elevada mortalidad entre los más pequeños.

Puesto que el sistema inmunitario del niño tiene mucho que ver en la eficacia de las vacunas, sólo podemos administrarlas cuando la salud del niño es buena y sus defensas están íntegras, no disminuidas por un resfriado u otro tipo de infección que dificultase "el estudio" y la formación de anticuerpos específicos contra los gérmenes incluidos en la vacuna. Es ésta una de las razones por las que una vacuna puede no ser eficaz, e incluso facilitar que el niño padezca, durante los días posteriores a la vacunación, la misma enfermedad que se trata de evitar, aunque de forma mucho menos intensa.

Para conseguir que las bacterias o los virus utilizados en las vacunas tengan menor virulencia o capacidad patógena, se los trata en laboratorio con diversas sustancias, o se los cultiva en embriones de pollo, riñones de mono y otros cultivos celulares parecidos que, lentamente, "adormecen" su poder para generar una enfermedad.

En cada país se cuenta con un calendario de vacunaciones que muestra ligeras diferencias con otros. Incluso dentro de un mismo Estado, cada comunidad autónoma, provincia o región puede marcar diferencias en el calendario de vacunaciones, ya que siempre

se tienen en cuenta, al planificarlo, las enfermedades con mayor capacidad de producirse en determinada zona. Por ello, es posible que los niños reciban alguna vacuna a distinta edad, o que unos reciban una determinada vacuna, y otros no.

calendario de vacunaciones habitual

En la actualidad, en España se cuenta con un calendario de vacunaciones que va de los 2 meses de edad hasta los 14 años, y que incluye diferentes dosis que hacen frente a ocho enfermedades distintas: tres producidas por bacterias (difteria, tétanos, tos ferina) y cinco desarrolladas por virus (poliomielitis, sarampión, rubéola, parotiditis, hepatitis B). En algunas autonomías, tal como más adelante se especificará, se incluye alguna otra enfermedad (meningitis, tuberculosis).

A la hora de administrar estas vacunas se tienen en cuenta dos factores: tipo de enfermedad que se combate y edad del niño. Por ello, las tres bacterias (difteria, tétanos y tos ferina) se administran al mismo tiempo, dando lugar a la denominada vacuna trivalente (que sirve para tres enfermedades), mientras que los cuatro virus (poliomielitis, sarampión, rubéola, parotiditis, de los que estos tres últimos conforman la vacuna triple vírica o TV) se aplican en el mismo momento.

Hay algunas vacunas que se están convirtiendo poco a poco en norma, tal como sucede con la *anti-Haemophilus influenzae B* (Hib), que protege de neumonías y meningitis propiciadas por esta bacteria. Esta vacuna sólo se administra de forma habitual en el País Vasco, y en otras comunidades, en el caso de niños que muestran cierta debilidad en su sistema inmunitario, cuando se presentan brotes epidémicos en una zona en concreto o en niños infectados por el virus del sida.

El calendario oficial que rige en España en estos momentos es el siguiente:

	POLIO	DTP	TV	HEP.B	HIB(5)	RABIA
recién nacidos				•		
2-3 meses	•	DTP		•	•	
4-5 meses	•	DTP			•	
6-7 meses	•	DTP		• (3)	•	
12-15 meses			•			
15-18 meses	•	DTP			•	
6-7 años	•	DT	• (2)			
10-14 años			•	• (4)		
14 años		DT(1)				
ocasional						• (6)

DTP: difteria, tétanos, tosferina.

DT: difteria, tétanos.

TV: triple vírica (sarampión, rubéola, parotiditis).

Hep.B: vacuna contra el virus de la hepatitis B.

(1): a partir de esta dosis es bueno revacunar cada 10 años.

(2): sólo incluida en Madrid y Cataluña.

(3): sólo en las comunidades autónomas de Madrid, Galicia, Navarra, Andalucía, Aragón, Valencia y La Rioja.

(4): esta dosis se administra si no han sido previamente vacunados.

(5): la vacuna contra meningitis y neumonía sólo se administra de forma regular en el País Vasco.

(6): en caso de necesidad por mordedura sospechosa o similar, la vacunación contra la rabia se administra en 4 u 8 dosis.

La mayoría de las vacunas son administradas mediante inyección subcutánea, con sus excepciones, como la vacuna contra la polio, que se proporciona en forma de gotas orales (si el bebé vomita durante la hora siguiente a la vacunación, debe repetirse para que resulte verdaderamente eficaz).

Sea como fuere, el mundo de las vacunas se encuentra en continuo cambio. De hecho, en este momento se encuentran muy avanzadas las denominadas vacunas combinadas capaces de proteger al bebé de muchas enfermedades en una sola inyección. Tal es el caso de la llamada tetravírica (protege de sarampión, rubéola, varicela, parotiditis), y también el de otra más amplia, que defendería de seis patologías, o más (polio, difteria, tos ferina, tétanos, meningitis, hepatitis B).

La forma de administración de vacunas experimentará asimismo notables cambios en un futuro próximo, especialmente a partir del desarrollo de las llamadas vacunas nasales (tal como, en el caso de los adultos, se aplica ya la de la gripe) y las vacunas en parche (virus de la hepatitis B).

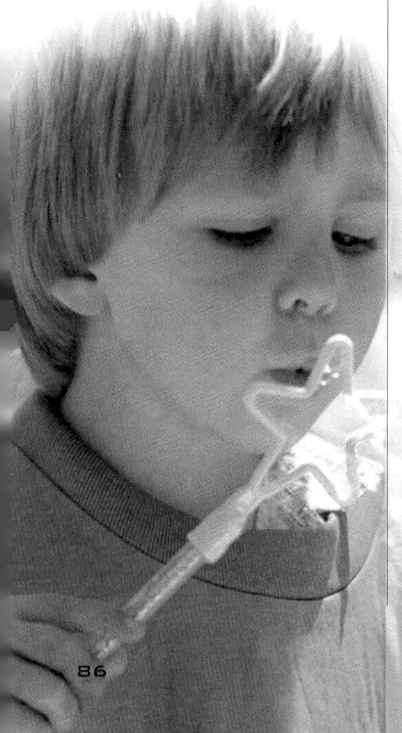

vacunas de administración ocasional

Además de la vacuna contra la rabia, o la ya citada Hib contra meningitis y neumonías producidas por *Haemophilus influenzae,* hay otras que deben administrarse a los niños en determinadas circunstancias. Entre ellas se cuentan la antigripal y la antituberculosa, y las que previenen de varicela, cólera, hepatitis A, fiebre amarilla y fiebre tifoidea. Se administran en general cuando existen brotes epidémicos, o ante el riesgo de que éstos pudieran aparecer y, también, cuando nos desplazamos a zonas en las que tales enfermedades tienen elevada incidencia. Ejemplos: es recomendable aplicar la vacuna antigripal a los niños que tienen otras enfermedades que se pueden complicar en el caso de padecer gripe (asmáticos), si bien es cierto que apenas resulta eficaz en los menores de 6 meses; se propone la vacuna contra la tuberculosis de forma habitual en algunas comunidades en las que el riesgo de contraer la enfermedad es mayor (País Vasco), y se administra en dos dosis, una al mes del nacimiento y otra a los 14 años.

La vacuna contra la varicela, al igual que la antigripal, sólo se administra a niños con enfermedades que pueden propiciar el desarrollo de la varicela y de intensas molestias (es el caso de los niños que muestran alteraciones del sistema inmunitario o de las defensas del organismo, o niños ingresados en hospitales durante tiempos prolongados).

molestias que producen las vacunas

Por lo general, salvo los inconvenientes de las que se ponen con "un pinchacito", las vacunas suelen producir muy pocas molestias una vez administradas. Sin embargo, en algunas ocasiones pueden aparecer algunos inconvenientes. Los siguientes son los más frecuentes (se incluye la forma de tratarlos):

- Infección atenuada. En muy pocas ocasiones es posible que el niño muestre, días después de recibir la vacuna, los mismos síntomas de la enfermedad que se trata de prevenir, pero de forma suave, atenuada. Ejemplo: un brote de sarampión con escasas manchas y fiebre ligera. Esta situación puede deberse a que, cuando se administró la vacuna, el niño no contaba con todas sus defensas, estaba un poco débil, y por ello permitió el desarrollo de la enfermedad de forma muy ligera. El caso no requiere, por lo general, cuidados especiales.

• Fiebre. Es una de las reacciones más frecuentes. No en vano el niño ha recibido una serie de gérmenes y su sistema inmunitario está trabajando al máximo para conformar defensas específicas contra ellos. En caso de aparecer la fiebre, suele ocurrir durante las cuarenta y ocho horas siguientes a la vacuna, salvo tras la aplicación de la triple vírica, en que se manifiesta a partir de la segunda semana tras la administración de la vacuna. Para combatirla, recomendamos los remedios propuestos en el apartado de fiebre.

• Nódulos en la piel. Son pequeños bultitos que surgen debajo de la piel algunos días después del pinchazo, y no se trata sino de una reacción local en la zona en donde se acumuló el líquido de la vacuna. No provocan molestias, desaparecen por sí solos y pueden ser aliviados aplicándose una gasa previamente calentada en el microondas o en un radiador.

cuándo no se debe vacunar al niño

Son muy pocos los casos especiales en los cuales un niño no debe ser vacunado. Es más, incluso los prematuros pueden ser vacunados desde el momento en que cumplen 2 meses con un peso superior a los 1.500 gramos. Lo mismo ocurre en el caso de las madres que dan el pecho a sus hijos: pueden recibir vacunas, ya que ninguno de los gérmenes administrados pasa a la leche, salvo en el caso de la rubéola, que por lo demás no tiene trascendencia para el bebé. La embarazada puede recibir la vacuna antigripal durante el primer trimestre del embarazo, y la antitetánica para evitar el tétanos puerperal y neonatal en dos dosis antes del parto. Pero atención: una embarazada no puede recibir vacunas con virus atenuados (triple vírica, por ejemplo) desde los tres meses anteriores al embarazo hasta finalizado éste.

Los casos particulares en los que se debe evitar la vacunación son:

• Si el niño tiene alguna enfermedad que se manifiesta con fiebre (sí se puede aplicar en caso de que tenga algo de catarro, incluso cuando tome algún que otro medicamento del estilo de los antibióticos y no tenga fiebre).

• Si el niño tiene debilitado su sistema inmunitario debido a alguna enfermedad en concreto.

• Si el niño ha recibido en fechas recientes alguna transfusión de sangre.

• Si el niño es alérgico a algún tipo de alimento. Esto debe ser advertido al pediatra, ya que, tal como hemos indicado, hay vacunas que han sido tratadas previamente en embriones de pollo o suero bovino, o simplemente pueden tener lactosa en el líquido que acompaña a la vacuna. Hay que advertir igualmente al pediatra si se ha producido alguna reacción alérgica cuando el bebé ha recibido otras vacunas.

• Si el niño, por diversas causas, está siendo tratado contra la tuberculosis. En este caso, debe cumplir como mínimo dos meses de dicho tratamiento antes de recibir alguna vacuna.

Sea como fuere, si se debe retrasar la vacunación del bebé por alguna de estas razones, hay que dejar pasar el tiempo exacto, nunca más del necesario, ya que esto podría interferir en el desarrollo de todo el calendario de vacunaciones.

remedios naturales

ácaros

TÉRMINO SIMILAR: acarodermatitis

Animales microscópicos que acompañan al polvo suspendido en el aire, y que son responsables de muchos procesos alérgicos que afectan a los niños.

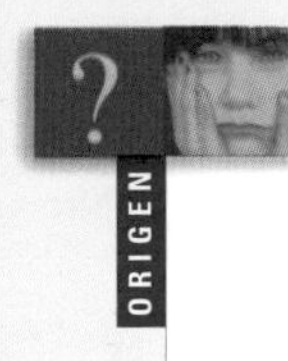

ORIGEN

En una sola mota de polvo puede haber entre 10.000 y 15.000 ácaros, gérmenes que se alimentan de las células muertas de la piel de hombres y animales. Viven preferentemente en ambientes cálidos (20-30ºC) y húmedos (70 por 100 de humedad o más), por lo que habitan sobre todo entre la ropa, en las camas, y en la casa en general. Aparecen particularmente al final del verano y al comienzo del otoño. Se calcula que en España hay entre un 5 y un 15 por 100 de personas, del total de la población, que padece alergia a los ácaros, manifestada en especial por ataques de asma, rinitis y/o erupciones cutáneas.

TRATAMIENTO Y PREVENCIÓN

Airear todos los días la habitación del niño, aunque haga frío.

Fregar con agua y jabón los suelos de la casa, para evitar la dispersión del polvo que suele producirse al barrer.

No utilizar insecticidas o productos químicos, ya que suelen ser ineficaces.

Prolongar el mayor tiempo posible la lactancia materna, pues aporta muchas más defensas al bebé.

En casa, instalar muebles lacados y fáciles de limpiar, con cajones que ajusten perfectamente. Evitar las alfombras, cortinas y moquetas. Si es posible, los suelos serán lavables.

En la habitación del niño: no tener ropa colgada o "al aire", juguetes de tela (son auténticos almacenes de ácaros y polvo), asientos de espuma, etc. Las cortinas deben ser a modo de estores de pvc. Las lámparas deben estar protegidas con pantallas de cristal (fáciles de limpiar). Mantener una buena calefacción y ventilación. En general, la habitación debe tener los menos objetos posibles.

Lavar toda la ropa como mínimo a 60ºC durante un ciclo completo de lavado. Para tratar algunos juguetes u otros objetos que le gustan al niño, se puede recurrir al congelador, ya que los ácaros no resisten más de 24 horas en una temperatura de –18ºC.

sabía que *algunos niños que han padecido sarna, tiña u otras enfermedades relacionadas con los ácaros, desarrollan lo que se denomina acarofobia, esto es, repulsión exagerada hacia estos organismos.*

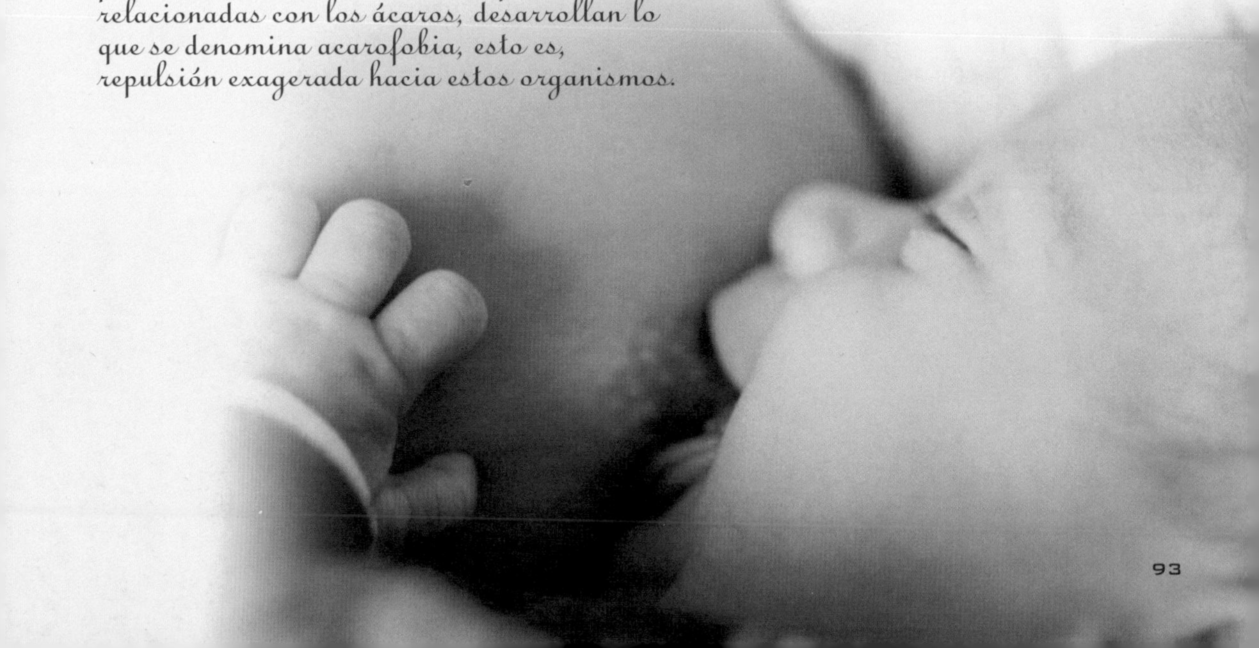

acetona

Olor dulzón parecido al de las manzanas o similar a la orina, presente en el aliento del niño.

ORIGEN

La aparición de acetona en el organismo no es una situación alarmante. Se relaciona con el uso incompleto de las grasas acumuladas en su interior. Por ejemplo, en caso de ayuno el cuerpo obtiene la energía de la grasa almacenada y surge la acetona. Su aparición es frecuente, en períodos en los que se come mal o poco (ayuno), y en los casos de fiebre, vómitos, diabetes (aunque sea esporádica), etc. También la orina puede tener este olor (acetonuria), sobre todo en el momento de levantarse.

TRATAMIENTO

Como la acetona es un síntoma de "algo más", hay que tratar la situación que la produce.

EVITAR LOS ALIMENTOS muy grasos como leche, huevos y salsas. Reducir el consumo de proteínas (carnes, pescados) y no utilizar en exceso glúcidos o azúcares.

ALIMENTACIÓN basada en frutas, cereales integrales, hortalizas guisadas o asadas con poco aceite, y zumos de cítricos.

NUNCA DAR AGUA CON BICARBONATO, ya que con esta medida, además de molestar al niño, no se consigue ningún resultado beneficioso, tal como mucha gente cree.

BAJAR LA FIEBRE (véase el capítulo correspondiente).

REDUCIR LOS VÓMITOS (véase el capítulo correspondiente).

EN CASO DE AYUNO o pocas ganas de comer, recurrir a caldos, zumos, limonada alcalina, alimentos blandos, yogur, y en general, beber mucha agua e infusiones poco endulzadas.

REDUCIR EL CONSUMO de dulces, bollería y similares para no acentuar una posible situación de diabetes, aunque ésta sea pasajera.

SI PERSISTE la acetona tras desaparecer síntomas como fiebre, vómitos, etc., acudir al médico para valorar otras posibles enfermedades "de fondo" (diabetes).

PREVENCIÓN

Tratar desde su inicio las situaciones que pueden favorecer su aparición, como infecciones, fiebres, náuseas y vómitos, y ayunos prolongados. Vigilar la alimentación del niño, y en particular, los dulces y la bollería. Distribuir la comida del día en 5-6 tomas (desayuno, almuerzo, comida, merienda y cena) para evitar períodos de ayuno.

sabía que *hay otra acetona, la de disolventes como los de los quitaesmaltes de uñas, que pueden producir intoxicaciones en los niños por su intenso olor, provocando excitación del sistema nervioso y, más tarde, adormecimiento.*

acné

TÉRMINOS SIMILARES: abscesos, granos

Obstrucción de una o de varias glándulas sebáceas que se sitúan al lado de los pelos (folículos pilosos), produciéndose un bulto enrojecido.

Las glándulas sebáceas liberan sebo o grasa para lubrificar la piel. A partir de los 10 años esta grasa puede generarse en abundancia y "taponar" la propia glándula, reteniendo en el interior la grasa producida. A veces se contamina con los propios gérmenes que hay en la piel (sobre todo el estafilococo aureus), y aparece la inflamación o comedón. El acné afecta sobre todo a la cara, pero también puede hacerlo en cuello, nuca, espalda, pecho, etc. El aumento de grasa se debe a la influencia de los andrógenos, hormonas masculinas, liberados en grandes cantidades a partir de los 10 años.

COMIDA: no hay que modificar las normas de alimentación, ya que el acné tiene poco que ver con el consumo de chocolate, embutidos, etc. Eso sí, procurar que la alimentación sea equilibrada y tenga "de todo", en particular frutas y verduras.

HIGIENE DE LA PIEL: hay que mantener la piel limpia para que las glándulas sebáceas no se obstruyan con la grasa, pero basta con lavarse un par de veces al día con agua y jabones suaves. Igualmente, hay que secarse con suavidad para no irritar más la piel.

CUIDADO CON EL MAQUILLAJE: los poros de las glándulas se obstruyen aún más con el maquillaje normal, usado con frecuencia para ocultar rojeces. En estos casos hay que recurrir a cremas antiacné distribuidas en las farmacias.

LIMPIAR LOS POROS un par de veces por semana con agua caliente y un poco de jabón ácido.

ORTIGA: elaborar una infusión de 1 l utilizando 2 puñados de ortiga fresca o seca. Colar y beber a lo largo del día. Realizar esto un par de días a la semana.

RAÍZ DE BARDANA: tomar cada día 2 infusiones de raíz de bardana durante 3-4 semanas (hasta observar una notable mejoría del problema).

PENSAMIENTO: infusiones realizadas con las hojas y flores de esta planta. Tomar una taza al día. Sus componentes, similares a los de la aspirina, tienen efectos antiinflamatorios y facilitan las secreciones de las glándulas.

SALVIA: cuando el acné se encuentra relacionado con las primeras menstruaciones y, en consecuencia presenta un marcado componente hormonal, resulta muy eficaz el uso de infusiones de salvia, calentando en 1/2 l de agua una cucharada de esta planta. Tomar 2-3 tazas al día la semana anterior a la menstruación.

No tocar las lesiones producidas por el acné para evitar que empeoren. No lavarse en exceso, y, en particular, con agua muy caliente y jabones con pH ácido o básico (lo mejor son los neutros). Tratar la piel con suavidad y no frotarla nunca. Tomar muchas verduras frescas en las comidas y, en especial, rábanos y tomates. Baños de sol durante los paseos y juegos (no es recomendable la exposición estática y directa).

sabía que *en el tratamiento del acné hay que tener mucho cuidado con el uso de cremas con corticoides, ya que favorecen la formación de estrías en la piel. Deben emplearse con vigilancia del médico.*

adelgazar

Muchos niños tienen exceso de peso para su edad, situación que puede dar lugar a numerosas enfermedades. Para evitarlo, hay que facilitar la pérdida de peso.

ORIGEN

La necesidad de adelgazar en un niño se hace presente cuando su peso se sitúa por encima del percentil 75 para su sexo y edad, información que podemos valorar en la cartilla sanitaria infantil. El sobrepeso y la obesidad facilitan la aparición de diabetes, fuerzan el esqueleto, dificultan los movimientos y el desarrollo de los pies, allanan el camino a enfermedades cardíacas, etc. Ahora bien, para que un niño adelgace hay que mantener cierta prudencia y tomar precauciones.

TRATAMIENTO

ALIMENTACIÓN EQUILIBRADA, con mayor participación de frutas, verduras, cereales, etcétera.

NO PROHIBIR ningún alimento, incluso los más calóricos, aunque estos últimos deben utilizarse con mucha moderación.

EVITAR EL AYUNO para no facilitarle “tentaciones” y “picoteo”, por lo general dirigido a los productos más calóricos (patatas fritas, bollería industrial, etc.).

ACTIVIDAD FÍSICA para incrementar el gasto calórico del organismo.

BERENJENAS: utilizarlas una o dos veces por semana, ya que además de ser muy nutritivas, facilitan el metabolismo de las grasas.

SUSTITUIR muchos de los productos dulces por zumos.

PREVENCIÓN

Limitar las actividades sedentarias (videojuegos, ordenador, televisión, etc.). Que acuda al centro escolar andando, y acompañarle si es necesario. Evitar el “picoteo” entre horas. Nunca obligarle a comer todo lo que hay en el plato. Procurar no premiarle con dulces y comida rápida (limitar mucho estas últimas). Y, sobre todo, constituirnos nosotros en su mejor ejemplo.

sabía que *el peso, sobre todo en los prematuros, tiene mucho que ver con la capacidad del estómago: 2,5 kg, 15 ml de volumen estómago; 2 kg, 10 ml; 1,5 kg, 8 ml.*

aftas

Son pequeñas úlceras que surgen, solas o agrupadas, en el interior de la boca, e incluso en la lengua. Tienen aspecto blanquecino y sangran a veces ligeramente.

ORIGEN

Por lo general, las aftas son de causa poco conocida, si bien hay ciertos factores que ayudan a su desarrollo. La boca contiene siempre algunos gérmenes, en mayor o menor cantidad en función de la higiene bucal. Cuando se reducen las defensas, esos gérmenes se desarrollan y pueden crear lesiones similares a las aftas (como en el caso del hongo *Candida albicans*). Otras causas son la llegada de ácidos a la boca desde el estómago: vómitos frecuentes, alimentación muy rica en azúcares (el mejor combustible para los gérmenes), etc.

TRATAMIENTO

ROMERO: enjuagarse la boca cada 4 horas durante 5 minutos con infusión de romero, elaborada con unas pizquitas de hojas y flores secas hervidas en 1/2 l de agua. Dejar reposar a fuego lento 10 minutos y guardar. Mantener el tratamiento hasta que desaparezcan los síntomas.

YOGUR: con la ayuda de una gasa aplicar 2-3 veces al día una pequeña capa de yogur natural sobre las "manchas".

COMIDAS ligeramente frías, para evitar que el niño sienta dolor y las rechace.

ARÁNDANOS: el efecto antiséptico de estos frutos ayuda a combatir la proliferación de los gérmenes, y facilita la cicatrización de la herida. Es muy recomendable masticar unos cuantos de ellos un par de veces al día.

SALVIA: enjuagarse la boca 2-3 veces al día con una infusión de hojas de salvia.

CALDO DE HIGOS FRESCOS: cortar 3-4 higos frescos y calentarlos en leche durante 5 minutos. Colar la leche y dejar enfriar. Aplicar 2-3 veces al día con una gasa.

PREVENCIÓN

Reducir el consumo de azúcares para no facilitar la proliferación de los gérmenes. Asegurar una buena higiene bucal (cepillado de los dientes 3 veces al día, incluida la lengua). Prevenir y tratar los vómitos (véase el capítulo correspondiente). Antes de que aparezcan las úlceras suele presentarse escozor y dolor al comer, momento en el que hay que iniciar el tratamiento.

sabía que *las aftas repetidas pueden estar relacionadas con alteraciones psicológicas, particularmente el "rechazo materno". Los niños que las padecen suelen ser despiertos, sensibles e inquietos.*

alcohol y lactancia

Presencia de alcohol en la secreción de leche de la mama en cantidades variables, con independencia del estado de lucidez de la madre.

ORIGEN

El alcohol es una sustancia que se absorbe con facilidad en el intestino, se transporta cómodamente en la sangre y alcanza sin problemas la glándula mamaria, formando parte de la leche materna. En consecuencia, cualquier bebida alcohólica que se consuma, sea del tipo que sea (cerveza, vino, anís, whisky, etc.), hace posible que el contenido en alcohol pase a la leche, y de aquí al lactante.

PREVENCIÓN

DEBE EVITARSE el consumo de alcohol durante la lactancia. En caso de consumirlo, que sea de forma muy esporádica y sólo bebida aislada (sin mezclar).

EL BEBÉ recibe con facilidad el alcohol transportado en la leche, y puede llegar a sufrir una intoxicación etílica, situación en la que la respiración, o la frecuencia de contracción cardíaca, se reducen poco a poco.

SI SE HA BEBIDO, procurar no amamantar al bebé y sustituir la toma más próxima (e incluso alguna posterior) por leche adaptada. Debemos recordar que las tomas suelen administrarse cada 3 horas, tiempo insuficiente para eliminar el alcohol que pueda encontrarse en la sangre si se han bebido varias copas.

AGUA: el consumo de grandes cantidades de agua fuerza la formación de orina y la eliminación del alcohol en la sangre.

sabía que *las embarazadas que toman al día más de una copa de cerveza o de vino, muestran más probabilidades de tener un hijo hiperactivo, prematuro o de bajo peso.*

alergia

Reacción exagerada del sistema inmunitario ante sustancias inocuas, que provoca lesiones en el organismo y afectan, según el caso, a las vías respiratorias, la piel, aparato digestivo u otros elementos.

ORIGEN

El sistema inmunitario de un niño –o las defensas de un bebé– tiene un escaso grado de madurez, razón por la que muchas sustancias habituales para nosotros a ellos les resultan "extrañas". El contacto con ellas da lugar a una respuesta exagerada de células defensivas, anticuerpos, etc., y, con ello, a síntomas como picor, diarrea (gastroenteritis), cierre de los bronquios con dificultades para respirar (asma), manchas en la piel (dermatitis), etc. Productos muy utilizados por los niños y bebés con capacidad alérgica son las leches de vaca, cabra y oveja; los colorantes, ciertos conservantes y condimentos, algunas pastas dentífricas, pólenes, metales, tejidos, etc. Aunque lo ideal es conocer el producto que causa la alergia, algunos remedios ayudan a disminuir las molestias en el niño.

TRATAMIENTO

REDUCIR EL USO de leche y derivados lácteos durante 2-3 semanas (la leche de vaca es una de las sustancias que con más facilidad puede desequilibrar el sistema inmunitario a edades temprana).

DISMINUIR la presencia en la comida diaria de embutidos, harinas refinadas, azúcares, bollería industrial, platos preparados, etc.

MANZANILLA: administrar al bebé una cucharadita de infusión de manzanilla después de cada comida. El mismo procedimiento puede seguirse con eneldo o hinojo. Cualquiera de estas hierbas ayuda a equilibrar el sistema inmunitario.

SUSTITUIR la leche de vaca (a veces incluso la del biberón) por leche de soja, e incluso por leche hipoalérgica, durante varias semanas.

ENSALADAS Y VERDURAS; en mayor cantidad para los niños "mayorcitos".

ANOTAR: cuando aparezca una reacción que por sus síntomas puede ser alérgica, se debe tomar nota de los alimentos y ropas que el niño ha usado ese día.

PREVENCIÓN

No ingerir en exceso leche de vaca, cabra u oveja; prolongar la lactancia materna lo más posible. Introducir en el bebé muy lentamente los diferentes tipos de alimentos; no "abarrotar" las habitaciones de los niños con abundantes telas y otros elementos que faciliten el almacenamiento del polvo. Si hay antecedentes familiares de alergia, el niño tiene más posibilidades de desarrollar la enfermedad, por lo que hay que vigilarlo con mayor atención. Concretar el producto alérgeno y administrar vacunas.

sabía que *cuando hay antecedentes de padres alérgicos, puede realizarse un estudio de la sangre del cordón umbilical y determinar si la descendencia también será alérgica.*

alergia alimentaria

Reacción alérgica desencadenada por consumir determinados alimentos que favorecen la aparición brusca de ciertos síntomas (picor, rinitis, etc.).

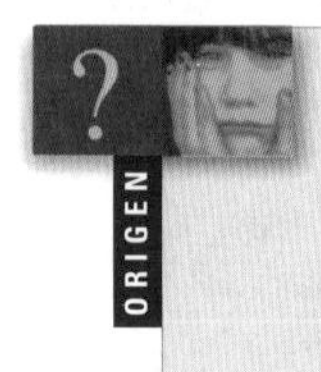

ORIGEN

El sistema inmunitario todavía inmaduro del niño puede responder de forma exagerada a algunos de los alimentos que poco a poco introducimos en su alimentación. Los productos con mayor capacidad para producir alergias son el huevo, la leche de vaca, la soja, el pescado, la fruta (aguacate, plátano, kiwi, piña, melón, uvas y, en menor medida, las naranjas y las manzanas), frutos secos (castañas, nueces, avellanas, almendras) y el chocolate. Las molestias a que pueden dar lugar son muy variables, aunque en general predominan rinitis, urticaria, reacciones asmáticas, inflamación de la garganta con dificultad para respirar, dolores de cabeza y, en menor medida, alteraciones digestivas. Lo ideal es conocer la causa para poder evitar ese alimento; pero mientras tanto podemos tratar los síntomas y fortalecer las defensas del organismo.

TRATAMIENTO

ALIMENTACIÓN sencilla con unos pocos productos que no generen ninguna reacción anómala en el niño.

COMBATIR LOS SÍNTOMAS (rinitis, urticaria, asma, etc.) tal como se describe en otros capítulos de este libro.

LOS ALIMENTOS MÁS indicados en estas situaciones son leche de soja, carne tierna y ligera, pescado cocido, sopas, verduras y frutas ligeramente cocidas.

COMER POCA cantidad pero con mucha frecuencia, para que la actividad del aparato digestivo y del sistema inmunitario sea más equilibrada.

GINSENG líquido: tomar cada día unas gotitas mezcladas con una de las comidas (tiende a facilitar y a equilibrar la actividad del sistema inmunitario y, por tanto, de la respuesta alérgica).

PREVENCIÓN

Los bebés o niños que tengan alguna alergia son propensos a desarrollar otras nuevas, por lo que no debemos darles zumos de frutas tropicales. Conviene cambiar la tetina, si es de látex, por otra de silicona (el látex puede generar alergias). Introduciremos nuevos alimentos de forma lenta, poco a poco, evitando comidas "novedosas"; controlar el consumo de productos que favorecen la histamina (sustancia que facilita los síntomas de las reacciones alérgicas) como chocolate, colas, frutos secos y embutidos. Realizar pruebas para conocer el alérgeno y vacunarse contra él.

sabía que *las alergias alimentarias están acompañadas también por síntomas que no pertenecen al aparato digestivo (picores en diversas partes del cuerpo, aftas bucales y eczemas alrededor del ano).*

alergia cutánea

Reacción alérgica que se manifiesta en la piel, acompañada generalmente de picor intenso, lesiones por rascado y manchas rojizas.

ORIGEN

Diversos productos (metales, medicamentos de aplicación sobre la piel, alimentos, e incluso gases) pueden ser responsables de la reacción alérgica, bien por estar la piel en contacto con ellos, bien porque es en la piel donde aparecen algunos síntomas de la alergia (tal como sucede con muchos alimentos). Al igual que en otros procesos alérgicos, las manifestaciones pueden iniciarse a los pocos meses de edad. Muchas de ellas tienden a desaparecer lentamente hacia los 3-4 años, y evolucionan durante este tiempo a "brotes" (algunos de ellos incluso en la adolescencia). Lo fundamental es conocer la causa. Mientras tanto...

TRATAMIENTO

ALCOHOL MENTOLADO al 2 por 100 aplicado con la ayuda de una gasa sobre las zonas de la piel afectadas por el picor. Es un buen calmante contra el prurito. También podemos recurrir, mediante el mismo sistema, a la loción de calamina.

RETIRAR del vestuario, o de la alimentación del niño, aquellos productos que puedan resultar sospechosos de causar la alergia, y utilizar sólo aquéllos de los que no tenemos dudas.

PREVENCIÓN

Seguir los mismos consejos recomendados en el apartado anterior.

sabía que *a cualquier edad, durante la infancia, el calor, el frío o el sol pueden desarrollar síntomas de alergia en la piel.*

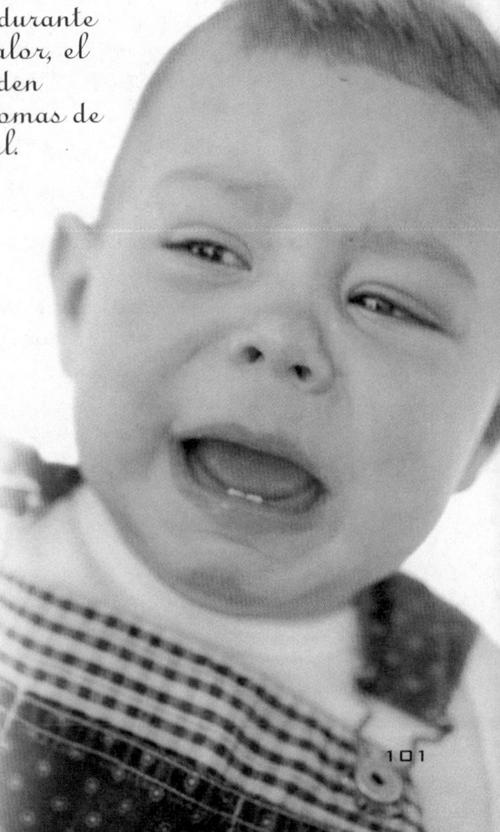

alergia a medicamentos

Reacción alérgica desencadenada por determinados medicamentos, que se manifiesta particularmente en la piel.

ORIGEN

Teóricamente casi todos los fármacos tienen posibilidades de producir reacciones alérgicas, si bien dentro de los que se utilizan con mayor frecuencia destacan, como tales, los antibióticos y los antitérmicos (para tratar lo fiebre). Antibióticos como penicilinas y sulfamidas son muy alergizantes, seguidos de cloranfenicol (no debería administrarse a lactantes y niños pequeños), tetraciclinas, ampicilinas, amoxicilinas y eritromicina (estos últimos producen pocas alergias). Los síntomas más frecuentes son "ronchas" o habones distribuidos por todo el cuerpo, pequeñas manchas rosas e intenso picor. Estas alergias suelen desaparecer en pocos días, siempre que se suprima la administración del fármaco.

TRATAMIENTO Y PREVENCIÓN

EL PICOR y otros síntomas asociados deben ser tratados siguiendo los consejos generales sobre alergia, o los indicados en los correspondientes capítulos.

LOS ANTIBIÓTICOS deben administrarse siempre por nosotros y en casa, por vía oral, no inyectados, a no ser que estemos seguros de que no hay alergias. Cuando se administran por vía oral, aunque sea la primera vez, las reacciones alérgicas son más suaves.

SEGUIR SIEMPRE las indicaciones del pediatra y no sustituir sus consejos por otros que hayan resultado eficaces en otros niños (cada niño es un mundo diferente, y en particular en el caso de las alergias).

LAS REACCIONES GRAVES (shock anafiláctico) son raras en el caso de alergia a medicamentos.

PRUEBAS ALÉRGICAS: son la única manera de confirmar el origen de la reacción y determinar con precisión el agente causante.

CONOCIDO EL ALÉRGENO hay que colocar en el cuello del niño una placa que indique la alergia que padece.

DEBEMOS DISTINGUIR entre reacciones alérgicas y efectos secundarios de los fármacos, ya que hay muchos antibióticos que, como efecto secundario, producen manchas rosas o exantemas en diferentes partes del cuerpo (es éste el caso de la ampicilina o la amoxicilina, muy utilizadas entre los niños)

sabía que *las alergias a los medicamentos son cada vez más frecuentes por dos razones: cada día hay más productos en el mercado y, al mismo tiempo, menos equilibrio en nuestro sistema defensivo.*

amigdalitis

TÉRMINO SIMILAR: anginas.

Inflamación de las amígdalas palatinas situadas a ambos lados de la raíz de la lengua.

ORIGEN

Las amígdalas son órganos defensivos que se encargan de capturar elementos extraños que penetran por la cavidad bucal junto con los alimentos o el aire respirado. Cuando se produce una invasión de gérmenes, las células trabajan de forma más intensa y aumentan de tamaño, estrechando el paso que va de la boca a la faringe se aprecia, entonces, dificultad al tragar los alimentos, hinchazón de los ganglios en el suelo de la boca, fiebre, etc. Incluso podemos observar placas blancas sobre la amígdala. Si se da esta situación hay que consultar con el pediatra.

TRATAMIENTO

DIETA LÍQUIDA Y LIGERA con abundantes sopas, zumos, frutas, ensaladas y verduras.

ENVOLTORIO FRÍO que realizaremos colocando una toalla alrededor del cuello del niño y manteniéndola así durante toda la noche.

FRAMBUESA: realizar una decocción con 25 g de hojas secas de frambuesa por cada litro de agua (hervir 5 minutos y colar). Tomar tres tazas diarias.

PERAL: practicar tres veces al día gargarismos con una infusión realizada con 40 g de hojas secas de peral (hervir 2 minutos y mantener a fuego lento otros 15; después colar y dejar enfriar durante 5 minutos).

PULVERIZACIONES en las amígdalas y en la garganta con una infusión de hojas secas de salvia o con extracto de salvia (podemos conseguir el spray en farmacias). Practicarlo 3 veces al día.

ZUMO DE UVAS: ayuda a eliminar los virus responsables de la enfermedad. Tomarlo 2-3 veces al día (cantidad según la edad, desde un par de cucharaditas en cada toma hasta medio vaso).

MASAJE: para aliviar las molestias podemos realizar un ligero masaje opresivo (apretando) sobre el dedo pulgar del niño, primero una mano y luego la otra.

PREVENCIÓN

Enseñar al niño la respiración nasal. Facilitar una buena higiene bucodental. Evitar el consumo de alimentos a temperaturas extremas, así como forzar la voz, el llanto prolongado, etc. Tratar los estados de agotamiento o cansancio. Vigilar que no existan procesos infecciosos cercanos a la cavidad bucal (sinusitis, faringitis, rinitis, problemas dentales…).

sabía que en 1998 fueron operados de amígdalas en España 6 de cada 10.000 niños. La cifra varía mucho de una comunidad a otra (La Rioja, 10 por cada 10.000; y Aragón, 1 por cada 10.000).

ampollas

TÉRMINO SIMILAR: vesículas

Bolsas que aparecen en la piel, particularmente en las zonas de roce, ocupadas por líquido transparente.

ORIGEN

Cuando la piel recibe una permanente y fuerte presión (calzado ajustado, transporte de peso durante mucho tiempo), los vasos sanguíneos situados debajo de ella liberan suero que se almacena poco a poco despegando la piel. En otras ocasiones, puede tratarse de la manifestación de una pequeña deshidratación local (dishidrosis entre los dedos), e incluso una quemadura de segundo grado (por las radiaciones solares u otra fuente de calor).

TRATAMIENTO

NUNCA ROMPER la ampolla, ya que esto permitiría el acceso de gérmenes, desde la superficie de la piel o el exterior hasta las capas más profundas (dermis e hipodermis), con notable riesgo de infección.

SACAR EL LÍQUIDO limpiando con agua oxigenada la ampolla y luego atravesarla con la ayuda de una aguja estéril (que ha debido hervirse previamente), unida a un hilo impregnado en alcohol, que pasará por toda la ampolla y absorberá su contenido.

CUBRIR la ampolla con una tirita o gasa pequeña durante 2-3 días. En este tiempo, el tejido subyacente madura poco a poco para formar una nueva piel.

PREVENCIÓN

Evitar las prendas y el calzado apretados. Utilizar calcetines de algodón. Reducir las cargas pesadas o que rocen.

sabía que *la causa más frecuente de ampollas es la reacción alérgica a un elemento (metales, frutas, telas) con el que se ha tenido contacto.*

anemia

TÉRMINO SIMILAR: anemia ferropénica

Disminución en la sangre del número de glóbulos rojos o de la cantidad de hierro que estas células llevan en su interior.

ORIGEN

Los glóbulos rojos –debido al hierro que hay en su interior– son las células encargadas de transportar el oxígeno desde los pulmones a la totalidad de células del organismo. En los bebés puede surgir anemia hacia los meses 3º-4º de vida, al agotarse el hierro almacenado en su organismo durante la gestación y hasta que posea dieta y capacidad suficiente para obtenerlo a partir de los alimentos. En los niños la anemia puede deberse a una alimentación pobre en ese mineral, a la presencia de infecciones que dificultan la absorción de hierro en el intestino, a la existencia de parásitos en esa zona, a pequeñas y frecuentes hemorragias, etc. La anemia propicia pocos glóbulos rojos y poco oxígeno en las células; por ello el niño tiene piel pálida (sobre todo en labios y orejas), cansancio, se agota con facilidad y se muestra inapetente.

TRATAMIENTO

ALIMENTOS ricos en hierro: carne roja (ternera, buey, potro), vísceras (riñones, hígado, sesos), cereales integrales, frutas, frutos secos, verduras de hoja verde y legumbres (brécol, judías, guisantes, soja, patatas, tomates).

CEREZAS, ya sea al natural o en forma de mermelada, porque contienen muchos minerales (entre ellos hierro) y vitaminas.

FRUTOS SECOS, y en particular pistachos, pues contienen una elevada cantidad de hierro fácil de absorber por el intestino (un puñado, todos los días).

JUGO DE CARNE PARA LOS NIÑOS obtenido a partir de la carne de caballo (cocer la carne y luego licuarla). El jugo puede incorporarse a otras comidas, o ser bebido en caliente.

BERRO, como complemento de ensaladas, sopas y carnes asadas (estimula el apetito).

JUGO DE ZANAHORIAS previamente licuadas, a razón de 1 o 2 cada día.

PREVENCIÓN

Vigilar sobre todo a los niños que presentan infecciones con cierta frecuencia, así como a los que se muestran con poco apetito o tienen lombrices en el intestino. Los problemas quedarán a un lado siempre y cuando la alimentación sea rica en verduras, zumos naturales y carne roja (si es posible, nunca frita).

sabía que las vitaminas no sirven de nada en el caso de la anemia. La alimentación es el mejor de los tratamientos.

animales de compañía

TÉRMINO SIMILAR: zoonosis

Perros, gatos, roedores, peces, etc., son cada vez "amigos" más frecuentes de nuestros hijos, aportando compañía, afecto, responsabilidad, pero a veces también enfermedades.

ORIGEN

Los animales de compañía suelen constituir un "almacén" de parásitos que pueden precipitar la aparición de numerosas enfermedades en los niños. Tal es el caso de la toxoplasmosis (gatos y perros), la tiña (gatos, perros, roedores), psitacosis (loros, cacatúas, etc.), hidatidosis (perro), procesos alérgicos a los pelos y otras sustancias que desprenden etc.

TRATAMIENTO Y PREVENCIÓN

Tanto las alergias como las otras enfermedades citadas se describen en distintos capítulos de este libro.

Lo primero es visitar al veterinario, para que reconozca y trate debidamente al animal.

Mantener en casa bien separadas las cosas del animal y las de las personas (mantas, cojines, recipientes, etc.).

Lavar las cosas de los animales con guantes y productos de limpieza exclusivamente para ellos.

Darles exclusivamente comida comprada en los establecimientos habilitados al efecto, no cualquier cosa.

Utilizar antiparásitos en forma de lociones, collares, etc., de forma constante.

Vacunarlos periódicamente.

Siempre, después de tocar un animal, hay que lavarse las manos.

sabía que *los niños no deben acariciar el morro de los perros, y, menos aún, ser lamidos por ellos. Después de jugar en su compañía, deben lavarse las manos "a fondo".*

anorexia

TÉRMINOS SIMILARES: inapetencia, falta de apetito

Negativa del niño a comer, aunque tenga hambre.

ORIGEN

Puede ser el resultado de un conflicto psicológico entre el niño y la madre, aunque cabe la posibilidad de que haya otras causas, siempre de tipo psicológico. Nos encontramos ante madres sobreprotectoras que se encuentran siempre "encima" del niño o del bebé, procurándole una alimentación excesiva (a veces sin que la necesite) o tratando de que siempre se encuentre a gusto, limitando sus movimientos, etc. Al final, al niño no le falta nada, le sobran las ganas de comer y manifiesta inapetencia como disconformidad.

TRATAMIENTO

NUNCA forzar la alimentación; hay que "respetar" su inapetencia.

NO MEZCLAR juegos y comida, ya que debemos enseñarles que la alimentación tiene un gran valor por sí misma.

HORARIOS más o menos regulares, para que también el niño vaya estableciendo sus propios horarios y actividades.

ZUMO DE FRESAS: licuar 6-8 fresas a primera hora de la mañana, y que sean tomadas como el primer alimento del día junto con el resto del desayuno.

ESPACIO VITAL para el niño, no situándonos siempre encima de él, a su lado, como fieles vigilantes en lugar de amigos.

REDUCIR en la comida diaria la presencia de frituras, picantes y salsas, y aumentar la cantidad de frutas y verduras.

PREVENCIÓN

Evitar las conductas sobreprotectoras; enseñarles a comer: sentarse a la mesa es también una actividad educativa y no sólo una necesidad. Dar al niño menos "control y vigilancia" y más afecto.

sabía que *los estimulantes del apetito suelen ser inútiles, y, cuando funcionan, peligrosos. No es aconsejable utilizarlos en los niños.*

antibióticos naturales

TÉRMINOS SIMILARES: antimicrobianos, antisépticos, bactericidas

Sustancias de origen natural (formadas por algunas plantas y hongos) o artificial (en laboratorio) con capacidad para destruir bacterias y otros gérmenes.

ORIGEN

En nuestros días, la mayoría de los antibióticos que utilizamos son de tipo artificial, esto es; hemos copiado a la naturaleza y sintetizamos en laboratorio productos capaces de eliminar microorganismos, ya sean patógenos (responsables de la producción de enfermedades) o no patógenos (bacterias que hay en el intestino y nos ayudan en la digestión). Ofrecemos algunos remedios con efecto antibiótico que pueden ser útiles en caso de infección, además carecen de efectos secundarios.

TRATAMIENTO Y PREVENCIÓN

PAN ENMOHECIDO: los hongos presentes en este tipo de pan fabrican sustancias antibióticas muy potentes (como los hongos productores de penicilina).

AJO CRUDO: tenemos la posibilidad de añadir un cuarto de ajo bien picado a la comida del niño (2 veces al día) y con ello desarrollar una gran actividad antibiótica. Los mismos resultados se conseguirán con aceite de ajo (licuar varios dientes de ajo y colar), bien sea para añadir a la comida, bien para aplicar en las heridas.

OTROS ANTIMICROBIANOS: equinácea, verbena, clavo, eucalipto, menta, lavanda, mirra, tomillo y ajenjo. Estas plantas pueden utilizarse en forma de infusión para beber (1-2 vasos al día en 3-4 tomas), o localmente con la ayuda de gasas.

sabía que *el uso de antibióticos naturales reduce considerablemente la aparición de alergias a los antibióticos de síntesis.*

apendicitis

Inflamación del apéndice vermicular, una especie de "dedo" que cuelga de la primera porción del intestino grueso en la fosa ilíaca derecha (parte derecha de la cadera).

ORIGEN

Ya sea por restos de alimentos que penetran en el apéndice y lo obstruyen, o por la llegada de gérmenes de forma directa, el apéndice se inflama y se hincha. Los síntomas característicos son naúseas y vómitos, fiebre ligera y dolor abdominal por encima de la ingle derecha. Muchas veces van precedidos de un período de estreñimiento. En estos casos conviene extirpar el apéndice mediante una intervención quirúrgica sencilla. Cuanto antes se realice mejor, ya que puede perforarse el peritoneo que rodea el apéndice (una especie de bolsa transparente con muchos nervios, que cubre los órganos del abdomen), dando lugar a la peritonitis.

TRATAMIENTO Y PREVENCIÓN

ACUDIR AL MÉDICO para valorar una posible intervención quirúrgica.

REDUCIR LAS MOLESTIAS mediante el empleo de una infusión de manzanilla y equinácea.

PERITONITIS: para concretar su presencia, conviene valorar el denominado signo de Blumberg. Basta con presionar con suavidad y con los dedos juntos en la zona donde hay dolor, soltando "de repente". Si duele más al soltar, el signo es "positivo", la probabilidad de peritonitis es elevada y hay que acudir al médico con rapidez.

sabía que *hay muchas situaciones que pueden obstruir el apéndice: existencia de parásitos en el intestino o de cuerpos extraños (botones); pasar el sarampión e incluso vivir situaciones de estrés (que activa mucho el movimiento del intestino).*

asma

Dificultad respiratoria que evoluciona a modo de crisis y presenta una espiración o salida del aire muy prolongada, acompañada de pitidos.

ORIGEN

Aunque algunos casos albergan causas psicológicas, el asma suele tener un trasfondo de tipo alérgico, de tal manera que cuando penetran ciertas sustanacias en las vías aéreas (polvo, polen, ácaros, etc.) facilitan el cierre de los bronquios más pequeños y los inundan de secreciones (moco). Por eso la entrada y salida de aire se hace tan difícil. Durante la crisis el niño muestra un color pálido, se le marcan los espacios entre las costillas y los músculos del cuello y se le abren las fosas nasales. Lo fundamental es descubrir el alérgeno y vacunarse contra él. Mientras tanto...

TRATAMIENTO

ARÁNDANOS AMARGOS: desmenuce dos cucharadas de arándanos amargos y échelos en un vaso de agua caliente. Se mezcla bien y se toma poco a poco. Con ello dilatamos los bronquios y reducimos la producción de moco, por lo que es muy útil en el transcurso de los ataques.

DIETA ABUNDANTE en líquidos para favorecer la limpieza de los bronquios y la salida de las secreciones.

HELENIO: la decocción de sus raíces resulta ideal para eliminar las secreciones de los bronquios y evitar la infección que con frecuencia acompaña a la crisis de asma.

JARABE DE GIRASOL: alivia la tos que acompaña al asma. Hervir 2 l de agua con 2 vasos de semillas de girasol hasta que el líquido se reduzca a la mitad. Colar y mezclar con 1 l de miel. Hervir otra vez hasta que se ablande. Guardar en un frasco hermético.

EUCALIPTO: las infusiones de sus hojas secas propician efectos similares al anterior.

CATAPLASMA DE CEBOLLA: hervir una cebolla cortada en rodajas durante 4 minutos y luego envolverlas en un paño limpio que se aplicará sobre el pecho del niño hasta que se enfríe.

PREVENCIÓN

Evitar alimentos con capacidad alérgica como leche de vaca (sustituirla por la de soja), huevos, frutos secos, mariscos, etc.; tomar de vez en cuando una infusión de hojas de gordolobo para fortalecer los pulmones; enseñarle al niño a respirar por la nariz; practicar con regularidad una actividad física (natación); mantener una habitación "austera", con los elementos imprescindibles (para que no se acumule el polvo), y de ser posible, con escasos elementos textiles (alfombras, moquetas, cortinas, etc.). Baño contra el asma: por la mañana, y si no hay crisis asmáticas, sumergir los antebrazos (hasta el codo) en agua fría durante un minuto.

sabía que *el 15 por 100 de nuestros niños tiene algún tipo de asma que, en la mayoría de los casos, mejora con la edad. La lactancia materna reduce el riesgo de asma.*

atragantarse

TÉRMINO SIMILAR: asfixia

Obstrucción parcial o total de las vías aéreas superiores (faringe, laringe y tráquea) que impide la llegada de aire a los pulmones.

ORIGEN

Caramelos, botones, trozos de papel, restos de comida sólida, etc., son los objetos que con mayor frecuencia pueden producir el atragantamiento. Si el cierre de las vías aéreas no es completo, el niño, aunque con dificultad, respira y tose con frecuencia. Si el cierre es completo la respiración no se produce, los músculos del cuello se contraen y poco a poco se oscurece el color de la cara.

TRATAMIENTO

Si se trata de un bebé o niño pequeño, póngaselo boca abajo sobre el regazo, con una pierna más alta que la otra para que su cabeza esté más abajo. Con la palma de la mano libre formando una especie de cuenco, dele golpes en la parte superior de la espalda.

Si la maniobra anterior no es eficaz, agarre el tórax por las axilas y realice una presión rápida, seca y suave. Puede repetirla varias veces (con frecuencia, esta maniobra provoca el vómito y arrastra el objeto).

Si pierde el conocimiento y deja de respirar, adminístrele oxígeno soplando con la boca, al mismo tiempo, en su nariz y boca. Sólo debe "enviarle" el aire que hay en su propia boca, no el de los pulmones, ya que éste "no cabría" en los suyos.

Si el niño es mayor, colóquese detrás de él y ponga los brazos alrededor de su cintura. Haga un nudo con sus manos sobre el abdomen y presione varias veces de forma rápida y seca (si lo hace muchas veces provocará el vómito, que saldrá con el objeto).

Cuando hay que esperar a que el objeto sea eliminado por el intestino (una pila pequeña, un botón) dele al niño abundantes purés, especialmente de patatas.

PREVENCIÓN

No perder de vista a un niño que comienza a comer solo. No dar la comida a bebés y niños cuando están tumbados. No deben correr mientras tienen comida en la boca. Dar de comer alimentos en trozos pequeños y enseñarles a que los mastiquen bien. Vigilar que no tengan a su alcance botones, monedas, pilas de botón, globos, piezas de juguetes, pendientes, anillos, chinchetas, tapaderas de bolígrafos, etc.

sabía que *hay comestibles que facilitan el atragantamiento (uvas enteras, manzanas con piel, salchichas, frutos secos, jamón, palomitas, caramelos y chicles).*

babas

Secreciones salivares producidas en exceso y que abandonan constantemente la cavidad bucal, resbalando por la mandíbula.

ORIGEN

La presencia de babas suele relacionarse generalmente con el desarrollo de las piezas dentarias, y, en particular, con las primeras de ellas (entre los 6 meses y el año y medio). Además de por la aparición de los dientes, también pueden estar producidas por alimentos de tipo ácido (limón), e incluso por algunas lesiones en la cavidad bucal (aftas). De no cuidar la piel situada alrededor de la boca, ésta puede irritarse dando lugar a erupciones diversas.

TRATAMIENTO

En general, debemos tratar la causa que da lugar al exceso de babas (salida de los dientes, aftas, etc.), para lo cual aconsejamos consultar esos apartados en esta misma obra.

Cuando aparecen erupciones en la piel por las babas, hay que aplicar 2-3 veces al día crema hidratante en la zona afectada.

Las erupciones también pueden eliminarse rápidamente, aplicando 2-3 veces al día aceite de oliva virgen.

Las babas pueden reducirse si damos a chupar algo frío (un cubito de hielo, pequeños recipientes con agua, etc.).

PREVENCIÓN

Mantener seca la zona de la piel por donde se deslizan las babas, limpiándolas con suavidad y sin "rascar". Colocar al bebé un babero absorbente la mayor parte del día. En la cama, poner una toalla bajo la sábana para que recoja la humedad.

sabía que *la saliva tiene decenas de proteínas especiales llamadas enzimas, capaces de erosionar lentamente la piel (como lo hacen con los alimentos en la boca).*

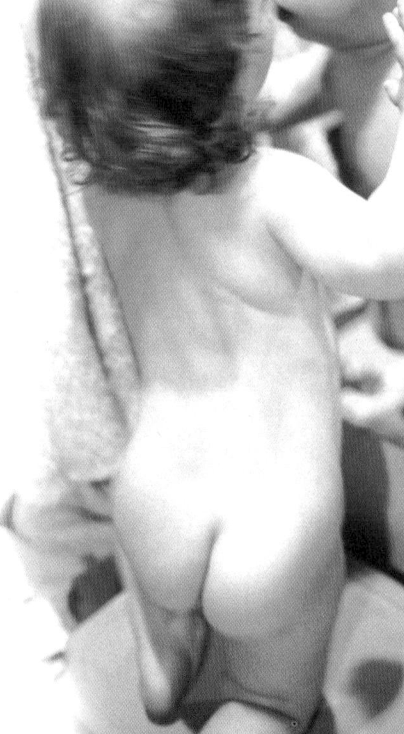

blefaritis

TÉRMINOS SIMILARES: legañas, hinchazón de párpados

Inflamación de los bordes de los párpados con aparición de rojeces, aumento de tamaño y formación de pequeñas costras.

Los folículos o raíces de donde salen los pelos de las pestañas, o las glándulas próximas, se contaminan con gérmenes, sobre todo con el estafilococo. Otras veces se relaciona con procesos alérgicos, e incluso con exceso de grasa en la cara y el cuero cabelludo que obstruye la salida del contenido de las glándulas. Generalmente hay síntomas muy claros (sensación de tener algo en el ojo, picor, quemazón, enrojecimiento de los bordes de los párpados, lagrimeo). Durante el sueño, los párpados se pegan por las secreciones secas.

TÉ DE EUFRASIA: en un 1/4 l de agua fría verter 2 cucharaditas de eufrasia troceada, calentar hasta hervir y dejar cocer 2 minutos más. Colar y echar una pizca de sal común. Empapar una gasa y colocarla sobre los ojos cerrados. Practicarlo 2-3 veces al día.

AGUA CON SAL: lavar con frecuencia los ojos cerrados, utilizando para ello agua hervida con un poco de sal. Emplearla cuando esté templada.

COMPRESAS DE MANZANILLA: preparar una infusión de manzanilla y, con la ayuda de una gasa, hacer lavados de los párpados con los ojos cerrados.

COMPRESAS DE ACELGA: hervir durante 5 minutos una hoja de acelga, quitarle toda el agua y dejarla enfriar un poco. Cuando no queme, aplicar sobre el ojo cerrado durante 30 minutos. Repetir 2 veces al día.

BEBER CON FRECUENCIA té de eufrasia (2-3 veces al día; en el caso de los niños con un par de cucharaditas cada vez es suficiente).

Hay que ser constantes en el tratamiento, ya que de lo contrario el proceso se repite y se repite, pudiendo afectar a otras zonas del ojo como la córnea. Evitar el rascado y la suciedad en los ojos.

sabía que *las blefaritis son muy frecuentes en el caso de manos sucias, así como cuando hay lesiones con pus en la piel acompañadas de rascado.*

boca (infecciones)

Proliferación de gérmenes en diferentes partes de la boca (encías, mucosas de la pared bucal, etc.), que ocasionan enrojecimiento, dolor y salivación.

ORIGEN

Durante los primeros años de vida es muy frecuente "llevarse" a la boca cualquier cosa, ya que por medio de ésta los más pequeños "exploran" el mundo que les rodea. Ahora bien, también es cierto que muchas de esas cosas causan raspaduras, pequeños cortes o, simplemente, contaminaciones por gérmenes que favorecen infecciones e inflamaciones. También la aparición de los primeros dientes es causa de alteraciones en las encías.

TRATAMIENTO

TÉ DE LIQUEN: gracias a esta planta mucilaginosa se forma una especie de capa protectora en la pared de la boca, calmando las inflamaciones. Para elaborar el té, vierte 2 cucharaditas de liquen en 1/4 l de agua y calienta hasta la ebullición. Colar y tomar una taza 2-3 veces al día, o realizar gargarismos.

TÉ DE MALVAVISCO: actúa aliviando las molestias generadas por las infecciones e inflamaciones en boca y faringe. Para elaborarlo, añadir 2 cucharaditas de raíz de malvavisco a 1/4 l de agua y dejar reposar durante media hora, agitando de vez en cuando. Luego colar y calentar un poco antes de tomarlo o realizar gargarismos. Utilizarlo 2-3 veces al día.

TÉ DE SALVIA: se elabora de la misma forma que el té de liquen. La salvia administrada de esta forma presenta una notable actividad antiinflamatoria.

TÉ DE TORMENTILLA: se elabora de la misma forma que el té de liquen o de salvia, y puede emplearse en forma de gargarismos o bebido lentamente (2-3 veces al día).

TINTURA DE MIRRA: existen numerosos preparados de este compuesto en tiendas especializadas, y es muy eficaz para tratar inflamaciones de la boca y las encías. Basta una gota sobre la zona lesionada (2-3 veces al día) para conseguir rápidos beneficios.

PREVENCIÓN

Evitar que bebés y niños pequeños se lleven a la boca objetos cortantes o peligrosos, así como los que puedan estar contaminados. Vigilar la presencia de babas abundantes ya que, al igual que la dentición, también pueden generar infecciones, inflamaciones, etc. Inapetencia, fiebre y otros síntomas pueden ser producto de problemas en la boca, (también descritos en otros apartados de este libro).

sabía que *según datos del Ministerio de Sanidad y Consumo, sólo el 68 por 100 de los niños de entre 2 y 6 años, y el 78 por 100 de entre los de 7 y 13, se cepillan los dientes al menos una vez al día; porcentajes que debemos incrementar.*

bronquiolitis

Infección de las vías aéreas que aparece sobre todo en otoño e invierno y es desarrollada por un virus (el virus respiratorio sincitial en el 70 por 100 de los casos).

ORIGEN

Esta enfermedad afecta sobre todo a los lactantes menores de un año, aparece en forma de epidemia y torna muy dificultosa la respiración (parecida al asma). El virus produce descamación de los bronquios, con destrucción de los cilios protectores y "estrangulación" de las vías aéreas, por lo que al aire, aun cuando llega a los pulmones, le cuesta mucho salir, razón por la cual el pecho se encuentra hinchado y la respiración se vuelve muy rápida. También puede dar lugar a fiebre, tos, pérdida de apetito, etc. Esta situación hace que el bebé se fatigue al tomar el biberón, y no pueda completar sus dosis habituales.

TRATAMIENTO

BUENA ALIMENTACIÓN. Hay que dar biberones más pequeños de lo habitual, pero con mayor frecuencia.

BUENA HIDRATACIÓN, proporcionándole agua constantemente (también con ayuda del biberón).

TRATAR LA FIEBRE si la hubiere (véase el capítulo correspondiente).

VISITA AL PEDIATRA ante los primeros síntomas (algunos casos necesitan ser ingresados para que se les proporcione oxígeno, evitando complicaciones).

PREVENCIÓN

Vigilar las infecciones de vías respiratorias (catarros, resfriados, etc.), especialmente en el período invernal, para detectar a tiempo una posible bronquiolitis. Se contagia a partir del aire que respiramos, e incluso por medio de objetos contaminados que el niño se lleva a la boca, por lo que un caso cercano a nuestra familia (guardería, familiares, etc.), puede contagiar al pequeño (evitar el contacto con éste).

sabía que *la edad más sensible a las bronquiolitis es los 6 meses. Cada año la padecen 15 de cada 1.000 bebés de esta edad.*

bronquitis

Inflamación (y con frecuencia infección) de los bronquios, acompañada de tos y, en ocasiones, de fiebre y expectoración.

ORIGEN

Por lo general suele ser de carácter vírico, y muchas veces sigue a un catarro o proceso gripal que se ha complicado. Sus síntomas más relevantes son la tos y la expectoración, además de producirse muchas flemas. También se aprecia dificultad para respirar, fiebre e incluso inapetencia.

TRATAMIENTO

INFUSIONES DE SAÚCO administradas con ayuda de una cucharita. Tienen notables efectos antiinflamatorios y sedantes.

INFUSIONES DE TOMILLO: administrar 2-3 cucharaditas al día para desarrollar un efecto antiséptico (contra los gérmenes) y antiespasmódico (para relajar los bronquios irritados), además de ser tonificantes.

AJO: se puede administrar en forma de "zumo" (machacar varios dientes en una gasa y luego apretarla para que el líquido caiga en una cuchara), aceite de ajo o ajo en cápsulas. Tiene notables efectos antimicrobianos.

JARABE DE COL: licuar las hojas de una col tipo lombarda (la de color púrpura o granate) y añadir 2-3 cucharadas soperas de miel. Cocer a fuego lento 20-30 minutos, al tiempo que mezclamos los ingredientes. Guardar en un recipiente hermético. Tomar una cucharada 2-3 veces al día si persiste la tos, o sólo cuando aparezca.

EUCALIPTO O TOMILLO: baños o vahos de los aceites esenciales de estas plantas (despejan los bronquios y ayudan a eliminar las secreciones).

TUSÍLAGO CONTRA LA TOS preparado en forma de infusiones; tomarlo 2-3 veces al día.

PREVENCIÓN

En caso de bronquitis con tos seca (sin flemas o expectoración), pueden administrarse remedios para combatirla; pero si hay flemas y secreciones, procure no anular la tos ya que gracias a ella se eliminan las sustancias que inundan los bronquios. Administre al niño abundantes líquidos para favorecer la salida de secreciones. Vigile los pequeños catarros y resfriados para evitar la aparición de bronquitis, bronquiolitis, neumonía, etc.

sabía que *hay un tipo de bronquitis, la irritativa, que se debe a la respiración de productos como polvos de minerales, amoníaco, cloro, tabaco, acetonas y lejía.*

calcio

Elemento necesario y fundamental para la formación de los huesos, la contracción de los músculos, la coagulación de la sangre y la liberación de las hormonas en la sangre.

ORIGEN

Tanto los niños como las personas adultas necesitan grandes cantidades de calcio para asegurar muchas actividades del cuerpo humano. El organismo no lo produce, razón por la cual debemos aportarlo con la alimentación. Siempre que la ingesta de alimentos sea equilibrada, no se necesitan complementos o medidas suplementarias.

TRATAMIENTO Y PREVENCIÓN

ALIMENTOS ricos en calcio, como cacao en polvo, derivados lácteos (queso, yogur), almendras, avellanas, etc.

FACILITAR EL MOVIMIENTO y la actividad física, ya que con ellas se mejora el riego sanguíneo de los huesos y el depósito de calcio en ellos.

BAÑOS DE SOL paseando y con precaución, para favorecer en la piel la síntesis de vitamina D, sustancia que ayuda de manera imprescindible a la llegada de calcio al hueso.

BAÑOS EN EL MAR, ya que este tipo de agua también es rica en calcio y "puede" prestar algo al cuerpo humano.

sabía que *el calcio es un elemento tan relevante que los niños necesitan, aproximadamente, 18,5 g de calcio por cada kg de peso.*

calenturas

TÉRMINOS SIMILARES: herpes simple labial, boqueras

Hinchazón en las proximidades de los labios o de la nariz, de color rojizo, ligeramente dolorosa y acompañada de pequeñas ampollas de contenido transparente.

ORIGEN

Están producidas por un virus, el herpes simple, del que hay dos tipos: el VHS-1 (responsable de las ampollas en los labios) y el VHS-2 (responsable de lesiones similares en la región genital). Estos virus suelen tomar contacto con nosotros en el parto o durante los primeros años de vida, dando lugar a infecciones poco importantes. A partir de ese momento, nos acompañarán "de por vida" acantonados en diversas zonas de la piel, especialmente en las que tienen pliegues y son "húmedas", (comisuras labiales, región genital, etc.). Cuando disminuyen las defensas, pueden reactivarse y generar calenturas u otras patologías similares. Su evolución suele ser benigna, ya que en pocos días las ampollas se secan y desaparecen.

TRATAMIENTO

SE CONTAGIAN con facilidad de unos niños a otros, simplemente con el roce de un beso, o por compartir servilletas, toallas, cubiertos, etc.

PRODUCTOS ANTISÉPTICOS: frotar suavemente con el corazón de un ajo o extraer el zumo de 2-3 dientes de ajo con ayuda de una compresa y verter una gota sobre las lesiones.

ANALGÉSICOS: podemos recurrir al hipérico o a la valeriana (realizar una infusión y, con ayuda de una gasa, humedecer suavemente la zona lesionada).

PREVENCIÓN

Ante todo, nunca deben tocarse las ampollas, ya que, al estar su interior lleno de virus, existe la posibilidad de que se extienda la lesión (se puede incluso recurrir a cubrir la zona afectada con una pequeña tirita, para reducir el riesgo de que el niño las toque). Evitar el contacto (o el compartir objetos) de los pequeños con personas afectadas. Protegerse de los rayos solares, ya que secan la piel y facilitan la "reactivación" de estos virus (asegurar la hidratación con cremas protectoras). En general, fortalecer el sistema inmunitario para "inutilizar" el virus acantonado.

sabía que

más del 30 por 100 de los niños sufren 2-3 episodios de "calenturas" al año, con vesículas que duran 4-5 días.

caries dental

Pérdida del esmalte o superficie externa de la pieza dental, que lentamente se dirige hacia la pulpa o centro del diente.

ORIGEN

El origen de la caries hay que buscarlo en las bacterias que pueblan la cavidad bucal, especialmente cuando la higiene de la misma no es la adecuada. Estas bacterias utilizan los restos de comida como alimento para su mantenimiento y reproducción. Con ayuda de los ácidos que generan van "cavando" el esmalte dental y destruyendo el tejido hasta que alcanzan su centro, la pulpa, donde están las terminales nerviosas. Cuando éstas se irritan aparece el dolor dental.

TRATAMIENTO Y PREVENCIÓN

A partir del primer año de edad hay que visitar periódicamente al dentista (mejor cada 6 meses).

Reducir el consumo de azúcares e hidratos de carbono en general. No impregnar la tetina o el chupete con miel o azúcar.

EVITAR que el niño utilice durante la mayor parte del día el biberón, la botellita con líquidos azucarados, etc.
Buena higiene dental, sobre todo después de cada comida, sin olvidar la lengua. Si se consumen bebidas azucaradas entre horas, hacerlo con pajitas.

Utilizar con frecuencia el queso como postre ya que proporciona calcio y fosfatos que forman una auténtica barrera ante las bacterias.

Cambiar el cepillo de dientes cada dos meses, ya que se deforma con facilidad. Procurar que las cerdas sean suaves.

Para calmar el dolor se puede recurrir al aceite de clavo (frotar las encías con unas gotas) o al aceite de canela (diluir en medio vaso de agua unas gotas de este aceite y aplicarlo sobre la encía).

sabía que *si un diente de leche se pierde antes de tiempo (a veces por la caries) hay que consultar al dentista, ya que ese espacio puede ser ocupado por otros cercanos, por lo que al salir el definitivo, éste puede torcerse.*

catarro

Infección de las vías respiratorias superiores que produce tos, secreciones abundantes y obstrucción nasal que dificulta la respiración.

El origen de la irritación de las vías aéreas es diverso: frío del aire respirado, aire contaminado por humo y otros gases, invasión de gérmenes externos (principalmente virus), etc. Una vez que la mucosa o pared interna de las vías respiratorias se encuentra inflamada, se producen abundantes secreciones, tos por la irritación generada y, a veces, fiebre. El bebé (o el niño) respira con dificultad; pueden escucharse ruidos por la presencia de secreciones, se fatiga fácilmente al tomar el biberón y adopta conductas muy irritables y con llanto frecuente.

BIBERONES y comidas en general, deben repartirse en muchas tomas de pequeña cantidad cada una de ellas.

DAR MUCHOS LÍQUIDOS con el fin de favorecer la eliminación de las flemas y secreciones que ocupan las vías aéreas.

FAVORECER LA RESPIRACIÓN nasal, no por la boca, para que el aire respirado se caliente y se filtre debidamente cuando pasa por las fosas nasales. Enseñarle a sonarse las narices (sonar una fosa nasal cerrando la otra) para facilitar la respiración.

INHALACIONES DE EUCALIPTO: para ello hervir 2 l de agua y añadir 2 cucharadas de eucalipto molido. Con la ayuda de una toalla respirar por la nariz durante un mínimo de 10 minutos (realizar esto 2 veces al día).

SUERO FISIOLÓGICO: aplicado en las fosas nasales ayuda notablemente a descongestionarlas. En los niños "mayorcitos" pueden conseguirse los mismos efectos si utilizamos agua hervida con un poco de sal y aplicamos, con ayuda de una gasa, unas gotas en cada fosa nasal.

Hay que procurar que en casa no predomine un ambiente seco. Conviene abrigar a los niños suficientemente cuando están fuera de casa; estimular las defensas del cuerpo con abundantes zumos de frutas (y en particular de naranja, melocotón y albaricoque); debemos utilizar con frecuencia patata cocida, que también tiene mucha vitamina C.

sabía que *los bebés de guarderías pueden llegar a pasar 4-5 catarros en una temporada. Podemos considerar esto dentro de lo normal.*

cera en los oídos

ÉRMINOS SIMILARES: cerumen, ceruminosis

Acumulación de grasa o cera en el conducto auditivo externo, que, según la cantidad y su situación, puede cerrarlo y dificultar la audición.

ORIGEN

La piel que tapiza por dentro el conducto auditivo externo es muy similar a la del resto del cuerpo; por tanto, encontramos en ella glándulas sebáceas productoras de grasa o cera. Esta grasa tiene como finalidad atrapar sustancias extrañas que acompañan al aire, impidiendo de este modo su avance hacia el interior del oído. La producción elevada de cera puede estar relacionada con causas genéticas o hereditarias, infecciones situadas en tejidos próximos o sustancias irritantes externas que han llegado hasta este punto.

TRATAMIENTO

ANTES DE LIMPIAR la cera, asegúrese de que la membrana del tímpano, situada al fondo del conducto, no se encuentra perforada (por ejemplo, por una infección). En estos casos, el niño sí tendrá pus y se quejará de dolor, que aumentará si le apretamos un pequeño cartílago que se encuentra en la entrada del conducto. Con el tímpano perforado no se puede aplicar ningún tipo de líquido o gotas.

ACEITE DE OLIVA o ACEITE DE GLICERINA: después del baño administre un par de gotas de cualquiera de estos aceites en el oído, y, con un bastoncillo y movimientos suaves, eliminará toda la cera.

AGUA TEMPLADA: utilizando una pera, aplique sobre el conducto (con ayuda de un bastoncillo) un pequeño chorro que ayudará a movilizar y a extraer la cera.

ACEITE DE CANDELARIA: aplicado de la misma forma que la descrita en el caso del aceite de oliva. Además de servir para eliminar la cera, contribuye a disminuir el dolor, si existiese.

PREVENCIÓN

Después de cada baño, limpiar bien los oídos, y en especial si se ha disfrutado de un día de playa, de parque, de monte, etc. En estos casos, simplemente utilice los bastoncillos con movimientos suaves. La contaminación ambiental es un peligro para los oídos de los bebés.

sabía que la producción de cera es escasa cuando el niño tiene pocos meses, pero se incrementa considerablemente en los primeros años de vida.

chichones

Rotura de pequeños vasos sanguíneos que se produce en el cuero cabelludo (entre el pelo y los huesos del cráneo), y que permite la acumulación de sangre debajo del pelo.

ORIGEN

Su origen siempre es traumático: golpes, caídas, etc. En algunos casos –en particular cuando los chichones son frecuentes, y en ausencia de golpes intensos– debemos sospechar que pudiera existir algún problema en la coagulación de la sangre, por lo que hay que solicitar consejo del especialista. En estos casos los niños presentan también hematomas continuados. Los chichones no se limitan a veces a la cabeza, ya que la sangre puede extenderse hasta territorios próximos (la frente, los párpados, etc.).

TRATAMIENTO

COMPRESAS CON ÁRNICA: realizar una infusión normal de árnica y humedecer en ella una gasa que se aplicará encima del chichón.

HIELO: ya sea con un cubito directamente, o bien con 3-4 introducidos en una bolsa, situar el hielo sobre el chichón. Con ello "cerramos" los vasos sanguíneos y la salida de sangre es menor.

COLOCAR UNA MONEDA grande sobre el chichón. Por tratarse de un elemento frío tiene los mismos efectos que el hielo.

MIEL: basta un poco de miel sobre el chichón, aplicada 2 veces al día, para facilitar su desaparición.

PREVENCIÓN

Después del golpe podemos utilizar remedios muy sencillos que evitan la aparición del chichón: apretar la zona golpeada con los dedos durante un par de minutos; o aplicar frío con una moneda o un cubito; o recurrir a un chorro de agua fría.

sabía que *los chichones, aunque sean muy espectaculares, no afectan al pelo ni propician, tal como algunos piensan, la calvicie.*

chocolate

Producto derivado del cacao, de excelente sabor y elevado valor calórico.

ORIGEN

Se dice que la palabra chocolate procede del mundo azteca al unirse las palabras "shoco" (cacao) y latté (leche). Además de estas sustancias, las tabletas comercializadas tienen otras muchas (azúcar, manteca de cacao, leche en polvo, cacao en pasta, avellanas, lactosuero, mantequilla concentrada, lecitina, vainilla, etc.). Por esta razón es comprensible que tenga elevado valor calórico: 550 kilocalorías por cada 100 g (lo que equivale a algo más de media tableta u 8 yogures). El niño no debe tomar en exceso este producto.

PREVENCIÓN

EL CACAO es lo más importante del chocolate, ya que esta sustancia es muy útil para el organismo, sobre todo para los huesos. Utilice los productos que tienen mayor cantidad de cacao y menor "mezcla" de sustancias diversas.

PARA CONSERVAR sus propiedades, hay que mantenerlo en lugar fresco, sin humedad y oscuro (de esta forma puede durar 6 meses o más). A medida que pierde "vitalidad", el chocolate se va cubriendo de una capa de color blanco.

LA MERIENDA con chocolate debe ingerirse una vez a la semana, y, a lo sumo, tiene que ser acompañarda por una onza junto con bocadillos de embutidos (jamón serrano, york, chorizo, etc.).

sabía que *100 g de chocolate con leche tienen 8 veces más calorías que 100 g de leche de vaca fresca.*

chupete

Accesorio que sirve para calmar el reflejo de succión, al tiempo que reconforta y tranquiliza al bebé.

ORIGEN

El reflejo de succión que el niño pactica desde el nacimiento no sirve únicamente para que se alimente (pezón, tetina), sino también para "conocer" poco a poco el mundo que le rodea. Para él se trata de una fuente de sensaciones, bienestar y entretenimiento, además de servirle de consuelo en los momentos de temor y desconcierto. Podemos dárselo una vez que la lactancia se ha establecido con seguridad, para sustituir el "chupeteo" del dedo (esta costumbre puede deformar el paladar y alterar la disposición de los dientes cuando salen, en particular los incisivos). Eso sí, procure emplear chupetes anatómicos y asegurarse de que deje de utilizarlo entre los 2-3 años. Para asegurar un buen uso del chupete, tenga en cuenta los siguientes consejos...

PREVENCIÓN

COMPRE dos chupetes anatómicos iguales (para tener uno idéntico de reserva).

LAS PIEZAS deben ser valoradas en su justa medida: piezas que no se desprendan; disco grande de 4 cm o más para no meterlo entero en la boca y con orificios para airear los labios y eliminar babas; anilla exterior amplia para cogerlo con facilidad.

MATERIAL: en un principio suave y de silicona; más tarde (3-4 meses), de caucho, ya que estos son más resistentes a los dientes que van saliendo.

NO COLGARLO DEL CUELLO, para reducir el riesgo de que se enrolle en el cuello; usar una cadenita sujeta a la ropa por una pinza.

ESTERILIZARLO una vez al día hasta los 6 meses y lavarlo con agua cada vez que caiga al suelo.

SÓLO DEBE UTILIZARLO el bebé, nunca otra persona (aunque sea para hacerle reír) u otro bebé.

PARA QUITAR EL CHUPETE, algo que suele ser normal hacia los 2-3 años, hay varios trucos: que se lo regale a otro niño más pequeño, que lo entregue a los Reyes a cambio de un juguete, o haciéndole pequeñas ranuras verticales con unas tijeras que, aunque no se ven, aportan un sabor desagradable e "invitan" al niño a dejar el chupete.

sabía que *chuparse el dedo es una costumbre anterior al nacimiento, ya que los fetos la practican a partir del sexto mes de embarazo.*

cianosis

ÉRMINOS SIMILARES: asfixia, piel azulada

Coloración azul-violácea que se observa en la piel, sobre todo en labios, manos, pies y alrededor de la boca.

ORIGEN

Cuando la cantidad de oxígeno que transportan los glóbulos rojos de la sangre (en la hemoglobina) es baja, o se eleva el dióxido de carbono, los vasos sanguíneos adoptan un color más oscuro; por ello la piel de zonas "alejadas" del corazón (manos, pies, etc.) muestran un aspecto azulado. En el caso de los recién nacidos, una ligera cianosis en las manos o en los pies resulta normal, especialmente cuando tienen frío. Si la cianosis se generaliza, es reflejo de problemas de oxigenación de la sangre (enfermedad respiratoria grave, malformaciones cardíacas, ambiente con poco oxígeno...).

TRATAMIENTO Y PREVENCIÓN

ASEGURARSE de que el bebé no tiene frío.

MANTENER una buena oxigenación del recinto, con ausencia de humos, gases, estufas u hornillos encendidos, chimeneas cercanas, etc.

SI SE MANTIENE la cianosis, acudir al pediatra.

sabía que *hay que tener mucho cuidado con un bebé alojado en locales con fuego o brasas (braseros, chimeneas abiertas, etc.). La concentración de oxígeno en el ambiente se reduce mucho.*

cifosis

TÉRMINO SIMILAR: chepa

Exageración de la curvatura de la columna vertebral que se observa en la parte superior de la espalda.

ORIGEN

Los recién nacidos suelen tener algo de cifosis –que consideramos normal– debido a la debilidad de los músculos situados a ambos lados de la columna. En el resto de los niños se considera patológico. Suele producirse por adoptar malas posturas al sentarse, por cargar pesos de forma inadecuada (mochilas con demasiado peso o colgadas en la parte inferior, cerca de la cadera).Pueden existir antecedentes de traumatismos (caídas, golpes), malformaciones congénitas, e incluso infecciones que afectan a los huesos de la columna vertebral. En caso de evolucionar "a más", la cifosis, además de presentar una especie de "chepa", genera dolor o pesadez en esa zona de la espalda por agarrotamiento de los músculos.

TRATAMIENTO Y PREVENCIÓN

MOBILIARIO adecuado: las sillas estarán adaptadas a la curvadura de la espalda, y la altura de la mesa le llegará al niño ligeramente por encima del ombligo.

SENTARSE de forma correcta. Los niños son muy dados a encoger las piernas y sentarse sobre ellas, subir una pierna encima de la silla, etc. La columna vertebral deberá estar siempre recta.

LAS MOCHILAS no sobrepasarán, en peso, el 10 por 100 del peso total del niño; además, tienen que apoyarse siempre en la mitad superior de la espalda, no sobre la cadera.

EJERCICIOS correctores que fortalecerán los músculos situados a los lados de la columna vertebral (véase capítulo de actividad física).

PARA EL DOLOR o las molestias de esa zona, cuando aparezcan, aplicar pequeños masajes con la ayuda de unas gotas de aceite de oliva, o colocar una toalla humedecida con agua caliente.

sabía que *la cifosis, antes de la adolescencia, es más frecuente en los niños, y después de ella, en las niñas.*

colesterol

Grasa de origen animal, o fabricada en el cuerpo, que forma parte de las células del organismo, de diversas hormonas, etcétera.

ORIGEN

Una gran parte del colesterol proviene de la dieta, y en especial de los alimentos de origen animal (carne y pescado). Otro porcentaje de colesterol se sintetiza en el organismo (hígado, intestino, glándula suprarrenal). Una vez utilizado, se elimina con los jugos biliares. Cuando se proporciona mucho colesterol al organismo (una alimentación desequilibrada), éste "inunda" la sangre y comienza lentamente a obstruir las arterias.

TRATAMIENTO Y PREVENCIÓN

ANÁLISIS DE SANGRE: realizarlo de vez en cuando para concretar los niveles de colesterol. El límite superior del colesterol en sangre se sitúa alrededor de los 200 mg por cada 100 mililitros de sangre.

CONTROLAR la dieta, en especial el consumo de bollería industrial, frituras, comida rápida, embutidos y alimentos con grasa animal (grasa saturada, que "satura" el organismo de colesterol). Por el contrario, hay que proporcionarle mucha fruta, verdura y legumbres.

FAVORECER la práctica de una actividad física regular, para facilitar en el hígado la elaboración de una sustancia llamada HDL, que se encarga de asegurar el transporte del colesterol en la sangre para que no se pegue a las arterias.

FRUTOS SECOS: darle al niño un par de veces por semana 6-7 frutos secos (nueces, almendras u otros semejantes).

DESAYUNO rico en cereales y pobre en embutidos.

ACEITE DE OLIVA: aderezar ensaladas, alimentos cocidos, etc., con este tipo de aceite, ya que facilita la producción de HDL.

sabía que *el 50 por 100 de los niños españoles tienen hipercolesterolemia como consecuencia (en su dieta), de un exceso, de dulces, bollería industrial, golosinas, frituras y comida rápida.*

cólicos del bebé

Molestias intestinales que producen ligero dolor y malestar durante unas horas (3-4 horas).

ORIGEN

Aunque se han atribuido a diversos factores de tipo digestivo, en realidad no se conoce a ciencia cierta el porqué de este tipo de cólicos. Son frecuentes durante el primer trimestre de vida; una vez pasado este tiempo desaparecen poco a poco. Cuando se presentan, el bebé se muestra nervioso, irritable y lloroso. Hay que tener cuidado en su tratamiento, pues el propio nerviosismo de la madre puede incrementar las molestias.

TRATAMIENTO Y PREVENCIÓN

LAS MOLESTIAS se reducen considerablemente con el acunamiento del bebé, meciéndolo en brazos e incluso dándole un pequeño paseo en el coche. En general, el movimiento facilita cierta relajación de las paredes intestinales.

NO ACOSTAR AL BEBÉ inmediatamente después de tomar alimento, ya que, además de no eliminar gases, la digestión se hace más pesada.

TRANQUILIDAD en padres y cuidadores; de lo contrario, las molestias del niño aumentarán.

ALIMENTOS que favorecen los cólicos, en los niños; son cebollas, alubias, ajos y verduras de hoja verde.

SI LAS MOLESTIAS NO CEDEN, aplicar durante un par de minutos un paño ligeramente caliente sobre el abdomen, seguido de otro frío durante medio minuto.

ANISES mezclados con agua. Dar al niño un par de cucharaditas cuando aparezcan las primeras molestias.

CÓLICOS EN LA MADRUGADA: para calmar al bebé en estas situaciones, además de la posibilidad de recurrir a una de las medidas anteriores, se puede pasar un huevo moreno por su vientre durante unos minutos.

sabía que a pesar de los cólicos, el niño que los sufre come bien y aumenta de peso correctamente, y a veces más de lo normal.

congelaciones

Lesiones producidas en la piel y otras partes del cuerpo por efecto de las bajas temperaturas.

Los niños y los bebés son especialmente sensibles a las bajas temperaturas, ya que su cuerpo pierde con facilidad el calor (las calorías) y, además, su centro de control de la temperatura, en el cerebro, no es muy preciso. Las zonas más afectadas suelen ser las "distales", aquellas que reciben más tarde la temperatura (manos, orejas, nariz, pies, etc.). En los más pequeños el frío propicia un color azulado, típico de la cianosis (véase apartado correspondiente), además de disminuir las defensas y afectar rápidamente a las vías respiratorias, favoreciendo la inflamación e infección. En la piel, las congelaciones de primer grado se muestran con frialdad y coloración oscura, y las de segundo grado, con pequeñas ampollas.

CALENTAR al niño protegiéndole con ropa adecuada, caldeando el ambiente, con nuestro propio cuerpo, etc. No frotar las zonas de piel afectadas, ya que corremos el riesgo de favorecer roturas en las mismas por alteración de la llegada de sangre.

PAÑOS DE AGUA CALIENTE (no hirviendo) aplicados en las zonas del cuerpo más afectadas. Nunca sumergirles en un baño de agua caliente, ya que los cambios bruscos de temperatura pueden afectarles negativamente.

BIBERÓN CON líquidos templados o ligeramente calientes, administrado muy lentamente, a sorbos.

CEBOLLA O PEPINO: cuando las zonas afectadas son pequeñas, podemos colocar sobre ellas rodajas de cualquiera de estos productos para revitalizarlas.

TORMENTILLA utilizada a modo de infusión, empapando en ella una gasa que aplicaremos sobre la zona afectada por el frío.

Abrigar bien (no en exceso) a los niños y bebés, en especial las zonas distales que con frecuencia olvidamos (manos, pies, orejas, cuello y cabeza). Mucho cuidado con el viento, ya que, en caso de bajas temperaturas, sus efectos sobre la piel son muy inferiores a la temperatura que marca el termómetro.

sabía que *los niños pequeños pierden muchas de sus calorías por la cabeza, no sólo porque proporcionalmente la piel que cubre esta zona es superior a la de los adultos, sino porque contiene muchos vasos sanguíneos.*

conjuntivitis

Inflamación de la conjuntiva que protege por dentro los párpados, con enrojecimiento de la zona, picor, abundantes secreciones y legañas.

ORIGEN

Por lo general es de carácter infeccioso, ya sea por virus o bacterias. En el caso de estas últimas suelen producirse secreciones purulentas (pus). Por el contrario, en las conjuntivitis víricas o en las debidas a reacciones alérgicas, las secreciones son como el agua pero más consistentes. Su evolución puede ser de tipo agudo (dura sólo unos días) o de forma crónica (caso de las alérgicas). Las conjuntivitis infecciosas pueden transmitirse de una persona a otra, por lo que muchas veces el niño o bebé adquiere la enfermedad de otros.

TRATAMIENTO

SUERO FISIOLÓGICO: lavar abundantemente los ojos con este líquido, 2-3 veces al día.

EUFRASIA: basta realizar una infusión de esta planta mezclando 2 cucharaditas de la misma, troceada, en 1/4 l de agua y calentar hasta la ebullición. Cocer 2 minutos y apagar el fuego. Colar y mojar una gasa en el líquido que luego aplicaremos sobre el párpado afectado. Practicarlo 2 veces al día.

CORTEZA DE ROBLE: también utilizada en infusión, se sigue el mismo proceso de elaboración y aplicación indicado en la eufrasia.

EVITAR el rascado, ya que puede extenderse aún más la infección.

PREVENCIÓN

No compartir las toallas con otras personas para evitar los contagios; cuidado con las piscinas y, en particular, con los productos químicos que pueden contener (intensificar la limpieza ocular con agua limpia después del baño, o utilizar gafas protectoras).

sabía que *hay un tipo de conjuntivitis denominada Conjuntivitis neonatorum que afecta a muchos recién nacidos (a las 12 -48 horas), por contaminarse en el canal del parto.*

contusiones

TÉRMINOS SIMILARES: golpes, traumatismos

Lesiones producidas en una zona determinada del cuerpo por impacto con un objeto o superficie, en las que la piel se encuentra íntegra.

ORIGEN

Las contusiones, junto con las caries, representan quizá las lesiones más habituales en los niños. Su origen más frecuente se encuentra en caídas, agresiones y golpes con objetos diversos (mesas, sillas, aceras, paredes, etc.). Las contusiones pueden afectar a cualquier parte del cuerpo, manifestándose por lo general con dolor en esa zona, imposibilidad de moverla por el dolor e incluso lesiones internas que se extienden al músculo (pequeños desgarros), articulaciones (esguinces) o vasos sanguíneos (hematomas).

TRATAMIENTO

FRÍO LOCAL: cubitos de hielo en una bolsa, compresas de agua fría, etc., ayudan a reducir en los primeros minutos el dolor y la hinchazón. Más tarde (horas) se consiguen los mismos efectos con el empleo de calor (bolsa de agua caliente).

ZUMO DE LIMÓN: mojar la zona afectada con el zumo de medio limón y aplicar un suave masaje con movimientos circulares durante 2-3 minutos. Este remedio es especialmente útil en las contusiones que afectan a los huesos (cara anterior de la pierna, dedo, hombro).

ZUMO DE CEBOLLAS: cocer durante 15 minutos una cebolla. Exprimirla sobre la zona afectada y realizar un pequeño masaje.

MARAVILLA: preparar una infusión con 30 g de flores secas en 1 l de agua hirviendo, que dejaremos reposar 10 minutos. Empapar una gasa y colocarla sobre la contusión, manteniéndola hasta que se enfríe.

PREVENCIÓN

Vigilar los movimientos del niño para evitar golpes con objetos diversos o con el suelo; asegurarle un calzado antideslizante; proporcionarle un vestuario que proteja las zonas más afectadas por las contusiones (rodillas, caderas, codos); utilizar en casa alfombras con suelo antideslizante y evitar la presencia de objetos en zonas de paso habitual. Nunca dejar solos a los más pequeños.

sabía que *las lesiones por golpes en las articulaciones tardan más tiempo en producir sus efectos (hinchazón, dolor), pues están cubiertas por tendones y ligamentos. Por ello debemos vigilar este tipo de golpes durante 24-48 horas.*

convulsiones

TÉRMINOS SIMILARES: agitaciones, temblores

Contracciones involuntarias de los músculos, realizadas de forma desordenada y que pueden afectar a parte o a todo el cuerpo.

ORIGEN

Las causas más frecuentes son la fiebre (generalmente por encima de 39°C y, sobre todo, entre los 6 meses y los 4 años) y la epilepsia. Las convulsiones se acompañan de pérdida del conocimiento, ojos vueltos hacia arriba, dientes apretados y extremidades rígidas, que luego continúan con sacudidas bruscas. Cuando recuperan la conciencia, los niños pueden vomitar y luego dormirse. Al despertar se muestran normales. Aunque su aspecto es muy alarmante, en general este tipo de convulsiones no reviste gravedad salvo las derivadas del propio ataque, para lo cual...

TRATAMIENTO

NO IMPEDIR las convulsiones, ya que, de hacerlo, pueden favorecerse lesiones como fracturas de los huesos, desgarros musculares importantes, etc.

NO COLOCARLE nada entre los dientes, porque puede ahogarse.

ASEGURAR QUE EN LA CAÍDA, al perder el conocimiento, no se produzcan lesiones de importancia por golpes contra objetos diversos (mesas, sillas, la cabeza contra el suelo, etcétera).

SI SOSPECHA un ataque de convulsiones (la fiebre es alta y no remite), además de avisar a los servicios de urgencia procure que el pequeño se encuentre en la cama para reducir al mínimo cualquier complicación.

VÓMITOS: recuerde que después de las convulsiones podría tenerlos, razón de más para colocarlo con la cabeza ladeada o cabeza abajo y cara de lado (los vómitos no le ahogarán).

PREVENCIÓN

En caso de fiebre, tratarla de forma adecuada para que no alcance los 39°C y, si lo hace, que sea durante el menor tiempo posible (véase capítulo de fiebre). Las dolencias más peligrosas son las víricas, las de las vías respiratorias, las enfermedades eruptivas (con "manchas en la piel") y las reacciones vacunales.

sabía que *aunque las convulsiones febriles suponen un espectáculo muy desagradable, rara vez producen complicaciones (daño cerebral).*

corte de digestión

Alteraciones del riego sanguíneo de los órganos abdominales, disminuyendo la llegada de sangre al intestino.

ORIGEN

Los cambios bruscos de temperatura, la actividad física intensa después de comer, etc., alteran la circulación de la sangre en el cuerpo, la dirigen sobre todo hacia los músculos y la piel y se reduce en el intestino y otras vísceras próximas, con lo cual, el alimento se almacena y queda retenido en esas zonas como si se hubiera "cortado la digestión". Esta situación puede provocar náuseas, vómitos, calambres musculares e, incluso, pérdida de conocimiento.

TRATAMIENTO

TUMBAR al niño en la sombra, en un ambiente bien aireado, con la cabeza de lado (para prevenir complicaciones por vómitos) y con las piernas elevadas.

QUE BEBA AGUA a sorbos y lentamente. También se puede utilizar agua con un poco de azúcar.

BEBIDAS DE COLA: administradas lentamente, pueden estimular las paredes del tubo digestivo y equilibrarlo nuevamente.

PREVENCIÓN

No practicar actividades físicas intensas inmediatamente después de comer (esperar hora y media o dos horas); evitar los cambios bruscos de temperatura como supone entrar en el agua de la playa o piscina después de comer (esperar dos horas, más si la comida es copiosa, y menos si es ligera). A la hora de entrar en el agua, hacerlo de forma gradual: pies, piernas, cadera...

sabía que la comida tarda hora y media en abandonar el estómago, pero de 4 a 6 horas permanece todavía en el intestino delgado.

costra láctea

TÉRMINO SIMILAR: postilla

Capa blanquecina o amarillenta que aparece en el cuero cabelludo de algunos bebés.

ORIGEN

El cuero cabelludo de los recién nacidos y lactantes produce escamas o restos celulares con mayor velocidad de lo normal. La acumulación de estos residuos favorece la formación de costras. A pesar de su aspecto, la costra láctea no representa ninguna enfermedad importante, ni tan siquiera molesta al bebé. Por lo general tiende a desaparecer sola en 2 o 3 semanas, aunque hay ciertas medidas que aceleran este proceso...

TRATAMIENTO

VASELINA: aplicarla sobre las costras para reblandecerlas poco a poco. Conviene hacerlo por la tarde y limpiar al día siguiente sin frotar, con un champú infantil suave. Practicarlo 2 veces por semana.

ACEITE DE ALMENDRAS o de lanolina: emplearlos de la misma manera que la vaselina.

TRINITARIA: también se consiguen buenos resultados si empleamos una gasa empapada en una infusión de esta planta y la colocamos sobre la costra durante unos minutos, 2 veces al día.

PREVENCIÓN

No humedecer el cabello todos los días. El bebé debe tener las uñas bien cortadas y limpias para evitar infecciones en las costras.

sabía que *para evitar las infecciones de la costra por efecto del rascado hay que cortar las uñas del bebé cuando esté dormido.*

crup

Infección vírica de las vías respiratorias superiores e inferiores que provoca una notable obstrucción al paso del aire en la laringe y la tráquea.

ORIGEN

Afecta sobre todo a los niños de entre 6 meses y 3 años de edad, especialmente en otoño-invierno. Entre sus agentes causales destaca el virus *parainfluenzae,* fácil de pasar de un niño a otro por medio de las gotitas que con la voz, el estornudo o la tos enviamos al aire, así como a través de objetos contaminados. Los síntomas se presentan sobre todo por la noche, en forma de crisis acompañadas de aumento del ritmo respiratorio, dificultad en la respiración y tos grave, seca y profunda. Suelen mejorar por la mañana.

TRATAMIENTO

HUMEDECER el ambiente y en especial la habitación del niño (un humidificador al lado de la cuna, o agua caliente con eucalipto encima de la mesilla).

VAHOS DE EUCALIPTO: tomados especialmente al anochecer; o, simplemente, llenar la bañera de agua caliente y que el niño permanezca unos minutos dentro del baño respirando ese ambiente.

LÍQUIDOS: durante el día debe beber muchos líquidos (zumos, agua, etc.) para fluidificar las vías respiratorias y reducir la inflamación de las mismas.

ZUMOS DE MANZANA: en alguno de los biberones del día (para los bebés) o en la merienda (para los mayorcitos), conviene darles zumo de manzana para reducir la tos y la inflamación (en general, la leche aumenta las flemas y la tos).

PREVENCIÓN

Evitar el contagio de otros niños en el hogar o la escuela; mantener el ambiente del hogar libre de contaminantes (humo, vapores de la cocina, vahos de los productos de limpieza); enseñarle a respirar por la nariz.

sabía que *el crup se encuentra favorecido por la inmadurez del sistema inmunitario del bebé, de tal forma que la enfermedad tiende a desaparecer a medida que las defensas se van fortaleciendo.*

defensas

TÉRMINOS SIMILARES: inmunidad, anticuerpos

Órganos y sustancias que protegen al niño de las agresiones externas (piel, mucosas, leucocitos, anticuerpos, linfocitos, etc.).

Las defensas de nuestro cuerpo, a excepción de la piel y las mucosas con las que nacemos, se forman lentamente en hígado, ganglios linfáticos, médula ósea de los huesos, etc. Los bebés cuentan con las defensas que han recibido de la madre (durante el embarazo, con la lactancia materna), hasta que a partir del sexto mes, poco a poco y a medida que madura el sistema inmunitario, forman sus propios elementos defensivos. Por esta razón, durante los primeros años de vida las infecciones (bronquitis, conjuntivitis, faringitis, gastroenteritis, etc.) son procesos más o menos frecuentes. Podemos ayudar al sistema inmunitario con medidas como...

CALENDARIO VACUNAL que debemos cumplir "al pie de la letra".

AMBIENTE FAMILIAR "sano", procurando no sólo una buena higiene del bebé y del niño, sino también un ambiente agradable, cariñoso y afectivo.

HIDROTERAPIA: con dos palanganas de agua, una caliente y otra fría, sumergir en la caliente los brazos hasta el codo y mantenerlos 5 minutos. Luego, introducirlos en la fría durante 10 segundos. Descansar 15 minutos y repetir el ejercicio hasta un total de 3 veces. Practicarlo una vez a la semana. Mejora el sistema circulatorio y, con ello, la llegada de las defensas a cualquier parte del organismo.

ALIMENTACIÓN EQUILIBRADA con abundante presencia de frutas y verduras.

RELAJACIÓN: con el niño tumbado en suelo blando, realizar inspiraciones y espiraciones lentas y profundas, mientras nosotros, con la mano situada en su ombligo, la desplazamos hacia arriba (hasta el cuello) durante la inspiración y retornamos al ombligo durante la espiración. Realizar este ejercicio durante 10 minutos al día.

INFUSIONES DE TORONJIL: en 1/4 l de agua hirviendo, añadir 2 cucharadas de la planta y, con el fuego apagado, dejar reposar (con tapadera puesta) durante 10 minutos. Colar y administrar con una cucharita. Practicarlo 2 veces por semana en los meses fríos.

ACTIVIDAD FÍSICA, JUEGOS: todos los días para favorecer el desarrollo del sistema inmunitario.

sabía que *el calendario vacunal varía de unas comunidades autónomas a otras en función del riesgo de contraer diversas enfermedades en cada una de ellas.*

dermatitis atópica

TÉRMINOS SIMILARES: eccemas

Enfermedad que afecta a la piel de los bebés, mediada por una reacción alérgica.

Las alteraciones de la piel producidas por la dermatitis atópica son las más frecuentes dentro del grupo de alergias que pueden afectar a los niños. Esta alergia a determinados elementos se manifiesta primero en el cuello y la cara; luego, con los meses, desciende a brazos, muñecas, rodillas y pies. Las causas más frecuentes son elementos que entran en contacto con el bebé: el agua (sobre todo si tiene muchos minerales, es decir que es "dura"), ciertos cosméticos o productos de higiene personal, tejidos sintéticos o no naturales, etc. Los síntomas habituales son enrojecimiento de la piel, sequedad importante, descamación y picores.

BAÑOS cortos y en agua templada (el agua puede ser una de sus principales causas).

JABÓN DE AVENA: utilizar este tipo de jabón aplicándolo con la mano; no emplear esponja, para evitar mínimas erosiones de la piel.

SECADO utilizando toallas de tejido natural 100 por 100, y sin frotar, presionando con suavidad cada zona del cuerpo.

CREMAS o LOCIONES HIDRATANTES para aumentar, aunque sea de forma mínima, no sólo el agua incluida en la piel, sino también su capa grasa.

CUIDADO con el tipo de cosméticos, artículos de higiene personal y tejidos no naturales que utiliza el bebé.

PRECAUCIÓN CON EL AGUA: el 17 por 100 de los bebés tienen manifestaciones de dermatitis atópica por culpa de aguas duras, y otro 13 por 100 como consecuencia de aguas blandas.

sabía que *los lactantes que presentan dermatitis atópica en los 3 primeros meses de vida, tienen un 70 por 100 de probabilidades de presentar alergias respiratorias antes de los 5 años, y casi un 90 por 100 de posibilidades si además hay dos familiares con dermatitis atópica.*

dermatitis del pañal

TÉRMINOS SIMILARES: erosiones, irritaciones

Enrojecimiento del culito del bebé por acción de la orina, que produce notable molestia y llanto.

ORIGEN

Entre otras muchas cosas, la orina contiene urea, elemento que le proporciona su olor característico. Cuando la urea es degradada por bacterias se forma el amoníaco, elemento que irrita la piel (con el que entra en contacto, en este caso, el culito). Cuanto más tiempo permanezca la orina en contacto con la piel, más fácil es la irritación, llegando incluso a producirse pequeñas erosiones.

TRATAMIENTO

LIMPIEZA del culito en cada cambio de pañal, completa y con suavidad, utilizando sólo agua templada.

POMADAS PROTECTORAS, en especial las que contienen silicona, aplicadas cada vez que se cambian los pañales. De esta forma, creamos una especie de barrera protectora para que la orina no contacte con la piel y ésta pueda recuperarse.

POSICIÓN DE TUMBADO boca abajo: durante los días que permanezca la irritación, procure no presionar la zona lesionada (estar mucho tiempo sentado), y que adopte otras posturas más "descansadas", como tumbado boca abajo.

POLVO DE ARROZ: para este tipo de lesiones en la piel, se obtienen muy buenos resultados en los bebés si se aplica sobre la zona lesionada polvo de arroz (basta con triturar en el molinillo medio puñado de arroz) cada vez que se cambie el pañal.

AVENA: añadir a 1 l de agua 3 cucharadas de avena y calentar durante 10 minutos a fuego medio. Dejar reposar otros 10 minutos y colar el líquido resultante. Se dará a beber este líquido (templado) al niño 2-3 veces al día (unas pocas cucharadas en cada ocasión).

ESCOCEDURAS IMPORTANTES: si observa este tipo de lesiones, consulte con el pediatra para eliminarlas utilizando cremas con corticoides o similares.

CULITO AL AIRE: ya que facilita su "secado" y revitaliza la piel de esta zona.

PREVENCIÓN

Lo fundamental es cambiar con frecuencia los pañales, en especial inmediatamente después de mancharse con el pis o la caca. Hasta que llegue ese momento, procure que no se "siente" sobre el pañal. Utilizar siempre pomadas protectoras con silicona.

sabía que *la piel del culito de un bebé es casi 10 veces más fina que la del adulto. Por ello es tan frágil.*

dermatitis seborreica

Inflamación de una o varias zonas del cuero cabelludo que se encuentran enrojecidas, ligeramente hinchadas y producen picor.

ORIGEN

Las glándulas sebáceas que acompañan a la raíz de los folículos pilosos (en el pelo y en otras zonas del cuerpo como la cara), producen de forma exagerada gran cantidad de grasa, posibilitando el "taponamiento" u obstrucción de la propia glándula. Este cierre facilita a su vez la infección por parte de bacterias que hay en la propia piel. Con la infección desarrollada, se observan en el cuero cabelludo zonas enrojecidas, ligeramente aumentadas de tamaño, y cuando se forman costras, de forma irregular o variable, ligeramente dolorosas y acompañadas de picor.

TRATAMIENTO

NO MOJAR la cabeza del bebé todos los días.

ELIMINAR las costras utilizando aceite de almendras (véase el capítulo referente a la costra láctea).

LAVAR LA CABEZA con champús suaves (suficientes para eliminar la grasa sin estimular la producción de las glándulas sebáceas). Hacerlo 2 veces por semana, no más, para evitar "efectos rebote" (más producción de grasa).

TRATARLO CON RAPIDEZ para evitar que las lesiones puedan extenderse a la piel de la cara, donde también existen glándulas sebáceas.

PREVENCIÓN

No utilizar champús fuertes; evitar el rascado de las heridas, ya que de esta manera pueden extenderse a una superficie mayor (véase capítulo de prurito).

sabía que aunque se formen placas y costras en la cabeza, con la dermatitis seborreica el pelo puede ser más frágil pero no genera alopecias o calvicie.

desgarro muscular

TÉRMINOS SIMILARES: rotura muscular, rotura fibrilar

Rotura de varias fibras musculares dentro de un músculo, lo que genera dolor al menor movimiento y pérdida de capacidad funcional (para desplazar esa zona del cuerpo).

ORIGEN

Los músculos son algo así como un ovillo de lana unido a dos huesos, en el que cada hilo es un fibra muscular. Los niños mayorcitos tienen una gran capacidad de movimiento en los juegos, durante la práctica de una actividad deportiva, etc. En ocasiones realizan movimientos muy rápidos, bruscos o excesivos, que en caso de "coger al músculo frío" y estirarlo demasiado provoca que se rompan algunas de sus fibras. En el momento de la rotura se genera dolor en esa zona, dolor que aumenta con el movimiento (la contracción del músculo afectado) e incluso si apretamos en esa zona. El propio dolor dificulta los movimientos. Las zonas más afectadas son los músculos de las extremidades, sobre todo de las piernas y los muslos.

TRATAMIENTO

FRÍO: en el momento de producirse la lesión conviene aplicar frío seco (bolsa de plástico con cubitos de hielo) sobre la zona afectada durante unos 5-10'.

CALOR: durante los 2-3 días siguientes, aplicar calor seco 2 veces al día (bolsa de agua caliente; luego esperar que el agua se temple o enfríe).

REPOSO: no realizar movimientos bruscos o intensos con la zona afectada para que el músculo pueda recuperarse y las fibras musculares se "rehabiliten".

ÁRNICA: preparar una infusión de árnica con 2 cucharaditas de flores secas en 1/4 l de agua hirviendo. Dejar reposar 10 minutos y colar. Mojar una gasa en la infusión y aplicarla sobre la zona lesionada. Practicarlo 2 veces al día. Si realiza este remedio no necesita utilizar el calor.

CONSUELDA: 100 g de raíz de esta planta en 1 l de agua. Cocer durante 10 minutos y colar. Mojar una gasa o compresa y aplicarla sobre la zona afectada hasta que se enfríe.

PREVENCIÓN

Antes de realizar movimientos intensos hay que "calentar" un poco los músculos con actividades más suaves (juegos sencillos, etc.).

sabía que *en los niños pequeños son infrecuentes los desgarros musculares, ya que sus movimientos son lentos y poco intensos.*

deshidratación

Pérdida de agua y sales minerales del cuerpo del niño, que favorece alteraciones de la circulación de la sangre, de los músculos y del conocimiento, entre otras.

ORIGEN

En los bebés y en los niños, el agua representa casi el 70 por 100 del peso del cuerpo, razón por la cual una pérdida significativa de este elemento trae consigo numerosos trastornos. Las situaciones en las que el niño pierde muchos líquidos son las más propensas a la deshidratación (vómitos, diarreas o sudoración excesiva). Cuanto más pequeño es el niño, las consecuencias son mayores y se manifiestan por: sequedad de la piel, signo del pliegue (si cogemos un pellizco de piel, al soltarlo tarda en desaparecer), ojos hundidos (en los lactantes, las fontanelas o depresiones del cráneo también están hundidas), aumento de la frecuencia de contracción del corazón, etc.

TRATAMIENTO

TRATAR LAS CAUSAS: por lo general, éstas serán vómitos, diarreas y sudoración excesiva (véase el capítulo correspondiente a cada uno de estos condicionantes).

ALIMENTACIÓN LÍQUIDA: proporcionar mucho agua, y sobre todo zumos, para recuperar también las sales minerales perdidas. Hay que hacerlo constante pero lentamente (cucharilla a cucharilla, biberón a biberón).

LIMONADA ALCALINA: además de ser un remedio muy útil para la diarrea y los vómitos, repone rápidamente los líquidos perdidos. Para elaborarla, utilice 1 l de agua hervida, el zumo de 2 limones, una cucharadita de azúcar, una pizca de sal y otra de bicarbonato. Administrarla cuantas veces quiera el niño.

SI EL NIÑO SE ENCUENTRA aturdido, con alteración de la conciencia, o si la orina es de color amarillo oscuro y llora sin lágrimas, acudir rápidamente a un servicio de urgencias, ya que la deshidratacion puede ser grave.

PREVENCIÓN

Tratar debidamente al menor síntoma, los vómitos y diarreas. No exponer al niño a los ambientes calurosos o con temperaturas elevadas, y mucho menos al sol sin la protección adecuada (los lactantes siempre a la sombra); beber en abundancia cuando se practica una actividad física. En lugares calurosos (playa, campo) a los bebés debemos ofrecerles agua cada 15 minutos.

sabía que no hay que fiarse sólo de la temperatura. La brisa, los suelos brillantes, los objetos de metal, reflejan los rayos del sol aunque no se vean.

destete

Suspensión definitiva de la lactancia materna, por decisión propia, "del bebé" u obligatoria por motivos laborales, enfermedad, etc.

CUÁNDO HACERLO

Partiendo de la base de que el mejor alimento para el lactante es la leche materna, tanto desde un punto de vista nutritivo como afectivo, no hay un tiempo fijo para el destete; se trata de una decisión que debe tomar la madre, considerando también la respuesta del bebé ante la posible necesidad de otros alimentos. Unas mujeres lo hacen a los 2 meses, otras a los 9, y otras al año y medio (aunque en este último caso amamanten dos veces al día al bebé).

CÓMO HACERLO

NUNCA DEBE ser brusco, ya que podemos generar desarreglos emocionales y digestivos en el lactante.

LO NORMAL, 15 DÍAS: suprima primero la última tetada de la tarde (no la de la noche); luego la de media tarde; después la del mediodía, y así sucesivamente.

TETADA SUSPENDIDA: debe ser sustituida por el biberón, y será la madre quien le proporcione al niño este alimento para que los cambios sean menos bruscos.

SI LA MADRE TIENE MUCHA LECHE debe prolongar el destete durante un mes, y espaciar cada vez las tetadas; de esta manera disminuye poco a poco la producción de leche en los senos.

SI LA MADRE TIENE POCA LECHE debe prolongar el destete a una semana, y sustituir cada día una tetada por el biberón.

SI HAY DOLOR en los pechos durante el destete, aplique sobre ellos, un par de veces al día, una bolsa con cubitos de hielo y beba pocos líquidos durante 2 o 3 días.

PREVENCIÓN

Hay determinadas situaciones en las que debemos olvidar el destete y prolongar un poco más la lactancia materna:

DENTICIÓN: cuando salen las primeras piezas dentarias (meses 5-6), la hinchazón de las encías se calma notablemente con el pecho.

ENFERMEDAD O EPIDEMIAS: la leche materna es la mejor protección ante la mayoría de las enfermedades, ya que tiene muchos anticuerpos para defender al bebé.

BEBÉ PREMATURO: la leche materna es el mejor alimento que podemos darle durante bastantes meses.

CALOR: en los períodos calurosos, ya de por sí molestos para el niño, los cambios en la alimentación pueden ser mal recibidos. Prolongue un poco más la lactancia.

sabía que *los nuevos alimentos que se introducen con el destete deben probarse poco a poco, esperando al menos 10 días antes de pasar de uno a otro.*

diabetes

Concentraciones elevadas de glucosa en la sangre (más de 120 miligramos de glucosa por cada 100 mililitros de sangre)

ORIGEN

En los niños la diabetes suele deberse a diversas alteraciones del páncreas (órgano situado en el abdomen por detrás del estómago), que disminuyen su capacidad para elaborar insulina, hormona encargada de "sacar" la glucosa de la sangre y almacenarla en hígado, músculos, tejido adiposo o graso y en el interior de las células del organismo para que la utilicen obteniendo de ella energía. Bajo estas circunstancias, la glucosa y otros hidratos de carbono aumentan su concentración en la sangre por encima de los límites normales, situación que se denomina hiperglucemia. La glucosa que sobra es eliminada por el riñón acompañada de mucha agua; por ello los diabéticos orinan mucho (poliuria), muchas veces (polaquiuria) y tienen mucha sed, por lo que beben mucho (polidipsia). También suelen aparecer muchas ganas de comer, aunque tienen cierta delgadez.

TRATAMIENTO Y PREVENCIÓN

INYECCIONES DE INSULINA: los niños diabéticos apenas producen insulina, por lo que debemos administrarles esta hormona por medio de inyecciones casi diarias. Este tratamiento será indicado por el especialista y hay que seguirlo "al pie de la letra".

CONTROL DE LA ALIMENTACIÓN: en lo que se refiere a dulces, pastas, bollería, etc., hay que controlarlos mucho (reducir su ingesta). Conviene distribuir la comida total del día en muchas tomas (5-6 veces) y poca cantidad en cada una de ellas, para que los niveles de glucosa en la sangre no muestren grandes variaciones.

ACTIVIDAD FÍSICA: una actividad física regular, suave (andar, correr al trote, hacer cicloturismo, natación, gimnasia, etc.), siempre "sin forzar", puede contribuir a que las células del cuerpo sean más sensibles a la poca insulina que haya en la sangre, y, con ello, mejoren su actividad y necesiten menos dosis en las inyecciones; además de "gastar" parte de la glucosa que hay en la sangre

INFUSIÓN DE HOJAS DE ARÁNDANO: se vierten 2 cucharaditas de hojas de arándano en 1/4 l de agua hirviendo y se deja reposar 10 minutos. Colar y tomar media taza a sorbos o con una cuchara. Repetir este remedio un par de veces por semana, en semanas alternas. Contribuye a reducir las dosis necesarias de insulina.

INFUSIONES DE ALHOLVA: seguir el mismo procedimiento anterior, pero con semillas molidas de alholva y dejar reposar 3 horas, para hervir nuevamente pasado este tiempo y colar después.

sabía que los hijos de padres con diabetes juvenil o de tipo I (que se presenta antes de los 30 -40 años) tienen un 5 por 100 de probabilidades de heredar y padecer la enfermedad de sus padres. Lo habitual es que aparezcan los síntomas entre los 6 y los 15 años.

diarrea

El bebé tiene un mayor número de deposiciones que varían de aspecto (son de carácter líquido o semilíquido), acompañadas a veces de moco o restos de sangre.

ORIGEN

La mayoría de las diarreas en lactantes y niños pequeños se debe a una intolerancia al alimento que han consumido (alergias a la leche de vaca, intolerancia a la lactosa, alimentos muy fríos y helados), o a procesos infecciosos que afectan al estómago o intestino (gastroenteritis). Al inflamarse por infección las paredes del intestino, no sólo no absorben el alimento, sino que, además, pierden muchos líquidos (sobre todo suero) que se dirigen al exterior con la diarrea. El niño pasa a mostrar falta de apetito, inquietud y, a veces, fiebre. Las diarreas deben tratarse rápidamente debido al riesgo que tienen de deshidratación, aunque para nuestra seguridad hay que recordar que la mayoría de las diarreas no son graves.

TRATAMIENTO

SI ES LACTANTE, no deje la lactancia materna, ya que gracias a ella se le están aportando anticuerpos y otras defensas contra la infección.

SI TOMA OTROS ALIMENTOS que no sean leche materna, debemos suspender su administración y dejarle "a dieta".

LIMONADA ALCALINA: es uno de los mejores hidratantes en caso de diarrea. Para su eliminación basta añadir, por cada litro de agua hervida, el zumo de 2 limones, una cucharadita de azúcar, una pizca de sal y otra de bicarbonato. Puede tomarse todas las veces que se quiera. Mantenerla hasta que los síntomas desaparezcan.

DIETA BLANDA: en los niños mayorcitos, además de la limonada alcalina debemos recurrir a ciertos alimentos de fácil digestión (yogures, sopas, caldos, etc.).

SOPA DE ZANAHORIAS: hervir 1/2 kg de zanahorias en agua con un poco de sal durante 30 minutos. Luego, pasar las zanahorias por el pasapuré y añadirles el agua de la cocción hasta tener 1 l de crema o sopa de zanahorias.

DIARREAS VERDES: en estos casos, un remedio de gran eficacia es dar al niño una infusión con dos o tres estigmas de azafrán. Basta con una toma.

DE NO REMITIR, y particularmente en los más pequeños, debemos sospechar intolerancia a algún alimento

PREVENCIÓN

Vigilar, sobre todo en los meses fríos, las deposiciones del niño, ya que los ambientes cerrados típicos de estos meses facilitan las infecciones por bacterias y virus. Asegurar unas buenas condiciones higiénicas. Evitar el contagio con otros niños o personas adultas a través de objetos contaminados.

sabía que *cada año fallecen en el Tercer Mundo cerca de 6 millones de niños por efecto de las diarreas agudas causadas por infecciones del intestino.*

dientes (salud)

La aparición de las 20 piezas dentarias temporales, o "de leche", significa la adaptación progresiva del niño a la alimentación del adulto.

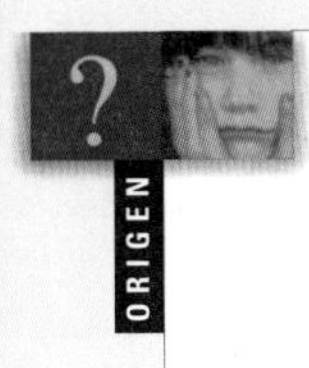

ORIGEN

Cuando nacemos, en el interior de los maxilares (superior e inferior) se encuentran ya los esbozos de todas nuestras piezas dentarias. Cerca de los bordes, ocultos, se disponen en cada maxilar 10 dientes temporales o de leche, y, por debajo de ellos, 12 piezas más que serán las permanentes. El orden en la aparición de los dientes es el siguiente: primero, a los 6-8 meses, los dos incisivos inferiores; luego, los dos superiores (8-10 meses); más tarde, otros dos incisivos laterales superiores, y luego, los inferiores (10-12 meses); a continuación, los premolares inferiores (12-18 meses), los premolares superiores y los colmillos (18-24 meses) y, finalmente, los molares superiores e inferiores (24-30 meses).

PREVENCIÓN

LA APARICIÓN de alguna pieza dentaria no es impedimento para la lactancia.

CON LOS PRIMEROS DIENTES suelen producirse enrojecimiento de las encías (los dientes deben romperlas para salir al exterior), dolor e inquietud.

DOLOR: la mejor manera de combatir tales hechos es permitir que el niño muerda cosas, ya que con ello va "raspando" la encía y ésta disminuye su tensión, se reduce y permite la salida del diente. Así se alivia el dolor. No dejar a su alcance objetos puntiagudos, de cristal, frágiles, sucios... Lo mejor: los mordedores de caucho.

CRESTA DE POLLO: para facilitar la salida de los dientes sin molestias, muchas generaciones han recurrido a la cresta de pollo. Con ella, bien limpia, se frotan las encías, facilitando su desgaste y la salida, de forma natural, del diente.

ACEITE DE OLIVA: si frotamos las encías con este tipo de aceite, calmaremos las molestias, y, además, lubricaremos el aparato digestivo impidiendo la diarrea.

HIELO O AGUA FRÍA: cualquiera de estos elementos frotados sobre la encía proporciona un gran alivio. También se pueden utilizar mordedores refrigerantes con agua en su interior.

DIARREAS: no tienen por qué presentarse durante la dentición. Están más relacionadas con los alimentos que introducimos poco a poco (y su mejor o peor asimilación) que con la aparición de los dientes. Para evitar las diarreas y calmar las molestias podemos dar al niño un trozo de zanahoria para que la muerda (es un chupete vegetal o natural)

MANZANA: para mantener los dientes sanos, blancos y sin caries, debemos acostumbrar al niño, cuando ya es mayorcito, a comer un par de veces por semana una manzana sin pelar.

LIMÓN: para preservar los dientes blancos y libres de gérmenes también conviene frotárselos una vez a la semana con una rodaja de limón.

sabía que *algunos niños nacen con una pieza dentaria en su boca. Son los llamados dientes connatales, que significan un desarrollo precoz de la dentición.*

difteria

Infección grave y contagiosa de la faringe que dificulta una respiración y alimentación normales.

ORIGEN

Está producida por una bacteria, *Corinebacterium diphtheriae,* que produce una serie de sustancias o toxinas que, además de formar unas "membranas" que obstruyen la faringe (tubo muscular situado detrás de las fosas nasales y de la boca), puede lesionar también por las toxinas que "navegan" en la sangre, el corazón y el sistema nervioso. Se aprecia además hinchazón de los ganglios del cuello, fiebre, falta de apetito e intranquilidad. Puede contagiarse a través de la tos (con las gotitas que se expulsan) y objetos contaminados.

TRATAMIENTO

FUNDAMENTAL: el tratamiento médico propuesto por el especialista y basado en el empleo de antibióticos y antitoxina diftérica.

HIDRATACIÓN: hay que proporcionar al niño abundantes líquidos, ya sea agua, zumos, etc.

DIETA basada en alimentos blandos (caldos, sopas, yogures, etcétera).

CALMAR LA TOS (véase el capítulo correspondiente).

FIEBRE (utilizar los remedios propuestos en el apartado de fiebre).

PREVENCIÓN

Cumplir debidamente el calendario vacunal, tanto en la dosis inicial como en las de recuerdo.

sabía que desde hace más de una década no se ha producido en España ningún caso de difteria gracias a la administración de la vacuna.

dislalia

Alteración o trastorno en la pronunciación de algunas sílabas o fonemas, cuando por su edad el niño debería pronunciarlas correctamente.

ORIGEN

Hay varios tipos de dislalia según la alteración observada: por omisión, cuando se olvida algún sonido (ticiclo por triciclo); por inversión, cuando se cambia el orden de las sílabas (cocholate por chocolate); por distorsión, cambio de una sílaba por otra que no tiene nada que ver o es un sonido ininteligible (munipizapa por municipal). El origen de esta alteración suele relacionarse con problemas dentales, de la lengua (es gruesa), frenillo lingual, insuficiencia de la audición, alteraciones nerviosas o, simplemente, imitación de lo que escucha en su entorno (los mayores también pronuncian mal).

TRATAMIENTO Y PREVENCIÓN

HABLAR CORRECTAMENTE delante de los niños y no tratar de imitar sus defectos de lenguaje.

NUNCA DEBEMOS ridiculizarles por sus errores.

CORREGIRLES constantemente en su pronunciación sin ser exigentes.

ESTIMULARLES para que hablen abordando todo tipo de temas y en especial de sus preferidos (juguetes, juegos, animales...).

JUEGOS DE PALABRAS ejercitarles en rimas, canciones populares, trabalenguas...

ENSEÑAR A DIFERENCIAR palabras similares pero totalmente distintas (rojo y cojo, niña y piña, mesa y pesa).

SI EL NIÑO NO SE CORRIGE, consultar, dentro de un tiempo prudencial, con el pediatra y, en su caso, con el logopeda.

sabía que *para descubrir posibles dislalias hay que poner especial atención a partir de los 4 años de edad.*

dislexia

Alteraciones en la lectura y la escritura que afectan al aprendizaje y no tienen causa neurológica.

ORIGEN

En la dislexia suelen sumarse problemas de tipo motriz (del movimiento que facilita la escritura) a alteraciones de la vista y/o audición. Algunos investigadores afirman que en un disléxico hay un retraso en la asociación de sonidos y letras en la corteza del cerebro, de tal manera que si en condiciones normales este proceso tarda 10-20 milisegundos, en el caso del disléxico se retrasa a 40-50 milisegundos. Esto lleva a que al escribir se inviertan sílabas (al por la), se confundan letras que son simétricas (por ejemplo, b por d), se separen mal las palabras en una frase (la casa roja: laca saroja) y, a veces, no se diferencien sonidos muy parecidos (b y p, m y n). Esto hace que la lectura sea muy lenta, y difícil la comprensión de los textos; e incluso resulte complejo copiar. El mayor peligro es que el niño suele desmotivarse poco a poco y acaba por odiar todo lo que es escritura y también lectura. En la dislalia pueden encontrarse causas orgánicas (dientes, lengua, etc.), pero no así en la dislexia. La mayoría de las dislexias se diagnostica hacia los 7 años; en general, el pronóstico es bueno con un tratamiento individualizado.

TRATAMIENTO Y PREVENCIÓN

AYUDAR AL NIÑO en las tareas escolares que deba realizar en casa.

PRACTICAR lecturas cortas y claras.

REALIZAR PEQUEÑOS ejercicios de redacción que sirvan para mejorar y estimularle.

UTILIZAR Y SEGUIR los vídeos del método *Scientific learning,* de la Universidad de San Francisco (California). Consigue un 90 por 100 de curaciones en 6 semanas de tratamiento.

CONSULTAR CON psicopedagogo y/o logopeda.

sabía que *las dislexias afectan aproximadamente al 10 por 100 de los niños escolarizados.*

dolor

Sensación desagradable y molesta que provoca en el niño inquietud, malestar, pérdida de apetito y dificultad en el sueño.

ORIGEN

Al igual que sucede en el caso de los adultos, el origen del dolor en los niños es muy diverso, aunque los dolores más frecuentes afectan al aparato digestivo (cólicos del primer trimestre), o provienen de la dentición (más adelante, de las caries), infecciones de oído, dolores de cabeza y los debidos a traumatismos. Cada dolor remite de forma particular si se trata eficazmente la causa que lo produce, aunque disponemos de algunas medidas que pueden facilitar la desaparición de muchos de ellos; infusiones para dolores internos y para dolores externos o superficiales, la ayuda de una gasa empapada en la infusión.

TRATAMIENTO

VALERIANA: en una taza de agua hirviendo echar una cucharadita de esta planta y dejar reposar la mezcla 15 minutos.

MALVAVISCO: seguir el mismo procedimiento descrito para la valeriana.

JENGIBRE: realizar infusiones empleando para ello las raíces de esta planta (una cucharadita por taza de agua hirviendo).

CORTEZA DE SAUCE: preparar una infusión con una cucharadita por taza de agua hervida y administrar unas cucharadas cuando aparezcan los primeros síntomas.

CATAPLASMAS DE ARCILLA aplicadas sobre la zona superficial que duele, siempre y cuando no haya heridas, erosiones o algo semejante.

BAÑO DE MANZANILLA: realizar una infusión muy cargada de manzanilla y añadirla al baño de agua templada antes de introducir al niño en éste.

PREVENCIÓN

La prevención se encuentra relacionada con el origen y las causas del dolor (oído, espalda, dientes, etc.), por lo que recomendamos consultar los capítulos correspondientes a cada uno de ellos.

sabía que *para calmar los dolores más frecuentes en los niños, casi siempre bastan medidas como reposo, calor, frío o cambios de posición, siempre en función de su origen.*

dolor abdominal

Dolor frecuente en lactantes y niños mayorcitos, con muy diverso origen pero que por lo general no reviste importancia.

ORIGEN

Es éste un síntoma muy frecuente en niños pequeños y bebés, si bien su origen es muy diverso. Para poder averiguarlo, conviene observar otros síntomas además del dolor: si hay vómitos, diarreas o estreñimiento, suele deberse a alteraciones del estómago o intestino; si las molestias son mayores al orinar, la alteración es de las vías urinarias; si presenta anginas o infecciones víricas, también puede aparecer dolor abdominal, o tratase de un niño emotivo o nervioso (dolor por la mañana para no ir al colegio por diversos motivos). Si además de diarreas hay fiebre, puede deberse a alimentos en mal estado (contaminados por salmonella o estafilococos). Una de las causas más frecuentes es la presencia de parásitos o gusanos en el intestino. En general, estos dolores son de corta duración, aunque pueden repetirse varias veces al día durante varias jornadas.

TRATAMIENTO Y PREVENCIÓN

TRATAR LOS SÍNTOMAS (vómitos, diarreas, estreñimiento, fiebre) de acuerdo con las recomendaciones que proponemos en los apartados correspondientes.

AVERIGUAR la causa en función de los síntomas asociados al dolor.

COLOCAR calor seco encima de la tripa (bolsa de agua caliente) para que se relaje la musculatura de esa zona y disminuya el dolor.

MANZANILLA: administrar una pequeña dosis, según la edad, para calmar estómago e intestino (una de las principales fuentes de dolor abdominal).

MUCHO CUIDADO a la hora de preparar la comida del niño, en especial durante el verano debido a la posibilidad de toparse con alimentos en mal estado.

sabía que *si el dolor se mantiene durante varias horas, y es acompañado de fiebre y/o vómitos, hay que avisar al médico por si se trata de una apendicitis aguda.*

dolor de dientes

ÉRMINO SIMILAR: odontalgia

Malestar agudo y penetrante que aparece de forma aguda o "de repente" en las encías y piezas dentarias.

ORIGEN

En bebés y niños, las molestias en los dientes suelen deberse a la aparición de los mismos durante los primeros años de vida; a dientes con caries que llegan a afectar los nervios situados en su centro, o a enfermedades de la encía, sin olvidar causas de tipo traumático (golpes, erosiones en la encía por morder objetos puntiagudos, etc.).

TRATAMIENTO

CARIES: tome las medidas que aconsejamos en el apartado de caries.

SALIDA DE LOS DIENTES: practique los remedios aconsejados en el capítulo de dientes.

INFUSIONES DE MALVA realizadas con una cucharada de hojas y flores secas de la planta, vertida en una taza de agua hirviendo. Colar y, con ayuda de una gasa, aplicar sobre la zona dolorida varias veces. Repetir la operación horas más tarde.

INFUSIONES DE VARA DE ORO realizadas con el mismo procedimiento anterior; administrarlas en cucharaditas pequeñas (4-5 cada vez).

ZUMO DE ZANAHORIA: aplicarlo sobre la zona dolorida con ayuda de una gasa, o realizar enjuagues con él (en el caso de niños mayorcitos).

sabía que

aunque el número de caries en menores de 14 años ha descendido en España durante el último año, sólo el 31 por 100 de ellos se cepillan los dientes 3 veces al día.

PREVENCIÓN

Vigilar la salida de los dientes y otros síntomas asociados (fiebre, pérdida de apetito, babas); controlar y reducir el consumo de dulces; facilitar una buena educación higiénica bucodental; visitas periódicas al odontólogo.

dolor de oídos

TÉRMINO SIMILAR: otalgia

Sensación de malestar en uno o los dos oídos, con carácter agudo y muy molesto.

ORIGEN

Por el dolor de oídos el niño suele perder el apetito, le cuesta conciliar el sueño, presenta episodios de llanto repentinos y, a veces, fiebre. Una "pista" de este dolor se presenta cuando el bebé se lleva la mano hacia el oído afectado. Las causas más frecuentes son las que facilitan una inflamación del oído medio (resfriado, catarro, cera en los oídos, etc.). Hay que recordar que desde la garganta hasta el oído medio existe un pequeño "túnel" denominado trompa de Eustaquio; por él, los gérmenes pueden ascender hasta el oído.

TRATAMIENTO

TRATAR EL CATARRO o resfriado si lo hubiere (véase los apartados correspondientes).

PAÑO CALIENTE sobre el oído dolorido: basta con utilizar un paño limpio y calentarlo con la plancha. Colocar el paño sobre el oído hasta que pierda el calor.

ACEITE DE GORDOLOBO o aceite de almendras: añadir unas pocas gotas de uno de estos aceites al oído dolorido y colocar un pequeño algodón para que no se escurra.

INFUSIÓN MUY CONCENTRADA de manzanilla; aplicar unas gotas de ésta sobre el oído dolorido de la misma forma que en el remedio anterior.

LECHE DE MUJER: muchas generaciones han aliviado los dolores de oído en los niños colocando unas gotas de leche de mujer que no sean de la propia madre.

PREVENCIÓN

Tratar eficazmente resfriados, catarros, faringitis, etc., para que los gérmenes no alcancen el oído por la trompa de Eustaquio; impedir la acumulación de cera en los oídos.

sabía que *para diagnosticar un dolor de oídos basta con apretar ligeramente el pequeño cartílago que, como "una puerta", se sitúa a la entrada del conducto auditivo externo. Si el oído esta afectado, el niño se incomoda.*

dolores de cabeza

ÉRMINOS SIMILARES: cefaleas, cefalalgia

Dolor de aparición brusca con carácter opresivo o taladrante que pueden afectar distintas zonas de la cabeza, o su totalidad.

ORIGEN

Tanto los niños como los bebés pueden sufrir dolores de cabeza, y con mayor frecuencia de lo que parece. El dolor de cabeza es una de las situaciones que más llanto les produce. Sus causas más frecuentes son fiebre y enfermedades infecciosas (gripe, anginas), alergias (polvo, pelos de animales, chocolate, tomate, nueces), problemas visuales, migrañas (dolores de cabeza de causa desconocida que producen mucho dolor durante algunas horas, les agota y luego se quedan dormidos), alteraciones psicológicas, etc.

TRATAMIENTO

TRATAR LA CAUSA si llegamos a conocerla, como en los casos de la fiebre, una enfermedad infecciosa o una reacción alérgica (véase el apartado correspondiente a cada una de estas situaciones).

BAÑO DE AGUA TEMPLADA, con una infusión de lavanda y otra de romero.

ACEITE DE MENTA O DE ORÉGANO, con los que debemos realizar un suave masaje sobre las sienes y la frente.

VAHOS DE ROMERO, MENTA U ORÉGANO: inhalar sus vapores con la ayuda de una toalla; utilizar infusiones o aceites esenciales de estas plantas.

PREVENCIÓN

Vigilar los alimentos que consume el niño, por posibles reacciones alérgicas; evitar que la fiebre sea importante; no facilitar situaciones de cansancio físico, conflictos familiares o falta de cariño; buen contacto con los padres.

sabía que *la migraña es mucho más frecuente en niños de lo que parece, y que les produce intenso dolor, durante varias horas, que acaba por agotarles y provocar el sueño.*

dolores musculares

TÉRMINOS SIMILARES: mialgias

Molestias de carácter penetrante, taladrante u opresivo, que afectan al músculo lesionado.

ORIGEN

Por lo general son consecuencia de golpes o movimientos bruscos y rápidos que alteran un grupo de fibras musculares. El dolor aparece de repente en una zona determinada y puede aumentar ligeramente con la presión. Otras veces, las menos, se deben a infecciones de carácter general, como la gripe (en estos casos se observará la presencia de fiebre).

TRATAMIENTO

TRATAR la enfermedad básica: desgarros musculares, gripe, posturas forzadas, etc.; (véase el apartado correspondiente).

ALCOHOL DE ÁRNICA: extender una cucharada de este alcohol en una gasa y realizar suaves masajes en forma circular en la zona dolorida. Repetirlos 2-3 veces al día.

ALCOHOL DE MOSTAZA: añadir una cucharada de este alcohol a media taza de agua templada y, seguidamente, empapar en el líquido resultante una gasa para realizar suaves masajes sobre la zona dolorida durante unos minutos. Practicarlos 2 veces al día.

BOLSA DE AGUA CALIENTE: en el caso de dolores debidos a golpes es de gran ayuda colocar 2 veces al día sobre la zona lesionada una bolsa o botella con agua caliente (mantenerla hasta que el agua pierda el calor).

PREVENCIÓN

Evitar las posturas forzadas en el pupitre, la mesa, etc; valorar la presencia de alteraciones de la columna vertebral (escoliosis, cifosis, lordosis); no transportar mochilas mal colocadas o con un peso superior al 10-15 por 100 del peso del niño.

sabía que durante el período de más crecimiento (11-16 años) son frecuentes los "dolores del crecimiento" que se presentan en algunas articulaciones y músculos, y que se diferencian de otros dolores porque no aumentan cuando apretamos esa zona y sí cuando el niño, aun sin moverse, contrae el músculo.

dulces

Comestibles de agradable sabor elaborados principalmente a partir de azúcares.

CARACTERISTICAS

La mayoría de los dulces, y en especial gominolas, caramelos, etc., tienen un valor calórico muy elevado (350 kilocalorías por cada 100 g) y casi ningún nutriente o alimento de valor interesante: 60 por 100 son azúcares; 20 por 100 sustancias espesantes (almidón, goma); 12 por 100 agua; y poco más. En sí, no resultan perjudiciales, salvo cuando se consumen en exceso, ya que pueden sustituir a otros alimentos verdaderamente interesantes (recuérdese que un niño de 3 años necesita 1.500 kilocalorías al día, y 100 g de dulces son más del 20 por 100).

PREVENCIÓN

LOS NIÑOS CON ASMA u otros problemas respiratorios deben limitar al máximo el consumo de estos productos, que pueden desequilibrar el control de la enfermedad, sobre todo en el caso de la expectoración (los dulces, en general, dificultan la salida de las secreciones bronquiales).

NO MENOS DE 3 AÑOS: es ésta la edad ideal para comer por vez primera alguno de estos dulces. En las horas siguientes vigile la presencia de síntomas respiratorios que puedan sugerir asma o bien otras reacciones.

ATRAGANTAMIENTO: vigilar el tamaño e incluso el número de gominolas que el niño introduce en la boca, en particular cuando éstas son muy pequeñas.

NUNCA TODOS LOS DÍAS: estos productos deben utilizarse de forma muy distanciada (cada semana), pero nunca a diario debido al elevado contenido en calorías "huecas" que tienen para el organismo.

LIMPIEZA DENTAL: después de comer estos productos hay que limpiarse los dientes y la lengua "a conciencia" ya que por ser "todo azúcar", forman entre los dientes y en la lengua, con sus restos, el ambiente ideal para el crecimiento de las bacterias responsables de la caries y otras lesiones.

DULCES ENVASADOS: aunque el riesgo de contaminación es muy pequeño, procure utilizar gominolas y otros dulces similares ya envasados; y si son "a granel", que estén bien protegidos.

sabía que *los caramelos, en general, tienen el doble de kilocalorías que la miel o las confituras.*

eccemas

TÉRMINOS SIMILARES: dermatitis, inflamación de la piel

Inflamaciones de la piel, amplias o reducidas, que se muestran acompañadas de vesículas y picor.

ORIGEN

Son lesiones de aparición frecuente en los niños, con origen muy diverso: reacciones alérgicas (alimentos, medicinas, metales, ácaros, productos químicos), procesos infecciosos (especialmente virus), irritaciones (pañal, dureza del agua por un elevado contenido en calcio), alteraciones inmunitarias. Estos procesos suelen cumplir una serie de etapas: primero enrojecimiento; luego aparición de vesículas y, finalmente, pequeñas costras que desaparecen solas cuando la piel recupera la normalidad.

TRATAMIENTO

VIGILAR posibles sustancias irritantes o alérgicas, y determinados procesos infecciosos (suelen presentarse con fiebre, malestar, pérdida de apetito).

ESCROFULARIA, ORTIGA Y TRÉBOL ROJO: preparar una infusión con una cucharada de cada una de estas plantas secas y tomarla 3 veces al día (para los más pequeños utilizar 3-4 cucharadas en cada toma, y para los mayorcitos, media taza).

COMPRESAS DE CALÉNDULA O CONSUELDA: mojar una compresa en la infusión de una de estas plantas y colocarla sobre la zona lesionada hasta que se enfríe. Practicarlo 2-3 veces al día, hasta que desaparezcan las lesiones.

COMPRESAS DE ZUMO DE BERROS: depuran la zona afectada y colaboran a su rápida recuperación. Para obtener el zumo, limpie unas hojas de berro y licúe o cueza durante 15 minutos. El líquido obtenido al licuar o al cocer se aplica con una gasa sobre el eccema y se mantiene durante 15-20 minutos. Repetir 2 veces al día.

TRATAR EL PICOR (véase el apartado de prurito). Uno de los remedios más eficaces contra el picor de los eccemas es colocar sobre la zona afectada una gasa mojada en una infusión de manzanilla, durante 15 minutos.

PREVENCIÓN

Mantener una buena higiene corporal; vigilar las reacciones del niño ante la administración de nuevos medicamentos o alimentos; especial cuidado en los viajes debido al cambio de calidad del agua; evitar el rascado de las lesiones para disminuir al mínimo el riesgo de infección.

sabía que *en aquellas zonas donde las aguas son "duras", más del 20 por 100 de los niños se ven afectados por eccemas. Un niño o lactante con eccema no debe ser vacunado.*

encefalitis

Inflamación del encéfalo (cerebro, cerebelo, tronco cerebral) como consecuencia, casi siempre, de una infección por virus o bacterias.

ORIGEN

Aunque se trata de una enfermedad poco frecuente en nuestro entorno, conviene detectarla a tiempo para evitar graves complicaciones. Su origen es responsabilidad de ciertos virus, bacterias y parásitos (toxoplasmosis durante el embarazo), destacan entre nosotros las encefalitis como complicaciones de sarampión, tos ferina, gripe, parotiditis, escarlatina o meningitis. Los signos y síntomas que nos avisan de ella son las alteraciones de la conciencia (desde el aturdimiento hasta el coma); y, a veces, fiebre alta, inapetencia, llanto, malestar general, decaimiento. Ante cualquier sospecha hay que consultar rápidamente con el especialista.

PREVENCIÓN

VIGILAR las reacciones del niño tras una vacunación.

OBSERVAR cambios en el estado de salud del niño tras un viaje al extranjero y, en especial, a zonas de riesgo (África, América del Sur, Asia).

COMPROBAR LA BUENA EVOLUCIÓN de enfermedades típicas de nuestro entorno (gripe, parotiditis, tos ferina, escarlatina). Vigilar sobre todo el estado de conciencia (deprimido en el caso de complicaciones por encefalitis).

VALORAR la presencia de síntomas típicos de la encefalitis, como dolor de cabeza, fiebre, estupor (alteraciones de la conciencia) y, a veces, síntomas procedentes de la irritación de las meninges que cubren el encéfalo (rigidez de nuca y vómitos “en escopetazo”, sin naúseas).

sabía que *a pesar de su espectacularidad, el pronóstico de las encefalitis, con el tratamiento adecuado es, en general, bastante bueno.*

encías

Parte de la mucosa o piel interna de la cavidad bucal, encargada de cubrir y tapizar las arcadas dentarias o zonas de hueso donde se implantan los dientes.

Las encías son un tipo de piel rojiza (por tener muchos vasos sanguíneos) y húmeda (porque libera pequeñas secreciones continuamente) que protege la base de los dientes, así como la porción ósea en la que se encuentran incrustados. Las encías rodean las raíces de los dientes; por ello, cuando se alteran, pueden molestar al diente e incluso afectarlo, y dar lugar a la periodontitis. En los bebés, las encías cubren las arcadas dentarias y los dientes deben romperlas para poder salir al exterior; a ello se debe que aparezcan tantas molestias. Cuando los dientes comienzan a salir, las encías pierden su color rojizo y poco a poco cambian al pálido y al blanco.

MOLESTIAS EN LAS ENCÍAS por la aparición de los dientes: mordedores con agua fría, cubitos de hielo envueltos en un pañuelo, etc. (consultar apartado relativo a los dientes).

CORTEZA DE ROBLE (potente antiinflamatorio): añadir una cucharada de corteza seca a una taza de agua fría. Calentar hasta que hierva y dejarlo 5 minutos. Apagar el fuego, dejar reposar y colar. Cuando esté templado, mojar una gasa y aplicarla sobre la zona dolorida. Repetir la operación 3 veces al día. Los niños mayorcitos pueden hacer gárgaras sin tragar el líquido.

INFUSIÓN DE SALVIA: esta planta presenta notables efectos desinfectantes y antiinflamatorios. Realizar una infusión con ella y hacer enjuagues bucales 3 veces al día.

INFUSIÓN DE HOJAS DE ZARZAMORA: preparar una infusión añadiendo una cucharada de hojas de la planta a una taza de agua hirviendo. Dejar reposar unos minutos, colar y aplicar como en el caso anterior, sobre la encía alterada utilizando una gasa.

Prevenir las erosiones en las encías por mordisquear objetos afilados; mantener una buena higiene bucodental con cepillados de los dientes después de cada comida; fortalecer las encías frotándolas, una vez por semana, con el dedo y un poco de bicarbonato.

sabía que *las paredes de la cavidad bucal y las encías son "un espejo" de algunas infecciones en los niños; caso de sarampión (manchas blancas azuladas), varicela (vesículas), escarlatina (color rojo-grisáceo) o difteria (membranas grises en la faringe).*

encopresis

TÉRMINOS SIMILARES: incontinencia de heces

Pérdida involuntaria de las heces en niños mayores de 3 años, en ausencia de (sin) enfermedad o defecto congénito.

ORIGEN

En la mayor parte de los casos se debe a conflictos de tipo psicológico (falta de caso de los padres, una forma de llamar la atención, celos, agresividad, etc.), aunque antes de llegar a estas conclusiones hay que descartar otras situaciones de origen (diarrea o lesiones de la región anal y de sus esfínteres, entre otros factores). Es más frecuente que se presente durante la noche y, muchas veces, acompañe a la enuresis (pérdida involuntaria de orina).

TRATAMIENTO

DESCARTAR la presencia de diarrea u otros problemas similares que facilitan las pérdidas involuntarias.

CONSULTAR con el pediatra para descartar alteraciones de la región anal y, en especial, de los esfínteres anales.

ACUDIR AL PSICÓLOGO para determinar posibles conflictos psicológicos que motivan la incontinencia.

PREVENCIÓN

Mantener una relación continuada y cariñosa con los niños; normalizar el control de los esfínteres anales procurando animarle a defecar cada día a las mismas horas y dentro de un "ambiente" agradable, no de obligación; vigilar el tipo de alimentación para que no facilite la diarrea (exceso de golosinas, manos sucias, etc.).

sabía que

tienen encopresis aproximadamente el 17 por 100 de niños de 3 años y el 2 por 100 de los de 4 años.

enfermedad de Perthes

Falta de crecimiento de la cabeza del fémur en su articulación con el hueso ilíaco; huesos que conforman la cadera.

ORIGEN

Por causas diversas, la parte superior del fémur (la cabeza del hueso del muslo) no crece debidamente, lo hace con menor intensidad de lo normal e incluso tiende a desaparecer. La causa más frecuente suele ser cierta dificultad en la llegada de sangre a la cabeza del fémur que, al no alimentarse, impide su crecimiento. Otras veces la causa es desconocida. Por lo general resulta afectada sólo una de las caderas. El tratamiento es muy variable: desde el ortopédico (prótesis de descanso en las piernas para dejar espacio a la cabeza del fémur, que así puede crecer sin presiones) hasta el quirúrgico, según el caso.

PREVENCIÓN

La prevención es fundamental por dos razones: para evitar su aparición, o para detectar el caso lo antes posible (cuanto antes se trate la enfermedad, existen menos posibilidades de que queden secuelas).

REDUCIR AL MÍNIMO las caídas en las que la articulación de la cadera pueda sufrir (caídas sobre los laterales de la cadera), sobre todo si es sobre asfalto u otras superficies duras.

FACILITAR EL JUEGO en zonas blandas (hierba, arena, parqués, etc.), ya que las caídas en este tipo de terreno reducen al mínimo el riesgo de lesión.

VIGILAR LA APARICIÓN de síntomas de manera más o menos frecuente, como en los casos de cojera (a ratos, y sobre todo cuando el niño corre), ligera desviación de la columna hacia uno de los lados (escoliosis), dolor opresivo en la zona de la ingle (que aparece en más de una ocasión), cansancio al correr...

sabía que *golpes tontos y caídas absurdas pueden dar lugar, meses más tarde, a la enfermedad de Perthes. Hay que supervisar anomalías al caminar. ¡Mucho cuidado!*

enuresis

ÉRMINOS SIMILARES: incontinencia de orina

Emisión involuntaria de orina, generalmente por la noche, en niños con más de 4 años.

ORIGEN

Por lo general, tal como sucede con la encopresis, el origen se encuentra relacionado con diversos conflictos de tipo psicológico; destaca entre ellos la atención prestada al niño por alguno de los progenitores, una forma de llamar la atención, tendencia a la agresividad o rebeldía, celos, etc. También es reconocible un factor genético o hereditario (si los padres tuvieron el problema, es más fácil que los hijos lo sufran). Otras veces tiene origen en aspectos orgánicos (menor capacidad de la vejiga urinaria, alteraciones de los esfínteres urinarios, falta de maduración de los nervios que controlan esos esfínteres, producción escasa de algunas hormonas como la ADH o antidiurética). Podemos distinguir dos tipos: primaria, cuando nunca ha controlado la micción, o secundaria si el niño ha tenido períodos en los que sí la ha controlado. La mayoría de los casos suele desaparecer a partir de los 8 años, pero no olvidemos que algunos de éstos, si no ha sido tratada la causa, pueden cambiar la enuresis por otras conductas anómalas, como fobias, terrores nocturnos, comerse las uñas...

TRATAMIENTO Y PREVENCIÓN

CONSULTAR SIEMPRE CON EL ESPECIALISTA (pediatra y psicólogo) para concretar posibles causas y aplicar tratamientos eficaces contra ellas.

PUEDE SER DE AYUDA la utilización del pipí-stop, fármacos con suplementos de hormona antidiurética (reabsorben agua en el riñón y como consecuencia se orina menos).

CONTROLAR LOS LÍQUIDOS, sobre todo por la tarde y por la noche. Procure que el niño beba su último vaso de agua después de la merienda, y que la cena no sea líquida (sopa, caldos, etc.), pues se reduce así la orina de la noche.

REGULARIDAD EN SUS HÁBITOS: que orine varias veces al día y a las mismas horas, aunque no tenga ganas. Es importante que lo haga antes de dormir.

EJERCITAR LOS ESFÍNTERES: cada vez que el niño orine, en lugar de expulsar la orina con un chorro continuo, debe hacerlo de manera entrecortada, orinar-parar-orinar-parar... De este modo se fortalece el control sobre los esfínteres.

INFUSIÓN DE HINOJO CON MIEL: añadir una cucharadita de miel a la infusión ligera de hinojo y tomarla justo antes de ir a la cama. Con ello colaboramos a la retención de líquidos.

MASAJE: aplicar unas gotas de aceite de oliva en la parte baja del abdomen (donde está la vejiga urinaria) y realizar suaves movimientos circulares. Activa la musculatura de la vejiga urinaria, y permite un mejor control de los esfínteres. Realizarlo antes de acostarse.

MIEL: tomar antes de acostarse media cucharadita de miel (este remedio no deben practicarlo los diabéticos).

sabía que *en España hay unos 350.000 niños mayores de 5 años con problemas de enuresis.*

epilepsia

Contracciones musculares involuntarias y descontroladas, o ausencias que surgen de manera repentina.

ORIGEN

Hay que distinguir varios tipos de epilepsia, aunque las más frecuentes son tres. La llamada "gran mal" o epilepsia mayor, en la que hay pérdida de conocimiento, caída al suelo, contracciones musculares involuntarias y desordenadas, carencia del control de los esfínteres y, finalmente, adormecimiento. Un segundo tipo es la del "pequeño mal" o epilepsia menor, más frecuente en la infancia, caracterizada por ausencias o pequeñas pérdidas de conocimiento que muchas veces pasan inadvertidas. Otra forma es la epilepsia parcial, en la que hay contracciones involuntarias de una parte del cuerpo (pierna, mano, cara). En otras ocasiones, se observan crisis en forma de despertares nocturnos con pequeñas sacudidas de los músculos de la cara, o crisis de miedo repentino, y crisis en las que se unen dolores de cabeza y alteraciones visuales que se dan durante el día. Los orígenes son casi siempre desconocidos, aunque pueden estar relacionados con traumatismos previos, tumores cerebrales, meningitis previa, etc. El pronóstico suele ser bueno; de hecho, muchos niños sólo tienen 2-3 crisis en toda la infancia. El seguimiento médico es fundametal, pero podemos ayudar…

TRATAMIENTO Y PREVENCIÓN

EVITAR SITUACIONES estresantes o que puedan facilitar el nerviosismo y la intranquilidad del niño.

INFUSIONES DE CORTEZA DE TILO: añadir una cucharada de corteza seca a una taza de agua hirviendo y mantenerla en ebullición durante 5 minutos. Dejar reposar, colar y, cuando esté templada, tomarla lentamente (basta con la mitad de la taza). Practicarlo una vez a la semana.

INFUSIONES DE VALERIANA o de ajenjo: con una cucharada de hojas de valeriana o de hierbas de ajenjo, seguir el mismo procedimiento descrito en el remedio anterior.

CONTROLAR EL USO DE VIDEOJUEGOS, consolas, televisión y similares, ya que en el caso de niños epilépticos, estas situaciones (sobre todo el abuso de su empleo) pueden precipitar las crisis. Deben tener 10 minutos de descanso por cada hora de uso, la sala ha de estar bien iluminada y ellos situarse a 2 m de la pantalla.

ASEGURAR LAS HORAS de sueño para facilitar un descanso reparador.

CUANDO HAY UNA CRISIS, no impedir las contracciones, pero asegurar que se produzcan en un lugar relajado y "cómodo" (la cama, o sobre algo blando). Las crisis desaparecen con la adolescencia.

sabía que *en España hay cerca de 400.000 personas con epilepsia; la mayoría puede hacer una vida normal.*

epistaxis

NOS SIMILARES: hemorragia nasal

Pequeña hemorragia con pérdida de sangre por la nariz, desde una o ambas fosas nasales.

ORIGEN

Esta situación, muy frecuente en los niños pequeños, responde por lo general a la rotura de venas diminutas por un golpe, un fuerte estornudo, pequeñas heridas en las fosas nasales (al "hurgarse" la nariz), y a un ambiente caliente y seco que produce sequedad de las fosas nasales o fragilidad en las pequeñas venas, etc. Sólo conviene consultar con el médico en el caso de que la epistaxis sea frecuente.

TRATAMIENTO

NO PEDER LA CALMA, ya que no es una situación de riesgo.

COMPRESA FRÍA: mientras comprime con la yema de uno de sus dedos la fosa nasal sangrante (durante 5-10 minutos, tiempo suficiente para cerrar las venas rotas), aplique en la nuca del pequeño una compresa empapada con agua fría.

NO ECHAR LA CABEZA hacia atrás, ya que el niño puede tragar la sangre y provocar el vómito o el atragantamiento.

INFUSIÓN DE SALICARIA: prepare una infusión con una cucharada de esta planta y, una vez realizada, empape en ella una pequeña gasa que luego aplicará en la nariz sangrante.

INFUSIÓN DE HAMAMELIS: mojar una gasa en una infusión de esta planta (basta para realizarla una cucharada de plantas secas) y colocarla en la nariz.

PREVENCIÓN

Evitar los ambientes muy secos; procurar que el niño no se rasque la nariz; si hay heridas cercanas o en su interior, aplicar un poco de vaselina o cremas similares; tratar con prontitud las enfermedades que facilitan la tos y el estornudo para no forzar las fosas nasales (catarros, resfriados, etc.) (véase apartados correspondientes).

sabía que *las infecciones también son causa de epistaxis como en los casos de rinitis, sinusitis, escarlatina o fiebre tifoidea.*

erisipela

Inflamación de la piel y de las mucosas con producción ligeramente elevada de "placas" rojizas.

ORIGEN

Está producida por una bacteria, el *Streptococcus pyogenes.* Cuando la piel tiene "roturas", (grietas, heridas por rascado, heridas quirúrgicas, la herida del cordón umbilical, etc.), esta bacteria puede reproducirse y dar lugar a la inflamación de la piel y formar de una "placa" rojiza, dura y caliente. Además de esta lesión, se observan otros síntomas (fiebre elevada, escalofríos, dolores de cabeza y, en ocasiones, vómitos). Suele aparecer en la cara (encima de la nariz y párpados), extremidades, zonas de rascado, y regiones umbilical y genital.

TRATAMIENTO Y PREVENCIÓN

ES UNA LESIÓN CONTAGIOSA y no confiere inmunidad, razón por la cual hay que tratarla con cuidado y eficacia. El contagio es por contacto directo con las secreciones de la herida y la llegada de estos restos a otras zonas lesionadas de la piel.

EVITAR EL RASCADO de la zona afectada por el riesgo de autocontagio.

COMBATIR LA FIEBRE y otros síntomas (dolor de cabeza) con los remedios que proponemos en otros apartados de este libro.

COMPRESAS FRÍAS: aplicadas sobre la zona lesionada para reducir las molestias locales.

EQUINÁCEA: las infusiones de esta planta, realizadas a partir de una cucharada de planta seca, son útiles para reducir la inflamación, acelerar la recuperación, mejorar la piel y disminuir los síntomas asociados. Para ello, empapar una compresa en la infusión de equinácea y aplicarla sobre la zona lesionada hasta que se temple. Practicarlo 2 veces al día.

sabía que cuando la erisipela afecta a la cara (encima de la nariz o en los párpados), las lesiones suelen ser simétricas, y afecta a ambos lados de la cara o de la frente.

eritema tóxico

Abundantes y pequeñas vesículas con líquido transparente que aparecen en el tórax de los bebés.

ORIGEN

A pesar de que se trata de un proceso frecuente, su origen es desconocido y, por lo general, no reviste gravedad, salvo en casos excepcionales. El eritema tóxico se observa en la mayoría de los bebés entre las 24 y 48 horas de vida. Habitualmente aparece en el tórax, primero como manchas de tipo rosado-rojizo, y más tarde dan paso a pequeños habones (pápulas); finalmente, éstos dan curso a vesículas muy pequeñas, de líquido transparente y rodeadas de un hilo rojizo. En pocas horas o días (entre 3-6 días), el proceso suele desaparecer. Si no fuera así, debe consultarse al pediatra.

TRATAMIENTO Y PREVENCIÓN

NO FROTAR la zona lesionada para evitar erosiones en la piel y el surgimiento de infecciones.

MANTENER una buena higiene corporal.

CUIDADO con romper las vesículas.

sabía que *si el eritema no se acompaña por síntomas como fiebre, dolor, malestar general, vómitos o diarreas, su origen es de tipo tóxico y no se debe a enfermedades infecciosas (varicela).*

escarlatina

Enfermedad infectocontagiosa que altera el estado general y presenta puntos rojizos en casi todo el cuerpo.

ORIGEN

Está producida por una bacteria, el *Streptococcus hemolítico* tipo A, de fácil contagio por vía oral (al toser, las gotas que se expulsan al hablar, etc.). Comienza por lo general como una amigdalitis, porque la bacteria se multiplica dentro de la amígdala (en la boca). Por esta razón, los primeros síntomas son dolor de garganta, pérdida de apetito, fiebre, vómitos y "postración". Aparece después la erupción en la piel, representada por puntos rojos brillantes que surgen primero en el pecho, luego en la nuca y más tarde en el resto del cuerpo. Una semana más tarde desaparecen los puntos y la piel "se descama".

TRATAMIENTO

HABITACIÓN soleada y ventilada, en la que el paciente guardará reposo.

INFUSIÓN DE ORTIGAS: añadir una cucharadita de hojas de ortigas a un cuarto de litro de agua hirviendo. Dejar cocer 5 minutos, colar y empapar en el líquido una gasa con la que luego se frotará la piel afectada por la erupción. Proporciona alivio y facilita la curación.

DIETA LÍQUIDA o semilíquida para facilitar la deglución (las amígdalas se encuentran hinchadas) y una buena hidratación. Pueden darse frutas (mejor si están previamente licuadas o en zumo).

HIELO PICADO, que se mantendrá en la boca durante 1-2 minutos con el fin de reducir las molestias de garganta y los vómitos. Se aconseja practicarlo en niños mayorcitos.

JUGO DE ORTIGAS: introducir un puñado de ortigas frescas enteras en agua y dejarlas remojar 12 horas. Después, machacarlas y extraer el jugo, que se aplicará sobre la piel con una gasa.

BAÑOS DE AGUA caliente, que se practicarán todos los días durante una hora con el fin de facilitar las erupciones en la piel de forma más rápida y suave.

ACEITE DE OLIVA O MANTECA DE CACAO: cualquiera de estas sustancias es muy útil a la hora de evitar la propagación de las lesiones en la piel. Después de aparecer las primeras erupciones, aplicar por el cuerpo una de esas sustancias. Suficiente con que se haga una vez al día.

TRATAR LOS SÍNTOMAS como fiebre, vómitos, etc., de acuerdo con las recomendaciones que hacemos en los apartados específicos.

PREVENCIÓN

Conviene consultar con el pediatra para evitar posibles complicaciones (infecciones de oído, fiebre reumática, glomerulonefritis); no mantener contacto con otros niños ya que hay un elevado riesgo de contagio.

sabía que durante la escarlatina todo el cuerpo es invadido por puntos rojizos, a excepción de una zona: alrededor de la boca.

escoliosis

TÉRMINOS SIMILARES: desviación de la columna

Desviación lateral de la columna vertebral, que forma una "curvatura" anormal.

ORIGEN

Su origen es muy variable, pudiendo deberse a lesiones congénitas de las vértebras, desigualdad en la longitud de las piernas, poliomielitis. Esto hace que la columna "se tuerza" hacia un lado y desequilibre la disposición de los hombros, e incluso de la cadera que, en lugar de encontrarse a la misma altura, pasa a tener un lado más alto que el otro. También las posturas incorrectas en casa, en la escuela, etc., pueden favorecer su aparición.

En caso de no tratarse debidamente, la enfermedad progresa y facilita dolores constantes, alteraciones en la marcha, dificultad en la carrera, etc. El tratamiento es ortopédico, pero podemos ayudar con...

TRATAMIENTO Y PREVENCIÓN

DETECTARLA A TIEMPO: para valorar la existencia de escoliosis, basta con una sencilla prueba: si el niño, desnudo, intenta tocar con sus dedos los pies, veremos en la espalda, donde está la escoliosis, una pequeña "chepa" o giba.

EVITAR POSTURAS INCORRECTAS, especialmente cuando se está sentado. Para ello, las sillas deben adaptarse a las curvaturas o huecos de la espalda.

GIMNASIA CORRECTORA: disponemos de una serie de ejercicios específicos que, practicados casi a diario, ayudan a corregir la desviación (véase el apartado de actividad física).

NATACIÓN: practicada con regularidad, equilibra la musculatura dispuesta a los lados de la columna vertebral y reduce la escoliosis.

sabía que *entre los 10 y 16 años, uno de cada 200 adolescentes desarrolla algún tipo de escoliosis.*

esguince

TÉRMINO SIMILAR: torcedura

Distensión o estiramiento de alguno de los elementos que forman parte de una articulación (ligamentos, cápsula articular, tendones).

ORIGEN

Siempre se debe a un traumatismo que "tuerce" la articulación. El traumatismo puede ser por un golpe directo o por torcimiento de la articulación, que carga nuestro peso sobre ella (tobillo, muñecas cuando caemos al suelo, etc.). Los tobillos, hombros y muñecas son las articulaciones más afectadas en el caso de los niños y los síntomas típicos son dolor, impotencia funcional por las molestias, inflamación o hinchazón y, a veces, cambios de color de la piel (rojiza por la inflamación, azulada si hay hematoma).

TRATAMIENTO

INMOVILIZAR la articulación afectada con un pequeño vendaje para reducir los movimientos y así facilitar la reparación de los tejidos lesionados.

ELEVACIÓN de la zona afectada con el fin de favorecer la salida de "líquidos" y con ello disminuir la inflamación (poner el pie sobre una silla o bien sobre un cojín, cuando se está en la cama).

HIELO: para reducir la inflamación y la hinchazón, aplicar durante unos minutos algunos cubitos de hielo (metidos en una bolsa) o agua fría sobre la zona afectada (con esto llega menos sangre y la inflamación es menor). Además, reduce el dolor.

BAÑOS DE PIES con romero o tomillo: 2 veces al día (mañana y noche), cuando se cambia el vendaje. Realizar un baño de cuerpo entero o sólo de la zona afectada (pies, manos, hombros), añadiendo previamente al agua una infusión "cargada" de romero o tomillo. Se facilita así la reparación de los tejidos lesionados.

HAMAMELIS: colocar sobre la zona afectada una gasa empapada en una infusión de hamamelis; y luego, sobre ella, poner el vendaje que fija el esguince.

PREVENCIÓN

Evitar en casa los suelos deslizantes, la abundancia de muebles y otros objetos en las zonas de paso. Vigilar a los niños en los lugares urbanos de juego, y proporcionarles un calzado adecuado, antideslizante.

sabía que *un esguince mal curado puede dar paso a luxaciones, e incluso, a los 20 años, a anomalías crónicas como la artrosis.*

espasmo del sollozo

Breve parada de la respiración durante el llanto.

ORIGEN

Es más frecuente en los niños con edades comprendidas entre los 2 y los 4 años. Su origen suele relacionarse con pequeñas rabietas del niño, cuando los padres le reprimen o no le proporcionan lo que pide. El niño se provoca un llanto intenso que le dificulta la respiración, hasta el punto de que puede "pararla" por contracción mantenida de los músculos respiratorios (por ello deja de respirar). A veces, si la parada es prolongada, la piel puede cambiar su color rosado por otro violáceo más oscuro. Aunque es una situación aparatosa, no reviste gravedad y no tiene nada que ver con otras enfermedades que producen "ausencias", como la epilepsia menor.

TRATAMIENTO Y PREVENCIÓN

TRANQUILIDAD, ya que, aunque sea un cuadro alarmante, no genera ningún tipo de complicaciones.

LOS PADRES deben mantener una actitud paciente y firme, pues en el fondo el niño quiere conseguir sus propósitos mediante estos " procedimientos".

COMUNICACIÓN Y AFECTO, con el fin de que el niño asuma las razones de por qué no pueden satisfacerse sus peticiones.

sabía que *casi todos los niños entre los 2 y 4 años de edad, algunos incluso más, padecen estos espasmos varias veces al año.*

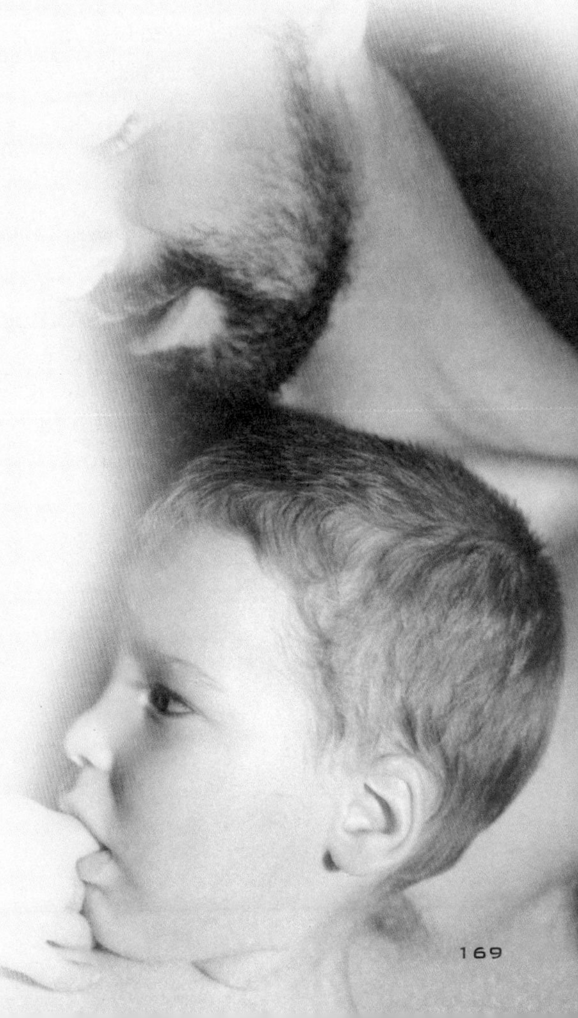

esterilización

TÉRMINOS SIMILARES: desinfección, desinsectación

Eliminar todos los gérmenes que puedan encontrarse en un objeto.

Los lactantes y niños pequeños deben utilizar objetos esterilizados para su alimentación e higiene personal, ya que su sistema inmunitario o defensivo es todavía inmaduro. Existen varios sistemas para esterilizar el biberón, los chupetes, las tetinas, los mordedores, etc., así como una serie de pequeñas normas para asegurar el uso correcto de esos elementos.

HASTA LOS 4 MESES de vida debemos esterilizar los objetos del bebé. Más allá de esa edad, resulta suficiente con lavar bien cualquier elemento que llegue hasta la boca del niño.

LIMPIAR BIEN todo tipo de objetos antes de esterilizarlos, con un chorro de agua caliente, escobilla y detergente, se eliminan de este modo los restos de alimentos, suciedad, etc. También puede utilizarse el lavavajillas.

SISTEMA EN FRÍO O QUÍMICO: llenar un recipiente con agua fría y añadirle un compuesto químico que se distribuye con esta finalidad (en pastillas o líquido). Introducir los objetos que queremos esterilizar hasta que queden bien cubiertos y sin burbujas (sin aire). Esperar entre 30-90 minutos.

SISTEMA CALIENTE: llenar una olla de agua, sumergir bien los objetos que vamos a limpiar (que no tengan burbujas), cerrar el recipiente y contar 10 minutos desde que empieza a hervir el agua.

SACAR LOS OBJETOS esterilizados utilizando siempre pinzas higienizadas o algo similar, ya que de lo contrario corremos el riesgo de contaminarlos de nuevo.

SISTEMA DE VAPOR: utilización de un instrumento que, conectado a la red, esteriliza mediante la formación de vapor en su interior.

DEJAR LOS OBJETOS sobre un papel de cocina y en lugar seguro (lejos del alcance de otros niños, cerca de una ventana abierta). No utilizar paños de cocina, escurrideras, etc., porque se contaminarán otra vez.

TRAS CADA USO, los objetos deben ser esterilizados. En especial, los empleados por los más pequeños.

sabía que *sobre la encimera de la cocina, en el mejor de los casos, siempre hay varios miles de gérmenes que pueden contaminar objetos (en especial en las "esquinas" y recovecos de aquélla).*

estimulantes

Remedios para mejorar o facilitar la actividad y las defensas del organismo.

ORIGEN

Como ya hemos comentado, el sistema inmunitario de los niños tarda varios años en conseguir su "equilibrio" e independencia para poder hacer frente con eficacia a las agresiones externas. A esto hay que añadir que la mayoría de sus órganos y aparatos todavía se encuentran "en rodaje" y no pueden trabajar en condiciones óptimas. Para facilitar y estimular ambos aspectos, podemos recurrir a ciertos remedios de conocida eficacia que, además, carecen de efectos secundarios.

PREVENCIÓN

INFUSIÓN DE ORÉGANO: utilizarla una vez por semana o cada 15 días en niños un poco mayorcitos (a partir de 4-5 años). La infusión (media taza es suficiente) puede endulzarse con un poco de miel. Esta planta contiene mucho tanino, que combate problemas frecuentes en la salud del niño.

INFUSIÓN DE TOMILLO: administrada bajo las mismas condiciones que en el caso anterior.

PRACTICAR UNA ACTIVIDAD FÍSICA con regularidad, 4-5 días por semana mediante juegos, actividades polideportivas (sin reglas), natación, paseos, etc. Gracias a ella podemos estimular los sistemas inmunitario, respiratorio y circulatorio, además de activar el desarrollo de huesos y músculos.

BAÑO DE PIES caliente-frío: un par de veces por semana, y con el fin de estimular la circulación y el sistema inmunitario. Coger dos palanganas, una con agua caliente y otra con agua fría. Meter un pie en la caliente durante 2 minutos y luego, el mismo pie en la fría durante 30 segundos. Repetir con el otro pie. Para cada pie hacerlo 3 veces.

INFUSIONES DE EQUINÁCEA: tomadas una vez cada 15 días (media taza) y endulzadas con un poco de miel. Elevan de forma notable las defensas naturales y son bactericidas por incluir equinacosido.

sabía que *continuamente penetran gérmenes en el organismo del niño o bebé, ya sea por la boca, mediante la respiración o el contacto de la piel con otros objetos. Por ello su sistema inmunitario debe actuar de manera eficaz.*

estrabismo

Asimetría en la posición de los globos oculares, de tal forma que uno se encuentra desviado hacia dentro en relación con el otro.

ORIGEN

Debemos considerar normal que los lactantes menores de 4-5 meses tengan cierto estrabismo o "bizqueen" un poco, ya que el control del movimiento de los ojos y la acomodación de los mismos no son todavía muy precisos. Sin embargo, a partir de esa edad, si persiste la alteración, debemos considerarla como enfermedad o conducta anormal y hay que tratarla. Muchas veces se debe a problemas de los músculos del ojo, al llamado "ojo vago", a alteraciones congénitas del globo ocular y/o sus músculos, etc. En condiciones normales, cada retina envía una imagen complementaria a la enviada por la otra, uniéndolas el cerebro para conformar una imagen única. En el caso del estrabismo, las imágenes no son complementarias y el cerebro elimina una de ellas, razón por la cual el ojo estrábico se vuelve inactivo.

TRATAMIENTO Y PREVENCIÓN

HAY QUE DIAGNOSTICARLO lo antes posible y acudir al especialista para desarrollar el tratamiento más adecuado. Basta con fijarse en la disposición de los ojos y comprobar su simetría, sobre todo después de los 5 meses.

TAPAR EL OJO SANO para que el cerebro reciba la información del lesionado, y éste no se convierta en inactivo.

EJERCICIOS para fortalecer y controlar la musculatura ocular: ponga uno de sus dedos a un palmo de la nariz y trace un "6". Que el niño siga su dedo con los ojos. Luego, trace un "8". Retrase el dedo dos palmos de la nariz y repita el ejercicio. Practique este "ejercicio" todos los días.

CIRUGÍA: en ocasiones, las lesiones de los músculos oculares sólo responden a la intervención quirúrgica que, con las técnicas actuales, resulta muy exitosa.

sabía que los niños con estrabismo no siempre ven "doble" (diplopia), aunque todos ellos presentan movimientos oculares discordantes entre ambos ojos.

estreñimiento

ÉRMINOS SIMILARES: colon perezoso, estasis de colon

Deposiciones duras del bebé o del niño, o cacas que se espacian 3 o más días.

ORIGEN

En los niños, y especialmente en los lactantes, hablamos de estreñimiento no sólo cuando hacen caca con poca frecuencia (cada 3 o más días), sino también por el tipo de residuos y, en particular, cuando se trata de cacas duras, secas y en bolitas. Esto quiere decir que una deposición cada 3 días, pero de consistencia normal, no debe ser considerado como estreñimiento. Este problema es más frecuente en los lactantes criados con biberón, o cuando se introduce la leche artificial en la alimentación. En los niños mayorcitos suele deberse por falta de fibra en la comida (cereales, fruta, verduras).

TRATAMIENTO

A LOS BEBÉS y niños pequeños no debemos administrarles laxantes o supositorios (al menos en un principio).

ZUMO DE COMPOTAS DE CIRUELA tomados todos los días y, en especial, por las mañanas. Basta con el equivalente a media taza. Muy eficaz en los bebés.

ZUMO DE NARANJA: administrado en una de las tomas del día (mejor en la merienda). Para los bebés, el equivalente de media taza, y una para los mayores.

INFUSIONES DE RAÍZ DE DIENTE DE LEÓN: bastan unas cucharaditas para que ejercite su actividad laxante.

INFUSIONES DE REGALIZ: tomadas bajo las mismas condiciones que el anterior remedio.

PEREJIL: hacer una bolita con hojas frescas de perejil y untarla con un poco de aceite de oliva. Con la bolita, estimular el ano del bebé. El efecto es casi inmediato.

INFUSION DE MALVA, ANÍS VERDE Y MANZANILLA VERDE: en medio litro de agua, añadir una cucharada sopera de cada planta y hervir 3 minutos. Dejar reposar otros 20 minutos y colar. Con el líquido se preparan 2 o 3 de las tomas diarias del bebé, añadiendo la misma cantidad de leche en polvo que reciba en cada toma.

MASAJEAR EL VIENTRE: muchas veces, el estreñimiento es consecuencia de una débil actividad de la vesícula biliar. Si masajea con movimientos circulares la parte superior del abdomen, puede favorecer sus secreciones y con ello eliminar el estreñimiento.

BICICLETA: si el bebé se encuentra incómodo y estreñido, podemos aliviarle tumbándole boca arriba y moviendo sus piernas como los pedales de una bicicleta.

PREVENCIÓN

Dieta con abundantes líquidos; en los más pequeños facilitar la actividad física y el movimiento; alimentación, según la edad, rica en frutas, verduras, cereales, ensaladas y zumos; tener especial cuidado en la época del destete y al comenzar a comer fuera de casa (guardería, escuela, etc.).

sabía que *los bebés que sólo toman el pecho es normal que pasen varios días sin hacer cacas.*

falta de apetito

TÉRMINO SIMILAR: inapetencia

Falta de ganas de comer, rechazando la comida o tomando muy poco de ella.

ORIGEN

Es éste uno de los síntomas más frecuentes en los primeros años de vida, aunque por lo general tiene escasa trascendencia. En los bebés y niños pequeños, la falta de apetito suele estar relacionada con diversas causas, entre las que destacan padecer algún tipo de enfermedad molesta (infecciones, dolor), como respuesta de rechazo generada por algún conflicto de tipo psicológico, o porque las costumbres alimenticias del niño son un tanto monótonas y no quiere salir de ellas (frituras, comida rápida y poco más). En otros casos, los menos, un destete prematuro puede ser causa de inapetencia, ya que el bebé no asimila bien los nuevos alimentos.

TRATAMIENTO

NO PERDER LA CALMA, ya que el significado de este síntoma, a no ser que se prolongue durante mucho tiempo, es poco importante.

RESPETAR la falta de apetito del niño, sin forzar la alimentación. Por unos días de alimentación escasa, no pasa nada. Lo que nunca debe hacerse es ceder a su "posible chantaje" (no quiere esto, sino lo otro; no come si no le damos algo...).

ALERTA, ya que muchas veces la inapetencia es el primer síntoma de alguna enfermedad. Compruebe si más tarde aparecen fiebre, diarrea, erupciones en la piel, etc.

ESTRAGÓN muy picado, que podemos añadir a purés, carnes, pescados...

LECHUGA: tomar un poco de lechuga al inicio de las comidas (sola o con el primer plato).

EN CASO DE ENFERMEDAD, sobre todo de tipo infeccioso, recurrir a una alimentación líquida o semilíquida con predominio de zumos, purés, etc.

MERMELADA DE ENDRINAS, o unas cucharadas de infusión de endrinas. Se comportan como potentes estimulantes del apetito.

PREVENCIÓN

Evitar el destete prematuro; mantener un horario fijo de comidas; procurar siempre alimentar al bebé y a los niños en un entorno de cariño y alegría, impidiendo que la alimentación se convierta en una obligación que hay que cumplir; comida variada y diversa con la mejor presentación posible.

sabía que *la mayor parte de los estimulantes para el apetito distribuidos como fármacos, tiene escasa o nula eficacia.*

faringitis

TÉRMINO SIMILAR: dolor de garganta

Inflamación de la faringe que se manifiesta con dolor al tragar, dificultades para hablar y, a veces, fiebre.

ORIGEN

La faringe es un tubo muscular situado detrás de las fosas nasales y de la boca, que sirve tanto a las vías respiratorias (lleva el aire de la nariz hasta la laringe) como al aparato digestivo (transporta el alimento de la boca al esófago y al estómago). La inflamación de la faringe suele responder a la invasión de gérmenes (virus o bacterias) que se encuentran en la propia faringe o acompañan a los alimentos, al aire que respiramos, etc. Esta infección se produce más fácilmente con ayuda de factores externos como aire frío (debilita la faringe), comida fría (abuso de helados, agua fría), aire contaminado, alimentos muy calientes, etc. Cuando surge la infección hay enrojecimiento de la faringe (al fondo de la boca), dolor al tragar y malestar general; y pueden agrandarse las anginas (son órganos defensivos, y los gérmenes están cerca), surgir inapetencia y, a veces, fiebre. Pueden hincharse los ganglios que hay alrededor de la boca, sobre todo en el suelo, cerca de la mandíbula.

TRATAMIENTO

DIETA LIQUIDA o semilíquida para facilitar el paso del alimento por la faringe sin causar molestias (purés, zumos, caldos, pescado cocido, etc).

EVITAR EL FRÍO, tanto en el aire que se respira como en los alimentos que se ingieren.

TRATAR OTROS síntomas si los hubiere (fiebre, dolor de garganta, etc.) (véase cada apartado específico).

PROTEGER LA FARINGE con un pañuelo mojado ligeramente con alcohol.

JARABE DE CEBOLLA: picar muy fino una cebolla pequeña y mezclarla con 3 cucharadas de azúcar. Añadir un vaso de agua y cocer todo durante 5-10 minutos. Dejar reposar 2-3 horas y luego colar. Del líquido obtenido, administrar 1 cucharada (2 para los niños mayorcitos) 3 veces al día.

INFUSIÓN DE FLORES DE SAÚCO: en 1/2 l de agua hirviendo, añadir una cucharada de flores de saúco y dejar reposar durante 15 minutos. Colar y hacer gárgaras 3-4 veces al día.

INFUSIÓN DE TOMILLO: en un vaso de agua caliente, añadir una cucharadita de tomillo y dejar reposar 15 minutos. Colar y realizar gárgaras 3-4 veces al día. También se puede tomar la infusión (siempre con el líquido no utilizado en las gárgaras).

INFUSIÓN DE MALVAVISCO: realizarla con 2 cucharaditas de la raíz picada a la que se añade un vaso de agua. Cocer durante unos minutos, colar y dejar reposar media hora. Beber 3-4 cucharadas calientes dos veces al día.

PREVENCIÓN

Protegerse del frío y de los ambientes contaminados; no abusar de los helados y, en general, de las comidas frías.

sabía que *en el caso de faringitis por virus es frecuente la aparición, en el 50 por 100 de los casos, de conjuntivitis por "autocontaminación".*

fiebre

Situación en la que la temperatura rectal del niño supera los 38°C o más de 37,5°C si se toma en la axila.

ORIGEN

La temperatura normal de un niño es de 37°C en el recto y de 36,5°C si se la toma en la axila. Cuando aparece fiebre, siempre es aviso de que algo "no va bien", aunque la temperatura que se alcance no es sinónimo de gravedad (puede existir una situación grave y apenas haber fiebre). Por lo general la fiebre se debe a procesos infecciosos, ya que los gérmenes que producen la infección liberan unas sustancias denominadas piógenas que actúan sobre el "termostato" del organismo situado en el cerebro y aumentan la temperatura corporal. Además de por las infecciones, también puede aparecer por exceso de calor o deshidratación grave. Hay que tratar la fiebre, ya que favorece la aparición de convulsiones, genera malestar general y altera las funciones de los sistemas de defensa.

TRATAMIENTO Y PREVENCIÓN

QUITAR LA MAYOR PARTE DE LA ROPA para no posibilitar que la temperatura se incremente aún más.

BAÑO CON AGUA TIBIA: para facilitar la pérdida de calorías y reducir la temperatura corporal.

COMPRESAS HÚMEDAS, aplicadas en la cabeza (a modo de "gorrete") y en el pecho, mientras se está en la cama.

DIETA LÍQUIDA o semilíquida para compensar las pérdidas generadas por medio de la sudoración. Recurrir a los zumos de frutas y de verduras.

JARABE DE GROSELLAS: administrado 2-3 veces al día (una cucharada cada vez).

RODAJAS DE PATATA: colocar en la planta de los pies del niño rodajas de patata cruda y fijadas con una venda o calcetín. Cambiar 2 veces al día.

INFUSIÓN DE GIRASOL: añadir una cucharada de pétalos secos de girasol a una taza de agua hirviendo. Dejar reposar 10 minutos. Colar y añadir un poco de miel para tomar 2-3 cucharaditas 3 veces al día.

sabía que *para tomar la temperatura en la axila hay que poner el bebé en las rodillas y sujetar el brazo. En cuanto al recto, se coloca al niño boca abajo y mientras una mano sujeta la espalda, la otra introduce el termómetro 1 -2 centímetros y aprieta las nalgas. Mantener 1 minuto (recto) o 3 (axila).*

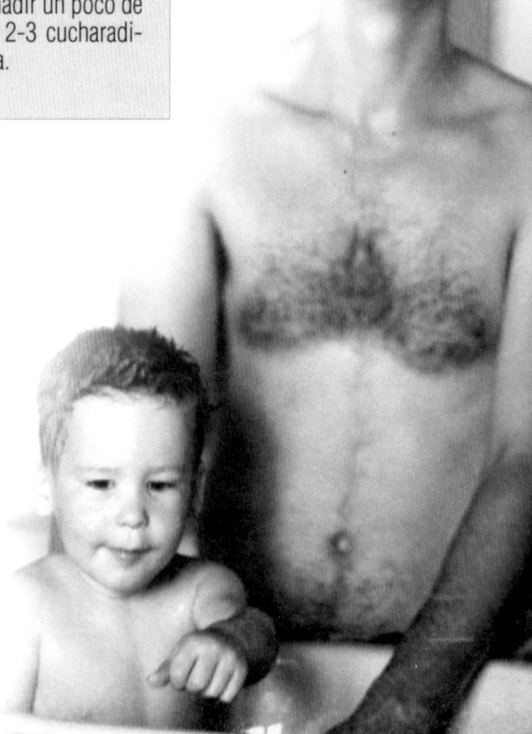

fiebre del heno

TÉRMINOS SIMILARES: rinitis, rinitis alérgica, conjuntivitis alérgica

Rinitis alérgica que se presenta sobre todo en primavera, verano u otoño, acompañada de faringitis y conjuntivitis.

ORIGEN

Es un proceso alérgico en el que algunos niños, sin que se sepa por qué, son alérgicos a determinados pólenes presentes en el ambiente en una o varias estaciones del año. La susceptibilidad individual tiene cierto componente genético, ya que los hijos de padres con fiebre del heno tienen más probabilidades de padecer la enfermedad. Los que sufren fiebre del heno primaveral suelen ser alérgicos a pólenes de los árboles; en verano, a las hierbas, y en otoño, a los pólenes de las malas hierbas. Cuando el polen llega a la nariz produce una gran dilatación de las numerosas venas allí presentes, que liberan muchos líquidos (secreción nasal) y producen un intenso picor y estornudos.

TRATAMIENTO

CONOCER EL ALÉRGENO por medio de pruebas específicas que realizará el especialista.

VACUNACIONES: para conseguir cierta adaptación al alérgeno sin que, cada vez que entra en contacto con él, se produzca una respuesta exagerada del sistema inmunitario.

TRATAR SÍNTOMAS como rinorrea o secreción nasal, picor, etc., de acuerdo con los remedios que proponemos en otros apartados de este libro.

AGUA FRÍA: si se sumerge la cara durante varios segundos en agua fría, conseguiremos reducir considerablemente el picor, los estornudos y el "moqueo".

PANAL: mascar de vez en cuando, durante primavera e invierno, un trozo de panal procedente de la zona donde se habita. Este procedimiento proporciona cierta inmunidad contra los pólenes del lugar.

HOJAS DE CONSUELDA: antes de la época principal de la fiebre (primavera, verano, otoño), tomar durante 4-5 días una hoja de consuelda fresca y madura bien troceada y mezclada con los alimentos.

PREVENCIÓN

Evitar el contacto con las sustancias alérgenas, en especial durante la estación correspondiente y los días con viento. Procurar que la habitación del niño tenga pocos muebles, cortinas y juguetes de tela, y carezca de moqueta. Airearla a primera hora de la mañana o por la noche. Facilitar una dieta rica en alimentos crudos (frutas, verduras, hortalizas, etc).

sabía que *los pólenes que más alergias generan, entre otros, son los de roble, olmo, abedul, alfalfa, albahaca, acedera, llantén y ambrosía.*

fimosis

La piel o prepucio que recubre la parte final del pene (glande) es estrecha y no permite su completa exposición.

ORIGEN

La fimosis es prácticamente normal en la mayoría de los recién nacidos. Sólo cuando más tarde, con más de un año, el prepucio sigue ocultando el glande y no podemos visualizarlo, podremos considerar que hay fimosis. Muchos de estos casos se corrigen espontáneamente, y sólo los más acusados tienen complicaciones. Los problemas aparecen cuando hay dificultades para orinar (el chorro es muy estrecho) o se retiene orina en el prepucio, y se generan infecciones genitourinarias de repetición. Sólo en estos casos es necesaria la intervención quirúrgica (circuncisión) para eliminar parte de la piel que cubre el glande, operación que se hace en niños mayores. En el resto de los casos...

TRATAMIENTO Y PREVENCIÓN

MUCHA HIGIENE en la región genital, y en especial después de cada micción, con el fin de que no queden restos de orina.

EJERCICIOS: durante el baño, antes de acostarse o en cada micción, enseñar al niño (si es pequeño debemos hacerlo nosotros mismos) a deslizar poco a poco el prepucio sobre el glande. Cada día un poquito más. Procurar que no le duela.

BAÑOS DE MALVA: echar un puñado de esta planta al baño caliente (30 minutos antes de sumergirse) y practicar los ejercicios anteriormente descritos.

sabía que *muchos casos de fimosis son leves y desaparecen con la edad practicando los ejercicios que hemos indicado.*

flemón

Inflamación de los tejidos situados debajo de la piel.

ORIGEN

Su origen es casi siempre de tipo infeccioso como consecuencia de un foco séptico (con gérmenes) cercano, como sucede en los casos de una caries y los flemones de la boca, una herida en la rodilla y el flemón de tejidos próximos, etc. El agente causal habitual es una bacteria, el estreptococo. Con el flemón siempre hay aumento de tamaño de la zona, enrojecimiento, calor y dolor. Algunas veces se forma pus como resultado de la "lucha" entre las defensas y los invasores. Durante la infancia, los flemones más frecuentes se deben a la dentición o a las caries.

TRATAMIENTO

FLEMONES POR CARIES: enjuagarse la boca 3-4 veces al día con un poco de agua oxigenada vertida en un vaso de agua templada. También ofrecen notables resultados los enjuagues con agua salada templada (una cucharadita de sal por vaso de agua).

HIGOS: echar 4-5 higos en agua caliente y dejarlos reposar durante toda la noche. Por la mañana, calentar el agua, coger un higo, abrirlo y depositarlo sobre el flemón. Repetir la operación 3-4 veces al día. Ayuda a madurar y eliminar el flemón.

SEMILLAS DE ALHOLVA: cocer 100 g de semillas de esta planta en un poco de agua hasta conseguir una papilla. Extenderla sobre una gasa y aplicarla sobre el flemón. Repetir la operación 2-3 veces al día.

AGUA CALIENTE CON SAL: calentar 1/2 l de agua hasta que hierva y echar en ese momento 2-3 cucharadas de sal. Mezclar bien y apagar el fuego. Empapar un paño limpio y aplicarlo sobre el flemón durante unos minutos. Practicar esta operación 3 veces al día.

CONSUELDA: preparar una infusión con 1 l de agua hirviendo, a la que se añadirán 100 g de raíz de consuelda, se mantiene el fuego durante 10 minutos. Colar y mojar una gasa en el líquido resultante, gasa que luego se aplicará sobre el flemón. Repetir la operación 2 veces al día.

PREVENCIÓN

Evitar y tratar focos de contaminación como caries, heridas en las encías, heridas en la piel, etc.

sabía que *a diferencia de los abscesos (almacenes de pus), los flemones apenas tienen límites definidos y muy pocos de ellos contienen pus. Por ello desaparecen antes.*

fósforo

Elemento imprescindible para la integridad del hueso, la producción de energía y la formación de vitaminas.

ORIGEN

Las principales fuentes de fósforo las encontramos en los alimentos. Desde ellos se absorbe por el intestino hasta alcanzar diferentes órganos del cuerpo. Así, por ejemplo, se une con el calcio para formar sales que forman la estructura y tejidos de los huesos, sustancias que se renuevan constantemente. Dentro de las células, colabora en la formación de energía, imprescindible para la actividad celular; participa en el material genético y la transmisión de los caracteres hereditarios, y también en la formación de vitaminas como la B1 y la B6. En la actualidad no se lo relaciona con una mayor capacidad de memoria o mejores funciones intelectuales. Una alimentación equilibrada aporta el fósforo que el cuerpo necesita, sin necesidad de recurrir a suplementos. Las mayores fuentes de fósforo son:

PREVENCIÓN

LÁCTEOS Y DERIVADOS DE LA LECHE: incluyen en su composición elevadas cantidades de fósforo, y también de calcio, elementos imprescindibles para el hueso.

LENTEJAS Y FRUTOS SECOS: estos productos también contienen cantidades importantes de fósforo y calcio, aunque su absorción intestinal es más difícil debido a las sustancias que pueden acompañarles.

CARNE Y PESCADO: tienen en su composición mucho fósforo, pero muy poco calcio.

SI SE EXCEDE en los suplementos de fósforo, se puede entorpecer la mineralización del hueso e incluso facilitar alguna que otra alteración renal.

sabía que en conjunto, el cuerpo humano cuenta con casi 1 kg de fósforo, distribuido principalmente por los huesos. Cada día se necesita cerca de 1 g para renovar el fósforo perdido.

fracturas

Rotura de un hueso con o sin deformidad de la zona afectada.

ORIGEN

Su origen es siempre traumático, golpes que de forma directa o indirecta aumentan la presión sobre un hueso y facilitan la fractura. La osificación de los huesos, su transformación de cartílago o tejido blando en una estructura más dura (el hueso), se extiende desde los primeros meses de vida hasta la adolescencia y juventud, razón por la cual las fracturas en los niños no se producen con tanta facilidad como en el caso del adulto. Caso de presentarse, suelen resolverse con suma prontitud, con la particularidad de que muchas de ellas no tienen desviación de fragmentos; son las llamadas fracturas "en tallo verde". Las fracturas siempre se acompañan por dolor en la zona afectada, hinchazón, impotencia funcional (no se puede mover) y, a veces, deformidad. Siempre hay que acudir al médico, pero para proteger la zona...

TRATAMIENTO

FRACTURA DE MUÑECA o de los huesos del antebrazo (radio y cúbito): son frecuentes, sobre todo en el caso de las caídas, al apoyar las manos en el suelo. Cuando se fracturan los huesos del antebrazo, la muñeca se deforma como el dorso de un tenedor. Para fijar el antebrazo o la muñeca, basta con sujetarlos al tronco con un pañuelo, o colgarlos de él si se ajusta alrededor del cuello.

FRACTURA DE CLAVÍCULA: frecuente en los niños al caer éstos sobre el hombro, golpearse contra un objeto o recibir un golpe en esa zona. La fractura se nota porque la clavícula, al presionarla ligeramente, se desplaza hacia abajo. Además, el niño tiene dificultades para mover el brazo que se une a esa clavícula. Para fijarla e impedir que se mueva basta con meter la mano por el cinturón, o bien colgar el brazo de un pañuelo anudado al cuello.

FRACTURA DE COSTILLA: se produce por un golpe directo contra una mesa, una piedra en el suelo, etc. No suele producir deformidad, pero hay dolor al respirar, al tomar el aire. Para reducir las molestias basta con aplicar un trozo de esparadrapo y acudir al médico.

PARA ACELERAR LA RECUPERACIÓN hay que proporcionar alimentos ricos en calcio, como los derivados de la leche, cacao puro (una cucharada con el yogur de cada día), frutos secos, etc.

CÁSCARA DE HUEVO BANCO: para aportar calcio al hueso, prepare por la noche un huevo limpio que sumergirá en una taza llena de zumo de limón (sujete el huevo con una cuchara o la piel del limón para que quede sumergido). A la mañana siguiente hay que beber, en ayunas, todo o parte del líquido blanquecino que rodeará al huevo. Realizar esta operación durante 15 días (un día sí y otro no).

sabía que la recuperación de las fracturas en los niños es más rápida que en los adultos ya que en sus huesos hay cartílago (menos edad, más cartílago), un tejido muy "vivo", maleable y con abundante riego sanguíneo.

frío

Temperatura ambiente reducida que puede afectar a las funciones del organismo.

ORIGEN

El frío es uno de los grandes enemigos de los más pequeños, ya que bajo su influencia aparecen muy pronto infecciones, congelaciones y otro tipo de lesiones. Los niños, por tener muy poca grasa debajo de la piel, pierden muchas calorías a través de ella. Si además ésta se encuentra fría, la pérdida es aún mayor. Por esta razón, la protección ante el frío debe extremarse algo más que en el caso de un adulto. No olvidemos que la respiración debe ser nasal para que el aire que llega a los pulmones se encuentre caliente, húmedo y bien filtrado (libre de polución).

PREVENCIÓN

MUCHO CUIDADO EN LOS DÍAS DE VIENTO, ya que el frío reinante disminuye considerablemente la temperatura de la piel (entre 5-8 grados menos considerando las diferentes velocidades que puede adquirir la brisa o el viento).

PROTEGER LAS ZONAS distales o más alejadas del organismo (manos, orejas, pies). La llegada de sangre a estas zonas es más pobre, por lo que se enfrían con mucha facilidad.

CUBRIR BIEN LA CABEZA, ya que a través de ella los niños pierden más del 20 por 100 de las calorías de su cuerpo. Si no la tienen protegida, se enfriarán con mayor facilidad.

PROTEGER LA NARIZ y la boca, para que el aire se pueda calentar mejor.

FACILITAR EL MOVIMIENTO para que los músculos, al moverse, proporcionen calor.

EN EL CASO DE PIELES SECAS, utilizar cremas hidratantes para evitar su deterioro.

sabía que *el frío, entre otros efectos, debilita la respuesta del sistema inmunitario, de las defensas, y que por ello es más fácil que se produzcan infecciones en la piel, las vías respiratorias, etc.*

garganta (dolor)

Tubo muscular o faringe que se encuentra detrás de las fosas nasales y de la boca, terminando en la parte superior del cuello.

ORIGEN

La mayor parte de las dolencias que afectan a la garganta son de carácter infeccioso y se deben a la contaminación de zonas próximas que más tarde le alcanzan (amigdalitis, faringitis, laringitis, bronquitis, fosas nasales, sinusitis). En su origen tienen especial importancia el aire contaminado (gases, tabaco), el hecho de forzar la voz (cantar, gritar), el aire frío, los alimentos contaminados, etc. Cuando la garganta se irrita aparece dolor al tragar, sensación de quemazón, enrojecimiento y, a veces, fiebre.

TRATAMIENTO

DIETA LÍQUIDA o semilíquida para facilitar el paso a través de la garganta.

INFUSIONES DE EQUINÁCEA, 2 o 3 veces al día, para reducir la inflamación.

ENJUAGUES CON SALVIA (también gargarismos). Para elaborar la infusión utilice 2 cucharadas soperas de hojas de salvia y 1/2 l de agua, que deberá hervir durante 10 minutos. Hacer gargarismos siempre que se quiera (mínimo 3 veces al día). Conservar el líquido en lugar seco y oscuro.

PREVENCIÓN

Protegerse del frío, evitar forzar la voz, impedir que los más pequeños consuman productos fríos con frecuencia y que respiren en ambientes contaminados. Enseñarles a que practiquen la respiración nasal.

sabía que para valorar infecciones de garganta y boca nada hay mejor que tocar el borde inferior de la mandíbula, por dentro, y palpar la presencia de nódulos hinchados y dolorosos (ganglios dilatados que combaten los gérmenes).

gases

Acumulación de aire en forma de burbujas dentro del estómago y del intestino.

ORIGEN

Los más frecuentes son los gases que acompañan a los alimentos durante la comida. Otras veces son resultado de la actividad de las bacterias del intestino (fermentación). Con menor frecuencia se deben a la intolerancia que el niño tiene hacia ciertos alimentos (mala absorción de la lactosa). Determinados hábitos como "mover" en exceso al niño, el llanto, etc., también favorecen su formación. Hay que facilitar su expulsión, sobre todo después de la comida, ya que de lo contrario se acumulan y extienden las paredes del intestino produciendo molestias y dolor.

TRATAMIENTO

EN GENERAL, los medicamentos son poco útiles para facilitar la expulsión de los gases. Incluso los efectos de la simeticona se encuentran en duda.

PROCURAR calmar y distraer al niño, ya que el llanto es uno de los factores que favorecen los gases.

INFUSIONES DE HINOJO O COMINO: administradas con la ayuda de una cucharita, ya que desarrollan ciertos efectos que favorecen la expulsión de los gases intestinales.

COMINO: si el niño es mayorcito y puede masticar, podemos darle media cucharadita de comino para que lo coma lentamente y bien masticado.

INFUSIÓN DE ANÍS VERDE: preparada con una cucharada de semillas de este tipo de anís. Suele aliviar los síntomas de forma rápida.

MASAJE ABDOMINAL: realizado con la palma de la mano y dibujando una especie de cuadrado sobre la tripa del niño; se empieza por la ingle derecha, se avanza hacia arriba, se atraviesa el abdomen a la izquierda y se desciende por la ingle de ese lado para, finalmente, comenzar de nuevo.

PREVENCIÓN

No excitar al niño, principalmente antes de la comida; procurar no prolongar en exceso las tomas para que el aire penetre en menor cantidad en el intestino y calmar con prontitud el llanto. Si se repiten con frecuencia las molestias por gases, consultar con el pediatra por si hubiere una mala absorción de alimentos. No acostar al niño inmediatamente después de comer, ya que se dificulta la expulsión de los gases que han acompañado al alimento. Las comidas ácidas, y las que aumentan la salivación, también favorecen un mayor contenido de gas en el intestino.

sabía que *alimentos como las legumbres y los frutos secos aumentan considerablemente la producción de gases en el intestino.*

gastroenteritis

Infección o irritación de parte del aparato digestivo (estómago e intestino) que se manifiesta con vómitos y diarreas.

Los niños sufren gastroenteritis con más frecuencia que las personas adultas. Su origen suele relacionarse con la invasión del intestino por gérmenes como la *Escherichia coli,* shigella o salmonella, además de diversos virus. Al encontrarse la pared del tubo digestivo invadida por gérmenes, e inflamada, no se absorbe el alimento y aparecen primero náuseas y vómitos, y más tarde diarreas. También se observa falta de apetito, ligero dolor abdominal, malestar y somnolencia, pero sin que pueda dormir. Hay que vigilar con cuidado estas situaciones ya que, sobre todo en los bebés, hay un grave riesgo de deshidratación.

REHIDRATAR con líquidos comenzando una hora después tras el último vómito. Para ello podemos recurrir a sueros específicos (de venta en farmacias) o a la limonada alcalina (1 l de agua hervida, zumo de 2 limones, una cucharada de azúcar, una pizca de sal y otra de bicarbonato, pero ¡no abuse de la sal!). Si el niño admite la primera cucharada de suero o limonada, darle 2 más a los 5 minutos, 3 más a los 10, 6 a los 20... y luego, todo lo que quiera.

NO ES OBLIGADA LA DIETA BLANDA, ya que, al parecer, el exceso de arroz, zanahoria rallada, manzana, etc., retrasa la curación.

PUEDE COMER una vez que ha dejado de vomitar y ha pasado una hora (no espere mucho más, ni tampoco fuerce la alimentación). La comida puede ser igual que la que tenía antes de los vómitos y las diarreas.

SI HAY DIARREAS sustituya las naranjas y otros alimentos laxantes por pera, plátano o manzana.

EN LOS MAYORCITOS nada de bebidas con cola o gaseosas.

INFUSIONES de manzanilla con equinácea administradas con una cucharita; ayudarán a disminuir la inflamación y a combatir los gérmenes.

Mantener una buena higiene en los alimentos y en los utensilios para preparar la comida. Siempre lavarse las manos antes de comer. Vigilar la calidad de agua y de otros productos que pueden consumirse en la calle, en el monte, etc.

sabía que *hay, casi siempre en la gastroenteritis varias causas implicadas como (alimentos deteriorados, alergias al huevo, marisco, leche, enfriamientos, gérmenes como salmonella o estafilococo...).*

genu valgo

Curvatura de las piernas hacia dentro; las rodillas (también llamadas genu) se pegan, y los tobillos se separan.

ORIGEN

Esta deformación puede afectar a una o a ambas piernas. En este último caso, las piernas dibujan una especie de X. Suele ser consecuencia de lesiones óseas a edades tempranas (osteomielitis), parálisis infantil, fracturas que no han sido bien reducidas, traumatismos que han debilitado los ligamentos de la rodilla, estar muchas horas de pie (casi siempre por aspectos laborales). En la mayoría de las veces, su origen es desconocido.

TRATAMIENTO Y PREVENCIÓN

VIGILAR la posición y la forma de las rodillas cuando el niño comienza a andar.

OBSERVAR de vez en cuando el calzado, ya que con frecuencia se desgasta más rapidamente, si hay genu valgo, por el borde interno de la suela.

EVITAR la realización de tareas que supongan la permanencia de pie durante largos períodos de tiempo (sobre todo en adolescentes).

NO PERMITIR que los niños carguen materiales pesados.

CONTROLAR el uso del "tacatá", y evitar que se realice durante mucho tiempo, o que se descanse el peso del cuerpo sobre las piernas en lugar de sobre el "asiento".

ANTE CUALQUIER DUDA, consulte con el especialista para optar por tratamientos ortopédicos, quirúrgicos o de otra índole.

sabía que *hay muchos niños que padecen cierto genu valgo cuando dan sus primeros pasos, pero que desaparece con el tiempo.*

genu varo

Deformación que afecta a las piernas cuando las rodillas se alejan una de otra y los tobillos parece que se acercan.

ORIGEN

En el genu varo las piernas dibujan una especie de O, ya que se encuentran arqueadas a la altura de la rodilla formando la pierna con el muslo un ángulo que "mira" hacia la otra rodilla. Al igual que sucede en caso del genu valgo, las causas más frecuentes son infecciones de los huesos (osteomielitis), luxaciones o fracturas que no se han recuperado debidamente y debilidad de los ligamentos que refuerzan la rodilla. Por desgracia, muchos casos no llegan a presentar un origen claro (etiología idiopática). La enfermedad puede afectar a una sola extremidad.

TRATAMIENTO Y PREVENCIÓN

VIGILAR el uso del "tacatá", ya que cuando el peso del cuerpo se descarga sobre las extremidades podemos facilitar su "arqueo".

INSPECCIONAR EL CALZADO, ya que por lo general el zapato de la rodilla afectada suele encontrarse más desgastado en el borde exterior.

CONTROLAR la evolución de cualquier tipo de lesión que afecte a las rodillas, incluso varios meses después de la enfermedad.

EN LOS ADOLESCENTES, evitar que transporten cargas pesadas o permanezcan durante mucho tiempo de pie.

ANTE CUALQUIER DUDA, consultar con el especialista.

sabía que

durante los meses en los que el niño comienza a andar, suele observarse cierto genu varo fisiológico que desaparece con el tiempo.

gingivitis

TÉRMINOS SIMILARES: piorrea

Inflamación, aguda o crónica, de la encía que rodea al diente

ORIGEN

Las encías inflamadas muestran enrojecimiento, pequeños sangrados y ligero dolor, además de agrandarse el surco entre el diente y la encía. Sus causas más frecuentes debemos buscarlas en la placa bacteriana que acompaña a los dientes y la lengua, la mala posición de los dientes que facilita la formación de placa o la respiración constante por la boca. A veces es signo de una enfermedad general (diabetes, leucemia, falta de vitaminas, reacciones alérgicas, etc.).

TRATAMIENTO

PERFECTA higiene bucodental para evitar la proliferación de la placa bacteriana.

GARGARISMOS CON AGRIMONIA: vierta en un 1/4 l de agua hirviendo 2 cucharaditas de agrimonia y deje reposar la mezcla 10 minutos. Luego, se cuela el líquido para practicar gargarismos 2-3 veces al día.

INFUSIONES DE BETÓNICA: realizadas con una cucharada de esta hierba de la misma forma que la descrita para la agrimonia. Se practican gargarismos 2-3 veces al día.

INFUSIONES DE TORMENTILLA realizadas y utilizadas de igual forma que la betónica.

PREVENCIÓN

Vigilar la salida de los dientes y que éstos no formen "apiñamientos"; reducir el consumo de alimentos duros que puedan erosionar las encías.

sabía que *las gingivitis reflejan muchas veces enfermedades que no están en la boca como sarampión, escarlatina, tifus, diabetes, infecciones intestinales, etc. Por ello hay que valorar el estado de la boca del niño enfermo.*

gluten

Componente de algunos cereales, como el trigo y el centeno, que puede ocasionar alteraciones intestinales en las personas que presentan intolerancia al mismo.

ORIGEN

La enteropatía por gluten suele tener como base fundamental, al parecer, un error congénito en el metabolismo, de tal manera que cuando el gluten llega al intestino, no sólo no es absorbido, sino que además altera la mucosa o pared interna del intestino delgado y facilita la aparición de diversos síntomas (retraso en el crecimiento, debilidad, distensión abdominal, y heces blandas, pálidas y de olor fétido). Puede haber vómitos y anemia ferropénica (por falta de hierro). El comienzo suele producirse entre los 6 y los 18 meses.

TRATAMIENTO Y PREVENCIÓN

NO CONSUMIR GLUTEN y, en especial, cualquier tipo de cereales, a excepción de maíz y de arroz.

LA SOJA puede ser un buen sustituto de los cereales.

LEER BIEN LAS ETIQUETAS de los alimentos para evitar los cereales.

ELIMINAR LA LECHE y los productos lácteos de la dieta del bebé y sustituirlos por leche de soja o algo similar.

CONVIENE administrar pequeños suplementos vitamínicos; en especial vitamina A, B, D y K. Y también hierro y ácido fólico.

EL PRONÓSTICO es bueno siempre que se prescinda del gluten.

sabía que *hay que fijarse en las etiquetas, ya que la dieta sin gluten debe excluir alimentos con trigo, centeno, cebada, avena, salvado o malta (pastas, helados, pasteles, pudines y sopas comerciales). Pueden utilizarse casi todos los dulces, hortalizas, carnes, pescados y frutas.*

golpe de calor

Malestar general provocado por exposición prolongada al sol.

ORIGEN

Los niños son muy sensibles al calor, bien ante una exposición prolongada al sol, bien ante una temperatura ambiente elevada (debajo de una sombrilla, dentro del automóvil, etc.). Bajo estas circunstancias, los vasos sanguíneos se dilatan, se ensanchan para perder calorías, pero sin apenas producción de sudor, razón por la cual la piel se calienta y sobreviene el "golpe". Con él aparecen malestar general, fiebre, palidez, náuseas, vómitos, dificultad respiratoria, pulso rápido, aturdimiento e hipotensión. Hay que tratarlo de inmediato.

TRATAMIENTO

TUMBAR AL NIÑO en un lugar fresco y aireado, con la boca hacia arriba y la cabeza ligeramente ladeada para evitar complicaciones por posibles vómitos.

ASEGURARSE de que el aire corre fácilmente para "refrescar" al niño.

EMPAPAR GASAS, paños o una toalla limpia en agua y frotar con suavidad la cabeza, el pecho, el abdomen, etc. Si la temperatura corporal es alta (fiebre), se puede sumergir al niño, con cuidado, en un baño de agua tibia.

BEBER LÍQUIDOS: si el niño está consciente, se le puede dar de beber líquidos para que se rehidrate con mayor facilidad.

PREVENCIÓN

Evitar las exposiciones prolongadas de los niños, y en especial de los bebés, al sol o a locales con elevadas temperaturas (cuartos poco ventilados, interiores del coche, etc.). En la playa, deben resfrescarse con frecuencia y beber líquidos en abundancia. Proteger la cabeza la mayor parte del tiempo con la utilización de gorros, viseras y otros elementos similares, que sean transpirables.

sabía que *los "controles" de la temperatura en lactantes y niños pequeños son muy débiles, razón por la cual responden tardíamente a los cambios de temperatura.*

golpes en la cabeza

TÉRMINO SIMILAR: traumatismos

Traumatismos craneales por impacto directo contra algún objeto.

ORIGEN

Los golpes en la cabeza son muy frecuentes en los niños y en los bebés ya que carecen éstos de coordinación fina en sus movimientos, a lo que hay que añadir su "curiosidad" por cualquier objeto y en cualquier situación. Por otra parte, las caídas en el suelo siempre son acompañadas por golpes en la cabeza ya que, con relación al resto del cuerpo, la cabeza es más grande y pesa más. Afortunadamente, la mayoría de los golpes no tiene importancia, aunque con frecuencia sangra de manera profusa, ya que el cuero cabelludo cuenta con numerosos vasos sanguíneos. Aunque no sangre, hay que vigilar el estado del niño en las siguientes 24-48 horas pues, si el golpe es importante, pueden generarse horas más tarde, en el interior del cráneo, hematomas, hemorragias y otras lesiones que comportan graves riesgos. Consulte con su médico si aparece alguno de los siguientes síntomas o signos:

TRATAMIENTO Y PREVENCIÓN

SI HAY PÉRDIDA DE CONOCIMIENTO de varios minutos o más.

SI EL BEBÉ o el niño se agita, tiene convulsiones, etc.

EN CASO DE QUE LOS OJOS presenten pupilas dilatadas, o una pupila más grande que otra.

SI NO SE PUEDE MOVER con normalidad una de las extremidades o parte de ella.

SI HABLA DE FORMA descoordinada, incoherente, etc.

SI HAY DOLOR de cabeza que no remite en una o dos horas.

SI PRESENTA VÓMITOS no precedidos por náuseas (vómitos "en escopetazo", sin náuseas de aviso).

SI HAY HEMORRAGIAS, aunque sean pequeñas, que aparecen por nariz, boca u oídos (estos casos pueden sugerir lesiones en la base del cráneo).

sabía que *el cerebro está rodeado por unas bolsas con líquido que lo protegen (las meninges y el líquido cefalorraquídeo). Por ello, una fuerza que actúa sobre la cabeza llega con menos intensidad al cerebro.*

golpes en las uñas

TÉRMINOS SIMILARES: traumatismos, hematomas

Traumatismo directo sobre las uñas con rotura de pequeños vasos sanguíneos situados debajo de ellas.

ORIGEN

La presión directa y violenta ejercida por un objeto sobre las uñas es la responsable de la mayor parte de estas lesiones. Una puerta que se cierra antes de tiempo, una piedra, la silla levantada que golpea la uña, etc. Como las uñas de los pequeños son muy frágiles y se deforman con facilidad, la presión se transmite de forma directa sobre su "lecho" y se rompen los vasos sanguíneos situados debajo. Estos vasos aportan el color rosado que normalmente tienen las uñas. Estas roturas producen pequeñas hemorragias que forman un hematoma "subungueal" (debajo de la uña), que genera gran presión sobre los nervios y, con ello, intenso dolor (a veces insoportable). Si la lesión se produce en la raíz de la uña, además del hematoma resultante, el crecimiento de la uña se ve alterado y en poco tiempo ésta se cae, pero aparece en un par de semanas otra nueva.

TRATAMIENTO

PARA REDUCIR LA FORMACIÓN DEL HEMATOMA: coloque el dedo afectado debajo del chorro de agua fría durante unos minutos. Con ello, la pérdida de sangre será menor (los vasos sanguíneos se cierran), más reducido el tamaño del hematoma y mínimas las molestias.

CUBITOS DE HIELO: colocar el dedo dentro de un cazo con cubitos de hielo. Mantenerlo en su interior durante 30 segundos y sacarlo unos instantes. Meterlo de nuevo 30 segundos y sacarlo. Repetir la operación hasta que los síntomas disminuyan.

PARA ELIMINAR EL HEMATOMA, una vez que se ha formado, podemos utilizar una aguja con la punta al rojo vivo. Con mucho cuidado, lentamente y con pequeños giros circulares, perforamos la uña encima del hematoma (1-2 mm) hasta que una gotita de sangre comienza a salir. De este modo, la presión será menor, y también el dolor.

CUBRA LA HERIDA con una pequeña gasa o venda para evitar infecciones.

VIGILE EL DESARROLLO DE LA HERIDA, ya que con frecuencia pueden infectarse con hongos (sobre todo en la raíz de la uña) que forman pequeñas líneas blancas en la uña que poco a poco va saliendo.

PREVENCIÓN

Controlar la apertura y cierre de las puertas de la casa con la instalación de "topes" y otros artilugios similares. Vigile los movimientos del niño cuando se encuentre jugando con otros niños. No permita el juego en armarios, con cajones u objetos pesados, etc.

sabía que *la uña que "se cae" suele tardar 1 -2 meses en volver a salir, ya que su velocidad de crecimiento es de 1 mm por semana.*

gripe

Infección que afecta sobre todo a las vías respiratorias, frecuente en los meses de otoño e invierno.

ORIGEN

La gripe está producida por diversos virus que se transmiten por el aire de unas personas a otras (gotitas que se expulsan al hablar, estornudar, toser, etc.), lo que lleva a que evolucione en forma de epidemias. Estos virus se reproducen con facilidad en la tráquea y los bronquios, y se diseminan desde aquí hasta otras zonas del organismo. Los niños son especialmente sensibles a ella por presentar un sistema inmunitario inmaduro. Los síntomas más frecuentes son dificultad respiratoria, tos seca, dolores musculares, fiebre elevada, diarreas, vómitos y dolor de cabeza. Suele desaparecer en unos pocos días (la tos y el cansancio duran algo más de tiempo), por lo que debemos tratar los síntomas para disminuir las molestias. Conviene vigilar su evolución para que no surjan infecciones en zonas próximas (otitis, bronquitis, etc.). Como el virus cambia sus características casi cada año, padecer gripe un invierno no genera inmunidad para los años siguientes.

TRATAMIENTO

NO ADMINISTRAR antibióticos salvo que sean prescritos por el pediatra (los antibióticos no son efectivos contra los virus).

HIDRATAR BIEN AL NIÑO aportándole abundantes líquidos, sobre todo en forma de zumos.

TRATAR LOS SÍNTOMAS (fiebre, vómitos, dolor de cabeza) de acuerdo con los consejos indicados en los apartados correspondientes. No administrar sin consultar con el pediatra medicamentos contra la fiebre, ya que algunos de ellos tienen efectos graves (el ácido acetilsalicílico de la aspirina puede provocar, aunque lo hace rara vez, el llamado síndrome de Reye, una alteración del cerebro acompañada de acumulación de grasa en el hígado).

GUARDAR CAMA con la llegada de los primeros síntomas, para que el cuadro remita con mayor facilidad.

INFUSIONES DE EUPATORIUM PERFOLIATUM, elaboradas mezclando una cuchara de esta planta con una taza de agua hervida. Dejar reposar durante 10 minutos, colar y administrar al niño. Si no le agrada el sabor, se puede disimular con un poco de miel o regaliz.

PARA REDUCIR las dificultades respiratorias, corte media cebolla en trocitos muy pequeños y colóquelos en un plato que depositará en la mesilla de noche de la habitación del niño.

PREVENCIÓN

La mejor prevención es la vacuna, que también puede administrarse a los niños (a veces distribuida en dos dosis separadas por un mes). Conviene tener una alimentación equilibrada rica en verduras, zumos y frutas (la vitamina C facilita la actividad de las defensas del cuerpo). Proteger de forma adecuada a los niños contra el frío (prendas de algodón pegadas al cuerpo, abrigos impermeables, guantes, gorros). Asegurar una buena ventilación del aire doméstico.

sabía que *la vacuna de la gripe contiene virus atenuados, responsables de la enfermedad durante el año anterior a la fecha de vacunación.*

helados

Postre o refresco constituido fundamentalmente por leche, zumo o esencias de frutas con azúcar, yema de huevo y otros ingredientes, que se consume frío (-10ºC o más).

ORIGEN

Por lo general, los helados están elaborados a partir de leche de vaca, azúcares, frutas o jarabes de frutas, chocolate y otros elementos (café, frutos secos, huevo, además de aromas, colorantes naturales, emulgentes o espesantes). Habitualmente contienen muchos azúcares, grasas de origen animal y vegetal, algunas proteínas, vitaminas y minerales según el tipo de helado (la bola más que los sorbetes). En España, los helados suponen un postre o refresco muy socorrido, situándose por detrás del yogur y de la fruta. Conviene saber una serie de detalles para utilizarlos de forma adecuada y que se conviertan en verdaderos alimentos y no en caprichos.

TRATAMIENTO Y PREVENCIÓN

ANTES DEL PRIMER AÑO DE VIDA no es conveniente suministrar helados a los bebés, ya que, además de que están muy fríos para ellos, sus ingredientes habituales (leche de vaca...) no suelen introducirse en la dieta antes del segundo año de vida.

LA MAYORÍA DE LOS HELADOS tienen mucho aire, por lo general entre el 70-85 por 100 de su volumen (los italianos y americanos presentan menor proporción de aire, entre el 12-30 por 100).

HAY MUCHOS TIPOS DE HELADOS: de agua (sorbetes, polos, granizados), de leche o crema (incluyen leche, crema de diversos tipos según el gusto, leche desnatada, grasa no láctea, miel, mantecado), especiales (como el de yogur, dietético por sustituir el azúcar con edulcorantes, otros con trozos de fruta), etc. Cuanto más natural sea y menos aire incluya, más saludable.

EN VERANO SE PUEDEN TOMAR DE VEZ EN CUANDO, ya que disminuyen la formación de sudor siempre que se consuman sin prisas.

LOS DE CREMA representan un postre ideal, ya que, además de su valor nutritivo, favorecen la digestión.

EL VALOR CALÓRICO DEPENDE DEL TIPO DE HELADO; así, por ejemplo, una bola de buena crema tiene cerca de 300 calorías por 100 que incluye cada ración de sorbete.

sabía que *el introductor de los helados en Europa fue Marco Polo, hacia 1295, cuando obtuvo en Oriente diferentes recetas de helados.*

hematomas

RMINOS SIMILARES: moratones, cardenales, chichones

Almacenes de sangre que aparecen en la piel o en partes internas del organismo (cerebro, intestino, hígado, etc.).

ORIGEN

Los hematomas son, casi siempre, resultado de un impacto directo sobre una parte del organismo que provoca la rotura de pequeños vasos sanguíneos y permiten la salida de la sangre. Otras veces se deben a fuerzas "indirectas", como la inercia tras un brusco frenazo, que desplaza el cerebro hacia delante y luego hacia atrás golpeando contra el interior del cráneo. Los hematomas pequeños son frecuentes entre los niños por los golpes que se dan a menudo. Los hematomas extensos (varios cm de tamaño) son consecuencia de golpes fuertes. También hay hematomas muy pequeños, como la cabeza de un alfiler o poco más, que aparecen de forma espontánea en diversas zonas del cuerpo. Estos hematomas deben ser consultados con el médico lo antes posible, ya que a veces responden a infecciones graves, alteraciones de la coagulación, leucemias...

TRATAMIENTO

FRÍO LOCAL: después de recibir un golpe, aplicar sobre la zona afectada una bolsa con cubitos de hielo en su interior. Esto favorece que los vasos sanguíneos "se cierren" y no salga la sangre.

CARNE: en zonas débiles como cara, párpados, pómulos, etc., da buenos resultados para prevenir el hematoma aplicar un trozo de carne cruda y fría (recién sacada del congelador o frigorífico).

INFUSIÓN DE CALÉNDULA: realizar una infusión mezclando una taza de agua hervida con una cucharada de esta planta, y, tras colar el líquido, empapar en él una gasa y aplicarla durante 15 minutos sobre la zona afectada.

PREVENCIÓN

Cuidado con las superficies deslizantes en la casa; evitar muebles que tengan esquinas "en punta" y situadas a la altura de la cabeza o el cuerpo del niño; utilizar calzado antideslizante...

sabía que *los hematomas cambian de color a medida que desaparecen. Primero son azulados, luego verdosos y, finalmente, amarillos.*

hemofilia

TÉRMINO SIMILAR: hemorragias

Enfermedad en la que la sangre apenas puede formar coágulos, tapar las lesiones producidas en los vasos sanguíneos y evitar la pérdida de sangre.

ORIGEN

Por lo general es un trastorno de tipo hereditario (ligado a los genes) que transmiten las mujeres, pero sólo la padecen los hombres (rara vez las mujeres), ya que el gen alterado se encuentra en el cromosoma X. La mujer tiene dos cromosomas de este tipo y el hombre sólo uno; por ello, si se encuentra alterado, no hay otro normal que evite la enfermedad. Debido a la alteración genética, no se forma en cantidad suficiente el llamado factor VIII de la coagulación, lo que obliga a que los coágulos que normalmente aparecen tras cualquier herida en los vasos sanguíneos no se desarrollen, y el mínimo traumatismo (golpe, herida, etc.) produzca grandes hematomas en las articulaciones (tobillo, rodilla, codos). Cuando los niños tienen mayor movilidad, o pérdidas continuas de sangre como consecuencia de un corte (accidental, tras una extracción de un diente, en una intervención quirúrgica). Los síntomas varían en función de la ausencia, mayor o menor, del factor VIII de coagulación.

TRATAMIENTO Y PREVENCIÓN

EL TRATAMIENTO BÁSICO consiste en administrar, por medio de transfusiones periódicas, el factor de coagulación que falta.

EVITAR situaciones que favorezcan los traumatismos, golpes y heridas (suelos deslizantes, actividades físicas de contacto directo…).

PRACTICAR regularmente una actividad física "sin riesgo", como natación, golf, tenis, gimnasia…

PREPARAR PROFESIONALMENTE al niño para actividades que no exijan contactos, cargas o roces continuos.

HEMATOMAS Y HEMORRAGIAS: antes de acudir al médico (al que siempre debe consultar cuando estas lesiones sean de importancia), trátelos de acuerdo con las normas que indicamos en el apartado correspondiente.

INFUSIONES DE BOLSA DE PASTOR: esta planta tiene ciertos efectos hemostáticos (limita las hemorragias). Para elaborar las infusiones, utilizar una taza grande de agua hervida y echar una cucharadita de la hierba. Dejar reposar durante 10 minutos y colar, para beber medio vaso. Practicarlo de vez en cuando.

PIE DE LEÓN, MILENRAMA Y COLA DE CABALLO: mezclar una pizca de cada una de estas hierbas y verter el equivalente de una cucharada en 1/4 l de agua hirviendo. Dejar reposar un minuto y colar. Beber el líquido distribuido en 4 tomas al día. Practicar esta operación durante 3 días cada 15.

sabía que *la hemofilia en la que falta el factor de coagulación VIII se denomina A, porque hay otra de tipo B, menos frecuente, en la que falta el factor IX.*

hemorragia

Pérdida continua de sangre, débil o abundante, por lesiones en uno o varios vasos sanguíneos.

ORIGEN

Los cortes, golpes intensos o desplazamientos bruscos (la inercia en un frenazo) son las causas más frecuentes de hemorragias. La sangre fluye al exterior desde la piel (caso de un corte) o por medio de conductos naturales (por la nariz: epístasis; por la boca: hemoptisis si procede de las vías aéreas y hematemesis si su origen es el estómago o el intestino; por el oído: otorragia; por el ano: rectorragia). La sangre que fluye desde la superficie del cuerpo será venosa cuando cubre "como una sábana" la piel, mientras que es arterial (de una arteria) cuando es lanzada "como un chorrito". Otras veces, la hemorragia afecta a un órgano interno y la sangre no sale pero se acumula dentro del cuerpo produciendo palidez, frío en labios y pies, pulso rápido y débil, pérdida de visión, sed intensa y agitación. Las hemorragias importantes (las que no suponen un pequeño hematoma, un corte diminuto, etc.) deben tratarse con urgencia para evitar la pérdida de sangre y que fomente fallos cardíacos, y la de la oxigenación cerebral, etc. Mientras acudimos al médico podemos realizar:

TRATAMIENTO

LAS HEMORRAGIAS PEQUEÑAS deben tratarse comprimiendo la herida con una gasa o pañuelo limpio durante 10 minutos.

CORTES EN LA PUNTA DE LOS DEDOS: hay que presionar con mayor fuerzapues cuentan con muchos vasos sanguíneos.

SI LA HEMORRAGIA NO CESA, coloque un vendaje sobre la gasa o el pañuelo para comprimir un poco más la herida y parar el sangrado. Para evitar que la presión sea excesiva, vigile la temperatura y el color de la piel por debajo de la herida. Si ésta recibe poca sangre (lo que hay que evitar), se volverá fría y violácea.

SI ES UNA HEMORRAGIA ARTERIAL, puede aplicar el vendaje anterior por encima de la herida (la sangre de las arterias "huye del corazón", con lo que evitaremos que llegue a la herida y salga. Si se trata de una hemorragia venosa (lo más frecuente), puede situar el vendaje por debajo de la herida (la sangre venosa se dirige hacia el corazón). Estos vendajes deben realizarse de modo "un poco fuerte", pero siempre vigilando el color y la temperatura de la piel por debajo de la herida.

HEMORRAGIA INTERNA: reconocida por los síntomas antes citados (palidez, pulso rápido y débil…); hay que trasladar al niño en "posición de seguridad" (recostado, con la cabeza ladeada, las piernas en alto y las ropas aflojadas, pero bien abrigado.)

sabía que *en condiciones normales, niños y adultos pierden cada día un poco "de sangre", que no se percibe, por la orina (200.000 glóbulos rojos por día).*

hepatitis

Enfermedad infecciosa caracterizada por la inflamación del hígado.

ORIGEN

Los principales responsables de esta infección a edades tempranas son los virus de la hepatitis A y B. El tipo A se transmite por las heces, la orina y aquellos elementos que puedan contaminar (cubiertos, juguetes, agua, alimentos...). El tipo B necesita un contacto más directo, casi de sangre a sangre, como el caso de una transfusión contaminada, jeringuillas, etc. Cuando los virus llegan al hígado penetran en sus células los hepatocitos y se multiplican dentro de él hasta que lo "rompen" e invaden otros hepatocitos. Esto lleva a que el hígado no pueda realizar sus funciones, entre ellas eliminar la bilirrubina, sustancia que se acumula en la sangre y da el color amarillo típico de piel y mucosas (boca, ojos) conocido como ictericia. Junto con ello hay fiebre, cansancio, debilidad y molestias digestivas. Si la hepatitis es muy intensa, podemos observar picores en la piel, orina oscura (por exceso de bilirrubina) y heces pálidas (porque no tienen nada de bilirrubina, que les aporta, junto con los jugos biliares, su color característico).

TRATAMIENTO

REPOSO en cama desde el momento del diagnóstico para facilitar la recuperación.

DIETA ligera, ya que el hígado es el órgano que debe depurar y tratar todos los alimentos que consumimos para su utilización por otras partes del organismo. Como está "malo", procuraremos que su trabajo sea el menor posible y recurriremos a zumos de frutas, papillas, purés, derivados lácteos, etc.

INFUSIONES de menta, manzanilla o boldo, ya que poseen notables efectos como estimulantes de la función biliar.

CALDO DE ALCACHOFAS: es otro tónico hepático, elaborado con el líquido resultante de la cocción de alcachofas troceadas.

CARDO MARIANO: utilizarlo en decocción y tomar media taza antes de las comidas importantes del día.

PARA EL PICOR da buenos resultados hacer friegas sobre la piel con gasas empapadas en vinagre diluido en agua (un chorrito de vinagre por vaso de agua).

APLICAR COMPRESAS calientes en el abdomen (una vez al día) para mejorar la función del hígado.

PREVENCIÓN

Evitar el contagio esterilizando bien los objetos destinados al paciente, que no deben ser utilizados por otras personas. Eliminar, con toda precaución (utilizando orinal) las heces y la orina. Mientras los síntomas persistan hay riesgo de contagio, sobre todo para otros niños pequeños. La curación se produce entre las 3-4 semanas, aunque algunos casos pueden llegar a meses (sobre todo en el tipo B).

sabía que *la vacuna contra la hepatitis B suele desarrollarse en dos fases: una para el recién nacido y otra dosis entre los 11 -13 años.*

heridas

ÉRMINOS SIMILARES: golpes, cortes, erosiones

Erosiones que se producen en la piel o en el interior del organismo, y que pueden adquirir formas y dimensiones diversas.

ORIGEN

Las heridas tienen siempre un origen traumático, causadas por algún golpe, accidente con objetos afilados o cortantes, impacto con objetos romos (piedras, suelo, etc.). En función del objeto impactado, pueden ser amplias y superficiales (caída al suelo y raspado), pequeñas y profundas (una piedra pequeña que se incrusta, corte en un dedo), e incluso amplias y profundas (mordedura de un perro). El mayor riesgo de cualquier herida es el de la contaminación, ya que el objeto que impacta suele estar contaminado, y penetran con él los gérmenes que, al reproducirse, pueden generar muchas complicaciones. Cualquier herida debe tratarse como si estuviese infectada.

TRATAMIENTO

LIMPIAR BIEN LA HERIDA con un chorro abundante de agua fría. Con un poco de jabón podemos ayudar a eliminar las pequeñas partículas y objetos extraños que se hayan incrustado.

PASTA DE MILENRAMA: machacar en un mortero un puñado de flores de esta planta y añadirle, lentamente, un poco de agua hervida hasta conseguir una pasta compacta que, una vez templada, colocaremos sobre la herida limpia cubriéndola con una gasa y una venda. Esta pasta tienen gran poder desinfectante y cicatrizante.

ZUMO DE HOJAS DE CARDOSANTO: extraer el zumo de hojas frescas y aplicarlo directamente sobre la herida. Desinfecta, alivia el dolor y favorece la cicatrización. No se debe aplicar, como cualquier otra planta, mientras haya sangrado.

CAMBIAR LAS GASAS cada 1-2 días (salvo en el caso de que la herida sangre o supure); se reduce así el riesgo de contaminación y se agiliza la cicatrización. Despegar las gasas con precaución y con ayuda de agua oxigenada o agua hervida.

SI HAY SEPARACIÓN DE BORDES, aunque sea una herida pequeña, procure unirlos bien utilizando suturas de tela (se venden en farmacias) o pequeñas tiras de esparadrapo de 3 cm de largo por 0,5 cm de ancho, que se colocarán perpendiculares al corte y con una separación de 1 cm de una a otra tira. Con ello evitaremos cicatrices "exageradas".

PREVENCIÓN

Si el niño sigue el calendario de vacunaciones, no suele ser necesaria la vacunación antitetánica. No conviene limpiar las heridas o cubrirlas durante largo tiempo con algodón, ya que alguno de sus "hililllos" puede quedar en el interior de la herida. Siempre que haya pérdida de materia orgánica, aunque sea pequeña, acuda al médico para repararla debidamente. Para favorecer la cicatrización debemos mantener la herida al aire cuando esté casi seca.

sabía que *las heridas producidas en la cara y el cuero cabelludo cierran antes que en otras zonas del cuerpo porque esta región tiene abundantes vasos sanguíneos.*

heridas en el dedo

Lesiones traumáticas producidas en el dedo, con o sin pérdida de materia orgánica.

ORIGEN

Siempre tienen origen traumático (golpes, mordeduras, aplastamientos, cortes, etc.). Son muy frecuentes en los niños por su natural atrevimiento, curiosidad y desconocimiento. Dejando al margen los golpes en las uñas (tratados en un apartado precedente), son habituales los cortes y desgarramientos en la piel e incluso, los aplastamientos (cajones, puertas, etc.).

TRATAMIENTO

SI LA PIEL ESTÁ DESGARRADA menos de 1 cm, tratarla de acuerdo con las normas generales para las heridas. Si el desgarramiento es mayor o se ven los tejidos profundos (músculos, hueso), lavarla, desinfectarla, cubrir y llevar al niño al médico.

UÑA CON HEMATOMAS: seguir las normas indicadas en el apartado dedicado a golpes en las uñas.

SECCIÓN COMPLETA DEL DEDO: si el dedo o parte de él quedan cortados, debemos lavar y cubrir la mano, ponerla en alto formando un puño (disminuye la pérdida de sangre) y acudir al hospital. La parte del dedo seccionada hay que lavarla y meterla en una bolsa con agua helada, o bien introducirla en una bolsa seca, y ésta, a su vez en otro recipiente con agua y cubitos. Nunca ponga el dedo en contacto con los cubitos, ya que pueden congelarse y "morir" algunas de sus partes.

PROTEGER EL DEDO AFECTADO con unas pequeñas férulas de plástico que impiden que roces o pequeños golpes, etc., dificulten la curación (se venden en farmacias).

PREVENCIÓN

Vigilar los cierres de puertas, ventanas, armarios, cajones, etc., de la casa o recurrir a los topes. Asegurarse de que no hay al alcance del niño objetos cortantes, punzantes o similares (martillos, cuchillos, punzones). Inspeccionar las áreas de juego dentro y fuera de la casa antes de utilizarlas.

sabía que *las heridas en los dedos son muy dolorosas porque, al residir en ellos el sentido del tacto, tienen una abundante red de terminales nerviosas.*

hernia abdominal

TÉRMINO SIMILAR: eventraciones

Salida o relieve de un órgano hacia el exterior, utilizando una abertura o debilidad anormal de la pared del abdomen.

ORIGEN

Casi todas las hernias abdominales en niños y bebés tienen causa congénita; es decir, después del nacimiento no se han cerrado bien ciertas aberturas (región periumbilical, alrededor del ombligo), o el hecho responde a una alteración en su desarrollo embrionario (primer trimestre de la gestación) que permite la presencia de aberturas anómalas en los músculos del abdomen. Como la presión dentro del abdomen es superior a la del aire que le rodea, las vísceras siempre tienden hacia afuera y se produce la hernia. Las más frecuentes son las hernias inguinal (en la ingle), umbilical (alrededor del ombligo) y abdominal (por debilidad de los músculos situados en la pared abdominal). A veces la hernia se manifiesta en el nacimiento o poco después, pero otras veces tarda algunos años y se ve favorecida por todo aquello que aumente la presión del abdomen (tos, estreñimiento, llanto frecuente...). El tratamiento siempre es quirúrgico, pero mientras tanto...

TRATAMIENTO

MUCHAS HERNIAS EN EL RECIÉN NACIDO (sobre todo la umbilical) pueden reducirse comprimiendo la zona herniada (para devolverla a su lugar) y reforzar la zona con esparadrapo o pequeñas fajas, en la confianza de que la pared debilitada se refuerce poco a poco.

LAS HERNIAS pueden estrangularse o, lo que es lo mismo, los músculos que la rodean la "ahogan" o estrangulan y, por falta de sangre, puede gangrenarse. En estos casos la zona herniada se pone roja, hay vómitos, fiebre y duele mucho; es preciso acudir a urgencias.

PARA CALMAR EL DOLOR podemos recurrir a la utilización de compresas con agua caliente o bolsas con agua caliente que depositaremos sobre la zona dolorida.

PREVENCIÓN

Tratar con eficacia la tos y el estreñimiento (véase los apartados correspondientes) para no facilitar la aparición de hernias. Practicar con regularidad una actividad física, preferentemente gimnasia rehabilitadora (véase apartado de actividad física), para fortalecer la musculatura abdominal.

sabía que la cirugía de hernias inguinales es muy sencilla aunque se realice con anestesia general (algunos niños están en casa en 24 horas).

herpes

TÉRMINOS SIMILARES: calenturas, ampollas

Infección viral frecuente que afecta sobre todo a la piel y el tejido nervioso.

ORIGEN

El herpes está producido por un grupo de virus denominados herpesvirus, entre los cuales destacan el herpes simple y el herpes zoster. El herpes simple es sobre todo responsable de las "calenturas" y lesiones similares (véase el apartado de calenturas), mientras que el herpes zoster da lugar a la varicela (en niños o adultos) y a la llamada varicela-zoster o zoster que afecta a los adultos con lesiones de piel y nervios muy dolorosas. Además de los aspectos que ya comentamos en el apartado de calenturas y varicela, consideramos interesante recordar que…

TRATAMIENTO Y PREVENCIÓN

NO HAY QUE ROMPER NUNCA vesículas que estos virus forman en la piel, ya que se encuentran repletas de virus y podemos contaminar zonas próximas (incluidos los ojos).

SON ENFERMEDADES MUY CONTAGIOSAS, no sólo a partir del contenido de las vesículas, sino también mediante las gotitas que se expulsan al hablar, toser, estornudar, etc., ya que también se forman pequeñas vesículas en la nariz y en la garganta que se rompen en esas situaciones. El contagio desaparece cuando aparecen las costras que sustituyen a las vesículas en la piel.

CONVIENE AISLAR parcialmente (en casa) a los enfermos durante 6 días desde que aparecen los primeros síntomas.

LOS SÍNTOMAS QUE PRECEDEN a las vesículas suelen ser dolor de cabeza ligero, fiebre moderada y malestar general con pérdida de apetito. Estos síntomas son más intensos en niños mayores que en bebés.

BAÑOS ANALGÉSICOS: para calmar el dolor, acelerar la maduración de las vesículas y prevenir infecciones añadidas (por rascado, etc.), son útiles los baños a los que se añade una infusión de valeriana, otra de hipérico y una más de pasiflora.

sabía que *los niños prematuros son más sensibles al herpes simple, que a veces desarrolla en ellos infecciones generalizadas. Por ello hay que mantener una mayor y atenta vigilancia.*

hierro

Elemento imprescindible para el mantenimiento de diversas funciones del organismo, como el transporte de oxígeno en la sangre dentro de los glóbulos rojos o hematíes.

ORIGEN

Además de medio de transporte de oxígeno a todas las células del organismo, el hierro es fundamental para el desarrollo de ciertas funciones de nuestras células y colabora en el crecimiento y desarrollo de los más pequeños. Para cumplir estas necesidades tomamos el hierro de los alimentos. Una vez que es absorbido en el intestino en forma de hierro ferroso, es transportado en la sangre con una proteína, la transferrina, para ser distribuido por el organismo, y, sobre todo, en los glóbulos rojos de la sangre. Por esta razón, cuando se pierde sangre en una hemorragia o por una lesión que permite pérdidas continuas de sangre, falta hierro, el oxígeno no llega a las células y aparece la anemia ferropénica. También puede darse esta situación debido a que los alimentos que consume el niño (dieta monótona, rica en grasas) no reponen el hierro que diariamente gasta su organismo. En los pequeños se necesitan mayores cantidades de hierro: su deficiencia retrasa el crecimiento y genera cierta alteración del desarrollo mental. Además de los consejos que facilitamos en el apartado de anemia, recordamos algunos alimentos que contienen hierro.

TRATAMIENTO Y PREVENCIÓN

ALIMENTOS RICOS EN HIERRO son las patatas, el brécol, la soja, los tomates, las zanahorias, la calabaza, el aguacate, la remolacha y las cerezas, entre otros.

ALIMENTOS QUE REDUCEN la absorción de hierro en el intestino son las alubias y las espinacas.

AVENA: el consumo regular de copos de avena asegura un aporte importante de hierro, ya que este cereal lo contiene en elevadas cantidades, al igual que otros productos como fósforo, manganeso, vitaminas y algunos aminoácidos. También es muy recomendable en época de exámenes.

BERROS: consumirlos en forma de ensaladas o acompañando a otros platos; representan también una fuente inagotable de hierro.

ZARZAMORA Y FRAMBUESA: son frutos muy ricos en hierro, que es fácilmente absorbido en el intestino y llega a los glóbulos rojos. También almacenan vitamina A, B, C, magnesio, calcio y fósforo.

RESERVAS: los recién nacidos cuentan con reservas de hierro adquiridas durante el embarazo, con las que cubren sus necesidades hasta el tercer mes. A partir de este momento debemos aportarlo con una alimentación equilibrada (lactancia materna asegurada o leche adaptada que lo incluya).

sabía que muchos alimentos contienen hierro: 50 g de cereales, 3 mg; un filete de lomo, 5 mg; un plato de lentejas, 5 mg; una loncha de jamón york, 1 mg; una crema de espinacas, 4 mg.

hiperactivo

TÉRMINOS SIMILARES: niño inquieto, niño nervioso

Estado transitorio o permanente de nerviosismo e inquietud que se manifiesta por continuos movimientos del niño.

ORIGEN

En general, todos los niños a partir de los 4-5 años, cuando ya disponen de notable autonomía, se dedican por entero al juego, a observar lo desconocido, a dar rienda suelta a su imaginación, a mostrar a los demás lo que saben. Muchas veces el nerviosismo se relaciona con una cama en la que no duermen bien, o una alimentación excesiva e incorrecta. Otras, esta situación se ve intensificada por diversas circunstancias (cambio de casa o de colegio, padres que discuten con frecuencia, celos entre los hermanos, conflictos con los padres) que generan un cierto conflicto psicológico que se manifiesta con inquietud y nerviosismo. Por lo general no reviste gravedad, salvo que la situación se prolongue en el tiempo a pesar de las medidas preventivas o terapéuticas adoptadas. En esas circunstancias, hay que consultar con el psicólogo.

TRATAMIENTO Y PREVENCIÓN

BORRAJA, LECHE Y MIEL: preparar una mezcla con 4 hojas de borraja bien picada, 3 cucharadas de leche y una de miel. Tomarla un par de veces a la semana. Además de muy nutritiva, proporciona cierta tranquilidad.

MANZANA: con la cáscara de una manzana, preparar una infusión y tomarla templada 2-3 veces por semana.

MASAJE EN LA ESPALDA: muchas generaciones que nos han precedido aliviaban el nerviosismo de los niños con pequeños masajes que se daban en la espalda a ambos lados de la columna vertebral, de arriba hacia abajo. Practicar un masaje cada 3 días durante 10 minutos. Sus resultados son más eficaces con ayuda de un ungüento que se elabora calentando una cebolla en 1/2 l de agua, al que se le añade 1/2 vaso de vino blanco. Se hierve hasta que quede la mitad de agua en el recipiente, y luego, mojando la mano en él, practicamos el masaje.

ALIMENTACIÓN: sustituir la leche de origen animal y sus derivados por otros alimentos de tipo vegetal; azúcares, dulces, galletas y harinas han de ser de tipo integral. Reducir el consumo de carne y embutidos.

CAMA: si observa que desarregla con frecuencia la cama, facilítele otro lugar para dormir durante unos días.

ELEUTEROCOCO: en el caso de nerviosismo e inquietud por los cambios de horario (verano, invierno), dadle 4 comprimidos diarios de eleuterococo (1 semana).

ONAGRA Y BORRAJA: antes del desayuno, comida y cena, hay que aportarle al niño una cucharada de aceite de semilla de onagra y otra de borraja bien mezcladas. Mantener esta práctica durante unos días, momento en el que se observará una notable mejoría.

sabía que *las alteraciones que se manifiestan durante el sueño en forma de gritos, agitaciones, pesadillas o despertares frecuentes son las que mejor delatan un conflicto psicológico que facilita la inquietud e hiperactividad del niño.*

hipercolesterolemia

Exceso de colesterol circulante en la sangre, que sobrepasa los límites máximos (200 mg por cada 100 ml de sangre).

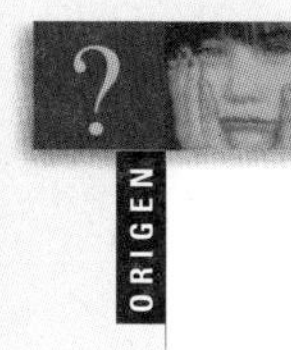

El colesterol es un tipo de grasa imprescindible para el organismo, pues forma parte de las membranas o "piel" de las células del organismo y contribuye a la formación de las hormonas que gobiernan muchas de nuestras funciones. El colesterol se ingiere con los alimentos, sobre todo los de origen animal (carne, pescado), algunas hortalizas y verduras, aceites, dulces y bollería industrial. Una vez absorbido es transportado en la sangre con la ayuda de proteínas llamadas HDL, LDL, VLDL y otras, para que llegue a su destino. Sin embargo, cuando hay mucho colesterol en la sangre (hipercolesterolemia), parte del que circula libre en la sangre y el que va con la LDL y, los VLDL, se pega como una "lapa" en las paredes de las arterias, "estrangulándolas" por dentro. Nos encontramos ante la arteriosclerosis (que más tarde se traduce en infarto, hipertensión, etc.). Por desgracia, más del 50 por 100 de nuestros niños tienen este problema, y el 100 por 100 de las personas antes de cumplir 20 años muestra ya algún tipo de lesión en sus arterias.

REDUCIR el consumo de fuentes ricas en colesterol (frituras, bollería industrial, chucherías, embutidos, mantequilla, chocolate, pasteles, vísceras, yemas de huevo).

DIETA HIPOCOLESTEROLEMIANTE: para bajar el colesterol hay que "abusar" de alimentos como requesón, pescado, ternera, carne magra (sin grasa), aceites vegetales crudos, frutas, cereales y verduras.

TENGA EN CUENTA LA FORMA de cocinar los alimentos, dando preferencia a los crudos, cocidos o asados (a la plancha), por este orden.

ALCACHOFAS: cocidas, o si se toma el caldo que se obtiene de su cocción, aportan sustancias que contribuyen a disminuir el colesterol y las grasas en la sangre.

Además de la dieta, es importante controlar el peso del niño y su evolución con el paso de los años, así como educarle en la práctica de actividades físicas y juegos que contribuye a mantener "a raya" el colesterol.

sabía que *las frutas y hortalizas tienen, por lo general, 80 veces menos grasa que la mantequilla, 40 menos que el foie-gras de cerdo, y 30 veces menos que el chocolate con leche.*

hongos

TÉRMINOS SIMILARES: micosis, tiña

Grupo muy especial de plantas microscópicas, que incluye algunas familias capaces de producir enfermedades en el ser humano.

ORIGEN

Los hongos se extienden a lo largo y ancho de todo el mundo, en especial allá donde predomina un ambiente cálido y húmedo. Se incluyen en este amplio grupo desde champiñones hasta hongos patógenos como actinomices, tricofitos, etc. Dejando al margen los hongos venenosos, tenemos otros que con frecuencia invaden la piel o determinados órganos (intestino, vagina, pene) y desarrollan contaminaciones muy molestas denominadas micosis. Las más frecuentes son la tiña (véase el apartado correspondiente) y el pie de atleta (véase apartado específico). Afectan sobre todo a zonas húmedas: pies, ingles, axilas, manos (entre los dedos) y cuero cabelludo. Por lo general provocan picor, escozor, a veces pequeñas vesículas de contenido claro, descamación de la piel y agrietamiento. Son muy fáciles de transmitir a otros niños si no adoptamos una serie de medidas.

TRATAMIENTO Y PREVENCIÓN

EVITAR MANTENER ZONAS húmedas en la piel, siempre con un buen secado después del baño, utilizando ropa de algodón y calzado transpirable.

NO RASCAR las lesiones, para evitar la diseminación de la contaminación a otras zonas.

INFUSIÓN DE HOJAS DE NOGAL: mezclar una cucharada de hojas de nogal muy picadas con una taza de agua fría. Calentar hasta que hierva, y luego dejar cocer 5 minutos. Colar y empapar una gasa en el líquido, para luego aplicarla sobre la zona afectada. Practicar esta operación 2 veces al día.

INFUSIÓN DE MANZANILLA Y NOGAL: al preparado anterior se le añade una cucharada de manzanilla y se la utiliza de la misma forma.

sabía que casi todas las infecciones por hongos mejoran lentamente y afectan poco al estado general del niño.

huesos

Elementos duros que pueden tener forma alargada, aplanada o cuadrada y que constituyen el esqueleto o soporte del cuerpo humano.

ORIGEN

Gracias al esqueleto, nuestro organismo tiene una forma alargada, diferenciándose en él las extremidades, el tronco y la cabeza. Sin huesos, nuestro cuerpo sería una especie de "amasijo" de músculos, grasa y nervios. En conjunto, tenemos 205 huesos que protegen los órganos internos (cerebro, corazón, hígado) y nos facilitan el movimiento. Los huesos del recién nacido todavía se encuentran "muy lejos" de la forma, constitución y tamaño del adulto, ya que tienen mucho cartílago o sustancia blanda que poco a poco se inunda de calcio y se endurece al tiempo que crece en tamaño (por ello se suele decir que los huesos de los niños son como chicle). La maduración de los huesos de los niños se extiende hasta la juventud (18-20 años), por lo que necesitan movimiento, muchos minerales (calcio, bicarbonatos, fosfato) y proteínas. Para asegurar su óptimo desarrollo…

TRATAMIENTO Y PREVENCIÓN

DIETA EQUILIBRADA y rica en calcio se puede recurrir al yogur con cacao, derivados lácteos, frutas, verduras, cereales, sésamo, almendras…

FACILITAR UNA actividad física regular mediante juegos, natación, paseos, etc. La actividad física y el trabajo que proporcionamos a los huesos suponen un estímulo importante para su crecimiento y desarrollo. Por el contrario, la inactividad dificulta la mejora del hueso.

SOL: facilita la formación de vitamina D debajo de la piel y, gracias a ella, se deposita calcio en los huesos (es su "taxista").

ACEITE DE OLIVA CRUDO: media cucharadita mezclada con alguna comida del día representa una buena fuente de sales minerales.

sabía que *el 70 por 100 de un hueso está formado por sales minerales, entre las que destacan fosfato cálcico, carbonato cálcico, fluoruro de calcio y fosfato de magnesio.*

icterícia

TÉRMINO SIMILAR: amarillo

Coloración amarillenta que se aprecia en la piel, mucosas (boca) y ojos.

ORIGEN

Las causas más frecuentes de ictericia son las hepatitis o inflamaciones del hígado y la anemia hemolítica (destrucción elevada de glóbulos rojos). En ambos casos el hígado no es capaz de eliminar toda la bilirrubina que se forma, y ésta se acumula en la sangre, llega a la piel y precipita el color amarillento. Para comprobar la existencia de ictericia, lo mejor es observar la esclerótica o parte blanca de los ojos.

En el recién nacido es frecuente cierto grado de ictericia, ya que su hígado es inmaduro. Además, casi todos los bebés experimentan cierta anemia hemolítica debido al cambio de sus glóbulos rojos (esta ictericia fisiológica o normal dura unos pocos días). Otras causas de ictericia en los niños pueden ser resultado de la acción de ciertos medicamentos en el hígado.

TRATAMIENTO

EN LOS NIÑOS MAYORES, la aparición de ictericia debe ser comunicada y consultada con el médico para averiguar su causa (generalmente, hepatitis vírica; véase capítulo correspondiente).

EL SOL colabora en la desaparición de la ictericia, razón por la cual, si las condiciones lo permiten, debemos aprovechar los rayos solares y dejar al aire la mayor superficie corporal que nos sea posible.

LA LUZ FLUORESCENTE AZUL, en pequeñas exposiciones, también contribuye a metabolizar más rápidamente la bilirrubina y a su desaparición.

EN LA EXPOSICIÓN SOLAR o con luz fluorescente hay que tapar los ojos con una gasa para protegerlos de los rayos solares.

ZUMO DE LIMÓN y pomelo, mezclado con agua para reducirlo un poco. Se puede tomar la cantidad que se quiera.

INFUSIÓN DE RAÍZ DE GENCIANA: mezclar una taza grande de agua hervida con una cucharada de flores de genciana. Dejar reposar 10 minutos, colar y tomar 2-3 vasitos al día.

INFUSIÓN DE DIENTE DE LEÓN: realizarla y utilizarla con las mismas dosis y procedimientos que en el caso anterior.

PREVENCIÓN

Evitar las posibilidades de contagio con otras personas que sufran hepatitis aguda (la de tipo A es particularmente contagiosa por medio de objetos). Evitar la automedicación (hay muchos antibióticos y otros fármacos que dificultan la actividad del hígado).

sabía que *el 30 por 100 de los recién nacidos tienen ictericia, consecuencia de la inmadurez del hígado, que suele solucionarse sola.*

impétigo

Infección de la piel con la presencia en la cara, en número variable, de vesículas muy contagiosas.

ORIGEN

Esta infección está desarrollada por bacterias, especialmente por el estreptococo y el estafilococo dorado. En primer término, la infección presenta manchas planas, rojizas, en diversas zonas de la piel, que pocos días después dan paso a unas ampollitas con líquido claro acompañadas de intenso picor (a veces tienen pus). Finalmente se secan y surgen unas costras amarillas que lentamente se despegan por los bordes y caen. Las lesiones se inician en la cara, y desde aquí pueden extenderse a otras zonas por la elevada capacidad de contagio de las vesículas, lo cual hace que también haya pequeñas epidemias (en guarderías, colegios, colonias).

TRATAMIENTO

EVITAR EL RASCADO de las zonas lesionadas (sobre todo de vesículas), para lo cual recomendamos los remedios descritos en el apartado de prurito. Un remedio muy simple para los más pequeños consiste en cubrir las primeras lesiones con una compresa que las tape por completo.

LIMPIAR un par de veces al día las zonas de la piel afectadas con jabón antiséptico y mucha agua. A la hora del secado no friccionar o rascar, simplemente presionar suavemente con la toalla.

REDUCIR EL CONTAGIO evitando el contacto directo con otros niños mientras se observen vesículas. Destinar ropa de uso exclusivo para el niño (toallas, sábanas, ropa, etc.).

SIEMPRE QUE TOQUE la piel afectada del niño, lávese las manos con abundante jabón antiséptico.

ALIMENTACIÓN rica en zumos con mucha vitamina A y C (de naranjas, de zanahoria) y verduras (ensalada con yogur).

BAÑOS con una infusión de caléndula o equinácea. Seleccione una de estas plantas y prepare una infusión concentrada a partir de 3-4 cucharadas de la planta para 1/2 l de agua hirviendo, que luego, una vez colada la mezcla, vertirá en el baño. Practicar esta operación todos los días debido a su efecto antiséptico y calmante del picor.

PREVENCIÓN

Evitar el contacto con niños afectados; intensificar la higiene personal, sobre todo en la cara.

sabía que *el impétigo muestra una elevada capacidad de contagio. Por ello aparece en forma de epidemias en colegios, guarderías, colonias, etc.*

indigestión

TÉRMINO SIMILAR: pesadez de estómago

Molestias en el estómago que aparecen después de comer caracterizadas por sensación de estar "lleno", náuseas, tendencia al mareo y dolor opresivo.

ORIGEN

La digestión del alimento se ve dificultada en el estómago por comer en exceso, ingerir alimentos en malas condiciones, por alteraciones en la secreción de jugos gástricos (debido a frío, ansiedad, nerviosismo), y por comer deprisa alimentos poco masticados que obligan a trabajar más al estómago (los gases inundan el estómago y hay flatulencia). Hay que ayudar al estómago a finalizar su trabajo y, también, calmar los síntomas.

TRATAMIENTO

BOLSA CON AGUA CALIENTE sobre el estómago para calmar el dolor, mejorar el riego sanguíneo de esa zona y facilitar su actividad.

MASAJE CON ACEITE DE AJO (adquirido en herboristerías u obtenido machacando varios dientes sobre una compresa) en la parte superior del abdomen (sobre el estómago) con movimientos circulares.

INFUSIONES DE FRAMBUESA, menta piperita o perejil realizadas con una cucharada de hojas frescas de estas plantas.

INFUSIONES DE ULMARIA: esta planta ayuda a "tranquilizar" el estómago, mejorar su actividad y reducir los síntomas.

EN EL CASO DE NERVIOSISMO: utilizar una infusión de valeriana, lavanda, romero o manzanilla.

PREVENCIÓN

Evitar los cambios de horarios en las comidas, las tomas abundantes (ya sea en una sola vez o la cantidad total de comida a lo largo del día). Prevenir o combatir las situaciones de nerviosismo, ansiedad y, estrés. Asegurar una buena masticación del alimento (10 veces como mínimo para cada bocado), no hablar mientras se mastica pues se ingiere más aire, e impedir las tomas rápidas (tanto en bebés como en niños mayorcitos).

sabía que *en la indigestión siempre hay una parte del alimento que no ha sido digerido por completo, lo que obliga a cierto "reposo" durante unas horas en el ritmo de comidas.*

infección

Invasión de una parte del organismo (piel, músculo, estómago, etc.) por parte de gérmenes (bacterias, virus, hongos), que desarrollan una inflamación.

ORIGEN

La llegada de los gérmenes al organismo suele producirse por contaminación directa (heridas, cortes) o indirecta (alimentos contaminados, gotitas al toser o estornudar una persona enferma, objetos contaminados como en el caso de la hepatitis A). Muchas veces la llegada del germen no significa enfermedad, ya que nuestras defensas pueden eliminarlos sin síntoma alguno. Otras, la "lucha" es intensa y aparece la inflamación (hepatitis, dermatitis, bronquitis, faringitis, meningitis). En toda infección hay que "ayudar" a nuestras defensas (leucocitos, anticuerpos, etc.) a eliminar los gérmenes y evitar el contagio a otras personas. Hay muchos remedios antimicrobianos y antiparasitarios...

TRATAMIENTO

AJO: tomado con regularidad y crudo (picado y acompañando a algún plato de la comida total del día), estimula las defensas de forma considerable más allá de su actividad directa contra los gérmenes. También se puede utilizar externamente su aceite o extracto.

TOMILLO, AJENJO Y EQUINÁCEA: tanto en infusiones para realizar gargarismos (infecciones de boca, faringe...), consumidas de vez en cuando, como aplicadas externamente con ayuda de compresas, poseen notables efectos antimicrobianos.

OTRAS PLANTAS DE INTERÉS: verbena, eucalipto, menta, romero y lavanda.

BAÑOS DE CONTRASTE: ya sea sólo para los pies, los brazos o todo el cuerpo, estimularemos la circulación de la sangre si una vez por semana, durante unos minutos del baño, utilizamos agua templada-caliente y, luego, unos segundos de fría (realizar este ciclo 2-3 veces).

SÍNTOMAS DE INFECCIÓN (fiebre, vómitos, dolor, inapetencia, etc.): podemos combatirlos con los remedios que proponemos en los apartados correspondientes.

PREVENCIÓN

Hay una serie de hábitos que fortalecen las defensas del organismo: seguir al pie de la letra el calendario de vacunaciones; facilitar que el niño se mueva, haga deporte y ejercite su cuerpo; alimentarse con abundancia de verduras, frutas, hortalizas; facilitar un ambiente agradable, de buen humor (la risa facilita la actividad del sistema inmunitario o defensivo).

sabía que *en los niños son frecuentes las infecciones crónicas, que "vienen y van", que afectan sobre todo a las amígdalas y las raíces de los dientes, aunque ofrecen pocos síntomas.*

insolación

Alteración del estado general producida por una exposición prolongada al sol.

ORIGEN

Más del 70 por 100 del cuerpo de los niños está constituido por agua. Esto hace que los pequeños sean especialmente sensibles a las pérdidas de líquidos. Cuando se exponen durante más de una hora al sol (o menos tiempo si éste es intenso y se trata de bebés), por una parte pierden líquido con el sudor y por otra, sus vasos sanguíneos se dilatan o ensanchan (en particular los de la cabeza) y generan los síntomas característicos de la insolación: sed intensa, sudor frío, temperatura corporal por encima de los 37°C , fatiga, malestar general, dolor de cabeza, inapetencia, mareos, náuseas, vómitos, ritmo cardíaco elevado... Existen más síntomas cuanto más intensa sea la pérdida de líquidos.

TRATAMIENTO

A LOS PRIMEROS SÍNTOMAS debemos proteger al niño en la sombra y colocarlo boca arriba.

ASEGURAR UNA BUENA HIDRATACIÓN dándole de beber agua o zumos lentamente.

MOJAR EL CUERPO con la ayuda de toallas empapadas en agua fría o templada.

REPOSO ABSOLUTO para poder evitar una mayor pérdida de líquidos.

ZUMO FRESCO DE PEPINO: con la ayuda de una gasa o toalla pequeña efectuaremos suaves friegas sobre las partes de la piel más sensibles (cara y cabeza, tronco y muslos).

PREVENCIÓN

Vigilar la exposición de los niños al sol sobre todo de los más pequeños, para que no estén mucho tiempo; reponer continuamente líquidos (zumos, agua) en función de la sudoración, sed, etc.; beber muchos líquidos antes de la exposición (para llenar los "depósitos"); proteger la cabeza con gorros y viseras (para evitar las alteraciones de los vasos sanguíneos cerebrales), e incluso, de vez en cuando, tapar el cuerpo con camisetas si no se encuentran dentro del agua.

sabía que *cuando el niño que ha estado expuesto al sol tiene pulso débil y pequeñas alteraciones de conciencia (incluso delirios), hay que acudir al servicio de urgencias.*

insomnio

Dificultad para conciliar el sueño, ya sea en el momento de acostarse, ya tras despertarse durante la noche.

ORIGEN

Son muchas las situaciones que pueden facilitar el insomnio: digestiones pesadas (indigestión), síntomas de enfermedad (fiebre, tos, picores, dolores), emociones intensas, terrores nocturnos, excitantes (de refrescos y similares), estados psicológicos (ansiedad, nerviosismo), etc. Por lo general son los síntomas de enfermedad los que con mayor frecuencia facilitan el insomnio y los primeros que debemos valorar.

TRATAMIENTO

CONCRETAR LA CAUSA y actuar sobre ella. En el caso de los síntomas de enfermedad (fiebre, tos, dolor, picor o prurito), podemos combatirlos de acuerdo con los remedios que proporcionamos en sus correspondientes apartados.

BAÑO DE AGUA caliente antes de acostarse (posee un notable efecto relajante y además, puede aliviar un buen número de síntomas, como el dolor).

BAÑO DE TILA: añadir a 1 l de agua hervida 2 cucharadas de tila. Dejar reposar durante media hora, colar y añadir el líquido al baño de agua caliente destinado al cuerpo entero, a los pies o a únicamente las manos.

INFUSIONES DE VALERIANA o pasiflora realizadas de la forma habitual. Puede administrarse, según la edad, desde un par de cucharadas hasta un vaso antes de acostarse.

BAÑO CON MANZANILLA: añadir al baño diario una infusión concentrada de manzanilla, con lo que además de relajar al niño conseguiremos dar más vitalidad a su piel.

ALMOHADA CON LAVANDA: vierta unas gotas de esencia de lavanda en la almohada del niño, o directamente sobre el colchón si no usa aquélla.

PREVENCIÓN

No acostar al niño inmediatamente después de la cena; procurar que la última comida del día sea fácil de digerir (líquida, semilíquida o blanda); no "jugar" con el bebé antes de acostarlo (podemos provocarle cierta excitación); evitar cualquier estímulo externo de tipo físico (luz, ruidos), ya que los pequeños tienen unos sentidos más sensibles que los nuestros.

sabía que *el recién nacido duerme 18 horas al día, sueño que se reduce progresivamente hasta los 10 años al ritmo de, aproximadamente, 1 hora por año.*

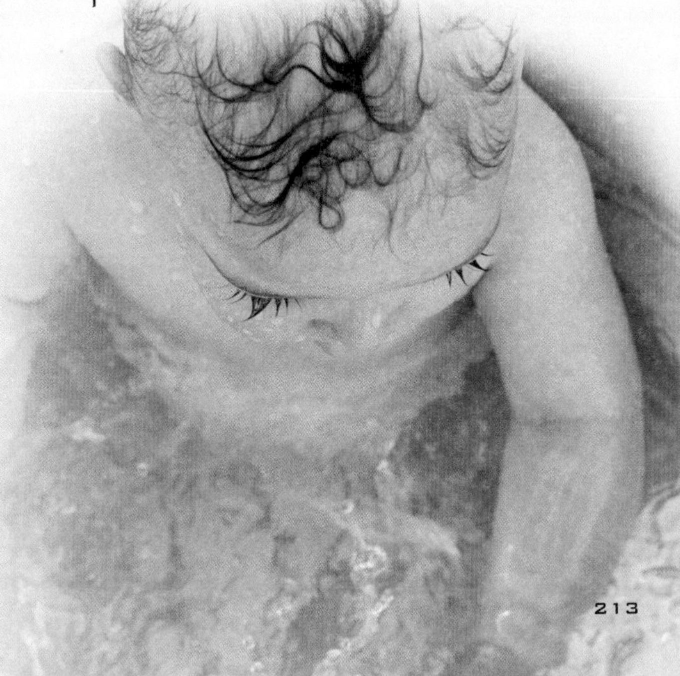

intolerancia a la lactosa

TÉRMINO SIMILAR: alergia alimentaria

Incapacidad del intestino del bebé para absorber la lactosa de la leche, azúcar presente en todos los productos lácteos.

Esta intolerancia a la lactosa se debe a cierta inmadurez del intestino del bebé, o a una "pequeña reacción alérgica" a la lactosa que hace que, aunque el niño tome bien al principio la leche del biberón, un día comience con diarreas sin otros síntomas aparentes (muchas veces se debe a que en el intestino hay poca lactasa, enzima que "rompe" la lactosa). Estas diarreas relacionadas con la toma del biberón sin fiebre, malestar general, dolor (como mucho, experimentan un pequeño malestar en la barriguita), etc., suelen deberse a la intolerancia a la lactosa, un problema de salud transitorio que rara vez permanece por mucho tiempo o para toda la vida (salvo en casos muy concretos en los que hay una alteración genética o congénita).

VIGILAR CON ATENCIÓN la respuesta del bebé cuando recibe el biberón por primera vez (centrar la atención durante las primeras semanas en sus deposiciones, piel, comportamiento y estado general).

EN CASO DE DIARREAS, utilizar leche sin lactosa y éstas cesarán de inmediato.

EVITAR OTROS PRODUCTOS con lactosa (galletas, pan de molde, etc.), pero sólo mientras persista la diarrea. En muchos casos puede utilizarse yogur natural, ya que mejora la digestión de la lactosa pues retarda el vaciado del estómago y aumenta el tiempo de acción de la poca lactasa intestinal; además, el yogur también tiene lactasa.

TRAS UNO O DOS MESES sin lactosa, introducir de nuevo leche completa de forma muy lenta, poco a poco, y observar la respuesta (si hay o no diarrea). Por lo general, el intestino se va acostumbrando sin problemas.

EN LA INTOLERANCIA por alteraciones genéticas hay que evitar los alimentos con lactosa (leche, galletas, pasteles, yogures, bollería, salsas, etc.) de por vida (esta situación es muy rara).

sabía que *la falta de enzimas para digerir la lactosa es muy frecuente en ciertas razas. Así, por ejemplo, entre asiáticos o africanos afecta a casi el 80 por 100 de la población.*

intolerancia a la leche de vaca

ÉRMINOS SIMILARES: alergia alimentaria, alergia a proteínas

Reacciones alérgicas desencadenadas por uno o varios componentes de la leche de vaca.

ORIGEN

Hay bebés que cuando se les cambia la leche materna por los biberones con leche de vaca adaptada (a los 2, 3 o 4 meses), comienzan a presentar una serie de síntomas (variables en intensidad) que significan una reacción alérgica a uno de los componentes de la leche: las proteínas. Ésta es la causa más frecuente de intolerancia a la leche de vaca, también conocida como enteropatía sensible a la leche. Se manifiesta lentamente, con insatisfacción tras tomar el biberón, llanto frecuente y cambios en la piel (piel seca y escamada). Más tarde pueden aparecer gastroenteritis, picores, dermatitis, etc. Afortunadamente, este problema tiende a desaparecer con la edad (uno, dos años o poco más).

TRATAMIENTO Y PREVENCIÓN

LA PRIMERA VEZ que administre el biberón con leche de vaca adaptada observe si produce algún tipo de alteración en el comportamiento y el aspecto de su bebé (a veces basta con probar con unas gotas vertidas en el biberón).

EN CASO DE INTOLERANCIA, sustituir la leche por otra especial para alérgicos a las proteínas, o por leche de soja.

VIGILE LA COMPOSICIÓN de otros alimentos; que a veces incluyen leche, para no dárselos al niño/bebé (galletas, pan de molde, pasteles, rebozados), por medio de etiquetas de los productos que compra y excluya los que tengan lácteos, sólidos lácteos, suero de leche, proteínas lácteas, lactosuero y otros términos referidos a alimentos similares.

NO UTILICE ningún alimento que incluya leche o derivados como yogures, natillas, helados.

ALERGIAS CRUZADAS: la intolerancia a la leche puede sugerir alergias a otros alimentos, por lo que debemos incluir en la dieta nuevos alimentos de forma lenta y suave (cada fruta por separado, no varias a la vez; esperar una semana entre cada alimento introducido; dejar para el final, hacia el año de edad, alimentos "fuertes" como huevos o pescado).

sabía que algunos niños alérgicos a la leche de vaca también lo son a la carne de ternera. En este caso se debe sustituir la carne de ternera por la de ave, y en especial de pollo.

intoxicación

TÉRMINO SIMILAR: envenenamiento

Ingestión accidental de productos peligrosos, en especial los de limpieza o medicamentos.

ORIGEN

La habitual curiosidad del niño/bebé por el mundo que le rodea hace que cualquier cosa sea objeto de su interés y, para "estudiarla", siempre emplea la boca. Otras veces, en los mayorcitos, el aspecto, color e incluso sabor de algunos productos de limpieza, medicamentos u otras sustancias, facilitan que los confunda con diversos comestibles (golosinas, zumos) y los consuma por accidente. Muchas intoxicaciones tienen síntomas inmediatos (tos frecuente y rápida, náuseas y vómitos, dificultad para respirar, dolor abdominal), pero otras (sobre todo de algunos medicamentos como el paracetamol) se manifiestan días más tarde.

TRATAMIENTO Y PREVENCIÓN

CUANTO más pequeños son los niños, más debemos vigilar sus movimientos (sobre todo en casa).

NUNCA DEJAR el botiquín, medicamentos o productos de limpieza al alcance de los niños. Deben estar en lugares altos, poco frecuentados por el niño y, mejor, bajo llave (cuarto de baño, armarios altos de la cocina o despensa).

ALGUNAS PLANTAS también pueden resultar tóxicas para los bebés. Conozca bien las plantas que tiene en su casa y no las deje en el suelo si pueden ser peligrosas.

ANTE CUALQUIER INTOXICACIÓN, podemos "capturar" el tóxico en el intestino antes de que sea absorbido dando a beber, a pequeños sorbos o con cucharilla, una mezcla formada por agua templada y una pizca de arcilla.

SI HA CONSUMIDO ÁCIDOS (lejía), puede administrarse leche o claras de huevo ligeramente batidas.

SI HA TOMADO BASES, como sosa y detergentes, contribuye a su neutralización el consumo de medio vaso de vinagre con un poco de zumo de limón.

EN EL CASO DE MEDICAMENTOS (comprimidos, cápsulas, jarabes), podemos provocar el vómito con la ayuda de los dedos.

SI OBSERVA CUALQUIER síntoma de intoxicación (vómitos, tos persistente e irritativa, dificultades para respirar), lleve al pequeño a los servicios de urgencias.

sabía que *en caso de intoxicación puede ser de ayuda el Servicio del Instituto de Toxicología (91 562 04 20, las 24 horas al día), donde nos proporcionarán medidas de urgencia hasta la llegada del médico.*

invaginación intestinal

ORIGEN

Este delicado proceso puede observarse en los bebés, y especialmente en los recién nacidos, aunque se encuentren en perfecto estado. El movimiento del intestino que facilita la degradación y transporte del alimento se realiza por ondas que van de arriba hacia abajo. Por ello, las invaginaciones suelen producirse de una parte superior a otra contigua inferior. Suelen estar favorecidas por la parálisis de una parte del intestino o el espasmo de ésta, que facilita que esa parte del intestino sea arrastrada por el movimiento (ya que no se contrae) y se introduzca en otra. Factores como la debilidad muscular (congénita o no) favorecen su aparición. Los síntomas habituales son dolores abdominales muy fuertes de aparición brusca, palidez, vómitos y nerviosismo. Hay que recurrir al médico con urgencia, pues, aunque en ocasiones el problema se resuelve solo, en otros casos hay que operar. Lo mejor que podemos hacer es prevenirla o diagnosticarla a tiempo...

Penetración de una parte del intestino en otra que se encuentra al lado, como un dedo de guante cuando se le da la vuelta.

PREVENCIÓN

OBSERVE CON PARTICULAR atención a los más pequeños (recién nacidos, bebés de pocos meses) después de cada toma para valorar la presencia o no de síntomas.

LOS BEBÉS CON DEBILIDAD muscular (signo de muchas enfermedades, algunas de ellas de carácter congénito) deben ser particularmente vigilados.

NO ADMINISTRAR LAS TOMAS de forma rápida; hacerlo sin prisas para que el alimento estimule con suavidad el movimiento del estómago y del intestino.

sabía que una de las razones por las que no debemos administrar laxantes a los niños es porque pueden facilitar las invaginaciones intestinales, al promover una mayor actividad en las paredes del intestino.

lactancia

Alimentación del recién nacido o del bebé con leche, ya sea materna o adaptada (biberón).

ORIGEN

La leche es el único alimento que cumple las necesidades del bebé durante los primeros meses de vida. Resulta preferible la lactancia materna a la leche adaptada por varios motivos: es la más completa (tiene todo lo necesario, hasta anticuerpos que protegen al bebé e incluso ciertos ácidos que facilitan el desarrollo de su inteligencia), estrecha la relación entre madre e hijo; e incluso hoy en día se considera que la lactancia es un factor preventivo para la mujer con cáncer de mama. Ninguna leche adaptada ha superado a la materna. Para una adecuada lactancia proponemos los siguientes consejos...

RECOMENDACIONES

LA OMS (Organización Mundial de la Salud) recomienda dar el pecho, si es posible, hasta el primer año de vida.

NO HAY UN HORARIO FIJO (antes se decía que cada 3 horas); debe ser el bebé quien marque las horas (especialmente las diurnas).

CONTROLAR que la ganancia de peso es la correcta es la mejor manera de comprobar la eficacia de las tomas. Recuerde que cuanto más mama, más peso gana el bebé y más leche produce la mama.

LAS PRIMERAS GOTAS DE LECHE de cada toma tienen mucha agua y pocos alimentos, razón por la cual debe dejarle el pecho todo el tiempo que quiera, olvidándose de la primera parte (en las primeras semanas suelen estar 15-20 minutos en las 8-10 tomas que hacen; más tarde están 5 minutos 6-7 veces al día).

PARA LA LIMPIEZA de la mama es suficiente una ducha diaria con agua y jabón de pH neutro.

SI ESTÁ dando el pecho no debe someterse a ninguna dieta; no es el momento oportuno para ello.

NO ES NECESARIO DARLE agua aparte de la que contiene la leche. En caso de hacerlo, porque hace calor u otras circunstancias, hay que proporcionarla con una cucharilla y no con la ayuda de tetinas, ya que la forma es distinta a la del pezón y cada vez mamarán peor.

LOS NIÑOS QUE TOMAN LECHE no necesitan ningún complemento alimenticio hasta los seis meses de edad.

PARA AUMENTAR LA PRODUCCIÓN DE LECHE puede utilizar infusiones de semillas secas de zanahoria (una cucharada de semillas por cada litro de agua hirviendo), o infusiones de galega seca (una cucharada por cada litro de agua, 2-3 vasos al día; la galega no es aconsejable en el caso de diabéticas).

LECHE DE VACA: cuando puede tomarla, la mejor es la uperisada, líquida o en polvo, ya que conserva todas sus características. No son aconsejables semi o descremadas, ya que pierden grasa y vitaminas.

sabía que *para dar de mamar a los niños de bajo peso lo más cómodo es la "técnica del canguro": el bebé pegado al pecho de la madre en posición vertical y sujetado por una manta o bufanda que rodea a ambos.*

lactancia y medicamentos

Hay muchos medicamentos y otras sustancias que pueden pasar a la leche materna, y con ella al bebé, perjudicándole.

ORIGEN

Todas las sustancias que ingerimos son absorbidas en mayor o menor proporción en el intestino y pasan luego a la sangre, entrando en contacto con la mayoría de las células del organismo y, por supuesto, también las de la glándula mamaria. Para evitar el paso de la sangre a la leche de sustancias que pueden afectar al bebé, tengamos en cuenta los siguientes consejos...

ORIENTACIONES

LAXANTES: reducir su uso, en especial el dantón.

ALCOHOL Y NICOTINA: pasan con facilidad a la leche y con ella al bebé. Abstenerse de fumar y beber alcohol.

ANTIBIÓTICOS: si llegan al bebé, las tetraciclinas y penicilinas pueden favorecer la posterior aparición de alergias. Si es posible, debemos sutituirlas por ampicilinas y cefalosporinas.

CAFÉ: alcanza la leche materna en pequeñas cantidades.

TRANQUILIZANTES Y SEDANTES: muchos de ellos llegan a la sangre (como el diazepán) y pueden reducir las funciones vitales del bebé.

ANTICONCEPTIVOS: algunos disminuyen la producción de nutrientes para la leche, e incluso la cantidad total de leche materna.

SILICONA: un estudio reciente publicado en la revista de la Asociación Médica Americana concluye que algunas madres con implantes mamarios de silicona que desarrollan la lactancia natural, pueden alterar los movimientos esofágicos del bebé y dificultar la alimentación.

PREVENCIÓN

Cuando tenga molestias o síntomas en los que necesite alguno de los medicamentos anteriores, recurra a plantas y otros remedios naturales, ya que carecen de efectos secundarios que puedan perjudicar al bebé (consultar los apartados de este mismo libro en lo referente a síntomas como tos, fiebre, diarrea, dolor...).

sabía que

fármacos tan utilizados como la aspirina, el paracetamol o la codeína pueden tomarse de vez en cuando, ya que pasan a la leche en pequeñas cantidades.

laringitis

Inflamación de la laringe, primera parte de las vías respiratorias situada en el cuello.

ORIGEN

La laringe es un tubo hueco formado por cartílagos (que forman la "nuez" en el cuello) y pequeñas membranas. Además de transportar el aire que se dirige a los pulmones o procede de ellos, también es fundamental para articular la voz, para hablar o gritar. Estas funciones hacen que el aire pase por ella constantemente, pudiendo verse afectada por aire contaminado (gérmenes, gases, vapores), frío o, asimismo, por llorar y chillar mucho. Los síntomas de laringitis suelen ser ronquera, llanto apagado o grave, tos ligera, expectoración, dolor al tragar y, a veces, fiebre.

TRATAMIENTO

INFUSIÓN DE HOJAS DE SALVIA: mezclar 2 cucharadas de hojas de salvia con 1/2 l de agua hirviendo, dejar reposar 10 minutos y colar. Con el líquido resultante, hacer gargarismos o enjuagues bucales 3-4 veces al día.

INFUSIONES DE FRAMBUESA: realizadas con las mismas proporciones que la anterior. Tomar 2-3 veces al día.

PULVERIZAR INFUSIONES DE EQUINÁCEA: realizar una infusión con una cucharada de la planta mezclada con una taza de agua hirviendo. Utilizar un spray (se venden en farmacias) para pulverizar la boca y la garganta con el líquido de la infusión, 3-4 veces al día.

INFUSIÓN DE PIMPINELA NEGRA: realizada a partir de una cucharadita de la planta seca mezclada con una taza de agua hirviendo. Beberla o administrarla con cuchara 2 veces al día. Para mejorar su sabor se le puede añadir un poco de miel.

PROTEGER LA GARGANTA con un pañuelo limpio o bufanda. No forzar la voz, llorar o chillar.

PREVENCIÓN

Evitar que el niño llore o grite (atenderle con prontitud); mantener un aire respirable y con ausencia de gases o irritantes; protegerle la boca y la nariz en el caso de temperaturas frías o viento; enseñarle a respirar por la nariz para que el aire se caliente antes de llegar a los pulmones.

sabía que *las infecciones que se desarrollan en la laringe suelen ser complicaciones de infecciones próximas (faringe, amígdalas, bronquios...).*

laxantes

Sustancias (plantas, frutas, medicamentos) o hábitos (tipo de alimentación) que favorecen la evacuación de las heces.

ORIGEN

Los laxantes desarrollan sus efectos, bien por facilitar el deslizamiento de las heces en el intestino, bien por aumentar el volumen de las heces (fibra), con lo que distienden las paredes del intestino y estimulan el movimiento. El estreñimiento suele ser frecuente en bebés y niños, aunque sea por cortos períodos de tiempo. Para tratarlo contamos con muchos remedios laxantes:

TRATAMIENTO Y PREVENCIÓN

DIETA RICA en frutas y verduras, ya sea en purés, zumos, etc.; o, si el niño es mayorcito, enteras y crudas.

MIEL: es un buen laxante natural que puede administrarse a cualquier edad; se añadirá en pequeñas dosis a biberones y papillas, o como sustituto del azúcar.

MEDICAMENTOS con efectos laxantes: no son aconsejables en el caso de los niños, y mucho menos sin indicación del médico.

ZUMO DE CIRUELAS PASAS: cocer varias ciruelas pasas y dejar reposar durante varias horas. Colar el líquido y administrarlo con la ayuda de una cuchara hasta completar medio vaso. Practique este remedio de vez en cuando (una vez por semana, o más, si hay estreñimiento).

CEREALES Y SALVADO en el desayuno de los mayorcitos.

COMPRESAS CALIENTES Y FRÍAS, alternando 2-3 veces, aplicadas sobre la región abdominal un par de veces al día.

sabía que *los cambios de ritmo intestinal en el niño son frecuentes. A la hora de tratar el estreñimiento, debemos combinar o alternar varios métodos para que no se "acostumbre" a uno solo.*

leche adaptada

Lactancia artificial en la que se utiliza leche de vaca para sustituir a la materna.

ORIGEN

Muchas veces se sustituye la leche materna por la artificial, por enfermedad de la madre, motivos laborales, etc. La leche materna nunca puede ser superada por la adaptada, si bien es cierto que ésta tiene alguna ventaja sobre aquélla: el padre puede participar más directamente en la alimentación del bebé. A veces, y en determinadas circunstancias, se opta por una alimentación mixta, leche materna en unas tomas y adaptada en otras.

RECOMENDACIONES

TODA LECHE ADAPTADA está elaborada de acuerdo con rigurosas normas de calidad, que garantizan los mínimos necesarios para una buena alimentación e higiene.

ES EL PEDIATRA quien debe decidir el tipo de leche adaptada, y a veces también la marca en función de las opciones para cada edad.

LA LACTANCIA ADAPTADA comienza a las 6-8 horas de vida con tomas de 15 cc cada 3 horas, que se incrementan cada día hasta llegar a 90 cc al finalizar el primer mes.

EL RITMO Y CANTIDAD DE LAS TOMAS las marca siempre el bebé de acuerdo con sus necesidades.

MANTENER LAS MEDIDAS HIGIÉNICAS que recomendamos en el apartado de esterilización.

SIEMPRE HAY QUE CONSUMIRLA inmediatamente después de haber sido elaborada; de lo contrario pierde gran parte de sus características.

sabía que *a partir del primer año de vida los niños ya pueden consumir el mismo tipo de leche que el resto de miembros de la familia si no muestran algún tipo de intolerancia a los componentes de la leche.*

lenguaje

Articulación o formación de la palabra, que se puede alterar o retrasar por diversas circunstancias.

ORIGEN

Entre los 10 y 18 meses de edad, el niño desarrolla de forma importante su capacidad verbal. Poco a poco el lenguaje del pequeño se convierte en una copia de lo que se habla en su entorno, una jerga que imita, a veces sin sentido, lo que nosotros hablamos. A partir del primer año comienza a decir palabras; más tarde, palabras-frase, y cerca de los 2 años ya escucharemos frases completas. A partir de este momento debemos fijar nuestra atención en su forma de hablar para reconocer posibles situaciones que dificultasen el desarrollo de esta cualidad y, a la postre, de su potencial intelectual.

PREVENCIÓN

SI HABLAMOS MUCHO Y BIEN con el niño, desde la cuna, más fácil y enriquecedor será su lenguaje. Y a la inversa, hablar poco y mal con él limitará mucho su desarrollo.

FRENILLO LINGUAL: es una malformación del pliegue de mucosa que la lengua tiene debajo de ella, en la que el frenillo es más corto y grueso, resta movilidad a la lengua y no permite pronunciar bien algunas consonantes. Hay que cortarlo cuando el niño ha comenzado a hablar (consultar con el otorrinolaringólogo).

ALTERACIONES DE LA AUDICIÓN: entorpecen mucho el aprendizaje del lenguaje. Hay que sospechar acerca de ello cuando el niño no responde a los ruidos o cuando se le llama.

DISLEXIA, véase apartado correspondiente.

DISARTRIA, véase apartado correspondiente.

DISLALIA, véase apartado correspondiente.

sabía que *antes de hablar sus primeras palabras el niño entiende perfectamente todo lo que se le dice y trata de imitar esas mismas palabras, aunque sea una "amalgama".*

llanto

Gemidos de malestar que manifiesta el bebé acompañados de lágrimas.

ORIGEN

El llanto del bebé es una forma de comunicación con su entorno cuando algo le molesta. Es casi su única manera de expresar sentimientos y sensaciones desagradables. Al cabo de unos días, los padres suelen identificar los motivos por los cuales llora el pequeño. Ofrecemos aquí algunas de las situaciones más frecuentes que originan el llanto, teniendo en cuenta el momento del día en el cual se producen. Téngase presente que se debe identificar su origen lo antes posible para remediarlo; de lo contrario, podemos favorecer la aparición de otras complicaciones (laringitis, traqueitis, infecciones de piel, etc.).

PREVENCIÓN

EN CUALQUIER MOMENTO DEL DÍA: llanto por dolor o temperatura inadecuada (frío o calor). El llanto que se presenta en cualquier momento puede responder a las molestias de una enfermedad que produce dolor (infecciones, problemas gástricos, etc.) o exceso de frío-calor, pues los bebés son especialmente sensibles a estas variaciones ya que todavía no regulan bien su propia temperatura, lo que se puede notar perfectamente en sus manos y pies. La temperatura de la casa debe oscilar entre 18-20ºC.

ANTES DE LAS TOMAS: la causa más frecuente, y casi la única, es el hambre.

EN LAS TOMAS: lo más frecuente son reacciones alérgicas, problemas gastrointestinales o dificultades respiratorias. Si en el biberón o en la leche materna hay sustancias a las que muestra intolerancia (lactosa, proteínas de leche de vaca), cuando éstas llegan al intestino propician ciertas molestias y, con ello, dolor. Lo mismo sucede en el caso de tener gastroenteritis o similar. Las infecciones de las vías respiratorias (sobre todo resfriados, catarros) dificultan la respiración al comer y favorecen el llanto.

DESPUÉS DE LAS TOMAS: el llanto es impulsado por los cólicos intestinales (véase apartado correspondiente) que aparecen en los pequeños sobre todo al atardecer, mientras el llanto se acompaña de estiramiento y encogimiento de las piernas. Otras causas pueden ser la irritación del culito por eccemas y dermatitis, situaciones afectivas como la "agitación" o cansancio de los padres (consecuencia muchas veces del estrés diario) o el exceso de estimulación sensorial por luz, ruido o juegos que puede recibir el niño al anochecer, momento en el que se encuentra ya cansado y sólo desea descansar.

sabía que *cuando el llanto es frecuente resultan propiciadas algunas enfermedades (conjuntivitis, rinitis, laringitis, bronquitis, hernias abdominales y molestias gástricas).*

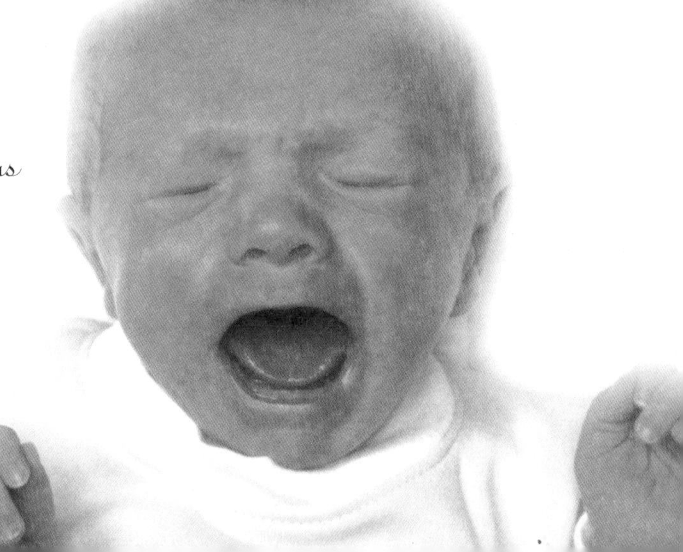

lombrices

ÉRMINOS SIMILARES: gusanos, parásitos

Gusanos o parásitos alargados que se desarrollan en el intestino, pudiendo llegar a otros órganos del cuerpo.

ORIGEN

Las lombrices son organismos que viven a expensas del hombre y, con frecuencia, afectan a los más pequeños. Aunque rara vez dan lugar a graves enfermedades, resultan molestas. Hay varios tipos de gusanos, pero los más frecuentes llegan al intestino por vía oral, acompañando a verduras y hortalizas contaminadas, manos sucias con tierra del jardín o de la huerta, por medio de alimentos invadidos por larvas de lombrices tal como puede suceder con la carne de cerdo o de vaca, con algunos pescados de agua dulce, e incluso a partir de otra persona que se encuentre afectada (que contamina desde sus manos, con pequeños huevos en la ropa interior...). Los más frecuentes son el oxiuros (10 mm de largo), los áscaris (20 mm de longitud; pueden invadir hígado, pulmón y corazón produciendo anemia, diarrea, falta de apetito) y las tenias (solium o solitaria; tienen varios metros de longitud y en las heces hay anillos que se desprenden, así como huevos). El gusano joven o adulto utiliza los alimentos que llegan al intestino y crece, al tiempo que produce molestias abdominales. Los síntomas más frecuentes son inapetencia, pérdida de peso, dolor abdominal, diarrea y picores (sobre todo en el ano). A veces salen del intestino e invaden hígado, páncreas o pulmón.

sabía que

algunos parásitos y gusanos intestinales producen hasta 5.000 huevos al día, muchos de los cuales acompañan a las heces.

TRATAMIENTO

INFUSIÓN DE MILENRAMA: mezclar 1 cucharada de milenrama con una taza de agua hirviendo y dejar reposar durante 15 minutos. Colar y administrar el líquido al pequeño (basta con unas cucharadas 2-3 veces al día).

INFUSIÓN DE AJENJO: mezclar una cucharada de esta hierba seca con un litro de agua hirviendo y mantener la mezcla en el fuego 2-3 minutos. Luego, apagar el fuego y dejar reposar 10 minutos. Colar y distribuir el líquido en 3 tomas a lo largo del día (3-4 cucharadas soperas por toma son suficientes).

PEPITAS DE LIMÓN: triturar o machacar 10-12 pepitas de limón y hervirlas junto con un vaso de leche. Colar el líquido, añadir media cucharadita de miel y tomar en ayunas. Es suficiente con 3-4 días de tratamiento.

INFUSION DE AJENJO Y HIERBABUENA: en el caso de la solitaria, éste es uno de los remedios más efectivos. Se realiza de la misma manera que la descrita en el remedio anterior, añadiendo una cucharada sopera de hierbabuena a la mezcla. Tomar una vez al día en ayunas.

SEMILLAS DE CALABAZA: consumir todos los días, por la mañana, unas pocas semillas de calabaza machacadas en el mortero (para facilitar su uso por el niño).

PREVENCIÓN

Evitar el rascado, sobre todo en la región anal, para eludir una mayor contaminación e incluso infecciones añadidas por las erosiones del rascado (mantener esta zona en las mejores condiciones higiénicas). No comer alimentos crudos (incluidas frutas y verduras) sin un buen lavado previo (echar una gota de lejía por cada litro de agua). Cuidado con los alimentos no etiquetados procedentes de venta ambulante. Lavarse siempre las manos antes de comer (fundamental en los niños).

lordosis

TÉRMINO SIMILAR: desviación de columna

Exageración de la curvatura lumbar en la columna vertebral (parte baja, encima de los glúteos).

ORIGEN

La columna vertebral, que soporta nuestro cuerpo, no es una línea recta: para mejorar su rendimiento presenta unas pequeñas curvaturas que apuntan hacia adelante en el cuello, hacia atrás en la parte superior de la espalda y de nuevo hacia adelante en la parte baja de la espalda, la zona lumbar. Estas curvaturas se encuentran muy relacionadas con los músculos del tronco, ya que actúan como las cuerdas de un mástil: si están flojos "el mástil se tambalea" y cambia sus curvas. En el caso de la lordosis que observamos en los niños, la causa más frecuente es un defecto de los músculos del abdomen, son débiles y por el peso del tronco las últimas vértebras se curvan más. Podemos observar la lordosis por un "nicho" o hueco que aparece en la parte baja de la columna, encima de los glúteos. Además, con frecuencia hay dolor sordo en esa zona y los niños se cansan con facilidad cuando están de pie.

TRATAMIENTO

FORTALECER la musculatura corporal realizando habitualmente una actividad física (véase apartado de actividad física).

EJERCITAR LOS MÚSCULOS ABDOMINALES con la práctica de ejercicios específicos de gimnasia y natación (véase apartado correspondiente actividad física).

TRATAR EL DOLOR con aplicaciones de una bolsa de agua caliente en la zona afectada, 2-3 veces al día cuando se presente la molestia (con ello relajamos los músculos agarrotados que tiran de la columna).

PREVENCIÓN

Vigilar la posición y el peso de las mochilas escolares para que no superen el 15-20 por 100 del peso del niño y su colocación en la parte de arriba de la espalda, para que no "bailen" en la parte inferior; asegurarse de que el mobiliario (sillas, mesas) no obliga al niño a doblarse o sentarse de lado, y comprobar si el respaldo se adapta o no a las curvaturas de su espalda... Evitar que coja pesos o cargas importantes y controlar su peso (la grasa que se acumula en el abdomen debilita los músculos y tira de la columna hacia adelante).

sabía que *muchas veces las lordosis aparecen como un mecanismo de compensación a la cifosis. A menudo, se encuentran en el mismo niño las dos deformaciones.*

luxación

Pérdida de contacto entre los huesos que forman una articulación, deformando el aspecto de la misma.

ORIGEN

El origen de las luxaciones es siempre traumático, por golpe directo o por estiramiento (patada, impacto directo contra una pared, caída –las manos contra el suelo facilitan luxaciones de la muñeca o del codo–, caída con el hombro luxando el brazo) o un balonazo en la mano (luxación de un dedo). Hay dos tipos fundamentales de luxación: incompleta (cuando los huesos se separan un poco) y completa (cuando se separan "del todo" y no mantienen contacto). Los síntomas son muy claros, ya que después del traumatismo se observa deformidad de la articulación lesionada, dolor agudo (por estirar los ligamentos, tendones, nervios), impotencia para mover esa parte del cuerpo y, a veces, hematomas. La luxación debe reducirla siempre el médico (devolver los huesos a su posición normal), aunque podemos colaborar con algunos remedios...

TRATAMIENTO

EVITAR MOVER LA ZONA AFECTADA inmovilizándola con ayuda de vendas, pañuelos, corbatas, etc. (véase apartado de fracturas).

PARA CALMAR EL DOLOR y otras molestias hasta que se reduzca la luxación, aplicar sobre ella una bolsa con unos cuantos cubitos de hielo.

PARA ACELERAR LA RECUPERACIÓN después de la luxación, y al mismo tiempo calmar las molestias (dolor, hinchazón, distensión de tendones y ligamentos), aplicar sobre ella un par de veces al día una gasa mojada en infusión de consuelda (cocer durante 10 minutos en 1 l de agua 100 g de raíz de consuelda; colar y utilizar).

PREVENCIÓN

En los niños es fundamental practicar actividades físicas o jugar con las protecciones adecuadas (guantes, rodilleras, lo que corresponda a cada caso); calzado antideslizante; en casa, alfombras con suelo antideslizante y sin demasiados objetos en las zonas de paso o "áreas de juego".

sabía que

casi el 8 por 100 de las luxaciones son acompañadas por fracturas, razón por la cual hay que valorarlas en profundidad.

luxación de cadera

Luxación en la que la parte superior del hueso del muslo (cabeza del fémur) no entra bien en el hueco que le destina la cadera (acetábulo), por lo que se luxa o sale.

ORIGEN

Este tipo de luxación afecta a los recién nacidos: su causa hay que buscarla en una malformación de tipo congénito por la cual el acetábulo de la cadera no se ha desarrollado bien y apenas hay espacio para la cabeza del fémur. La malformación se debe muchas veces a la posición del feto en el útero de la madre, posición que debió dificultar el desarrollo del acetábulo. Hay tres tipos de luxación: displasia (el acetábulo apenas se ha desarrollado), luxación incompleta (parte de la cabeza del fémur está fuera del acetábulo) y luxación completa (toda la cabeza del fémur está fuera). Este tipo de luxación afecta a 4 de cada 1.000 recién nacidos en España. Si se detecta de forma precoz, en pocos meses se corrige en el 80 por 100 de los casos sin modificar el gateo o los primeros pasos. Para diagnosticarla con rapidez y tratarla a tiempo contamos con ciertas ayudas...

TRATAMIENTO Y PREVENCIÓN

MANIOBRA DE ORTOLANI: flexionar (encoger) las piernas sobre el muslo y separarlas de la cadera con un movimiento hacia afuera (adoptando la postura de las ancas de rana). Si hay luxación, se notará un chasquido y un pequeño resalto.

MANIOBRA DE BARLOW: flexionar los muslos sobre la cadera (acercar los muslos al abdomen) y tocar la cabeza del fémur (las zonas más "salientes" de la cadera, a los lados) para comprobar si "se sale" o desplaza con relación al acetábulo.

DOS PAÑALES: si en lugar de un pañal colocamos dos, separamos los muslos y encajamos el fémur en la cadera favoreciendo su crecimiento sin que "se salga".

FÉRULAS: otras veces se recurre a la colocación de unas pequeñas prótesis que mantienen los muslos en la posición "de la rana", fijando y estabilizando la articulación de la cadera.

sabía que *la luxación es más frecuente en los países desarrollados, en las mujeres, en los hijos mayores, en casos con antecedentes familiares o en niños que han nacido en un parto de nalgas.*

manchas en la piel

ORIGEN

Podemos dividir las manchas en la piel en dos grandes grupos: las que se encuentran presentes desde el momento del nacimiento o poco después del mismo, y las que aparecen mucho más tarde como resultado de una infección en la piel, reacciones alérgicas, etc. Casi todas tienen un tratamiento específico que puede resolver el problema. Resulta fundamental saber reconocerlas e interpretar su significado.

Cambio de aspecto y coloración de una zona de la piel, presente desde el nacimiento o que aparece más tarde.

TIPOS Y RECOMENDACIONES

ERITEMA: pequeñas manchas de color rosado y planas que aparecen en diversas zonas de la piel y que desaparecen si apretamos esa zona de la piel con ayuda de un vaso. Los eritemas surgen como respuesta de un proceso alérgico, por efecto de una exposición prolongada al sol (quemadura de primer grado), en las primeras etapas de enfermedades infecciosas (sarampión, varicela), en cuyo caso suelen ser acompañadas de fiebre. Desaparecen cuando tratamos la enfermedad que las ha originado.

PETEQUIAS: manchas pequeñas (como una cabeza de alfiler o media lenteja) que se forman en la piel por rotura de pequeños vasos sanguíneos. Suelen aparecer en el transcurso de infecciones y suponen una complicación de las mismas. Hay que acudir al servicio de urgencias.

LUNARES (o nevus): presentes desde el nacimiento, son manchas de color marrón-negro, con escaso relieve, de tamaño variable, que aparecen en cualquier parte del cuerpo y que responden a un exceso de melanina (el pigmento de la piel). No desaparecen ni se aclaran, aunque pueden eliminarse, entre otras cosas, con cirugía y láser. No molestan, pero conviene seguir su evolución para comprobar que no aumentan de tamaño, no les crecen pelos o no se ulceran, situaciones éstas que exigen consulta con el especialista. Si comprueba que el bebé o niño muestra 5 o más lunares que superan los 3 centímetros de longitud, consulte con el médico.

HEMANGIOMAS: presentes desde el nacimiento, son tumores vasculares benignos que afectan al 3 por 100 de los recién nacidos (sobre todo los de bajo peso) y se muestran como manchas rojizas (por el contenido rico en sangre) en cualquier zona del cuerpo que crece durante los primeros años de vida para luego, a partir del primer año, desaparecer lentamente.

MANCHAS VASCULARES: son de color violáceo o rojizo y se observan a partir de la segunda semana de vida en frente, nariz, mejillas, mandíbula, párpados o labio superior. Afectan al 30 por 100 de los recién nacidos, son pequeñas, no crecen y pueden eliminarse con láser.

sabía que los lunares son más numerosos en los niños y adolescentes que en las personas de edad avanzada, y aparecen sobre todo entre los 2 y 6 años de edad.

manías

TÉRMINO SIMILAR: tics

Movimientos, gestos o costumbres repetitivas que realizan los niños, muchas veces sin darse cuenta.

ORIGEN

Las manías, y con frecuencia también los tics, representan una parte del lenguaje corporal que los niños utilizan para recalcar algo que les interesa o preocupa. En el caso de los más pequeños, estos gestos no son más que un medio de comunicación, mientras que en los mayorcitos pueden significar problemas de tipo psicológico, la mayoría de las veces pasajeros. Veamos las manías más frecuentes y cómo abordarlas.

TRATAMIENTO Y PREVENCIÓN

CHUPARSE LOS DEDOS: en el recién nacido es algo instintivo, que remite a partir de los 6 meses. Sin embargo, con el destete o cuando se elimina el chupete, y hasta los 3 años, los pequeños se chupan el dedo cuando están cansados, tristes o reclaman nuestra atención. Esta manía puede alterar la dentición, pero no sirve regañarles o echarles líquidos amargos en el dedo. Pruebe a guardar el chupete y decirle al niño que lo pida cuando lo necesite.

MORDERSE LAS UÑAS: esta manía aparece hacia los 3 años y, de no remediarlo, puede extenderse a la vida adulta. Puede encontrarse relacionada con ansiedad, estrés, tensión e incluso con el aburrimiento. Para quitar la costumbre no debemos regañar al niño en exceso o pintarle las uñas con un sabor desagradable si no conocemos la causa del mordisqueo. Hay que hablar con el niño, e incluso, en el caso de las niñas, invitarlas a que se hagan la manicura.

MOVIMIENTOS RÍTMICOS: tienen cierto efecto sedante; pareciera que al mover la cabeza, el tronco o las rodillas de manera rítmica, los niños pretendiesen tranquilizarse. Si su desarrollo y relación con los demás es el adecuado para su edad, no hay que preocuparse; por el contrario, si además de esa manía es introvertido o triste, hay que consultar con el psicólogo.

ENROLLARSE EL PELO: al igual que en el caso anterior, este gesto da seguridad y tranquiliza dadas las características del cabello. No suele ser patológico salvo que, tanto en el caso de los niños como de las niñas (incluso hasta los 8-10 años), se arranquen pelos (algunos incluso por mechones). Entonces hay que sospechar la existencia de un conflicto psicológico (falta de atención de los padres o alguno de ellos, escasa relación con los demás) y requiere asistencia psicológica.

sabía que *las manías suelen desaparecer con la edad y, a no ser que se hagan daño, no debemos obsesionar a los niños por esos gestos que muchas veces les "liberan".*

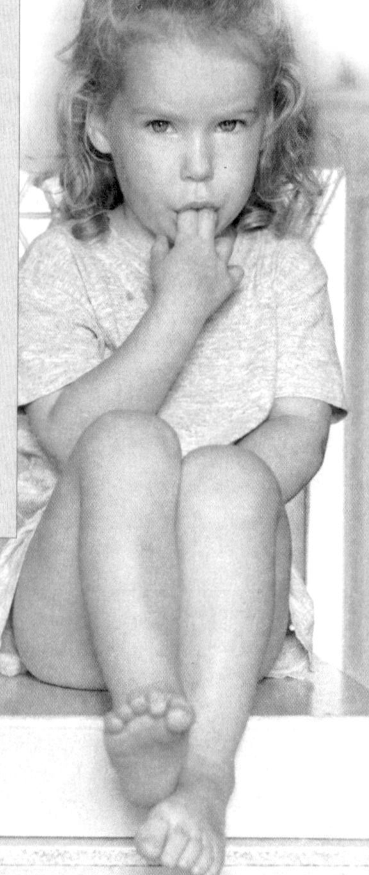

mareo en coche

Malestar general seguido de náuseas y vómitos que aparece en el transcurso de un viaje corto o largo.

ORIGEN

El oído interno cuenta con unos canales orientados en cada uno de los tres ejes del espacio, de tal forma que al movernos informan al cerebro de nuestra posición (por ello sabemos cómo estamos incluso con los ojos cerrados). Si su información es abundante porque los desplazamientos son numerosos, se produce un mecanismo reflejo que incrementa la secreción de jugos gástricos y los movimientos del estómago y del intestino, favoreciendo las náuseas y los vómitos. Los canales del oído interno de los niños son mucho más sensibles que los del adulto, razón por la cual es frecuente en ellos el mareo durante los viajes en coche, mareo que es más fácil o intenso cuanto más sean los movimientos laterales, giros, etc. Conforme el niño madura, también lo hace el oído interno, y el mareo va cediendo.

TRATAMIENTO Y PREVENCIÓN

ANTES DE INICIAR EL VIAJE, realizar comidas ligeras y preferentemente líquidas o semilíquidas, con abundante presencia de frutas (manzanas, peras, uvas) y nada de chucherías, chocolate o helados. Esta norma se mantendrá durante todo el trayecto.

SI EL VIAJE ES CORTO, colocar al niño acostado o semiacostado en dirección a la marcha y con posibilidades de ver algo.

SI EL VIAJE ES LARGO, antes de partir y descalzo, coloque una aspirina en el ombligo del niño con la ayuda de un esparadrapo. También da buenos resultados, en el caso de niños mayorcitos, tomar unos pocos frutos secos o un poco de regaliz.

FACILITE UN VIAJE divertido con la ayuda de juegos, canciones, etc.

EN CASO DE APARECER los primeros síntomas (náuseas), puede darle a chupar un poco de limón fresco, unas cucharadas de zumo de limón o un poco de manzanilla.

DURANTE EL VIAJE hay que renovar continuamente el aire del interior, y evitar el tabaco y los olores fuertes (patatas fritas, golosinas, etc.).

sabía que uno de los mareos cada vez más frecuente es el llamado "mal del ascensor", que afecta a los niños, a excepción de los lactantes a los que, por tener poco desarrollado el órgano del equilibrio, los movimientos les afectan poco y casi no se marean.

memoria

Capacidad y función intelectual por medio de la cual se recuerdan conceptos y vivencias, bien con la ayuda del aprendizaje, bien por su realización.

ORIGEN

La capacidad de recordar es una de las funciones propias del cerebro gracias a la cual las neuronas de éste crean circuitos de células fijando, de manera más o menos prolongada, los conceptos o vivencias con los que diariamente entramos en contacto. Son los sentidos (vista, oído, tacto, etc.) los que aportan continuamente información a la memoria, en la que distinguimos tres tipos: corto plazo (dura unos segundos o minutos), medio plazo (horas y días) y largo plazo (meses y años). Para que un concepto pase de la memoria a corto plazo a medio o largo plazo necesita de concentración o atención (para filtrar información y hacer que sólo llegue la que nos interesa), repetición (aportar al cerebro el mismo concepto varias veces) y asociación (relacionar lo que aprendemos con otras cosas ya conocidas). Los niños, en su desarrollo, están "dando forma" a sus circuitos de memoria, para lo cual podemos ayudar con…

TRATAMIENTO Y PREVENCIÓN

ALIMENTACIÓN: asegurar una alimentación equilibrada, fundamental para el desarrollo y crecimiento de las neuronas que forman parte del cerebro.

FACILITAR RESPUESTAS a las muchas preguntas que diariamente nos plantean con el fin de estimular su interés y sus conocimientos.

CALDO DE MANZANA: con la ayuda de la piel de las manzanas podemos elaborar un caldo o "consomé" muy agradable para los niños, al tiempo que proporcionamos sustancias de interés para la actividad cerebral y, en particular, la memoria. Para conseguirlo hervimos la piel de 2-3 manzanas medianas en medio litro de agua. Filtramos el líquido, llenamos con él medio vaso, y lo endulzamos con una cucharadita de miel. Tomarlo 2 veces por semana.

NUECES: los frutos secos en general, y las nueces en particular, tienen gran cantidad de minerales, especialmente fósforo. Podemos proporcionar un par de veces por semana a nuestros hijos, junto con la merienda, unas cuantas nueces o frutos secos similares.

INFUSIONES DE ROMERO: aparte de otros muchos y notables efectos, contribuyen a facilitar la actividad cerebral. Una frecuencia ideal sería dar medio vaso de esta infusión por semana o cada quince días.

sabía que *la memoria, como tantas veces se ha dicho, es muy similar a un musculo, de tal forma que, siempre que la utilicemos a diario (aprender un teléfono, resolver un crucigrama, leer, hacer cuentas "de memoria"), se mantendrá "en forma".*

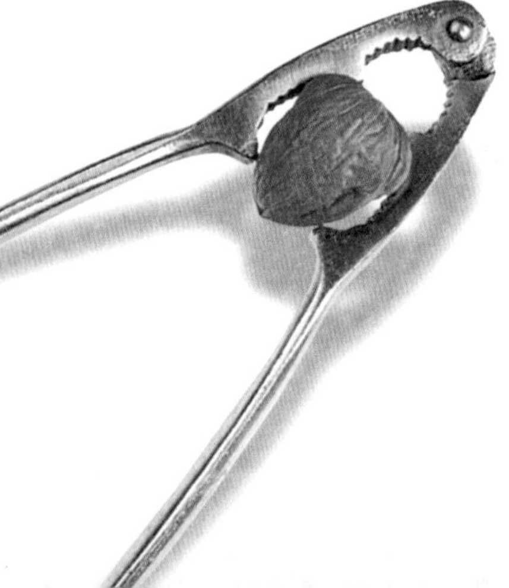

meningitis

Inflamación de las meninges, membranas que protegen cerebro, cerebelo, tronco cerebral y médula espinal.

ORIGEN

La inflamación de las meninges puede responder a factores infecciosos (gérmenes) y no infecciosos. Este último grupo es poco frecuente y responde a radiaciones o efectos de ciertos medicamentos. Lo habitual suele ser las meningitis por virus y otras producidas por bacterias, entre las que destacan el meningococo, *haemophilus influenzae* B y *mycobacterium tuberculosis.* Cuando las bacterias llegan a las meninges (una especie de bolsas protectoras que rodean el sistema nervioso central), producen en ella una gran inflamación y, al "hincharse", comprimen el tejido nervioso dondo lugar con ello a dolor de cabeza, alteración del grado de conciencia, etc. Si se diagnostica de forma precoz, el tratamiento médico (antibióticos) resuelve el problema. Veamos cuáles son los síntomas que la delatan...

TRATAMIENTO Y PREVENCIÓN

SUELE APARECER en pequeñas epidemias en la guardería, la escuela, etc., ya que los gérmenes se transmiten preferentemente por vía aérea. Esto hace que si se produce un caso cercano a nuestro hijo, debemos estar alerta.

VACUNACIÓN: cuando se produce un caso se vacuna al resto del personal que ha estado en contacto con él. Asegúrese de que su hijo recibe la vacuna.

PRIMEROS SÍNTOMAS desarrollados por la infección: inapetencia, vómitos y fiebre.

CUANDO SE DESARROLLA la inflamación meníngea hay rigidez de nuca y fuertes dolores de cabeza. La rigidez de nuca se aprecia con el llamado signo de Brudzinski: tumbado y boca arriba, si levantamos la cabeza para doblar el cuello del niño, sus rodillas, sin querer, se encogen hacia el abdomen.

CUANDO EL TEJIDO NERVIOSO se encuentra muy presionado hay vómitos "en escopetazo" (sin náuseas) y convulsiones, y las fontanelas de la cabeza están hundidas.

PETEQUIAS: si aparecen a lo largo de la infección puntos rojos (como cabezas de alfiler) y que no se van al presionarlos, acudir rápido a urgencias. Puede ser una grave complicación de la enfermedad.

sabía que la vacuna contra la meningitis por haemophilus influenzae se administra en varias dosis, dependiendo de la edad del bebé. Varía de cuatro para los que tienen menos de 2 meses, hasta una dosis si tienen más de 15 meses.

miedos nocturnos

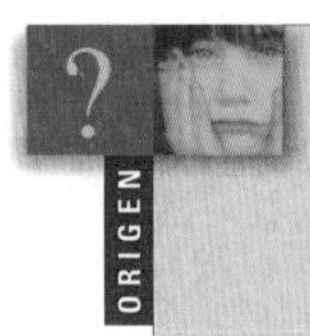

ORIGEN

El hecho de acostarse representa un problema para algunos niños, ya que la soledad y la oscuridad contribuyen a que sus sentimientos tengan vía libre, por lo que afloran libremente "situaciones de impacto", que se traducen en cierto desasosiego que les obliga a pedirnos un vaso de agua, leer un cuento, dejar la luz encendida, etc. Es decir, que un niño que durante el día es seguro y maduro, pierde el control y la autosuficiencia. Inquietudes, angustias, malos recuerdos o trastornos de ansiedad pueden ser algunas de las causas que generan alteraciones en el sueño de los pequeños, y lo dificultan en sus diferentes fases: no pueden conciliar el sueño, se despiertan en la primera parte del mismo o en su segunda mitad, cerca del amanecer... Conozcamos las situaciones más frecuentes que pueden alterar el sueño de los más pequeños.

Situación de angustia que impide conciliar el sueño o, ya dormido, favorece la llegada de las pesadillas y el despertar.

TRATAMIENTO

DIFICULTAD PARA DORMIR: son muy frecuentes en niños de 3 a 6 años los fantasmas o bichos debajo de la cama, extraños tras la puerta o ventana, etc., que les impiden conciliar el sueño. En este caso debemos limitarnos a charlar con ellos un rato y convencerles de que no hay motivo de preocupación. No ridiculizar sus temores ni tratar de rebuscar por toda la habitación para demostrar que no hay nada. Deben comprender mejor sus propias emociones. Se le puede ayudar con una infusión de toronjil antes de acostarse: una cucharadita en una taza de agua caliente, colar y tomar.

DESPERTAR EN LA PRIMERA FASE DEL SUEÑO: TERRORES NOCTURNOS. Los padecen el 5 por 100 de los niños; están representados por situaciones angustiosas (con bichos o sin ellos) que despiertan al niño en la fase más profunda del sueño durante su primera mitad (en las primeras horas). El despertar es brusco, excitado y desorientado (a veces ni reconocen a los padres). Duran escasos minutos, e incluso al día siguiente no se acuerdan de nada. Dada esta situación, debemos vigilar al niño para que no sufra daños, abrazarle e incluso acompañarle en la cama durante un rato. Exigen asesoramiento del especialista, ya que se encuentran muy relacionados con trastornos de ansiedad.

DESPERTAR EN LA SEGUNDA MITAD DEL SUEÑO: es ésta una situación muy frecuente (todos los niños las sufren de vez en cuando), en la que las pesadillas son las protagonistas y obligan al niño a despertarse sobresaltado. Basta con hablar con él acerca de la pesadilla y comentar que no existe peligro real.

EL CUARTO, LUGAR SEGURO: debemos ayudar a nuestros hijos a aceptar que la habitación es un lugar agradable y seguro, para lo cual nada mejor que compartir con él este espacio durante un buen rato todos los días, ya sea leyendo, jugando, etcétera.

PREVENCIÓN

Reducir o evitar el consumo de bebidas con cafeína y otros excitantes, especialmente antes de dormir; separación como mínimo de una hora entre la última comida y la hora de acostarse; controlar el tipo de videojuegos, programas de televisión, etc., de que "disfruta" su hijo para que no sean fuente de angustias; vigilar la relación entre los padres y su comportamiento ante los hijos para no facilitar situaciones de angustia (riñas, discusiones).

sabía que *los miedos nocturnos son habituales en los niños, pues comienzan a darse cuenta que el mundo que les rodea tiene "muchas caras".*

milium

TÉRMINO SIMILAR: granos

Aparición en el recién nacido de numerosos y pequeños granitos en la piel de la cara.

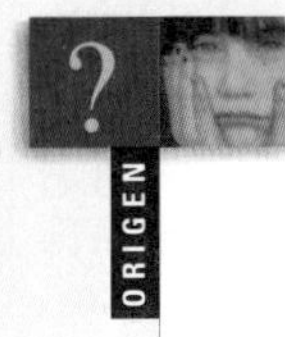

ORIGEN

Al igual que la costra láctea o el eritema tóxico, es ésta una lesión benigna de la piel que afecta a cerca del 40 por 100 de los recién nacidos. Se caracteriza por la presencia de numerosos y pequeños granitos (parecidos a los granos de mijo, de ahí la denominación de milium) que afectan preferentemente a la piel de la frente y la nariz, a la de alrededor de los párpados, y a la de mejillas, barbilla y orejas. Son infrecuentes los casos en los que los granitos se extienden a otras zonas del cuerpo (brazos, piernas o genitales). Habitualmente evoluciona hacia la descamación en pocas semanas, sin dejar secuela alguna, a excepción de los granos más grandes que pueden dejar una pequeña depresión. Para poder contribuir en su benigna evolución basta con...

TRATAMIENTO Y PREVENCIÓN

MANTENER una buena higiene corporal procurando no frotar la zona afectada; y secar presionando suavemente con la toalla las diferentes zonas de la cara.

APLICAR una crema hidratante suave para facilitar la evolución de las lesiones.

VIGILAR que no se extienda a otras zonas además de las ya citadas, y, en su caso, consultar con el pediatra.

sabía que *el milium o miliaria es más frecuente en los lactantes con piel más fina. Hay que valorar el contenido de los granos. Normalmente, éste es claro; si los granos se infectan, cambiarán a un contenido blanco purulento.*

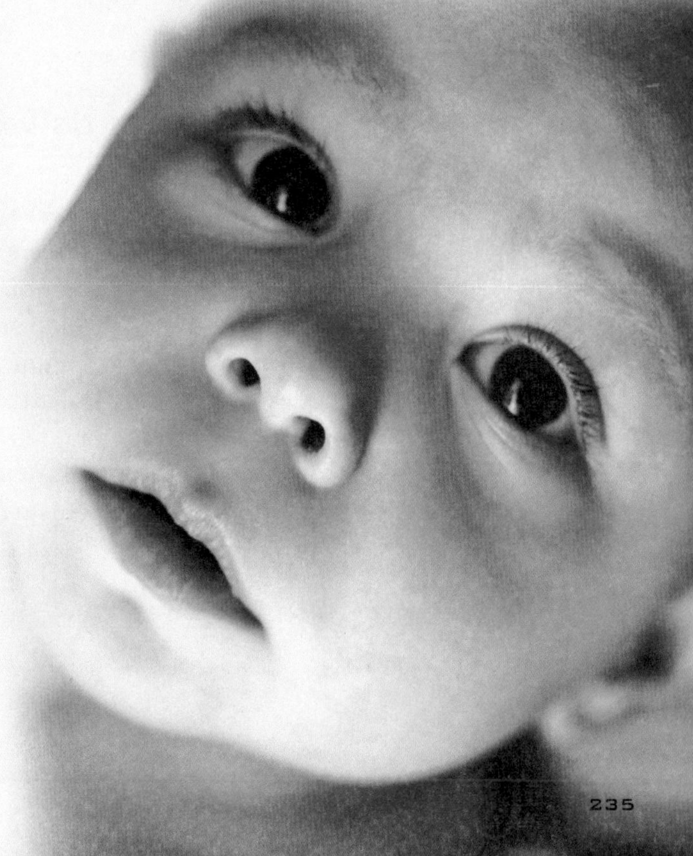

morderduras

TÉRMINOS SIMILARES: heridas, desgarros

Heridas punzantes o de bordes irregulares, acompañadas a veces de desplazamiento o pérdida de materia orgánica.

ORIGEN

Las mordeduras suelen ser producidas por animales (perros, serpientes, roedores), aunque no debemos olvidar las que se producen unos niños a otros. El peligro de las mordeduras es triple: pérdida de materia orgánica (desgarros), contaminación por gérmenes e infección secundaria (en casos graves, tétanos, rabia), así como la inyección de sustancias tóxicas (venenos). Siempre deben ser consultadas con el médico, a excepción de las que tienen un tamaño reducido y no proceden de serpientes.

TRATAMIENTO

LIMPIAR ABUNDANTEMENTE la herida con agua y jabón, o sólo con agua oxigenada "a chorro", para eliminar la mayor parte de los contaminantes que pudiera haber en ella, reduciendo el riesgo de infección.

EXTRAER con la ayuda de unas pinzas los cuerpos extraños que ocupen la herida, siempre que no se encuentren en zonas profundas (en este caso debe hacerlo el médico).

SI LA HERIDA ES PEQUEÑA y no hay pérdida de materia orgánica, seguir los pasos propuestos en el tratamiento de las heridas. Para evitar la infección, puede colocarse sobre la herida una gasa que incluya unas gotas de aceite de ajo (machacar algunos dientes en un mortero), o bien de infusión de alguna planta antimicrobiana (tomillo, verbena, clavo).

SI LA HERIDA ES GRANDE o hay pérdida de materia orgánica, colgajos de piel, etc., después de lavar, tapar con unas gasas, aplicar un vendaje y acudir a urgencias.

EN LAS MORDEDURAS DE SERPIENTE no intente sacar el líquido abriendo la herida o chupando. Evite que el posible veneno se difunda por la sangre colocando sobre la herida una bolsa con cubitos de hielo o compresas de agua muy fría (así, los vasos sanguíneos "se encogen" o cierran y la sangre circula mas lentamente).

VACUNAS: identificar al animal para valorar con el médico la necesidad o no de vacuna antirrábica. También puede ser necesaria la vacuna antitetánica en función de la edad del niño y el tipo de herida.

PREVENCIÓN

Vigilar a perros y niños cuando compartan un mismo espacio, evitando los juegos más o menos bruscos que se apartan de la caricia; asegurarse de que los niños, en el campo, caminan por lugares seguros y siempre en nuestra compañía; evitar que los perros salgan solos a pasear en previsión de peleas con otros animales; educar a los niños en el respeto a los animales (no tirarles piedras, darles patadas, etc.).

sabía que

las mordeduras de un niño a otro son muy contaminantes, ya que la cavidad bucal se encuentra repleta de gérmenes. Hay que vigilar este tipo de heridas.

muguet

TÉRMINOS SIMILARES: micosis, hongos

Infección por hongos que aparece en la boca formando granitos o placas de color blanco.

ORIGEN

El muguet es una infección muy frecuente que padecen los recién nacidos (también puede presentarse en edades un poco más avanzadas), que suele tener buen pronóstico y que está producida por un hongo llamado *Candida albicans.* Este hongo suele producir en las mujeres infecciones en la vagina, y en caso de que no haya sido eliminado por completo (puede estar presente aunque no se aprecie síntoma alguno) pasa al bebé exactamente en el momento del nacimiento, cuando discurre por la vagina de la madre. Otra forma de contaminación es a través de los biberones y otros objetos del recién nacido que han sido mal esterilizados, e incluso por las manos de una persona que se ha contaminado con otro niño. La infección afecta a las paredes de la boca, con presencia de granos pequeños de color blanco o pequeñas placas ligeramente elevadas de color amarillento, situadas en mejillas, lengua y paladar. Producen cierto malestar y dolor. La infección puede extenderse al intestino y el ano.

TRATAMIENTO

ESTERILIZAR BIEN los utensilios del bebé, ya que pueden ser fuente de contagio para otros recién nacidos (chupetes, tetinas).

LIMPIEZA EXTREMA por parte de quien cuida al bebé, pues puede transmitirlo a otros pequeños (por ejemplo, las manos) aunque no sean recién nacidos.

CONSULTAR CON EL PEDIATRA la utilización de un antimicótico (fármaco contra los hongos), e incluso de tintura de violeta de genciana.

PUEDE INTENTAR eliminar las placas con suavidad, pero si no se desprenden al primer intento, no prosiga.

PREVENCIÓN

Vigilar la evolución del recién nacido en caso de que la madre tenga antecedentes recientes de vaginitis por *Candida albicans;* esterilizar bien todos los objetos relacionados con la alimentación del bebé.

sabía que el muguet afecta sobre todo a los lactantes y que, al producir quemazón durante las tomas, da lugar a una succión entrecortada.

neumonía

TÉRMINO SIMILAR: pulmonía

Inflamación del tejido pulmonar acompañada de fiebre y malestar general.

ORIGEN

El pulmón está constituido por pequeños sacos de aire denominados alvéolos que le confieren el aspecto de una esponja, esponja que se encuentra cubierta por una bolsa transparente llamada pleura. Los alvéolos se comunican con el exterior por medio de los bronquios, la tráquea, la laringe y la faringe. Cuando las bacterias llegan a los alvéolos con el aire contaminado, pueden reproducirse en su interior, se acumula líquido inflamatorio y aparece la neumonía. El 85 por 100 de las neumonías están producidas por una bacteria, el estreptococo *neumoniae* o neumococo. En un principio, la neumonía presenta fiebre alta (39-40ºC) que produce escalofríos, dolor de cabeza, inapetencia, cansancio, tos seca y dificultad respiratoria debida a los alvéolos encharcados. Más tarde, la tos comienza a sacar secreciones de los alvéolos y hay esputos espesos (color mermelada de albaricoque). También se aprecia dolor torácico al respirar o toser (porque la inflamación ha afectado a la pleura y ésta se mueve con la respiración). Además del tratamiento médico específico, podemos ayudar con...

TRATAMIENTO

REPOSO ABSOLUTO, para facilitar la actividad de las defensas del organismo.

TRATAR LOS SÍNTOMAS (dolor, fiebre, tos) de acuerdo con los remedios presentados en sus correspondientes apartados.

BEBER MUCHOS LÍQUIDOS para recuperar los que se pierden con la sudoración y las secreciones pulmonares.

ZUMOS DE FRUTAS en abundancia (sobre todo de cítricos), si lo permite la edad del niño.

NUNCA TRATE DE ELIMINAR la tos por completo, ya que gracias a ella se eliminan los restos de la inflamación que se ha desarrollado en los pulmones.

GOLPES EN LA ESPALDA: con el niño tumbado en la cama, boca abajo, hacer un "hueco" con la palma de la mano y golpear suavemente. Así, ayudaremos a desprenderse las secreciones almacenadas en pulmones y bronquios.

PREVENCIÓN

Evitar la exposición al frío sin la protección adecuada; favorecer y enseñar una buena respiración nasal; aumentar en los meses fríos la aportación de alimentos que ayudan a nuestras defensas (verduras, frutas, hortalizas); no exponer al niño a ambientes contaminados (tabaco, gases), ya que esta situación disminuye considerablemente la protección de las vías aéreas (tráquea, bronquios) y los alvéolos. Reducir el contacto con otros niños para evitar la difusión de la bacteria.

sabía que *hay tres factores básicos para el desarrollo de la neumonía: un objeto pequeño que llega al pulmón (líquido, partícula de alimento), defensas muy bajas por otras infecciones (gripe, varicela) y faringitis (caso que presenta muchos gérmenes, como el neumococo) que permiten la proliferación y el descenso de gérmenes al pulmón.*

obesidad

TÉRMINO SIMILAR: sobrepeso

Acumulación de grasa en diversas zonas del organismo, observándose un peso muy por encima del ideal para la edad y talla del niño.

ORIGEN

Para valorar el exceso de grasa debemos situar el peso del niño dentro de la curva de percentiles para su edad. Si se encuentra por encima del percentil 85, podemos estar ya en una situación de sobrepeso u obesidad (véanse los percentiles en el capítulo dedicado a características del crecimiento). En los niños mayorcitos, podemos valorar la situación del peso por medio del llamado Índice de Masa Corporal (IMC). Este índice es el resultado de dividir el peso en kg por la talla, en metros al cuadrado. Si el resultado es entre 20-26, la situación es de normopeso. Entre 27 y 29, de sobrepeso. Con 30 o más, de obesidad. Tanto el sobrepeso como la obesidad facilitan la aparición de otras enfermedades (diabetes, arteriosclerosis, infarto de miocardio, problemas articulares, etc.) además de generar cierta "diferencia" con el resto de los niños. Sus causas son diversas, siendo las más frecuentes: la predisposición genética, enfermedades endocrinas (de hormonas como la glándula tiroides) y, sobre todo, comer más de lo necesario (ingerir más calorías de las que utiliza el cuerpo, calorías que se almacenan en forma de grasa).

TRATAMIENTO Y PREVENCIÓN

REDUCIR LA INGESTA de calorías totales aportando más alimentos como frutas, verduras, hortalizas, etc., y menos frituras, embutidos, grasa animal. Incluir también muchos alimentos ricos en fibra (cereales, fruta con piel, verduras). A la hora de la compra, elija alimentos que, a igual contenido, tengan menor valor calórico (por contener menos grasa animal, grasas totales, etc.).

DISTRIBUIR LA COMIDA DEL DÍA en 4-5 tomas, aunque reduciendo la cantidad total de calorías de todas ellas.

EVITAR COMER entre horas, en especial alimentos con elevado valor calórico (chucherías, bollería industrial, pastelería). Estos productos deben utilizarse muy de vez en cuando y, a veces, como premio.

BEBER MUCHA AGUA entre las comidas para calmar ciertas sensaciones de hambre.

FAVORECER UNA ACTIVIDAD FÍSICA REGULAR combinando diferentes deportes (natación, paseos por el monte, andar en bicicleta), además de otros de carácter colectivo (fútbol, baloncesto, balonmano...).

MODIFICAR CONDUCTAS PSICOLÓGICAS: no hacer de los alimentos un enemigo, sino "una responsabilidad". Educar al niño en el sentido de que más comida significa más movimiento, más actividad para consumirla. Para almacenarla mejor utilizamos el frigorífico...

sabía que la obesidad precoz se desarrolla entre los 2 y 14 años, aunque el peso en el nacimiento fuera normal. En esta obesidad, la grasa se distribuye por igual en el tronco y las extremidades (en el adulto, casi todo en el tronco).

obstrucción de la nariz

Ocupación de una o de ambas fosas nasales debido a la presencia en su interior de cuerpos extraños o de abundantes secreciones (mocos).

ORIGEN

La obstrucción de las fosas nasales por cuerpos extraños de pequeño tamaño es siempre de una de las fosas nasales, rara vez afecta a las dos. Esto produce una cierta deformidad de la fosa nasal afectada, además de un cierto enrojecimiento de la piel próxima (a no ser que el objeto se encuentre "muy adentro", en cuyo caso apenas se insinúa). También hay cierta dificultad para respirar por la nariz. Cuando la nariz está ocupada por abundantes secreciones (mocos), el niño respira por la boca pues se encuentran ocupadas las dos fosas nasales, al tiempo que se observa la salida al exterior de parte de las secreciones.

TRATAMIENTO

SECRECIONES NASALES abundantes: las causas más frecuentes son el catarro, el resfriado, etc., por lo que recomendamos seguir los remedios descritos en los apartados correspondientes.

PROVOCAR EL ESTORNUDO: basta con acercar a la fosa nasal una pizquita de pimienta para facilitar el estornudo y, con ello, la expulsión del objeto alojado en la nariz.

EXPULSAR EL AIRE: si el niño es mayorcito, presione con un dedo la fosa nasal libre y anímele a que expulse el aire con fuerza por la otra fosa nasal, como si se "sonara" sobre un pañuelo.

PREVENCIÓN

Evitar que los niños, y en especial los bebés, tengan a su alcance objetos de pequeño tamaño y que se los puedan llevar a la boca (con la mano pueden desplazarlos al interior de la nariz).

sabía que *para mantener la nariz limpia y despejada lo mejor es limpiarla a menudo con una gasita húmeda.*

obstrucción de oídos

Ocupación del conducto auditivo externo por un objeto extraño o por la cera que se produce en él.

ORIGEN

En el centro del pabellón auricular (la oreja), encontramos un orificio que supone la vía de entrada al conducto auditivo externo, imprescindible para transportar los sonidos hasta una "cajita" situada en su interior denominada oído medio o caja del tímpano. Este conducto, por encontrarse en contacto con el exterior, puede servir de alojamiento a diversos cuerpos extraños (insectos, alubias, lentejas, pequeños botones, etc.) que llegan hasta él generalmente de forma accidental. Otras veces, la producción de cera en el propio conducto es superior a la normal y se acumula obstruyéndolo. Cuando se obstruye el conducto, hay una ligera pérdida de audición por ese oído, además de tener una constante sensación de ocupación que hace que el niño se toque el oído con cierta frecuencia.

TRATAMIENTO

CERA: en estos casos, recomendamos los remedios descritos en el apartado correspondiente.

NUNCA MANIPULE en el interior del conducto con pinzas o algo semejante, ya que en la mayor parte de los casos lo único que conseguiremos es empujar hacia adentro el cuerpo extraño.

ACEITE: vierta en el interior del conducto unas gotas de aceite (de oliva o girasol) que esté a temperatura ambiente. Coloque la oreja mirando hacia el techo durante 2-3 minutos (para que el aceite resbale por todo el conducto). Completado este tiempo, baje la cabeza y apoye la oreja sobre una gasa o toalla limpia. El aceite saldrá lentamente en compañía del objeto extraño.

AGUA TEMPLADA: con la ayuda de una pera u objeto similar, introduzca suavemente un chorrito de agua en el interior del conducto. La cabeza debe estar ligeramente inclinada para que el agua vuelva a salir rápidamente y arrastre el objeto extraño.

CUALQUIER OBJETO QUE SE ENCUENTRE INCRUSTADO debe ser eliminado por el especialista.

PREVENCIÓN

Nunca deje al alcance de los niños objetos de pequeño tamaño que puedan tragar o introducir en la nariz o en los oídos (alubias, botones, restos de comida, etc.).

sabía que *el conducto auditivo externo mide, según la edad, entre 2 y 5 cm de longitud, si bien no es recto, ya que forma un ángulo obtuso que "mira" hacia atrás.*

obstrucción lagrimal

TÉRMINO SIMILAR: lagrimeo

Dificultad para eliminar la secreción lagrimal por encontrase obstruido el conducto lacrimonasal.

ORIGEN

En el ángulo superior externo de la órbita (el espacio donde se alojan los ojos) se encuentran las gándulas lagrimales, encargadas de producir continuamente un líquido que limpia y protege los ojos, la secreción lagrimal. Este líquido se distribuye por todo el ojo gracias al movimiento de los párpados, siendo eliminado por un conducto o tubito existente en la parte interna e inferior de la órbita. Este conducto se llama lacrimonasal porque empieza en los ojos y termina en el interior de la nariz. Por esta razón, cuando lloramos una parte del líquido producido se elimina por el conducto, y otra inunda los ojos y cae por las mejillas (lágrimas). La parte que va por el conducto inunda la nariz, que debemos limpiar con el pañuelo. Casi un 6 por 100 de los recién nacidos tienen obstruido parcial o totalmente este conducto, razón por la cual tienen lágrimas de vez en cuando, los ojos están llorosos y con legañas, e incluso, en los casos más graves, las legañas dan paso a costras. La mayor parte de los casos se resuelven poco a poco con unos sencillos remedios.

TRATAMIENTO

LIMPIEZA ESTRICTA de los ojos para eliminar legañas y mocos de las fosas nasales, para lo cual se pueden utilizar varias veces al día infusiones de manzanilla que se aplicarán con ayuda de una gasa (tiene también efecto antiséptico, contra los gérmenes), o también suero fisiológico.

LIMPIARSE LAS MANOS en profundidad antes de lavar los ojos del bebé.

LA LIMPIEZA OCULAR debe realizarse con la ayuda de una gasa, distinta para cada ojo, con ligeros movimientos de arrastre desde la parte interna hasta la externa del ojo (si se hace al revés se "inundará" el conducto de nuevo, además de almacenar "suciedad" en esa zona).

DESBLOQUEAR el conducto lacrimonasal con pequeños masajes realizados con el dedo índice, deslizándolo desde la parte interna del ojo (donde empieza el conducto) hacia la nariz (siguiendo su trayectoria).

PREVENCIÓN

Evitar atmósferas contaminadas que puedan facilitar una mayor producción de secreción lagrimal; reducir la estancia en lugares luminosos, ya que con ello los párpados se cierran y las lágrimas se concentran.

sabía que *las lágrimas están formadas en un 98 por 100 por agua, cloruro sódico (por ello tienen sabor salado) y una proteína especial, la lisozima, con capacidad desinfectante.*

ombligo

Resto del cordón umbilical que une el feto a la placenta materna en el interior del útero.

ORIGEN

El feto, dentro del útero, se alimenta gracias a la sangre que le llega por el cordón umbilical y que, a su vez, se encuentra unido a la placenta, una especie de esponja en la que se intercambian sustancias entre la sangre materna y la fetal. Durante la gestación, la sangre que circula dentro de los vasos sanguíneos del feto no pasa por los pulmones y recibe oxígeno, así como otros alimentos, desde la placenta y la sangre materna. En el momento del nacimiento, el recién nacido comienza a respirar, su sangre empieza a pasar por los pulmones y se oxigena, razón por la cual podemos y debemos cortar el cordón umbilical. Para cortarlo se coloca una pinza que cierra la herida, que debe ser cuidada durante las semanas siguientes para evitar la infección.

TRATAMIENTO

LIMPIEZA Y APÓSITO VARIAS VECES AL DÍA: para limpiar la herida del cordón utilizaremos una gasa con un poco de alcohol etílico de 70º o con un poco de manzanilla, o, simplemente, agua con jabón líquido neutro. Hay que limpiar los restos de cordón y la zona cercana con suavidad y de arriba hacia abajo. Después se coloca una gasa limpia y se cubre la herida con una venda. Realizar esta operación cada vez que se moje la zona, o bien 4-5 veces al día.

LA CAÍDA del cordón umbilical se produce cuando cicatriza la herida, hecho que se produce, siempre que no se infecte, hacia la segunda o tercera semana.

BAÑO: siempre y cuando se realice con cuidado, puede bañarse al recién nacido todos los días sin peligro para la herida. Eso sí, el secado debe hacerse con suavidad en esta zona.

COLOCACIÓN DE LOS PAÑALES: para evitar que la herida del cordón se moje, es aconsejable que los pañales se sitúen por debajo de ella y queden bien "cerraditos".

PREVENCIÓN

Tras el baño, no echar en la herida polvos, mercromina, cremas o sustancias similares, ya que pueden retrasar la cicatrización. Limpiar y cambiar la protección siempre que se moje la herida y evitar que le alcance la orina. La limpieza debe prolongarse hasta que la herida cicatrice bien. En caso de infección, los síntomas típicos son enrojecimiento, mal olor y dolor.

sabía que *durante su cicatrización el ombligo puede contaminarse y desarrollar infecciones como difteria, tétanos o erisipela.*

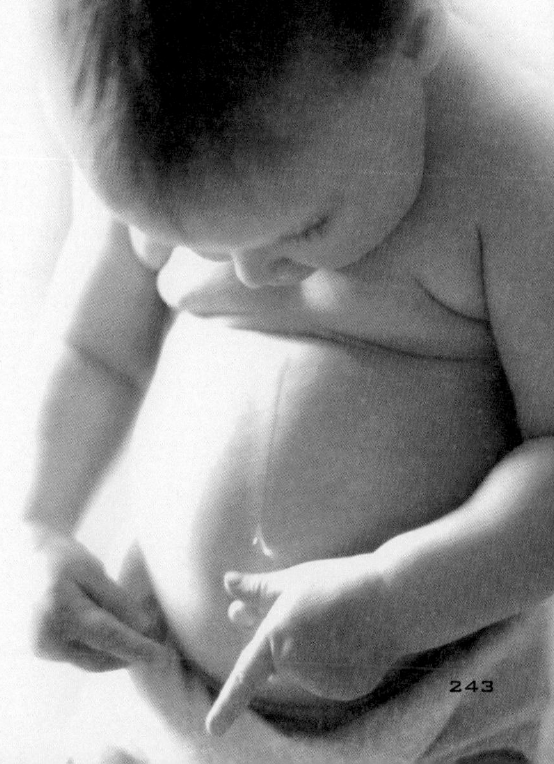

ortodoncia

TÉRMINO SIMILAR: prótesis dental

Corrección de las deformidades de la dentadura y/o de los huesos que sujetan los dientes, los maxilares.

ORIGEN

La dentición temporal o de leche y la permanente tienen el espacio exacto en los huesos para colocar cada una de las piezas dentarias, razón por la cual todo aquello que modifique la disposición de una pieza puede alterar otros dientes, apareciendo el apiñamiento, la mala posición dentaria, etc. Entre las causas que dan lugar a estos problemas se encuentran, además de las debidas a modificaciones genéticas, el uso de chupetes inadecuados o durante tiempo prolongado, el chupetear el dedo pulgar o colocar la lengua entre los dientes, etc. Además de un problema estético, que afecta a la dentadura e incluso a la cara, la mala disposición dental o el apiñamiento pueden facilitar las caries, empujar a una mala trituración o masticación, promover el desgaste dental, etc.

TRATAMIENTO Y PREVENCIÓN

NO ABUSAR DEL CHUPETE o de la introducción del pulgar en la boca, ya que se puede así desplazar los dientes de su lugar (aunque sea ligeramente) (véase apartado correspondiente).

EDUCAR AL NIÑO en la respiración nasal; no se debe respirar por la boca de forma habitual.

VIGILAR SI PADECE con frecuencia vegetaciones, amigdalitis y procesos similares, ya que con ello se "obliga" a la respiración bucal. En tal caso, consultar con el especialista.

EVITAR QUE, de forma habitual, se coloque la lengua entre los dientes, ya que con ello acabará desplazándolos.

REALIZAR VISITAS periódicas al dentista.

SI OBSERVAMOS un mínimo apiñamiento o mala disposición, acudir al ortodoncista. En función de la causa y la edad del niño, se pueden corregir estas anomalías por medio de aparatos mecánicos fijos (se los lleva durante un tiempo prolongado) o móviles (se los coloca durante cortos períodos de tiempo).

sabía que *la respiración por la boca es una de las situaciones más frecuentes que en los niños causa alteraciones dentales que necesitan tratamiento con ortodoncia.*

otitis

Inflamación que afecta al oído, en sus partes externa, media (muy frecuente) o interna.

ORIGEN

El oído está formado, de afuera hacia adentro, por tres partes: un conducto (conducto auditivo externo en contacto con la oreja), una cajita en el centro donde se hallan los huesecillos (oído medio) y una especie de caracol interior, que es donde se producen los sonidos (oído interno). El oído medio está comunicado con la garganta por un tubo llamado trompa de Eustaquio, que le permite la constante renovación del aire que hay en su interior, aunque también favorece la llegada de virus y bacterias desde la garganta, las amígdalas, etc., hasta esta parte del oído dando lugar a la otitis. Esta inflamación es frecuente después de faringitis, bronquitis, catarros, resfriados y rinitis. Otras veces tiene lugar por retener agua en el conducto auditivo externo tras el baño o la piscina, o por objetos extraños que allí se alojan, etc. Los síntomas más frecuentes son dolor, llanto, palmaditas en el oído, pérdida de apetito, fiebre y sordera parcial. No suele ser grave, pero exige la atención del especialista, y, además...

TRATAMIENTO

REDUCIR LOS SÍNTOMAS (fiebre por ejemplo) de acuerdo con los consejos que proponemos en los apartados correspondientes.

NO MOJAR LA CABEZA, y en especial el oído, mientras se manifiesta la otitis, tanto en el baño diario de casa como en las piscinas.

CALMAR EL DOLOR reposando el oído afectado sobre una bolsa de agua caliente o una toalla mojada en agua caliente, hasta que el agua se enfríe. Repita esta operación cada 2-3 horas.

PREVENCIÓN

Extremar la limpieza de los conductos auditivos externos después del baño diario, en especial en los más pequeños. Vigilar el desarrollo de infecciones superiores (amigdalitis, bronquitis, faringitis) para detectar la otitis, caso de que aparezca, ante los primeros síntomas. Si el niño tiene amigdalitis repetidas o vegetaciones, es probable que también sufra otitis con frecuencia (el tratamiento definitivo debe decidirlo el especialista). En verano, vigilar el baño en piscinas o en el mar para extremar la higiene del oído, procurando que el niño no se bañe en estanques o aguas posiblemente contaminadas.

sabía que no deben utilizarse los bastoncillos para limpiar el interior de los oídos. Su utilidad reside en la limpieza de la oreja y la zona externa del conducto auditivo.

paperas

TÉRMINO SIMILAR: parotiditis

Inflamación de las glándulas salivales situadas alrededor de la boca y, en especial la glándula parótida, también conocida con el nombre de paperas.

ORIGEN

Para poder degradar correctamente el alimento, además de la trituración que desarrollan los dientes necesitamos la acción de la saliva, líquido muy rico en proteínas especiales llamadas enzimas, que actúan como agentes químicos sobre aquél, facilitando su posterior digestión. Alrededor de la boca hay 6 glándulas salivales: 2 parótidas (apoyadas en el ángulo de la mandíbula), 2 submaxilares (debajo de la mandíbula) y 2 sublinguales (debajo de la lengua). Cuando ciertos virus llegan hasta las glándulas se produce la parotiditis, enfermedad contagiosa por contacto directo que suele producirse en niños entre los 5 y 15 años. Hasta que aparecen los síntomas desde la llegada del virus pasan 15 o 30 días. Los síntomas más frecuentes son hinchazón de los ángulos de la mandíbula con deformidad de la cara y dolor en esa zona. Suele haber fiebre, molestias al tragar y dolor de cabeza y de abdomen. Con frecuencia la enfermedad cura en 4-5 días, muchas veces sin tratamiento específico. Debemos vigilar su evolución, ya que puede complicarse apareciendo una inflamación de los testículos u orquitis, que a veces produce esterilidad.

TRATAMIENTO

TRATAR LOS SÍNTOMAS más frecuentes de acuerdo con los remedios que proponemos en los apartados correspondientes (dolor, fiebre).

HIPÉRICO CON ARCILLA: el aceite de hipérico caliente es muy útil para reducir los síntomas cuando se lo aplica sobre la zona afectada con ayuda de un paño limpio. También podemos utilizar este aceite mezclado con un poco de arcilla para, una vez templada la mezcla, aplicarla sobre la piel instalando sobre ella una bolsa de agua muy caliente. Además de aliviar el dolor, posee notables efectos curativos.

EVITAR LOS ALIMENTOS que estimulen la producción de saliva (sustancias ácidas, zumos de naranja o limón, bebidas ácidas, alimentos muy condimentados, especias), ya que exigen mayor trabajo de las glándulas salivares y generan mayor dolor.

TRATAMIENTO ESPECÍFICO DEL DOLOR: reposar la zona afectada sobre una bolsa de agua caliente o una toalla mojada en agua caliente.

COMIDA preferentemente líquida o semilíquida, para reducir las molestias al tragar e hidratar mejor al paciente, sobre todo en caso de fiebre.

GUARDAR REPOSO durante 2-3 días para reducir el contagio de otros niños y facilitar la rehabilitación.

PREVENCIÓN

La mejor prevención es seguir al pie de la letra el calendario de vacunaciones, ya que incluye una vacuna específica contra esta enfermedad. Evitar el contacto con los enfermos durante el período de síntomas por parte de otros niños (el contagio es directo: mano a mano, un beso).

sabía que *el virus responsable de esta enfermedad, el paramixovirus, es demostrable en la saliva a las 48 horas de iniciada la enfermedad.*

pediculosis

TÉRMINO SIMILAR: piojos

Lesiones producidas por los piojos.

ORIGEN

El piojo es un parásito del hombre, ya que vive gracias a la sangre que "chupa" de los pequeños vasos sanguíneos o capilares que circulan por la piel. Es de color marrón-grisáceo y su tamaño es casi el de una cabeza de cerilla. Hay tres tipos de piojos: de la cabeza, del cuerpo y los que habitan en la región genital. Los más frecuentes son los de la cabeza; se los diagnostica fácilmente porque podemos observar sus crías, las liendres, pegadas a la parte baja del pelo como un puntito blanco. Estas liendres tardan 6 días en madurar, momento en el que suelen pasar a otra persona y reproducirse de nuevo (el piojo hembra puede poner hasta 8 huevos al día; cada piojo vive hasta 30 días). La pediculosis es frecuente en las concentraciones de niños (en guarderías, colegios, colonias), siendo muy fácil el contagio de unos a otros.

TRATAMIENTO

NO ACUDIR A LA ESCUELA durante un par de días para evitar el contagio de los compañeros.

LAVAR EL PELO con champús especiales destinados a eliminar las liendres del piojo (no basta con sólo matar los piojos). Mucha atención a la parte de la nuca.

ELIMINAR LAS LIENDRES con la ayuda de un cepillo de cerdas muy finas (que arrastra las liendres, también llamado liendrera). Pasarlo durante 10 minutos.

EXTREMAR LA HIGIENE CORPORAL para reducir la posibilidad de contagio a otras zonas del cuerpo.

VINAGRE Y AGUA: llenar un vaso hasta la mitad de agua y el resto con vinagre, mezclando bien ambos elementos. En el baño, después de aclarar el champú, aplicar sobre el cabello la mezcla, realizando masajes. Luego, peinar intensamente.

HUESOS DE AGUACATE: hervir varios huesos de aguacate y una ramita de ruda en un litro de agua. Aplicar sobre la cabeza el líquido resultante como si fuera una loción, después de lavar la cabeza.

ARCILLA VERDE: echar varias cucharadas de esta arcilla en un recipiente con agua y mezclar hasta conseguir un "champú" espeso, al que añadiremos 3 gotas de tomillo en esencia. Lavar la cabeza con la arcilla una vez mezclada con el champú del niño o con otro de tipo neutro.

PICOR: tratarlo siguiendo los remedios que proponemos en el apartado correspondiente. Debemos evitar el picor, ya que impulsa al rascado, y provoca con ello erosiones del cuero cabelludo y posibles infecciones añadidas. En todo caso, las uñas siempre deben estar muy cortitas y limpias.

DESINFECTAR ropas, toallas y peines con agua muy caliente y jabón durante 20 minutos.

PREVENCIÓN

Desarrollar una buena higiene corporal y de la cabeza; vigilar si el niño se rasca con frecuencia la cabeza, el cuerpo o la región genital; inspeccionar el pelo de vez en cuando para localizar posibles liendres o formas jóvenes de piojos. Si no tiene piojos, no conviene lavar el cabello con champús antiparasitarios, ya que a la larga estropean el cabello.

sabía que

cuando los piojos pican y succionan la sangre, ya sea en la piel o en el cuero cabelludo, dejan una pequeña marca hemorrágica, como un punto, e intenso prurito.

picaduras

Lesiones producidas en la piel tras el contacto con insectos, peces o animales de otro tipo.

ORIGEN

Las picaduras más frecuentes son las producidas por abejas, avispas, mosquitos y medusas de mar. Las lesiones producidas pueden ir desde una ligera inflamación con enrojecimiento hasta una reacción alérgica general (lo que sucede pocas veces), pasando por la aparición de habones acompañados de dolor, picor, rojeces e hinchazón. En función del tipo de picadura, así será el tratamiento.

TRATAMIENTO

LAS ABEJAS suelen dejar el aguijón, que debemos extraer empujando con la ayuda de una aguja colocada en paralelo a la piel (atraviesa así la base del aguijón). También se puede efectuar esta operación con unas pinzas. Luego, basta con aplicar agua y jabón o un poco de hielo para reducir los síntomas y la llegada de sustancias a la sangre. También ayuda poner la zona afectada bajo agua fría, o aplicar una loción de calamina o una pasta formada con bicarbonato sódico y unas gotas de agua.

ANTE LA PICADURA DE AVISPAS no hace falta extraer el aguijón, ya que no lo dejan incrustado. Reduciremos los síntomas aplicando hielo o arena húmeda sobre la zona afectada. Tiene gran eficacia la aplicación de un poco de zumo de limón con vinagre, zumo de cebolla o ajo triturado.

CEBOLLA: ante la mayoría de picaduras de insectos resulta eficaz colocar sobre la zona lesionada un trozo de cebolla, que debemos mantener en el sitio durante 15 minutos. Reduce las molestias y recupera de forma más rápida.

MEDUSAS: suelen producir múltiples picaduras, que se manifiestan con dolor agudo, manchas rojas y pequeñas vesículas de contenido claro. Es muy útil la aplicación de hielo.

VIGILAR la aparición de una reacción alérgica grave, manifestada por dificultad respiratoria, hinchazón, manchas, etc. Acudir al servicio de urgencias.

PREVENCIÓN

En el campo, cubrir la silla de los bebés con mosquiteros; los niños mayorcitos pueden utilizar lociones antimosquitos. No bañarse en zonas con riesgo de medusas. En verano, y especialmente cuando se acude a parques, bosques, etc., no utilizar colonias. Son útiles los enchufes antiinsectos.

sabía que *no hay que pulverizar insecticidas en el cuarto del bebé, ni aplicarle lociones en las manos (las chupan). Utilice mosquiteras, antimosquitos eléctricos o cremas específicas para bebés.*

pie aducto

Alteración de los pies por la que, al andar, la punta queda hacia adentro.

ORIGEN

El pie aducto es una malformación congénita (presente antes del nacimiento) que tiene su origen en la herencia genética (genes transmitidos por los padres) o, con menor frecuencia, en una mala posición que se adopta en el útero de la madre durante la gestación. En estos casos, es posible que la tibia (hueso de la pierna) se desvíe o que la cadera se encuentre ligeramente rotada, situaciones que obligan al "giro interno del pie" (aducción, "hacia adentro"). A veces se comprueba la malformación en el nacimiento, pero otras veces solo es perceptible cuando se dan los primeros pasos.

TRATAMIENTO Y PREVENCIÓN

OBSERVAR los pies del bebé durante el baño.

VIGILAR LA POSICIÓN de los pies cuando da sus primeros pasos.

CONTROLAR LA POSTURA de los pies cuando el niño se encuentra de pie o sentado, procurando que no se apoye sobre el borde del pie o lo sitúe hacia dentro.

CONSULTAR con el especialista la utilidad de calzado especial, correctores nocturnos o cuñas.

sabía que hacia los 10 - 12 meses los niños son capaces de sostenerse en pie, agarrándose a un objeto. Es el momento en el que los pies pueden comenzar a deformarse o demostrar una alteración congénita.

pie cavo

El puente o parte central del pie se encuentra muy exagerado o pronunciado.

ORIGEN

Su origen es casi siempre congénito (antes del nacimiento y relacionado con los genes), aunque no se observa hasta que el niño da sus primeros pasos, e incluso más tarde. Para detectarlo basta con analizar la huella del pie en el suelo al salir de la ducha, comprobándose que la huella corresponde a los dedos y al talón, ya que el puente se encuentra escasamente representado.

TRATAMIENTO Y PREVENCIÓN

TOBILLO: tiende a presentarse hacia afuera por las modificaciones de fuerzas en el pie.

DEFORMAN LOS ZAPATOS: llama la atención el hecho de que los niños con pies cavos deforman rápidamente zapatos y zapatillas, en particular por los lados.

CALZADO DE HORMA RECTA: es el que más les conviene para adaptarse a su pie, e incluso es mejor que la horma sea holgada, ancha.

MOLESTIAS en la base de los dedos: es un síntoma muy frecuente, ya que es ésta una de las zonas de apoyo en la que se carga gran parte del peso corporal. Pueden formarse durezas. Las molestias surgen sobre todo tras estar mucho tiempo de pie.

CUÑAS Y PLANTILLAS no suelen ser beneficiosas durante la infancia.

VIGILANCIA por parte del traumatólogo. Puede ser necesaria una operación, siempre antes de los 11-12 años.

TRATAR las molestias que se presenten (dolor, sudoración) de acuerdo con las propuestas incluidas en los apartados correspondientes.

sabía que *un niño puede heredar el calzado de su hermano mayor siempre y cuando no se encuentre deformado, y muestre punteras íntegras y tacones y suelas poco o nada desgastadas.*

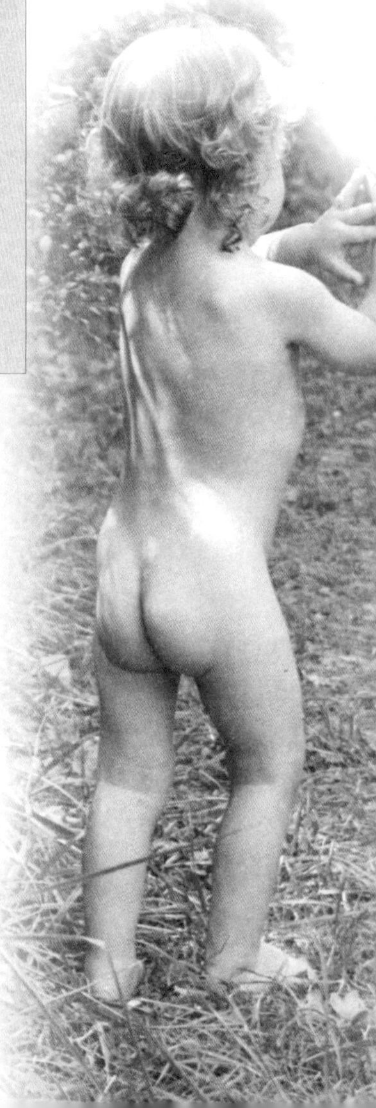

pie de atleta

TÉRMINOS SIMILARES: micosis, hongos

Lesiones producidas por los hongos en la piel situada entre los dedos de los pies.

ORIGEN

Los hongos son parásitos del hombre que se reproducen especialmente en aquellas zonas del cuerpo húmedas y calientes, tal como sucede en el caso de la axila, las ingles y los espacios que hay entre los dedos. Cuando proliferan, hablamos de micosis; una de las más frecuentes en los niños es el pie de atleta. En este caso, los hongos crecen entre los dedos y forman placas blancas que se agrietan y provocan la acidez de la piel. Estas lesiones tienen mucho picor y son muy contagiosas en escuelas, colegios, piscinas, colonias...

TRATAMIENTO

EVITAR EL CALOR Y EL SUDOR EN LOS PIES utilizando calzado abierto y sin calcetines.

LAVAR 2-3 veces al día la zona afectada con agua y abundante jabón.

INFUSIÓN DE SALVIA: echarla en el agua con la que lavaremos los pies. De este modo reduciremos la sudoración y aceleraremos la recuperación de la micosis. Practicar este remedio hasta que desaparezcan las lesiones.

INFUSIÓN DE HOJAS DE NOGAL: mezclar una cucharada de estas hojas bien picadas con una taza de agua fría; hervir durante 3-5 minutos, colar y dejar que se temple. Mezclar con el agua destinada al lavado de los pies.

PREVENCIÓN

No intercambiar calcetines, zapatos o zapatillas. No andar descalzo por los alrededores de las piscinas, ni incluso en los pediluvios. Precaución en las duchas comunitarias, procurando hacer que corra el agua sin que se estanque; y, también aquí, utilizar calzado protector. En verano, emplear sandalias para evitar la humedad y los hongos.

sabía que *esta enfermedad se denomina pie de atleta porque afecta sobre todo a los deportistas, ya que van descalzos por las duchas que de forma colectiva utilizan todos los días.*

pie equino

Deformidad del pie que provoca que sólo se apoye la punta, los dedos, al andar.

ORIGEN

Los niños con pie equino tienen un andar muy similar a los caballos, depositando todo el peso sobre la parte anterior del pie, sobre los dedos (esta es la razón por la que se lo denomina pie equino). Su origen es casi siempre adquirido, una complicación de lesiones en el talón de Aquiles o de los nervios que controlan esta región. Al ser adquirido, tarda en manifestarse; muchas veces aparece tiempo después de comenzar a andar.

TRATAMIENTO Y PREVENCIÓN

VIGILAR la suela de los zapatos, ya que estos niños deforman y gastan con facilidad la punta de zapatos y zapatillas.

OBSERVAR la posición de los pies al caminar, pues sólo se apoyan en los dedos, quedando el talón en el aire.

PROBAR SI PUEDEN FLEXIONAR EL PIE y apoyarse en toda la planta. Este es un buen síntoma, porque con frecuencia los niños (los más pequeños) andan sobre los dedos.

CAÍDAS FRECUENTES: el pie equino produce gran inestabilidad; estos niños se caen muchas veces (más que los demás).

DOLOR, DUREZAS Y HERIDAS en la base de los dedos son molestias frecuentes en estos casos por la presión que soporta esa zona (tratarla de acuerdo con las recomendaciones que proponemos en los apartados correspondientes).

VIGILANCIA por parte del traumatólogo, ya que se necesitan cuñas, yesos correctores, férulas y, en ocasiones, cirugía.

sabía que *con cierta frecuencia el pie equino se debe a la parálisis de los músculos anteriores de la pierna.*

pie plano

Malformación del pie por la que el puente ha desaparecido, apoyándose toda la planta en el suelo.

ORIGEN

El pie plano es una de las malformaciones más frecuentes; su origen es siempre congénito (de hecho, los hijos de una persona con pie plano tienen más probabilidades de padecerlo). Esta lesión no se aprecia hasta varios meses después de comenzar a andar, ya que, entre otras cosas, todos los bebés tienen un "cierto pie plano" porque debajo del puente hay, a esa edad, una gruesa capa de grasa que desaparece lentamente con los primeros pasos.

TRATAMIENTO Y PREVENCIÓN

OBSERVAR LA HUELLA DEL PIE, en especial después del baño o ducha, en la caminata sobre el suelo del baño. En caso de pie plano la huella es amplia, de toda la planta y sin puente.

CANSANCIO Y DOLOR: en ocasiones aparecen estos síntomas, especialmente marcados no en el pie, sino en las piernas, ya que son éstas las zonas que más sufren.

SEGUIMIENTO Y CONTROL por parte del traumatólogo debido a que el empleo de plantillas, calzado ortopédico e incluso cirugía (realizada entre los 3-12 años) suele contribuir a su adecuado tratamiento.

sabía que

para observar el pie del niño basta con echar un poco de harina en el suelo e invitarle a que pise sobre ella. Se verá con facilidad la silueta de su pie, y, en especial, si es plano.

pie valgo

Al caminar, el niño apoya el pie con el borde lateral interno, dejando la parte externa libre.

ORIGEN

Es una alteración congénita muy frecuente, consecuencia de un exceso de flexibilidad en la pierna y el pie. Al apoyar sólo en el borde interno, el talón queda desviado hacia afuera y el tobillo inclinado hacia adentro, obligando a caminar con los pies mirándose uno al otro. El pronóstico es muy bueno.

TRATAMIENTO Y PREVENCIÓN

OBSERVAR EL CALZADO: en estos casos, la parte interna del tacón se desgasta rápidamente, así como la parte interna de la suela.

TODOS LOS NIÑOS tienen algo de pie valgo cuando empiezan a caminar, consecuencia de la forma en que colocan las piernas (muy próximas una de otra).

CORRECCIONES: las plantillas y cuñas dan muy buenos resultados. Es de utilidad el empleo de pequeñas cuñas que elevan ligeramente la parte interna del talón.

SUELE DESAPARECER hacia los 3-4 años, aunque debemos seguir observando su evolución en los años posteriores.

sabía que *con frecuencia el pie valgo se asocia con pie plano, pie equino y genu valgo (véanse los apartados específicos).*

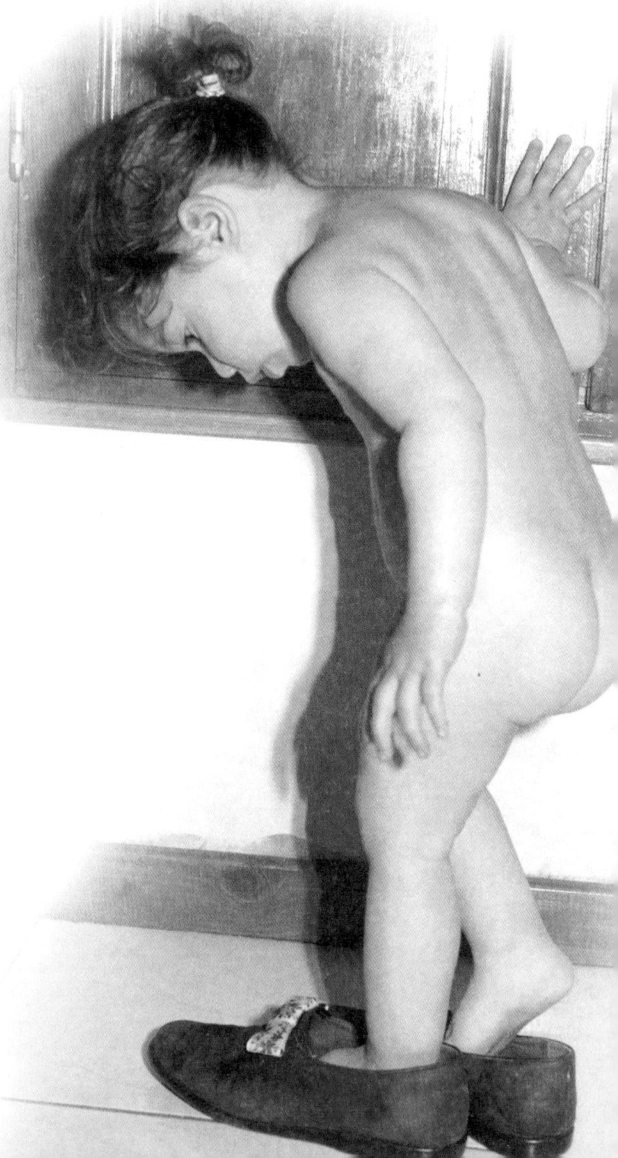

pie varo

Anomalía por la que, al caminar, el niño se apoya sobre el borde externo del pie.

ORIGEN

Suele deberse a ciertos problemas adquiridos, algunos de ellos producidos durante la gestación. Por ejemplo, en el caso de existir una mala postura dentro del útero materno, los pies "se aplastan" y se deforman ligeramente. También puede ser consecuencia de lesiones de los nervios que llegan a esta zona. En cualquier caso, al apoyar el pie sobre el borde externo, el talón se desplaza hacia adentro y los dedos hacia afuera, o, lo que es lo mismo, los pies, al caminar, "se separan".

TRATAMIENTO Y PREVENCIÓN

EL CALZADO suele desgastarse con prontitud por la parte externa de la suela, y, especialmente, del tacón.

VIGILAR LA FORMA DE CAMINAR, ya que los pies se dirigen hacia afuera.

PUEDEN FATIGARSE con facilidad al caminar o correr, por experimentar molestias en el borde externo del pie.

EL TRATAMIENTO ORTOPÉDICO suele dar buenos resultados, aunque sus efectos son lentos y deben extenderse hasta los 8-10 años.

sabía que

muchas veces el pie varo se asocia con otras deformidades del pie, como pie equino y pie cavo.

prematuro

Niños que nacen antes de tiempo y presentan bajo peso y maduración incompleta de algunos órganos.

ORIGEN

Los niños prematuros son cada vez más frecuentes, porque también cada día son mejores los procedimientos de diagnóstico y de tratamiento empleados en pediatría y obstetricia, sin olvidar que algunas de sus causas se encuentran en aumento. Los prematuros pesan menos de 2,5 kg, su talla es escasa y algunas de sus funciones se encuentran reducidas (respiración, sistemas de defensa). Entre las situaciones que ocasionan un parto prematuro podemos citar: gestaciones múltiples, madres adolescentes, factores genéticos (herencia), diabetes, hipertensión arterial, consumo de alcohol y tabaco... En nuestros días, el pronóstico de los prematuros, aunque particular en cada caso, es en general bastante favorable.

TRATAMIENTO Y PREVENCIÓN

SI CUENTA CON UN FACTOR DE RIESGO DE PREMATURIDAD (hipertensión arterial, antecedentes, adolescencia, etc.), esté atenta a cualquier modificación que se produzca a partir del 5-6 mes (pérdidas) y acuda con rapidez a su ginecólogo.

A SER POSIBLE, es conveniente dar el pecho a los prematuros durante el máximo tiempo.

SU DESARROLLO POSTERIOR es normal, y en su juventud no difieren de cualquier otro joven.

DURANTE LOS PRIMEROS AÑOS DE VIDA, podemos encontrar en estos niños algunos problemas de salud, como mayor tendencia a la miopía o problemas de audición, cierto retraso mental con dificultades para asimilar operaciones matemáticas y empezar a leer, y, también, alteraciones de la coordinación que se manifiestan al comenzar a andar, en juegos colectivos, etc. Hay que conocer estos problemas y ayudarles a superarlos.

HAY QUE BAÑARLES con cuidado, ya que su piel es más frágil y su sistema inmunitario (de defensas) menos maduro.

MASAJEARLES todos los días en casa durante los primeros meses para facilitar una unión más intensa y un mejor desarrollo de sus reflejos.

FECUNDACION IN VITRO: los bebés concebidos con esta ayuda tienen más probabilidades de ser prematuros y nacer con bajo peso.

sabía que *en la actualidad son muchos los prematuros de menos de 500g que salen adelante.*

pruebas metabólicas

ORIGEN

Hay ciertas enfermedades congénitas (relacionadas con la herencia genética) que modifican diferentes sustancias en la sangre; podemos diagnosticarlas analizando la sangre del recién nacido. En caso de existir alguna de estas enfermedades podemos tratarla y asegurar el desarrollo normal del bebé. Las enfermedades más frecuentes dentro de este grupo y sus características (aunque en conjunto sean raras) son…

Análisis de sangre que trata de confirmar la presencia, o no, de ciertas enfermedades del metabolismo.

CARACTERÍSTICAS

HIPOTIROIDISMO: la glándula tiroides apenas produce una hormona, la tiroxina, por lo que debemos administrarla con diferentes fármacos.

HIPERPLASIA SUPRARRENAL: enfermedad por la que apenas se producen las hormonas de esta glándula (situada encima del riñón); debemos aportarlas desde fuera para asegurar los niveles de glucosa en la sangre, la tensión arterial, el sistema inmunitario, etc.

FENILCETONURIA: alteración por la que el niño no puede asimilar alimentos con proteínas que incluyan la fenilalanina. En estos casos, hay que modificar la dieta y excluir ciertos alimentos.

LA DETECCIÓN PRECOZ de estas y otras enfermedades permite adelantar el tratamiento antes de que surjan complicaciones (retraso mental irreversible, infecciones frecuentes, alteraciones del crecimiento, etc.).

LA SANGRE SE OBTIENE DEL TALÓN; por ello este tipo de análisis también es conocido como "prueba del talón".

sabía que *los hijos resultado de una pareja con cierto parentesco se enfrentan a un mayor riesgo de enfermedades congénitas. Antes de tenerlos se debe consultar con un servicio de genética.*

prurito

TÉRMINO SIMILAR: picor

Sensación de picor que se presenta en cualquier parte del cuerpo, provocando el rascado.

ORIGEN

En niños y bebés, casi siempre está ocasionado por enfermedades de la piel (dermatitis, vesículas, eccemas), o acompaña a enfermedades infecciosas que afectan al estado general y, en especial, a la piel (sarampión, rubéola, varicela...). Otras veces está producido por picaduras de insectos, ortigas, reacciones alérgicas y lombrices si se da alrededor del ano.

TRATAMIENTO

HAY QUE TRATAR siempre el prurito, ya que además de resultar muy molesto para el niño, facilita erosiones de la piel por el rascado, que pueden dar paso a infecciones.

VINAGRE DE MANZANA: aplicarlo sobre la zona dañada directamente con ayuda de una gasa, realizando círculos. En caso de que el prurito afecte a todo el cuerpo, sustituir el jabón del baño por vinagre de manzana ligeramente reducido con agua.

ACEITE DE GERMEN DE TRIGO: aplicarlo directamente sobre la zona afectada, una vez por la mañana y otra por la noche.

ZUMO DE PEPINO FRESCO: licuar un pepino para extraer todo su zumo y, con la ayuda de una gasa, aplicarlo sobre la zona que pica. Debe realizarse la operación 2-3 veces al día según la intensidad de las molestias y su evolución.

ZANAHORIA: el picor puede reducirse considerablemente aplicando zanahoria rallada fijada con una venda o gasa sobre la zona afectada. También puede utilizarse una cataplasma con esta zanahoria mezclada con agua.

VINAGRE DE VINO: es otro producto que puede reducir el picor local si se aplica de la misma forma que los remedios anteriores.

AVENA: utilizar diferentes preparados similares a los polvos de talco, cuyo principal ingrediente sea la avena.

PREVENCIÓN

Proteger al bebé y a los niños de las picaduras de insectos; vigilar estas molestias en caso de enfermedades infecciosas, lombrices, etc.; si se han producido lesiones en la piel (eccemas, dermatitis), sustituir el jabón del baño por vinagre de manzana.

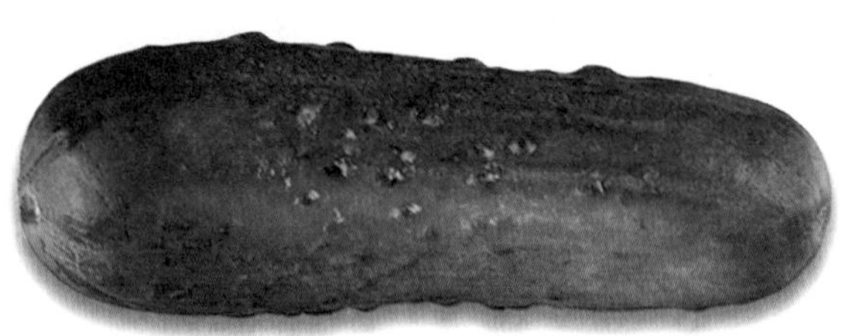

sabía que *los mayores podemos rascarnos por "contagio visual", pero que los niños nunca se rascan sin motivo alguno.*

quemaduras

Lesiones producidas en la piel con aspecto diverso: manchas rojas, vesículas de líquido transparente o destrucción de parte de la piel.

ORIGEN

Las quemaduras pueden estar producidas por los rayos del sol, el fuego, una fuente de calor (radiadores, estufas), sustancias cáusticas, líquidos calientes, etc. En los pequeños, las quemaduras tienen gran importancia por tres motivos: riesgo de infección, pérdida de líquidos que puede causar deshidratación y producción de cicatrices que limitan el movimiento articular. Por estas razones, hay que tener en cuenta la extensión de la lesión, y cuando sea superior al equivalente a una mano, es preciso trasladarle a urgencias. En el caso de cara y cuello, las quemaduras deben siempre ser valoradas por un especialista. Hay tres tipos de quemaduras: primer grado o manchas rojas por la dilatación de vasos sanguíneos, de segundo grado o ampollas porque sale líquido de la sangre (suero) y trata de refrescar la zona, y de tercer grado con destrucción de parte de la piel. Estas últimas deben ser tratadas siempre en los servicios de urgencias. Las otras dos podemos combatirlas en casa... si no son extensas.

TRATAMIENTO

LAVAR LA ZONA con abundante agua fría hasta que se calme el dolor. Si no hay ampollas, podemos dejarla "al aire".

SI HAY AMPOLLAS, debemos protegerlas con una venda hasta que eliminen poco a poco su contenido. Nunca debemos romperlas, ya que corremos un grave riesgo de infección. Como mucho, podemos extraer el líquido con la ayuda de una aguja esterilizada e hilo: si se atraviesa la ampolla con la aguja, el hilo "chupará" el contenido.

QUEMADURA EXTENSA: debemos quitar las ropas quemadas o manchadas con el líquido que quema y cubrir al bebé/niño con una sábana limpia para trasladarlo a urgencias. Si se retrasa el traslado podemos sumergir al niño, para calmar el dolor, en un baño de agua tibia.

NUNCA QUITAR las ropas que estén quemadas y pegadas a la piel, ya que corremos el riesgo de arrancar parte de ésta.

LÍQUIDOS CÁUSTICOS: lavar la zona afectada con abundante agua fría (20 minutos mínimo).

JUGO DE MELISA: machacar sobre una gasa hojas frescas de esta planta y exprimir su jugo sobre la zona afectada. Practicar la operación dos veces al día.

RODAJAS DE CEBOLLA cubiertas por una gasa. Colocarlas sobre la zona quemada y fijarlas con una venda. Cambiar dos veces al día. Es un remedio muy eficaz.

PREVENCIÓN

Vigilar los movimientos del niño en la cocina: nunca dejemos las asas de los utensilios de cocina a su alcance; proteger los radiadores con muebles que los cubran; controlar la exposición a los rayos solares.

sabía que *los bebés no se encuentran libres de los rayos solares dentro del agua ni debajo de una sombrilla, ya que los rayos se reflejan en toallas, arena, metales, y pasan por el agua.*

raquitismo

TÉRMINO SIMILAR: huesos deformados

Enfermedad que afecta a los huesos produciendo retraso en el crecimiento y deformaciones.

ORIGEN

En nuestro entorno, el raquitismo es una enfermedad poco frecuente. Su causa fundamental es el déficit de vitamina D; bajo estas condiciones se absorbe menos calcio y fósforo en el intestino, al mismo tiempo que se unen, en peores condiciones, en el hueso. El resultado final es un hueso más débil, menos desarrollado y deformable. En caso de raquitismo, y dependiendo de su intensidad, podemos observar deformidades en el cráneo, retraso en el cierre de las fontanelas, deformidades en los huesos del tórax, pies zambos, curvaturas anormales de la columna vertebral... Hay que consultar con el pediatra para desarrollar un tratamiento específico, aunque podemos colaborar de manera eficaz con...

TRATAMIENTO Y PREVENCIÓN

ALIMENTACIÓN rica en productos con calcio y fósforo (frutos secos, verduras, derivados lácteos, cacao en polvo, huevos, pescado).

EXPOSICIONES AL SOL controladas, sin excesos, e incluso aprovechando paseos, salidas a parques, etc. Con los rayos solares, en la piel se forman sustancias precursoras de la vitamina D.

ACTIVIDAD FÍSICA por medio del juego, deportes colectivos, etc. Con el movimiento, el riego sanguíneo de los huesos es mayor, como así también la llegada de minerales y otras sustancias.

ALIMENTOS que incluyan abundantes precursores de vitamina D: nueces, aceites vegetales, huevos, cereales integrales.

AVENA: proporcionarla al niño adaptada a su edad (machacada y mezclada con el yogur; en copos).

PEREJIL: siempre añadido a la comida, ya sea troceado, machacado o licuado.

sabía que *el raquitismo, además de afectar a los huesos, también propicia alteraciones de los músculos y de las defensas frente a infecciones.*

reeducación postural

Método fisioterápico que permite tratar los trastornos posturales mediante estiramientos musculares progresivos.

ORIGEN

Son muchos los niños que, por unas causas u otras, presentan cabeza inclinada, hombros asimétricos, curvaturas vertebrales exageradas (cifosis, escoliosis), vientres flácidos, pies planos o cavos, etc. Esta situación obliga a una sobrecarga de ciertos músculos, los ciales, que poco a poco se acortan. Para ayudar a su corrección debemos alargar el músculo acortado tirando de todo el grupo muscular al que aquél pertenece

TRATAMIENTO

POSTURA CORRECTA: es la que permite una posición armoniosa, de relajación, sin esfuerzos ni sobrecargas.

ESTIRAMIENTOS: realizar todos los días pequeños ejercicios de estiramiento (nosotros al niño o bien él a solas) que "alarguen" los músculos acortados. Por ejemplo, si hay pie cavo, alejar el pie de la pierna (extensión); ante el pie plano, acercar el pie a la pierna (flexión).

PERÍODOS DE DESCANSO a lo largo del día para "cortar" posibles sobrecargas articulares.

CAMINAR CON SOLTURA sobre superficies lisas y planas. Practicarlo todos los días durante unos minutos.

PRACTICAR NATACIÓN 2-3 veces todas las semanas, y en especial el estilo libre.

REALIZAR EJERCICIOS de estiramiento dentro del agua.

PREVENCIÓN

Vigilar los utensilios de trabajo: la silla debe adaptarse perfectamente a la espalda, permitiendo además que los pies toquen el suelo, y no obligar a que la cabeza se incline sobre la mesa; la superficie de la mesa debe estar ligeramente inclinada para relajar la musculatura cervical (del cuello) y facilitar la actividad de la musculatura respiratoria; no estar mucho tiempo de pie, quieto.

sabía que la reeducación postural exige constancia. En caso de cumplir con ello, el pronóstico es muy bueno.

resfriado

TÉRMINOS SIMILARES: catarro, congestión nasal

Inflamación de las vías respiratorias superiores (fosas nasales, faringe, laringe), desarrollada por virus y acompañada de estornudos, secreción nasal y malestar general.

ORIGEN

Los resfriados suponen una pequeña debilidad de nuestro sistema inmunitario (defensas), fragilidad que es aprovechada por algunos virus que se reproducen provocando la infección. Son más frecuentes en los períodos fríos porque las bajas temperaturas afectan mucho a nuestras defensas y porque, además, hay un mayor número de personas afectadas que transmiten los virus con facilidad. Los niños y bebés, dada la inmadurez de su sistema inmunitario, son propensos a los resfriados. Los virus proliferan en la mucosa de fosas nasales, faringe y laringe, produciendo la inflamación que se manifiesta con estornudos, tos ligera, mocos abundantes, ligero malestar general y a veces algo de fiebre.

TRATAMIENTO

VAHOS DE EUCALIPTO: echar 3 cucharaditas de hojas de eucalipto en un cuenco y añadir 2 l de agua hirviendo. Colocar sobre el cuenco la cabeza, tapada con una toalla, y respirar profundamente durante 10 minutos. No salir a la calle después de los vahos, sobre todo si la temperatura es baja (las mucosas en ese momento son muy sensibles). Practicar este remedio 2-3 veces al día.

ACEITE DE MENTA O DE PINO: aplicar unas gotas en las fosas nasales con ayuda de una gasa. También se las puede aplicar sobre el pecho, con un ligero masaje, antes de dormir.

ZUMO DE RÁBANOS: alivia de forma considerable las molestias generales de los resfriados. Para obtenerlo, debemos licuar 2-3 rábanos, verter el líquido en un vaso y añadirle una cucharadita de miel.

QUITAR DE LA ALIMENTACIÓN aquellos productos que aumentan la producción de secreciones o dificultan su eliminación (dulces, pastelería, bollería). Proporcionar muchos líquidos, en especial zumos.

PREVENCIÓN

Evitar los enfriamientos en las estaciones frías; aumentar el consumo de vitamina C en esta época del año (naranjas, limones, patatas cocidas; consultar capítulo de alimentación); reducir los irritantes en el ambiente doméstico (sequedad ambiental, humos, gases); evitar el contacto de los más pequeños con personas resfriadas.

sabía que *los resfriados no producen ningun tipo de inmunidad, por lo que es posible padecer varios en pocos meses.*

retraso en el crecimiento

ÉRMINO SIMILAR: hipocrecimiento

ORIGEN

Para confirmar un retraso en el crecimiento, hay que comparar la estatura y el peso del niño en las llamadas tallas de percentiles (veáse de crecimiento) y comprobar que se sitúan por debajo de la media para su edad. Esta comprobación se ha de realizar varias veces. En general, la mayor parte de los casos de retraso en el crecimiento corresponden a influencias de tipo genético (estatura baja de los padres); sólo 1 de cada 100 niños bajos presentan un déficit hormonal que debe ser tratado por el especialista mediante la administración de hormonas de crecimiento.

La ganancia de peso y/o altura del niño se encuentra por debajo de los parámetros para su edad.

TRATAMIENTO Y PREVENCIÓN

DETERMINACIÓN DE TALLA/PESO: hay que proceder a ella varias veces y en distintas épocas del año, ya que los niños crecen a tirones, y durante el verano más que durante las estaciones frías. Con varias determinaciones concretaremos la llamada velocidad de crecimiento, el parámetro más importante.

UNA ALIMENTACIÓN EQUILIBRADA, como la que generalmente se aporta a nuestros niños, rara vez es causa de retraso en el crecimiento.

CRECIMIENTO A DISTINTO RITMO: unos niños pegan el tirón de la pubertad 2-3 años antes que otros; todo depende de la "explosión hormonal".

HERENCIA: el 80 por 100 de la talla definitiva es determinado por la herencia de los padres, por lo cual, si los padres son bajos, el niño también lo será.

ASEGURAR LA PRÁCTICA de juegos, actividades físicas, etc., para facilitar el crecimiento y el desarrollo.

DÁTILES: contienen gran cantidad de magnesio, que ayuda a fijar el calcio al hueso. El niño debe tomar a lo largo del día igual cantidad de dátiles que los que puede abarcar con su mano.

AGUA DE MAR: es muy rica en minerales. Conviene tomar después de las comidas principales del día, durante tres meses y junto con 3 dátiles, una cucharadita de agua de mar previamente hervida.

CASCARILLA DE CACAO: incluye grandes cantidades de precursores de la vitamina D. Realizar una infusión con media cucharadita de esta cáscara (se vende en herboristerías) y tomarla dos veces al día.

ALMENDRAS: también son muy ricas en minerales y precursores de la vitamina D. El niño debe tomar 6 almendras con el desayuno.

sabía que para tener una idea aproximada de la altura definitiva del bebé hay que aplicar una fórmula utilizando siempre centímetros. Para las niñas, altura de la madre más altura del padre menos 13, y dividir el resultado por 2; para los niños altura de la madre más altura del padre más 13, y dividir el resultado por 2.

risa

Sensación agradable en el estado de ánimo que repercute positivamente en el funcionamiento del organismo.

ORIGEN

La risa o sonrisa proporcionan un gran estado de bienestar psicológico al niño o al bebé, de la misma forma que el llanto o la tristeza posibilitan el dolor y la pena. En ambos casos, la repercusión no sólo se limita al entorno psicológico, sino que tiene notable trascendencia en el funcionamiento del organismo. Por esta razón debemos propiciar un ambiente agradable, cálido y comprensivo a los niños, sin caer en el consentimiento general o en los mimos.

PREVENCIÓN

EL BUEN HUMOR facilita el desarrollo de las defensas del organismo, equilibra la actividad del aparato digestivo, aumenta la secreción de endorfinas por parte del organismo (sustancias contra el dolor) y facilita un sueño más reparador.

EN RELACIÓN CON EL BEBÉ, es fundamental hablarle, contarle cuentos y pequeñas historias para facilitarle un ambiente agradable y comunicativo que impulse ese entorno, precisamente agradable.

LOS NIÑOS necesitan una continua y satisfactoria comunicación con sus padres, no sólo para resolver problemas, sino también para facilitar su propio desarrollo y crecimiento. Los niños que crecen en un ambiente incomunicado, rígido y austero, tienen no sólo más problemas de comunicación, sino también físicos.

sabía que *la risa y el buen humor son eficaces estimulantes del sistema inmunitario. Un niño alegre enferma menos que otro con tendencia a la depresión o al mal humor.*

rodilla

Articulación situada en la zona media de la extremidad inferior, que une el fémur con la tibia y soporta gran parte del peso del organismo.

ORIGEN

La rodilla, por el peso que debe soportar, puede ser objeto de múltiples alteraciones que dificultarán la marcha o la carrera en los niños. En unos casos, estas patologías tienen un origen congénito (anterior al nacimiento); en otros, son enfermedades de carácter adquirido condicionadas por el mal uso de "tacatás", exceso de peso, etc. Las alteraciones más frecuentes son...

TRATAMIENTO Y PREVENCIÓN

ARTROSIS: hay muchos casos de niños de edades comprendidas entre los 10-15 años que ya muestran algunos signos de lesiones articulares compatibles con artrosis (que se manifestará a los 20-30 años). Sus causas principales son desequilibrios de la rodilla, alteraciones de la forma, sobrepeso, etc. Hay que controlar el peso y reducir el consumo de alimentos grasos y bollería.

GENU VARO: desplazamiento de las rodillas hacia afuera de tal forma que las piernas están en O, arqueadas. Hasta cierto punto es normal durante los primeros años de vida, pero a partir de los 3 se debe considerar patológico. Cuidado con el empleo de "tacatás" y lesiones óseas como raquitismo y similares. En caso de que se aprecie su presencia a los 3 o más años, necesita tratamiento ortopédico.

GENU VALGO: rodillas desplazadas hacia adentro, casi tocándose, con piernas en X. Esta posición manifestada de forma ligera es normal a partir de los 2-3 años por influencia del peso, la carrera, etc. No debe observarse de los 4 años en adelante, ya que en este momento las rodillas adquieren el mismo aspecto y disposición del adulto. A veces es consecuencia de lesiones del fémur o de la tibia, raquitismo, traumatismos, fracturas mal curadas... En caso de que exista genu valgo, debemos recurrir a cuñas o plantillas y, a veces, a la cirugía.

sabía que *hay que procurar que los niños corran y salten sobre suelos blandos ya que, durante la carrera, las rodillas soportan una presión equivalente a 4-5 veces el peso del cuerpo.*

rubéola

Enfermedad infecciosa producida por un virus del grupo de los togavirus, que afecta sobre todo a la piel.

ORIGEN

El virus que la produce se transmite mediante tos, estornudos, etc., y afecta especialmente a niños entre 2 y 10 años. Cuando penetra en el organismo, necesita de 15 a 21 días para desarrollar la enfermedad, caracterizada por la aparición de manchas rosadas que surgen primero detrás de las orejas, y luego en la cara y el resto del cuerpo. Puede presentar fiebre moderada y algunos ganglios hinchados (sobre todo en la nuca). Tarda varias semanas en desaparecer, aunque algunos casos pasan inadvertidos por su escasez de síntomas. No produce ningún tipo de complicación en los niños.

TRATAMIENTO

ALIMENTACIÓN sobre todo líquida por las molestias e inapetencias que puedan afectar al niño.

NO ACUDIR durante los primeros días de síntomas a escuela, guardería, colegio, por los riesgos que hay de contagio a otros niños.

COMBATIR otros síntomas (como la fiebre) tal como sugerimos en sus correspondientes apartados.

REPOSO en cama durante los primeros días.

PREVENCIÓN

Ninguna mujer embarazada (durante el primer trimestre) o con mínimas posibilidades de estarlo debe ponerse en contacto con el niño con rubéola; seguimiento del calendario de vacunaciones, especialmente en el caso de las niñas; vigilar que no aparezcan otras infecciones añadidas.

sabía que *existe un tipo de rubéola inaparente (sin síntomas) que representa una importante fuente de contagio pues no se llega a saber quién la padece.*

sarampión

Enfermedad infectocontagiosa que afecta sobre todo a la piel, las vías respiratorias y el estado general.

ORIGEN

Está producido por un virus del grupo de los paramixovirus, que se transmite fácilmente por las gotitas que se expulsan con la tos, el estornudo, etc. Cuando el virus entra en el organismo, tarda de 8 a 15 días en producir los síntomas, si bien durante esos días la persona invadida es ya muy contagiosa. Los síntomas característicos incluyen alteraciones de las vías respiratorias (catarro, tos, abundantes secreciones nasales), del estado general (fiebre alta, malestar, pérdida de apetito) y piel con las llamadas manchas de Köplik (granitos rojizos que aparecen primero en la mucosa de la boca, después detrás de las orejas y, luego, por el resto del cuerpo). Cuidado con la aparición de complicaciones como conjuntivitis, otitis, neumonía y bronquitis.

TRATAMIENTO

REPOSO durante los primeros días de la infección.

EVITAR el contacto con otros niños hasta que desaparezcan los síntomas de las vías respiratorias (tos, secreciones nasales).

ALIMENTACIÓN LÍQUIDA para favorecer una mejor hidratación del niño, sobre todo rica en zumos (zanahoria, naranja, uva).

TRATAR LOS SÍNTOMAS (fiebre, tos) de acuerdo con las sugerencias que incluimos en los apartados correspondientes.

INFUSIONES DE EUFRASIA: administradas con una cucharita y en dosis de una al día durante 3-4 días.

SUERO DE LECHE: desinfectar las encías de los niños envolviéndonos el dedo en un paño limpio y sumergido en suero de leche. En los niños mayores podemos utilizar el cepillo.

BAÑO DE PLANTAS: preparar un baño ligeramente caliente al que se le añadirá una infusión concentrada realizada a base de azahar, manzanilla y flor de saúco. Es mejor proceder al baño por la noche.

PREVENCIÓN

Seguir el calendario de vacunaciones con todo rigor, ya que incluye la vacuna contra el sarampión; si se padece la enfermedad, produce inmunidad de por vida, por lo que el niño no volverá a experimentarla.

sabía que

gracias a la vacunación el número de casos de sarampión ha bajado en España de los 81.000 enfermos en 1985 a menos de 4.000 en 1998.

sarna

Lesiones en la piel con intenso picor, producidas por un pequeño parásito.

ORIGEN

La sarna está producida por un ácaro, el *Sarcoptex scabiei*, diminuto parásito de color negro en el que se distinguen macho y hembra. El macho deambula por la piel, pero la hembra construye túneles bajo la misma y deposita los huevos en ellos a la vez que libera unas secreciones que producen pequeños granos con intenso picor. Estas lesiones suelen localizarse en zonas con pliegues de piel (espacio entre los dedos, codos, muñecas, axilas). Es contagiosa mediante contacto directo, o a través de objetos contaminados por los huevos (ropas).

TRATAMIENTO Y PREVENCIÓN

EVITAR EL CONTACTO del niño afectado con otros compañeros mientras dure la enfermedad.

TRATAR EL PICOR, ya que de lo contrario se producirán importantes lesiones por el rascado, en particular infecciones añadidas (véase apartado de prurito).

LA ROPA DE CAMA debe ser tratada con agua hervida durante 20 minutos.

DECOCCIÓN DE TANACETO para eliminar los huevos de la piel y al parásito. Puede aplicarse en forma de baños o lavando las zonas afectadas.

INFUSIONES DE GENCIANA: 2 veces al día mientras duren los síntomas, e incluso 2-3 días después de que desaparezcan.

EXTREMAR LA HIGIENE personal con baños diarios, y cambio de ropa de cama y de vestuario todos los días.

sabía que *si se emplean lociones farmacéuticas contra la sarna, debe recordarse que pueden ser tóxicas para el bebé, lo que obliga a aplicarlas un día en una mitad del cuerpo y quitarla a las 3 horas; al día siguiente hay que hacer lo mismo, pero en la otra mitad.*

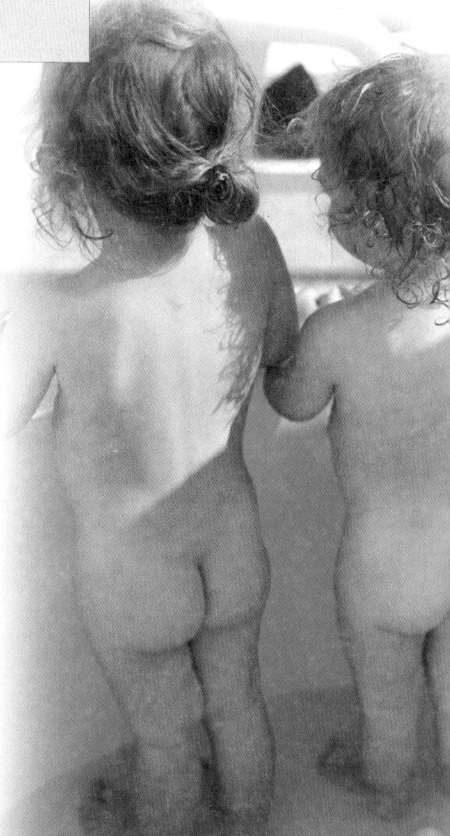

síndrome de Down

TÉRMINO SIMILAR: trisomía 21

Enfermedad basada en una anomalía cromosómica que facilita un aspecto y características peculiares a quienes la padecen.

ORIGEN

En el momento de la fecundación entre el óvulo y el espermatozoide, la distribución de cromosomas es incorrecta, por lo que en el par 21, en lugar de reunirse 2 cromosomas (uno de cada progenitor) lo hacen 3. Es la anomalía cromosómica más frecuente (en España hay alrededor de 40.000 personas con síndrome de Down) y el riesgo aumenta con la edad de concepción, sobre todo a partir de los 35 años. Mediante la amniocentesis podemos estudiar la dotación de cromosomas antes del parto y saber si hay o no trisomía 21. Aunque no se sabe cómo, también influyen los antecedentes familiares. Los daunianos tienen cara redonda, nariz pequeña, ojos oblicuos (tipo mongol), orejas pequeñas, labios y lengua gruesa (casi no cabe en la boca), manos cortas y pequeñas, líneas de la mano escasas y retraso psicomotor y mental de diferente profundidad.

TRATAMIENTO Y PREVENCIÓN

EL RIESGO aumenta con la edad de concepción y en el caso de existir antecedentes familiares. En estas situaciones, conviene hacerse una amniocentesis en los primeros meses del embarazo.

EL DESARROLLO de capacidades como sonreír, hablar, andar, etc., suele hacerse presente más tarde que en el resto de los niños.

NECESITAN ESTÍMULOS constantes de sus padres, cuidadores y profesores para facilitar su desarrollo. Cuanto más temprano se trabaje en su estimulación, mejores serán los resultados.

VIGILAR el desarrollo de ojos, garganta, oídos, corazón y aparato locomotor, ya que estos niños pueden presentar, antes de los 14 años, diversas anomalías.

ALTURA Y PESO: hay que vigilar su alimentación sin abusar de alimentos con muchas calorías y golosinas, pues tienden a ganar peso. Su altura oscila, en el adulto, entre 1,64 y 1,50 m para los hombres y 1,42 y 1,35 m para las mujeres.

DEBE FACILITARSE una formación escolar completa, primero en compañía de niños de su edad, y, posteriormente, adaptándola a su situación, siempre sin exclusiones completas.

sabía que de cada 600 recién nacidos, uno manifiesta este síndrome. La frecuencia aumenta con la edad de concepción, y llega a ser de 1 de cada 40 recién nacidos con madre de 45 años.

síndrome de mala absorción

TÉRMINO SIMILAR: alergia alimentaria

Incapacidad del intestino delgado para absorber ciertos alimentos o algunos de sus componentes, como los minerales.

ORIGEN

Muchas veces es consecuencia de una reacción alérgica a determinados alimentos que provoca daños en la pared interna del intestino, con lo que resulta imposible la absorción de aquéllos durante unos días, repitiéndose el proceso cuando vuelven los alimentos responsables de la alergia. La reacción alérgica produce diarrea, pérdida de peso, anemias, malestar y dolores abdominales, apareciendo a medida que se introducen los diferentes alimentos e incluso un poco más tarde. Esto es lo que sucede en el caso de la alergia al gluten (enfermedad celíaca), a la lactosa y a otros más. Hay que detectar el alérgeno y excluirlo de la dieta para evitar la reacción alérgica.

TRATAMIENTO Y PREVENCIÓN

PARA DETERMINAR EL ALÉRGENO debemos vigilar los alimentos con mayor capacidad "de reacción" (productos elaborados con trigo, la leche y derivados lácteos, el azúcar y afines y, por último, los huevos). Suprima alguno de estos alimentos de la dieta durante varias semanas y observe qué sucede. Otros alimentos sospechosos son los tomates, y también aquellos que entran en contacto con fertilizantes, colorantes, conservantes...

PARA EVITAR SU APARICIÓN, o al menos reducirla considerablemente, introduzca los alimentos muy lentamente y "en solitario", uno por uno.

RAÍZ DE CONSUELDA: su utilización facilita la renovación de la pared interna del intestino delgado (mucosa). Administrar con la ayuda de una cucharilla 2 veces al día.

INFUSIONES DE ULMARIA: administradas durante la fase de síntomas para reducir la inflamación de la mucosa intestinal y las diarreas. Tomarlas 2-3 veces al día.

INFUSIÓN DE MANZANILLA: para relajar las molestias intestinales y facilitar su rehabilitación.

sabía que *los niños con antecedentes familiares de este tipo de enfermedad, tienen más posibilidades de padecerla.*

sonambulismo

ÉRMINO SIMILAR: paseos nocturnos

Estado de actividad que se produce durante el sueño profundo.

ORIGEN

El sonambulismo, casi siempre, no tiene la menor relación con trastornos de tipo psíquico, emocional o del movimiento, aunque entre sus causas pueden encontrarse situaciones pasajeras de estrés (cambio de colegio, hospitalización) o de angustia. Aunque lo más frecuente es que se manifieste como un pequeño "paseo" por la casa, también puede adoptar otras formas: sentarse en la cama y realizar un movimiento muchas veces, balbucear palabras, simular que está conduciendo, etc. No requiere ningún tratamiento especial, salvo que se repita con cierta frecuencia (2-3 veces por semana). Por lo general, tiende a desaparecer con la adolescencia, y sólo un 2 por 100 de niños sonámbulos lo siguen siendo en la vida adulta.

TRATAMIENTO Y PREVENCIÓN

ACOSTARSE y levantarse a la misma hora todos los días.

EVITAR el estrés o una estimulación excesiva antes de acostarse.

HABITACIÓN libre de ruidos, con estímulos luminosos y una temperatura agradable.

EVITAR que se haga daño en sus "paseos" quitando las sillas de los pasillos, cerrando puertas y ventanas...

NO INTENTAR DESPERTARLE, ya que sólo conseguiremos asustarle cuando el niño "se dé cuenta de la situación" en que se encuentra. Por lo general, los niños vuelven solos a la cama y no recuerdan nada de lo sucedido.

sabía que

entre el 10 y el 15 por 100 de los niños andan dormidos por lo menos una vez en su vida.

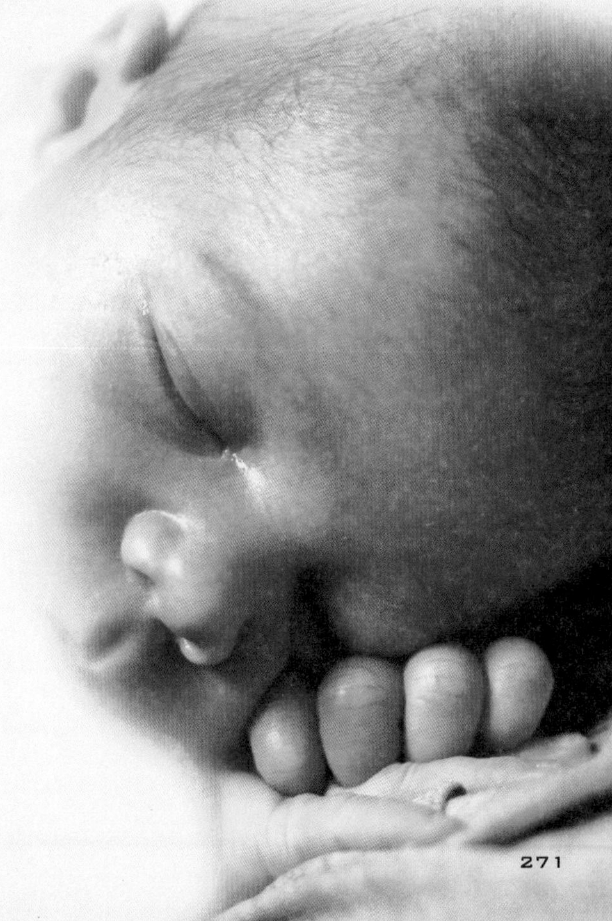

soplo cardíaco

Ruido anormal que se escucha al auscultar el corazón y que parece un pequeño soplido.

ORIGEN

El corazón produce dos ruidos en cada ciclo de contracción-relajación; no uno, como parece cuando tomamos la frecuencia cardíaca en el pecho o en la muñeca. Estos dos ruidos van seguidos y se oyen como "lup-dup". El primero se corresponde con el paso de la sangre de las aurículas a los ventrículos, y el segundo, con el cierre de las válvulas que comunican aurículas y ventrículos para que durante la contracción de los ventrículos la sangre salga a las arterias y no vuelva a las aurículas.

TRATAMIENTO Y PREVENCIÓN

SOPLOS FUNCIONALES: son ruidos normales en la auscultación de bebés y niños pequeños, producidos por las turbulencias que se suceden dentro del corazón al contraerse rápidamente. No tienen ningún significado patológico y suelen desaparecer en la adolescencia.

SOPLOS PATOLÓGICOS: además de comprobarse el ruido anormal, la sangre no sale en cantidad suficiente del corazón y falta oxígeno en algunas zonas del cuerpo apareciendo disnea o fatiga con facilidad (ante pequeños esfuerzos) o cianosis (color azulado de zonas distales como manos, orejas, labios), con dolor torácico, etc. En estos casos, se requiere la atención y el seguimiento por parte del especialista.

VIGILAR LA APARICIÓN DE SÍNTOMAS como cianosis, cansancio ante mínimos esfuerzos, dificultad para subir unas pocas escaleras o para jugar, y quejas de dolores en el pecho. En estos casos consultar con el especialista.

sabía que cualquier niño o adolescente que practique una actividad física con cierta regularidad debe proceder a un reconocimiento médico anual para descartar soplos y otras lesiones cardíacas.

sudamina

Pequeñas vesículas claras que aparecen en la piel durante los días calurosos, también denominada miliaria.

ORIGEN

La piel de los más pequeños incluye numerosas glándulas sudoríparas que, liberando sudor en grandes cantidades, tratan de equilibrar la temperatura de su cuerpo en los días de mucho calor. Esta sudoración excesiva hace que algunas de esas glándulas sudoríparas "se atasquen" y el sudor quede retenido en los conductos formando pequeñas vesículas o dilataciones en la piel (de ahí el nombre de sudamina, de "sudor"). Si la sudamina o miliaria (llamada así porque se trata de muchos granos similares al mijo) es importante, pueden aparecer vesículas más grandes acompañadas de rojeces, e incluso, en casos avanzados, pequeños granitos de pus (pústulas).

TRATAMIENTO Y PREVENCIÓN

EVITAR LA EXPOSICIÓN AL SOL o la permanencia en ambientes con temperaturas elevadas, ya que el trabajo de las glándulas sudoríparas será elevado. Adaptar la ropa a las necesidades de temperatura, y, en especial no abrigar demasiado. Cambiar con frecuencia las prendas interiores.

MOJAR LA PIEL de vez en cuando con toallas empapadas en agua, para reducir el trabajo de la piel.

CREMAS HIDRATANTES: aplicarlas de vez en cuando para mantener bien hidratada la piel y evitar el exceso de sudoración.

VIGILAR LA APARICIÓN de vesículas, especialmente en los pliegues de la piel (de ingles o axilas), aunque también pueden surgir en la cara, el cuero cabelludo y los hombros.

TRATAR EL PICOR para que el niño no se rasque y aparezcan infecciones sobreañadidas (véase apartado de prurito).

JABÓN EMOLIENTE DE AVENA: utilizarlo en el baño cuando han aparecido los granos y mantenerlo hasta que hayan desaparecido.

LAVAR LA ZONA AFECTADA con agua fría y secar la piel con suavidad.

sabía que *los bebés y los niños pequeños, en el transcurso de una fiebre alta, pueden presentar lesiones de tipo sudamina en la piel ya que la fiebre facilita una mayor sudoración.*

superdotado

Se considera que un niño es superdotado cuando presenta un cociente intelectual (relación entre edad cronológica y mental) superior al medio o normal.

ORIGEN

El origen de un mayor coeficiente intelectual es genético, pero si el niño no recibe los estímulos adecuados para desarrollar su potencial, deja de mejorar. Hay que identificar a los niños superdotados para ayudarles a progresar. Una vez detectados, deben ser evaluados por el psicólogo y por el médico abarcando áreas como inteligencia, creatividad y personalidad. En caso de confirmarse el diagnóstico de superdotado, hay que facilitar su desarrollo con asesoramiento especial (consultar en guía de teléfonos). Para reconocer al superdotado, tengase en cuenta que...

TRATAMIENTO Y PREVENCIÓN

APRENDEN a caminar antes del año.

HABLAN MUY PRONTO: enuncian la primera palabra a los 6 meses; construyen frases a los 12; conversan a los 18.

MEMORIA excelente para lo observado, leído o escrito.

PREOCUPACIÓN por temas de todo tipo y en especial (algo raro para su edad) por cuestiones judiciales y de moralidad.

SON PERFECCIONISTAS y preguntan por cualquier cosa, especialmente sobre temas poco relacionados con su edad (Dios, la muerte...).

APRENDEN A LEER entre los 2 y los 4 años.

ASIMILAN CON RAPIDEZ cualquier explicación que se les proporcione o se les enseñe.

NO DESTACAN en actividades físicas o en la escritura.

sabía que *se calcula que por cada niño superdotado detectado a tiempo hay por lo menos otro que no ha sido reconocido como tal.*

artamudez

RMINO SIMILAR: manías

Dificultad involuntaria para pronunciar palabras, frases o sílabas, de manera que éstas se repiten o no se pronuncian.

ORIGEN

La tartamudez aparece entre los 3-5 años de vida, momento en el que el niño comienza a pronunciar frases cada vez más complejas. En este momento de la vida podemos distinguir dos tipos de tartamudez: la clónica (repite sin querer y de forma brusca una sílaba) y la tónica (imposibilidad de emitir una palabra durante un período variable de tiempo, queda mudo). El origen es muy diverso y puede estar relacionado con retrasos en la adquisición del lenguaje, problemas de adaptación con el entorno, de personalidad, etc. Es más frecuente en los niños que en las niñas.

TRATAMIENTO Y PREVENCIÓN

NO DARLE EXCESIVA IMPORTANCIA, ya que esto puede generar nerviosismo en el niño y aumentar el problema.

FAVORECER UN AMBIENTE DISTENDIDO y agradable para evitar el nerviosismo que puede facilitar la tartamudez.

FACILITAR LA ADQUISICIÓN DEL LENGUAJE a su tiempo para adaptarse mejor a palabras y frases, y con ello impulsar un aprendizaje natural.

VALORAR POSIBLES DIFICULTADES de adaptación al entorno, sobre todo en el caso de cambio de domicilio, escuela, problemas en el hogar...

A VECES PUEDEN EXISTIR PROBLEMAS de tipo psicológico que aconsejan consultar con el psicólogo, e incluso ofrecerle reeducación ortofónica.

EN LA MAYORÍA DE LOS CASOS la tartamudez desaparece con la edad.

sabía que *la tartamudez suele apreciarse entre los 3 -7 años, que es más frecuente entre los niños que entre las niñas y que la herencia genética ejerce cierta influencia.*

tétanos

Infección grave producida por el *Clostridium tetani* (una bacteria) que genera contracciones musculares violentas.

ORIGEN

La bacteria del tétanos se encuentra presente en cualquier sitio, en particular en el polvo, la tierra, contaminando objetos, etc. Suele penetrar en el organismo por medio de heridas que se han contaminado, a veces heridas que casi no se ven. También puede llegar a través de quemaduras o de simples rozaduras. Tiene un período de incubación (de proliferación) de 3 a 21 días, durante los cuales llega al cerebro para desencadenar sus graves efectos.

TRATAMIENTO

LIMPIAR MUY BIEN cualquier herida, administrando en especial agua oxigenada, ya que al desprender oxígeno (las burbujas que se producen cuando lo echamos) destruimos esta bacteria (no resiste el oxígeno, pues vive en ambientes con falta de este.

TRATAR EN ESPECIAL las heridas que se producen en cara, cuello y cabeza, ya que en estos casos la bacteria puede llegar con más facilidad a los centros nerviosos.

VIGILAR LA APARICIÓN DE SÍNTOMAS de la enfermedad: dolores de cabeza, irritabilidad o mal humor y contracciones dolorosas de los músculos de la mandíbula (el niño muerde unos dientes contra otros). En estos casos hay que acudir a urgencias.

APLICAR EN LA HERIDA los remedios antimicrobianos que recomendamos en el apartado de heridas.

EN NIÑOS que fueron vacunados contra el tétanos 5 años antes o más, es conveniente una revacunación en el caso de heridas punzantes o muy contaminadas.

PREVENCIÓN

La mejor prevención es seguir al pie de la letra el calendario de vacunaciones, que incluye la vacuna específica contra esta bacteria. La inmunidad no es permanente; por ello, en heridas importantes (y siempre en el caso de las embarazadas) hay que consultar la administración de la vacuna. En los recién nacidos, limpiar y tratar muy bien el cordón umbilical, ya que puede ser puerta de entrada de la bacteria.

sabía que *desde hace una década casi todos los años se registran en España alrededor de 50 casos de tétanos.*

tics

Movimientos involuntarios que se repiten a intervalos variables de tiempo y con diferente intensidad.

ORIGEN

Los tics son actos compulsivos que con cierta frecuencia ayudan a liberar tensiones internas. Sus causas más frecuentes son de tipo psicológico, en especial temores, dificultades con el entorno (escolar o familiar), niños introvertidos y poco comunicativos, etc. Pueden afectar a diferentes zonas del cuerpo (ojos, cuello, hombros, tronco, piernas, crujir de nudillos, carraspeos...). Comienzan hacia los 5-6 años de edad, rara vez con anterioridad a la edad escolar. Su duración es variable, desde unos pocos meses hasta más de un año.

TRATAMIENTO Y PREVENCIÓN

LA MAYORÍA DE ELLOS se curan de manera espontánea con el paso del tiempo y antes de la pubertad.

CONVIENE AVERIGUAR LA CAUSA hablando con el niño, e incluso solicitando la ayuda de un especialista, en especial si observamos que aquél sufre.

NO HABLAR constantemente del problema ante o con el niño.

NO REPRENDER AL NIÑO por la existencia del tic, ya que lo único que conseguiremos es aumentarlo. Un tic puede reprimirse durante algún tiempo, pero luego vuelve con mayor fuerza.

FACILITAR EL BAÑO diario con efectos relajantes, para lo cual añadiremos al agua una infusión de manzanilla bien cargada o de lavanda.

sabía que *los tics son más frecuentes en los niños que en las niñas y que suelen aparecer entre los 5 años y la pubertad.*

tiña

Enfermedad producida por un grupo de hongos con especial apetencia por el cabello y los folículos pilosos (vello).

Los hongos que producen la tiña llegan hasta el niño por contacto directo con una persona ya parasitada, o por jugar con perros o gatos que también estuviesen contaminados (particularmente los callejeros). En el cuerpo se reproducen sobre todo en piel, uñas y allá donde hay pelos, produciendo tres tipos distintos de lesiones: tiña depilante (el cabello se cae), tiña inflamatoria (hay inflamación y caída del pelo) y tiña decolorante (el pelo cambia de color y más tarde se cae). Las lesiones suelen mostrar aspecto blanquecino y formas circulares.

CORTAR EL PELO casi al cero durante 3 semanas para impedir la reproducción del hongo y facilitar el acceso hasta él de productos que lo neutralizarán. El mero hecho de que el aire llegue fácilmente hasta el hongo facilita ya su destrucción.

EXTREMAR LA HIGIENE CORPORAL con un amplio y generoso baño diario con agua y jabón.

EVITAR EL SUDOR; en caso de producirse, eliminarlo con rapidez, ya que los hongos se reproducen fácilmente en un ambiente cálido y húmedo.

LOCIONES CON GRISEOFULVINA: adquiridas en farmacias y administradas durante 3 semanas, son eficaces contra el hongo.

INFUSIÓN DE CALÉNDULA: realizada mezclando 2 cucharadas de esta planta en una taza de agua hirviendo. Colar y aplicar con la ayuda de una gasa empapada en ella que dejaremos sobre la zona afectada fijada con una venda o un trozo de esparadrapo. Repetir la operación 3 veces al día.

AUMENTAR LAS DEFENSAS DEL ORGANISMO con ayuda de equinácea y acedera. Realizar decocciones mezclando, para 1/2 l de agua, 2 cucharadas de la primera y una de la segunda planta. Tomar medio vaso 3 veces al día.

En caso de padecer la enfermedad, evitar el contacto directo con otros niños durante los primeros días (hasta que el tratamiento se halle en curso); no jugar con perros o gatos callejeros, y en especial si se les observan calvas o zonas sin pelo.

sabía que *aunque su frecuencia se ha reducido considerablemente, todavía se observan casos de tiña sobre todo en niños de entre 5 y 7 años contagiados por animales u otros niños. Aunque no se traten, curan espontáneamente hacia la adolescencia.*

os

Contracción involuntaria de los músculos respiratorios, que tratan de eliminar las secreciones acumuladas en los bronquios.

ORIGEN

Cuando el interior de los bronquios se encuentra ocupado por abundantes secreciones fruto de una infección, inflamación, etc., se irritan los nervios que hay en sus paredes y provocan el reflejo de la tos, que en el fondo es un mecanismo defensivo para "limpiar los bronquios" (caso de bronquitis, traqueítis, laringitis). Por esta razón, cuando la tos es acompañada de secreciones no conviene eliminarla, aunque sí reducirla para mejorar el estado del niño. Otras veces la tos se produce por irritación de la mucosa o la pared interna de los bronquios y la tráquea por efecto de gases u otras sustancias extrañas (humos irritantes, tabaco, aire muy seco) y no hay secreciones. Esta es la llamada tos irritativa, y sí debe ser eliminada.

TRATAMIENTO

DAR MUCHOS LÍQUIDOS para que las secreciones se ablanden y se suelten mejor (zumos de naranja, limón, etc.).

INFUSIONES DE SALVIA para realizar gárgaras con ellas 4-5 veces al día.

TOMAR ZUMO DE LIMÓN diluido con agua a partes iguales, añadiéndole unas gotas de aceite de oliva. Mezclar y tomar 2 veces al día.

REGALIZ: un remedio muy agradable para eliminar la tos en los niños consiste en proporcionarles raíces de regaliz, o regaliz de palo "manchado" en la punta con un poco de miel.

COMPRESAS CALIENTES: aplicadas sobre el pecho con ayuda de un paño limpio, seguidas de otras frías que dejaremos medio minuto. Repetir este ciclo (caliente-frío) 3 veces. Realizarlo una vez por la mañana y otra antes de acostarse.

VAHOS DE EUCALIPTO: para abrir las vías respiratorias y facilitar la salida de las secreciones, así como para mejorar el paso del aire.

INFUSIONES DE TUSÍLAGO: es uno de los mejores remedios, tanto para la tos productiva como para la irritativa. Mezclar una cucharada de la planta desmenuzada con una taza de agua hirviendo. Colar y administrar el equivalente a medio vaso. Repetir la operación 3 veces al día.

PREVENCIÓN

Evitar la contaminación en el aire respirado; controlar la temperatura ambiente (20ºC) y la humedad (que nunca esté seco el ambiente). Vigilar la ropa de abrigo en los meses fríos, y en especial en la cama y la calle. No forzar la voz.

sabía que *en un golpe de tos el niño puede expulsar 1 l de aire a una velocidad de 1.200 km por hora.*

tosferina

Infección respiratoria que produce importantes accesos de tos, desarrollada por una bacteria.

ORIGEN

La tosferina es una enfermedad muy contagiosa producida por el *Haemophilus pertussis,* una bacteria que se transmite con facilidad de un enfermo al niño sano por medio de tos, estornudos, saliva, etc. La enfermedad puede padecerla desde el recién nacido hasta el niño de varios años (este último caso es más raro debido a los efectos protectores de la vacunación). Tras penetrar en el cuerpo, tarda de 8 a 14 días en reproducirse e invadir las vías aéreas y facilitar la enfermedad, que dura 5-6 semanas. Comienza por una fase similar a la de un catarro (estornudos, tos seca, febrícula); luego aparece la fase de tos característica (accesos de tos rápida, corta y ruidosa, que suele ser acompañada por vómitos); y, finalmente, una tercera fase con tos persistente pero menos agresiva. Esta infección requiere tratamiento específico orientado por el pediatra, pero podemos contribuir a la curación con algunos remedios...

TRATAMIENTO

REPOSO EN CAMA para evitar el contagio de otros niños y, además, facilitar la recuperación.

DIETA constituida preferentemente por líquidos para asegurar una buena hidratación (sobre todo zumos).

TRATAR LOS SÍNTOMAS (fiebre, tos, etc.) de acuerdo con los remedios propuestos en sus correspondientes apartados.

INFUSIONES DE MILENRAMA: tomadas 3 veces al día, contribuyen a reducir la fiebre, disminuyendo además los accesos de tos.

CATAPLASMAS DE SEMILLAS DE LINO: echar un puñado de estas semillas en un cazo con agua hirviendo. Remover hasta conseguir una pasta, extenderla sobre una tela limpia formando una capa de 1 cm de espesor y depositarla sobre el pecho. Dejarla dos horas. Aplicarla 2 veces al día.

BAÑOS CON AJEDREA: echar 100 g de esta planta en un l de agua hirviendo. Dejar reposar durante 20 minutos. Colar y echar el preparado en el baño del niño. Practicar diariamente esta operación mientras haya síntomas.

PREVENCIÓN

No establecer contacto directo con los enfermos; seguir el calendario de vacunaciones, ya que incluye una vacuna específica contra esta enfermedad. Hay que tratar bien la enfermedad; de lo contrario, podemos tener complicaciones que afecten al estado general.

sabía que en España son casi 3.000 los niños afectados cada año por tos ferina, aunque gracias a la vacunación esta cifra se va reduciendo lentamente.

oxoplasmosis

Enfermedad infecciosa de evolución benigna relacionada con el consumo de carne poco hecha.

ORIGEN

Está producida por un parásito llamado *Toxoplasma gondii* que suele encontrarse en los animales, en especial en el cerdo, el gato y el perro. Llega al niño cuando éste juega con gatos que se encuentran contaminados, o cuando consume carne contaminada poco cocida. Cuando el parásito penetra en el organismo, suele afectar a los músculos y a los ganglios, razón por la cual los síntomas más frecuentes son fatiga o cansancio ante mínimos esfuerzos; además, algunos ganglios se hinchan (adenopatías en axilas, ingles u otros lugares con "pliegues"). Su evolución suele decantarse hacia la curación en pocas semanas.

TRATAMIENTO Y PREVENCIÓN

BAÑOS CON ZUMO DE LIMÓN, esencia de lavanda o infusión de tomillo: cualquiera de ellos puede aliviar la fatiga y propiciar un cierto efecto relajante.

FRIEGAS CON AGUA FRÍA para estimular el sistema inmunitario (las defensas) y favorecer el riego sanguíneo y la vitalidad muscular. Comenzar por los pies y subir hasta el pecho. Luego, de la cabeza al corazón.

DIETA CON ALIMENTOS bien preparados, carne o pescado cocido, verduras elaboradas, etcétera.

EVITAR EL CONTACTO con los gatos que no sigan un estricto control por parte de los veterinarios.

EN CASO DE EMBARAZO, la toxoplasmosis es muy grave para el embrión; por ello las embarazadas deben consumir siempre carne bien cocida y evitar el contacto con animales "desconocidos".

sabía que el mayor riesgo para el niño se hace presente cuando se encuentra en el útero de la madre durante el primer trimestre de gestación y adquiere la toxoplasmosis, ya que ésta puede dar lugar a malformaciones muy graves.

urticaria

TÉRMINOS SIMILARES: picor, alergia

Lesiones en forma de habón que aparecen en la piel, de color rosa pálido, acompañadas de quemazón y picor.

ORIGEN

La urticaria puede ser local, afectando a una parte del cuerpo, o general, cuando abarca la mayor parte de la piel del organismo. La extensión depende de la causa; así, en caso de picaduras de insectos o contacto con ortigas es local, mientras que cuando responde a una reacción alérgica (medicamentos, alimentos, etc.), suele presentar mayor extensión. A veces, si es muy intensa, pueden aparecer incluso lesiones de garganta que producen disfagia (dificultad al tragar).

TRATAMIENTO

AVERIGUAR LA CAUSA: valorar si la urticaria responde a un proceso alérgico conocido o nuevo (medicamentos administrados recientemente, nuevos alimentos que se han introducido), antecedentes recientes de picaduras de insectos, contacto con ortigas...

BAÑO EN AGUA TEMPLADA: es un remedio muy simple para reducir el picor, e incluso, el tamaño de las lesiones por modificaciones del riego sanguineo.

TÉ DE ORTIGAS: mezclar una cucharada de hojas de ortiga con una taza de agua hirviendo y cocer durante 5 minutos. Colar y tomar medio vaso del líquido resultante, una vez por la mañana y otra por la noche. También se puede utilizar aplicando sobre la zona lesionada una gasa empapada en el té.

TÉ DE EFEDRA: utilizado como infusión o aplicándolo también localmente con una gasa. Para prepararlo, mezclar una cucharadita de efedra con una taza de agua hirviendo, reposar durante 10 minutos y colar. Beber medio vaso 2 veces al día.

PICOR: para calmarlo, véase otros remedios en el apartado de prurito.

SI HAY DISFAGIA, acudir a un servicio de urgencias ya que puede que se esté cerrando, por la inflamación, la entrada a las vías aéreas.

PREVENCIÓN

Evitar la administración de alimentos o medicamentos que puedan provocar reacciones alérgicas en el niño; la introducción de los alimentos en el bebé debe realizarse muy lentamente y uno por uno, con el fin de detectar posibles reacciones alérgicas; proteger a los niños de los insectos.

sabía que *el frío, y en especial los cambios bruscos de temperatura, son también responsables de urticaria y picores.*

Vacunas

Sustancias que tratan de estimular nuestras defensas para evitar el desarrollo de enfermedades infecciosas o reacciones alérgicas.

ORIGEN

Por lo general, las vacunas están constituidas por "trocitos" de gérmenes (bacterias, virus) que han sido aislados en laboratorio y no tienen capacidad de producir enfermedad, aunque sí informan a las defensas del organismo de las características del virus o la bacteria; gracias a estos datos, nuestro cuerpo prepara "soldados" específicos contra estos invasores. En caso de que penetren en nuestro cuerpo, como ya estamos preparados, los destruirán con mayor facilidad. En el caso de las alergias, las vacunas también son fragmentos mínimos de la sustancia que provoca la reacción, que pretenden que nuestro cuerpo "se acostumbre" poco a poco a ella. Hay una serie de vacunas (cada vez más numerosas) que se administran a edades determinadas y que presentamos en el capítulo especial dedicado al calendario de vacunaciones. No obstante, debemos recordar que...

TRATAMIENTO Y PREVENCIÓN

CADA AUTONOMÍA, en función del riesgo de determinadas enfermedades infecciosas, marca pequeñas modificaciones al calendario (tuberculosis en la Comunidad Autónoma Vasca, hepatitis A de adolescentes en Cataluña, adelanto de la vacuna contra el sarampión en Madrid...) No obstante, por lo general, la primera vacuna es contra la hepatitis B, seguida de las correspondientes a difteria, tos ferina, poliomielitis, sarampión, rubéola...

EFECTOS SECUNDARIOS: en ocasiones, la administración de las vacunas puede ser acompañada de fiebre ligera, pérdida de apetito, dolor local (en el lugar de la inyección), malestar. Para eliminar estos síntomas, aconsejamos los remedios propuestos en sus correspondientes apartados.

SI VIAJA AL EXTRANJERO, y en especial fuera de Europa, pregunte en los Servicios de Sanidad Exterior la necesidad o no de vacunación previa (91-401 50 35; 93-319 43 00). Con frecuencia se necesita proteger al niño (y también al adulto) contra cólera, hepatitis A, hepatitis B, malaria, fiebre amarilla...

HERIDAS Y VACUNAS: en el caso de mordedura de animales (perro, zorro, roedores) hay que valorar con el médico la necesidad de vacuna antirrábica. En las heridas "sucias", "tortuosas", contaminadas, téngase en cuenta, según la edad del niño, un refuerzo de la vacuna antitetánica.

GRIPE: muy recomendable en el caso de los niños que sufren catarros y resfriados con frecuencia.

sabía que la mayoría de las vacunas están compuestas por bacterias o virus inactivados, responsables de enfermedad de la que se trata. Otras veces son parte de los gérmenes o defensas específicas (anticuerpos) contra una enfermedad.

Varicela

TÉRMINOS SIMILARES: varicela zoster, herpes zoster

Infección que afecta sobre todo a la piel, producida por un tipo de virus herpes denominado varicela zoster.

ORIGEN

Es una enfermedad muy contagiosa, ya que inunda las vesículas que forma en la piel o acompaña a las secreciones de las vías respiratorias en el estornudo, la tos, etc. El virus de la varicela zoster prolifera sobre todo en la piel dando lugar primero a manchas de color rojo oscuro, que aparecen sucesivamente en espalda, pecho, cara, extremidades. Más tarde, las manchas se transforman en vesículas con líquido transparente y, finalmente, son sustituidas por costras y desaparecen sin dejar marcas. Estas lesiones son acompañadas por fiebre, dolores de cabeza, picores, pérdida de apetito, malestar general... Desde que entra el virus hasta que aparecen los síntomas pasan 2-3 semanas, período en el que pueden contagiarse otros niños, sobre todo desde 2 días antes de aparecer las manchas hasta una semana después de ellas.

TRATAMIENTO Y PREVENCIÓN

REDUCIR EL CONTACTO directo con otros niños mientras existan lesiones en la piel. Se recomienda que el niño esté en su casa hasta pasados 6-7 días desde el inicio de las manchas.

TRATAR LOS SÍNTOMAS (fiebre, dolor, picor) de acuerdo con los remedios que proponemos en sus correspondientes apartados.

EVITAR EL RASCADO de la piel, en especial de las vesículas, para que no se extiendan las lesiones. Conviene que el niño tenga las uñas muy cortas.

PROCURAR QUE ESTÉ sin pañales y con la piel al aire el mayor tiempo posible (el aire colabora al secado de las lesiones y evita lesiones por "roce" en las vesículas).

BAÑOS DE HARINA DE AVENA: echar al agua templada del baño 1-2 tazas de este tipo de harina y permanecer en su interior 15-20 minutos. Ayuda a reducir los síntomas y a secar las lesiones.

LAVARSE LAS MANOS con mucha frecuencia, ya que suele haber contaminación al tocarse vesículas, rascarse, etc., y transmitimos el virus a otras personas que no hayan sufrido la enfermedad (mucho cuidado en el caso de las embarazadas).

ALIMENTACIÓN: sobre todo basada en líquidos (zumos, caldos...).

sabía que *debido a la elevada capacidad contagio de la varicela, cada año la padecen en España cerca de 400.000 niños.*

Vegetaciones

Inflamaciones de órganos defensivos situados en las proximidades de las fosas nasales.

ORIGEN

Detrás de las fosas nasales y alrededor de la boca contamos con una serie de órganos repletos de linfocitos o células especializadas en la captura de agentes agresores (biológicos o inertes). Estos órganos son las amígdalas o adenoides. Cuando trabajan en exceso (porque hay muchos agresores, como sucede durante una infección en esa zona) estos órganos se hinchan y aparecen las vegetaciones o adenoiditis, las cuales pueden ir solas o acompañando a amigdalitis (anginas), rinitis, faringitis, catarros, etc. Cuando aparecen, suele haber fiebre, dificultad para respirar por la nariz (tapan las fosas nasales por detrás), malestar general... pudiendo complicarse con la aparición de otitis, bronquitis, etc. Cuando se producen de vez en cuando no plantean grandes problemas, pero si se prolongan en el tiempo, si se cronifican, convendría extirparlas por las dificultades que producen en la respiración.

TRATAMIENTO

TRATAR LOS SÍNTOMAS que acompañan a la infección.

VAHOS DE EUCALIPTO: realizarlos 2-3 veces al día utilizando una taza de hojas de esta planta en 1 l de agua. Respirar profundamente durante 10-15 minutos. Poseen notables efectos antisépticos (contra los gérmenes).

AGUA CON MENTOL O EUCALIPTO: depositar en un lugar seguro de la habitación del niño (e incluso en otros lugares de la casa) una taza o plato hondo con un puñado de hojas de una de estas plantas mezclado con agua caliente.

REDUCIR el consumo de productos lácteos (en especial la leche), así como de alimentos refinados que incluyan muchos aditivos (bollería industrial, golosinas, etc.). Estos productos incluyen muchos elementos que son extraños para el cuerpo y que los órganos defensivos tratan de eliminar, favoreciendo las vegetaciones.

SUSTITUIR la leche de vaca por otras de origen vegetal sin azúcar (las derivadas de soja, arroz, chufa y similares).

PREVENCIÓN

Educar al niño para que practique una buena respiración nasal; si se repiten las vegetaciones, valorar posibles alteraciones de los huesos y del tabique de la nariz; evitar los ambientes secos y contaminados (gases, humos, etc.).

sabía que *la extirpación de adenoides suele hacerse a partir de los 3 años y bajo anestesia general, aunque en pocas horas se abandona el hospital.*

vértigo

TÉRMINO SIMILAR: mareos

Sensación de inestabilidad o de movimiento de los objetos que nos rodean, que se manifiesta incluso permaneciendo quietos.

ORIGEN

En el caso de los niños, las sensaciones de vértigo están relacionadas con alteraciones (infecciones) de la parte interna del oído, donde se encuentra el denominado órgano del equilibrio o laberinto. En esta zona hay tres pequeños canales semicirculares orientados en cada uno de los ejes del espacio. Cuando nos movemos, ellos envían información al cerebro y sabemos en cada momento, incluso con los ojos cerrados, en qué posición nos encontramos en el espacio. Cuando los canales o el nervio que lleva la información al cerebro se ven afectados por una infección, un traumatismo, etc., envían información errónea y tenemos una sensación de movimiento que en realidad no existe. Lo mismo le sucede al niño, y con frecuencia con mayor facilidad. Otras veces, las menos, se debe al llamado miedo a las alturas.

TRATAMIENTO

MIEDO A LAS ALTURAS: hay que enfrentarse a él poco a poco, realizando ejercicios de equilibrio cada vez más complejos (primero sobre una raya en el suelo, más tarde sobre un banco...).

INFUSIONES DE PRÍMULA: realizadas a partir de las hojas y las flores de esta planta. En caso de inflamación del oído interno con vértigos, tomarlas mientras se observen síntomas con una frecuencia de 2 veces al día (no más de medio vaso).

INFUSIÓN DE MENTA PIPERINA: elaborada con un puñado de hojas por cada l de agua hirviendo, dejando reposar la mezcla durante 10 minutos. Tomar 2 veces al día.

EJERCICIOS: 1: mover los ojos lentamente arriba-abajo, derecha-izquierda; 2: mover la cabeza, barbilla al pecho y luego nuca a la espalda, y después inclinación lateral de la cabeza a un hombro y seguidamente al otro; 3: ascenso y descenso de los hombros intentando tocar la oreja; 4: andar en línea recta 5 pasos hacia adelante y 5 hacia atrás, primero con los ojos abiertos, luego con los ojos cerrados; girar sobre sí mismo, primero con los ojos abiertos, luego con los ojos cerrados. Realizar cada ejercicio 5 veces al día.

EN CUALQUIER CASO, si la sensación de vértigo no mejora en pocos días, debe consultarse al especialista.

PREVENCIÓN

Vigilar y tratar eficazmente las inflamaciones de garganta y otras zonas próximas (en particular las otitis) para que no afecten el oído interno (laberinto); mantener una buena higiene del conducto auditivo externo (sobre todo después del baño); en caso de golpes que afectan la región de los oídos y posterior presencia de vértigos, acudir al especialista lo antes posible.

sabía que *hay veces en que los vértigos surgen por lesiones en los ojos, como en los casos de la diplopia ("ver doble") o hemorragias retinianas tras un golpe.*

Vista

Órgano encargado de recibir estímulos luminosos y transportarlos al cerebro para que allí se forme la imagen.

ORIGEN

Los ojos del niño maduran considerablemente después del nacimiento, adaptándose poco a poco a las funciones que les corresponden. Ya sea por causas congénitas (antes del nacimiento, herencia, etc.) o por "agresiones" posteriores (infecciones, traumatismos), los más pequeños pueden tener defectos visuales que deben ser tratados lo antes posible para evitar un posible aumento de éstos o repercusiones en la vida social, escolar, etc. Desde el estrabismo hasta los problemas de acomodación del cristalino, pasando por problemas de la retina, debemos consultarlos y tratarlos con la mayor celeridad. Vigile las siguientes situaciones, y en caso de que aparezcan, consulte al oftalmólogo.

SIGNOS A TENER EN CUENTA

DESVIACIÓN O ASIMETRÍA de los ojos, aunque sea mínima.

TORCER LA CABEZA cuando mira atentamente un objeto.

GUIÑAR SÓLO UNO DE LOS OJOS, y en especial cuando se encuentra al aire libre.

NOTA DIFERENCIAS, para un mismo objeto, si lo mira con un ojo tapado y luego con el otro.

EN EL BORDE DE LOS PÁRPADOS hay escamas y/o orzuelos con frecuencia.

PARPADEA o tiene los ojos enrojecidos con mucha frecuencia.

DOLORES DE CABEZA que le afectan sobre todo por las tardes.

sabía que *para que un recién nacido pueda ver un objeto debe colocarse éste a 25 -30 cm de sus ojos. Y si de una luz se trata, bastante más lejos.*

Vómitos

Mecanismo reflejo o involuntario que provoca el vaciamiento del estómago y se encuentra precedido de náuseas, palidez, malestar y sensación de debilidad.

La mayoría de los vómitos se deben a problemas del aparato digestivo, aunque no debemos olvidar que también pueden responder a infecciones (garganta, oídos, anginas, apendicitis, vías urinarias, sistema nervioso: caso de meningitis) e incluso a problemas psíquicos o emocionales. Para distinguir su origen conviene saber si hay fiebre (caso de las infecciones), diarrea (aparato digestivo), sin náuseas o "en escopetazo" (meningitis), etc. Sea como fuere, el mayor riesgo de los vómitos radica en la pérdida de líquidos y la deshidratación del bebé; por ello debemos consultar con el pediatra en caso de: vómitos continuados que duran más de 12 horas, si hay sangre, materia fecal o bilis en los vómitos; en bebés menores de 6 meses, si hay fiebre alta, si le duele la tripa (apendicitis) y también se presentan vómitos "en escopetazo" (sin aviso, con riesgo de afecciones del sistema nervioso central: meningitis, encefalitis). En el resto de los casos, y siempre manteniendo la vigilancia sobre los aspectos anteriores...

RECUPERAR LOS LÍQUIDOS PERDIDOS: una cucharadita cada 5 minutos de agua templada-fría (los líquidos fríos calman los vómitos) o una infusión de té, zumos o caldos suaves, de acuerdo con la edad del niño. Cuando los vómitos han pasado (2-3 horas sin ellos), proporcionar mayor cantidad de líquidos (medio vaso por hora).

SUERO ORAL que debe administrarse lentamente, a cucharadas, comenzando antes de que llegue la primera hora tras el vómito y a un ritmo de cucharada por cada 2-3 minutos (este suero se distribuye en farmacias).

PREFERIBLES SON LOS LÍQUIDOS con un poco de azúcar (zumos, leche) para recuperar la glucosa perdida con los vómitos, evitándose la acetona, que por sí sola puede facilitar la presencia de vómitos.

SI NO DESEA líquidos y el niño es mayorcito podemos ofrecerle (para recuperar la glucosa, facilitar la salivación, procurar cierto equilibrio emocional, etc.) una pequeña golosina, como el chupa-chups.

TRATAR LA ENFERMEDAD que ha favorecido los vómitos (anginas, tos, otitis, catarros, etc.).

sabía que *durante los primeros meses de vida los bebés siempre devuelven un poquito de leche entre toma y toma.*

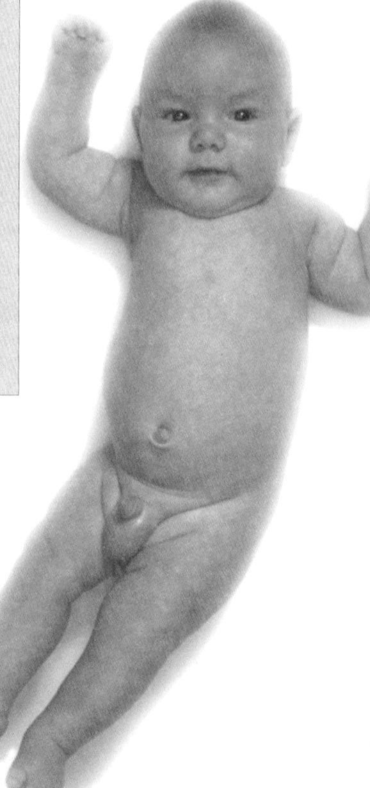

Vulvovaginitis

TÉRMINOS SIMILARES: infección genital, infección vaginal

Infección que se produce en las niñas, que afecta a los órganos genitales externos (labios menores y mayores) y la vagina.

ORIGEN

Durante los primeros años de vida, este proceso es relativamente frecuente en el caso de las niñas. Su principal origen son los gérmenes que habitan en la región anal y que, por diversas circunstancias, pasan hasta la región vulvovaginal, proliferando y facilitando la infección. Cuando ésta aparece hay escozor al orinar, enrojecimiento de la zona y picor como síntomas más relevantes.

TRATAMIENTO Y PREVENCIÓN

TRATAR LOS SÍNTOMAS (picor) de acuerdo con los remedios que proporcionamos en el apartado correspondiente.

MANTENER SIN PAÑAL A LA NIÑA para que la zona afectada se encuentre al aire el mayor tiempo posible evitándose así la humedad y los rozamientos que retrasan su curación y aumentan las molestias.

BAÑOS DE EQUISETO: mezclar 100 g de esta planta con 1 l de agua muy caliente. Dejar reposar durante una hora y añadir después al agua de la bañera. Esta planta contiene ácido salícico, un elemento con potentes efectos analgésicos y antiinflamatorios.

BAÑOS DE MANZANILLA: añadir al agua de la bañera una infusión de manzanilla bien cargada. Tiene notables efectos antiinflamatorios. Puede utilizarse también en forma de vahos sobre la región genital, o con ayuda de compresas humedecidas en la infusión.

MEDIDAS HIGIÉNICAS: baño o ducha diaria, cambio de ropa con frecuencia, preferencia por las ropas "flojas", etc.

ENSEÑAR A LA NIÑA a practicar una buena limpieza de la región ano-genital, realizándola siempre de adelante hacia atrás, nunca al revés, para no trasladar impurezas del ano a la vagina.

CONSUMIR YOGUR, sobre todo de tipo natural ya que colabora a reequilibrar la flora de bacterias de esa zona eliminando las causas de la infección.

sabía que *el prurito provocado en caso de vulvovaginitis es más intenso por la tarde y durante la noche.*

yodo

Sustancia que necesita el cuerpo en pequeñas cantidades para asegurar la función de la glándula tiroides (metabolismo, energía y crecimiento).

ORIGEN

El yodo, al igual que el calcio o el hierro, es un elemento imprescindible en pequeñas cantidades, pero que el cuerpo humano no puede fabricar. Siempre lo obtenemos a partir de los alimentos que ingerimos con la comida diaria. Gracias a él se elaboran las hormonas tiroideas (su falta provoca el bocio; cuando surge antes del nacimiento hablamos de cretinismo) que controlan el metabolismo y la producción de energía del organismo, además de contribuir al crecimiento y el desarrollo. Recientes investigaciones certifican que el yodo es fundamental en la maduración de funciones cognitivas como la memoria, la inteligencia, la capacidad de atención, etc. Su falta o déficit puede reducir el coeficiente intelectual hasta en un 15 por 100 por debajo del nivel normal.

TRATAMIENTO Y PREVENCIÓN

LAS PRINCIPALES FUENTES de yodo son verduras, frutas, mariscos, pescados, algas marinas y sal yodada.

SAL YODADA: la utilización de este tipo de sal en la preparación de comidas asegura gran parte de las necesidades diarias.

AJO: crudo o en polvo, como el presentado en el interior de cápsulas, se puede aportar mezclado con la comida en el caso de niños mayorcitos y de vez en cuando (3-4 veces por semana).

BAÑOS DE MAR: siendo el agua de mar muy rica en yodo, permite que éste, a través de la piel, penetre parcialmente en el cuerpo humano.

ENSALADAS DE BERRO: sus hojas, de fácil asimilación, son muy ricas en yodo.

sabía que *un niño necesita menos de 100 mg de yodo cada año, cantidad asegurada con una dieta equilibrada.*

jogur

Derivado lácteo que procede de la fermentación de la leche, preferentemente de vaca.

ORIGEN

El yogur es una forma muy especial de leche fermentada que se obtiene reduciendo la leche a la mitad de su volumen por evaporación, y después a la acción de un fermento. Es un alimento muy saludable y nutritivo; no en vano incluye cantidades notables de calcio, fósforo, magnesio, vitaminas A, B y D, lo que le confiere ciertas propiedades muy beneficiosas. De 100 g de yogur, 86 son agua y equivalen a 74 kilocalorías.

CARACTERÍSTICAS

INTOLERANCIA A LA LACTOSA: los yogures naturales, debido a que lentifican el vaciado gástrico y su elevado contenido en lactasa (enzima que rompe la lactosa), puede ayudar al tratamiento de la intolerancia, e incluso puede ser empleado como alimento lácteo mientras dure el problema.

FUENTE DE CALCIO: es uno de los alimentos que mayores cantidades incluye, aunque por debajo de quesos, cacao y frutos secos.

REGULARIZA la función del intestino, siendo útil para controlar diarreas, estreñimiento e incluso exceso de gases.

ACONSEJABLE para los niños es tomar uno al día o cada dos días.

LOS MEJORES son los naturales o de frutas, pero con "trozos", y que incluyan *Lactobacillus bulgaris* y *Streptococcus thermophilus.* No confundirlos con un simple postre lácteo.

GARANTÍA: elija yogures naturales a los que puede añadir trozos de fruta o cacao. Son preferibles los elaborados con leche entera.

sabía que *un refresco de cola tiene unas pocas kilocalorías más que un yogur.*

zumo

Extracto líquido de diferentes colores que se obtiene tras exprimir o licuar frutas, verduras, hortalizas y otros comestibles.

ORIGEN

Preferentemente se utilizan las frutas como fuente de zumos, ya que su contenido en agua es muy elevado y la cantidad de zumo mayor, además de tener, en general, elevado valor nutritivo. No obstante, también se pueden utilizar los procedentes de verduras, hortalizas, etc. (tomate, pepino, calabacín, zanahoria, etc.). Los niños deben beber zumos todos los días, y de lo más variado que sea posible. Por su valor nutritivo, hay que dar preferencia a los de verduras pues representan otra forma (además de las papillas o los cocidos enteros) de presentar estos alimentos.

CARACTERÍSTICAS

DEBEN CONSUMIRSE inmediatamente después de ser preparados, ya que se "oxidan" lentamente por la acción de la luz y pierden muchas vitaminas.

EN CASO DE QUE SE DEBAN CONSERVAR durante unas horas, debemos hacerlo en lugar fresco (frigorífico), dentro de un recipiente opaco o de cristal oscuro (cúbrase por fuera con papel de aluminio para evitar la luz). Nunca utilice recipientes de aluminio o cobre, ya que pueden modificar su composición.

SABOR: si resulta un poco desagradable para el niño, se le puede añadir un poco de azúcar, unas gotas de esencia de naranja, un poco de cacao o sustancias similares que resultarán muy atractivas para el pequeño.

PROCURE PRESENTAR los zumos con un aspecto agradable, añadiendo un toque personal, para que el niño se familiarice con ellos y su consumo sea una fiesta. Cuide en especial la presentación de los zumos de verduras, los mejores por su contenido, porque a veces el sabor no es el ideal.

FRESCOS: el mayor valor nutritivo lo tienen los zumos a temperatura ambiente o un poco frescos. Aunque sean de verduras y hortalizas, si se los calienta pierden algunas de sus propiedades.

ENFERMEDAD: muchos síntomas y enfermedades se tratan con zumos, y suponiendo éstos la primera fuente de alimentación del enfermo. Por ello debemos acostumbrar a los niños a todo tipo de zumos desde temprana edad.

sabía que *para añadir unas gotas de limón a la comida del niño sin gastar una pieza entera se le puede clavar un palillo a ésta apretar un poco al gusto y, luego, sacar el palillo y dejar el limón en la nevera.*

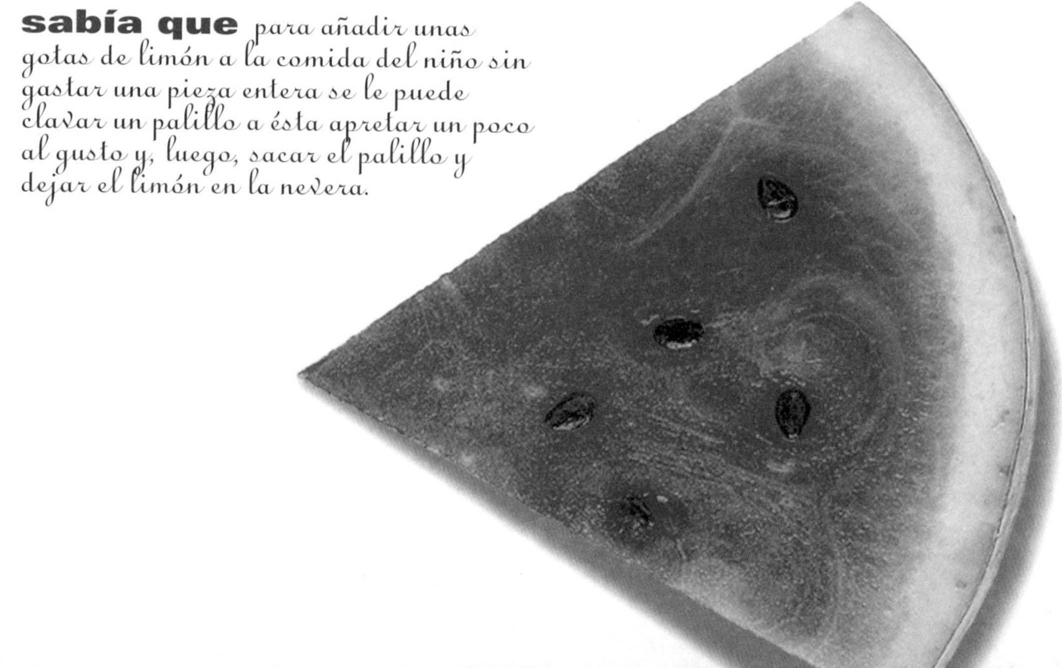

botiquín natural

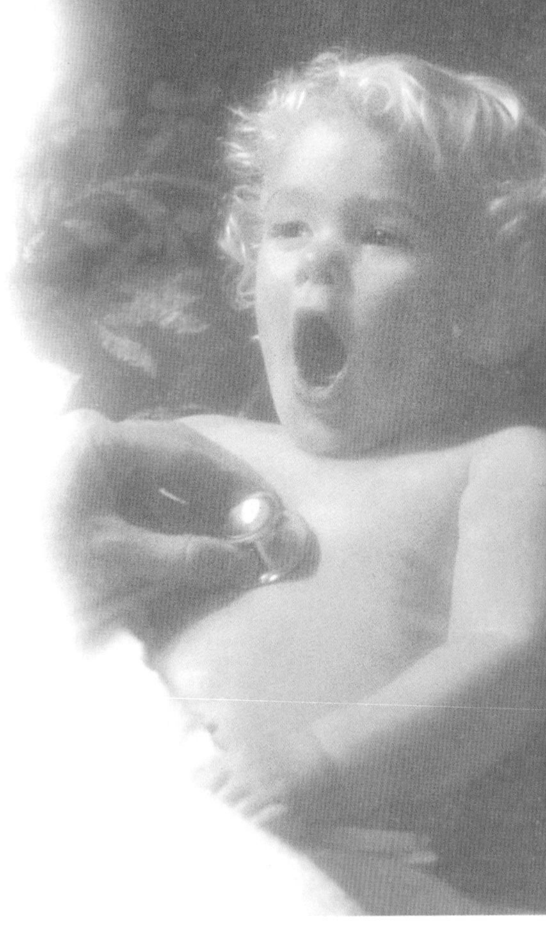

Botiquín doméstico para los niños

Desde el momento del nacimiento hasta la pubertad, la salud de nuestros hijos es una "caja de sorpresas" en el sentido de que son frecuentes pequeños "achaques" de todo tipo,que van desde traumatismos hasta heridas, pasando por indigestiones, dolores de cabeza, quemaduras, alergias, procesos infecciosos, reacciones a vacunas, etc.

Para hacer frente con éxito a la mayoría de estos problemas, aconsejamos que se incluyan en el botiquín doméstico y se tengan siempre a mano los siguientes elementos:

materiales

AGUA OXIGENADA: la utilizaremos para limpiar y desinfectar todos los instrumentos que empleemos para tratar heridas.

BOLSITA DE PLÁSTICO: muy útil para aplicar agua caliente, cubitos de hielo u otros elementos que luego se pondrán en contacto con la piel.

ESPARADRAPO: mejor si es de tipo hipoalérgico, ya que será utilizado con frecuencia en los niños; además de no producir reacciones adversas, se suelta con mayor facilidad.

GASAS: imprescindibles para limpiar heridas, cortar pequeñas hemorragias, aplicar agua fría en caso de fiebre, etc.

IMPERDIBLES: muy útiles para fijar pañuelos, compresas y vendas.

PAÑUELO LIMPIO: imprescindible para la práctica de emplastos, paños de agua caliente o fría, y para aplicar infusiones sobre la piel o proteger el cuello en caso de infecciones.

PINZAS: de gran ayuda para extraer restos de cuerpos extraños y otros elementos que puedan estar incrustados en las heridas, o simplemente en la piel, después de caídas, golpes, etc.

TERMÓMETRO: para determinar la temperatura del niño, ya sea en axila, boca o culito, tal como se indica en el capítulo de cuidados del niño enfermo.

TIJERAS: para cortar debidamente cada uno de los elementos que utilicemos (gasas, vendas, esparadrapo, etc.).

TIRITAS: de diferentes tamaños para proteger las heridas. También se pueden elaborar con pequeños trozos de gasas o vendas fijadas al esparadrapo.

VENDAS: para proteger suficientemente cualquier herida, sobre compresas y gasas, e incluso para elaborar con ellas gasas "a medida".

alimentos y plantas que conviene tener siempre a mano

ACEITE DE OLIVA: ingrediente habitual de numerosos remedios contra las infecciones de las vías respiratorias y el aparato digestivo.

AJO: antiséptico y antimicrobiano muy eficaz para heridas, infecciones de vías aéreas y para la tos.

CALÉNDULA: planta medicinal excelente para hacer frente a los problemas de la piel, en especial cortes, moratones y quemaduras.

CEBOLLA: eficaz para elaborar numerosos remedios, entre ellos los que combaten la tos.

MANZANILLA: planta medicinal con numerosas aplicaciones, entre las que destacamos el tratamiento del insomnio, las situaciones de ansiedad y nerviosismo, así como los problemas del aparato digestivo.

MENTA PIPERITA: útil en el caso de molestias de tipo digestivo por sus efectos como relajante del estómago.

MIEL: alimento muy útil para combatir lesiones de la piel e infecciones de las vías aéreas. Forma parte de numerosas infusiones para agradar al niño.

ROMERO: cuenta con numerosos efectos que facilitan la digestión; y calma la tensión nerviosa, siendo indicado, especialmente, en caso de indigestión y dolores de cabeza.

TUSÍLAGO: cuenta con un eficaz efecto calmante sobre la tos por su acción antiespasmódica. Imprescindible en caso de tos irritativa y catarros.

VALERIANA: relajante muscular que favorece la digestión, disminuye las tensiones y facilita el sueño. Indicado en casos de ansiedad, insomnio y estrés.

algunos medicamentos

ANTIHISTAMÍNICOS: para hacer frente a las numerosas reacciones alérgicas que con frecuencia presentan los bebés y los niños. Con ellos podemos disminuir el picor y el resto de los síntomas.

PARACETAMOL: fármaco con efectos antiinflamatorios, analgésicos y antipiréticos con el que podemos tratar la fiebre que no baja, los dolores intensos y las inflamaciones rebeldes.

EL RESTO DE LOS MEDICAMENTOS: como antibióticos, antitusígenos (para calmar la tos), etc., debemos utilizarlos siempre cuando sean indicados por el pediatra y de acuerdo con las normas que nos proporcione.

prevenir los accidentes infantiles

Para prevenir los accidentes infantiles

cada edad, sus accidentes

Las cifras que arrojan las estadísticas resultan francamente trágicas, y más si tenemos en cuenta que la mayoría de los accidentes en la edad infantil son evitables. Se calcula que, cada año, cerca de 500.000 niños españoles en edad escolar tienen algún tipo de accidente, ya sea en el hogar, las zonas recreativas, áreas deportivas, las calles, etc. Cada edad tiene sus riesgos; nada mejor que conocerlos para conseguir la mejor prevención que nos sea posible:

menos de 1 año

El 40 por 100 de los ingresos hospitalarios por accidente en esta edad, se debe a caídas que han tenido lugar en el hogar, generalmente desde muebles (cuna, cama, tumbona, silla, trona, coche-silla). También son frecuentes los tirones de los brazos que generan luxaciones, los golpes contra el suelo y los muebles cuando el bebé da sus primeros pasos, y, con menor frecuencia, las intoxicaciones (20 por 100 de los ingresos en hospitales por esta causa a esta edad).

de 1 a 5 años

Sigue siendo el hogar el foco más importante de accidentes, en especial la cocina, la sala de juegos y el baño. Los accidentes más frecuentes tienen su origen a la hora del juego, destacando las caídas, también desde muebles como mesa, sillas, escaleras, etc. Las caídas suponen casi el 70 por 100 de accidentes a esta edad, sin olvidar las quemaduras en la cocina, los cortes con objetos punzantes y cortantes (tijeras, cuchillos), los golpes contra objetos que se quieren ver y se caen (lámparas de mesilla, manteles en la mesa).

de 6 a 10 años

Los lugares donde debemos centrar nuestra atención son, y por este orden, el hogar, la calle y las zonas de juego. Se lesionan más los varones que las mujeres, también con mayor gravedad (casi el 90 por 100 de los accidentes de niños que requieren atención en el hospital). Con mucho, las lesiones más frecuentes son las caídas en casa, haciendo deporte o en la calle.

más de 11 años

Las lesiones accidentales más frecuentes se producen en las zonas de juego, seguidas del hogar. Destacan sobre todo los golpes y las caídas que tienen su origen en la práctica deportiva, especialmente cuando se utiliza la bicicleta o el monopatín, sin olvidar las que se producen en las escaleras, caídas motivadas generalmente por jugar en ellas.

¿cuándo se producen los accidentes?

Hay diversos momentos y circunstancias a lo largo del día en los que son más frecuentes los descuidos y, en consecuencia, los accidentes:

- Antes de las comidas, porque los niños tienen hambre o sed y se encuentran más inquietos, "movidos". Pretendemos "superar el trance" lo antes posible y, por prepararlo todo deprisa, podemos también descuidarnos.
- Al caer la noche, tanto los niños como los adultos nos encontramos más cansados y pueden sobrevenir los descuidos.
- Especial atención si estamos realizando algún tipo de obra en casa, o si nos encontramos de mudanza. Las cosas no están en su sitio...
- Cuando alguien de la familia se encuentra enfermo podemos olvidar al pequeño, aunque sea un instante, con lo que "favorecemos" el accidente.
- Durante los viajes, y cuando la familia se encuentra de vacaciones, los accidentes son también más frecuentes.
- Cuando los padres tienen responsabilidades laborales unidas a las propiamente domésticas y el agotamiento hace presa fácil de ellos.

medidas preventivas para evitar los accidentes

Ya hemos indicado que la mayor parte de los accidentes que sufren nuestros niños pueden ser evitados, sobre todo si consideramos una serie de medidas que tratan de minimizar los riesgos en el hogar, en la calle o en las zonas de recreo, medidas preventivas específicas de cada grupo de edad:

menos de 1 año

1. Acostar al bebé con la cabeza de lado o boca arriba

2. Los barrotes de la cuna deben tener una distancia máxima entre sí de 7,5 cm.

3. Proteger los barrotes de la cuna con protectores de espuma para evitar golpes en la cabeza.

4. Reducir el uso de cadenas, pulseras o ropas con lazos.

5. No dejar solo al bebé sobre una superficie elevada (cama, mesa, etc.).

6. Evitar que el niño esté en la cocina mientras se preparan o manipulan los alimentos, o se están limpiando diversos elementos con utilización de productos de limpieza, muchos de los cuales emiten gases tóxicos (amoníaco).

7. Vigilar que las piezas de los juguetes que habitualmente utiliza son de un tamaño superior al de su boca, y que incluso son irrompibles para sus posibilidades.

8. La temperatura del baño del bebé debe oscilar entre 34 y 36 °C (similar a la de la piel). Comprobar este hecho previamente con ayuda de un termómetro.

9. Verificar que la temperatura de los alimentos que va a consumir (en especial la leche), es la adecuada (34-36 °C).

10. En el coche, el niño debe descansar en su silla adaptada a los asientos delanteros o traseros del vehículo. Nunca hay que transportarlo en brazos, aunque sea un corto trayecto.

11. No mantener en los brazos al bebé mientras estemos realizando otras actividades (cocinar, limpiar, beber algo caliente o fumar).

12. No fumar en zonas que habitualmente usan los niños, y mucho menos si están presentes.

13. Nunca dejar al bebé sobre una superficie elevada (mesa, mudador, cama).

14. El mudador debe ser amplio y largo, lo suficiente como para permitir que el bebé pueda darse la vuelta sin problemas y no tener que hacer "malabarismos" en el momento de cambiarle.

15. La trona debe ser estable, sin balanceos.

16. El plástico que cubre el colchón debe ser protegido con una sábana ajustable para evitar que las humedades entren en contacto con el bebé, o que la sábana se suelte y "se enrolle" sobre el niño.

17. No dejar solo mucho tiempo al bebé en el parque.

18. Nunca dejarlo solo en el interior del baño, aunque tenga poca agua, ya que puede darse la vuelta.

19. Vigilar al bebé mientras come, sobre todo cuando

ya utiliza los dedos y hay riesgo de atragantamiento.

20. La puerta del horno debe tener un aislamiento térmico, o, mejor, tiene que estar situado en una zona alta.

21. Todos los objetos cortantes o con punta (tijeras, cuchillos, navajas, agujas) deben situarse fuera del alcance del niño.

22. Proteger debidamente los enchufes y otros contactos eléctricos.

23. Ocultar los cables de lámparas, planchas, radios y otros elementos eléctricos para que la curiosidad del niño no "tire" de ellos.

24. Los radiadores de la casa, u otras fuentes de calor, deben tener un elemento protector o funcionar a una temperatura que no pueda lesionar al niño.

25. Cualquier objeto de pequeño tamaño, comestible o no (alubias, botones, pilas pequeñas, caramelos), debe estar fuera del alcance del niño, regla que hay que mantener con productos posiblemente tóxicos (detergentes, productos de limpieza, etc.).

26. Evitar las esquinas "con punta" en los muebles, esquinas de paredes, etc. Colocar, en tal caso, protectores.

27. Al salir a la calle, asegurarse de que todas las piezas de la silla están bien fijadas, en particular el capazo.

más de 1 año

1. Vigilar ventanas, balcones, miradores, etc., no dejando en estos lugares sillas u otros objetos que permitan "elevarse" al niño.

2. Reducir al mínimo tiempo posible la presencia de los niños en la cocina cuando se está preparando la comida.

3. Al preparar la comida, utilizar los fuegos posteriores, de atrás, y colocar los mangos de sartenes y asas de cazuelas hacia el interior para evitar que se encuentren al alcance de los niños.

4. Medicinas y productos de limpieza, siempre, bien custodiados, en lugares seguros. Asegurarse de que ninguno de estos productos tenga un aspecto que recuerde a comida o golosinas.

5. Debemos enseñar que mastique bien el alimento y que introduzca en la boca trozos de pequeño tamaño para reducir al mínimo el riesgo de atragantamiento. Hasta que sea un poco mayor, no dejarle comer solo elementos de pequeño tamaño (frutos secos, golosinas, etc.).

6. No fumar en presencia de los niños, y tampoco en aquellos lugares donde pueda encontrarse en algún momento a lo largo del día.

7. No dejarlos solos en el baño cuando están dentro de la bañera, sobre todo en el caso de los más pequeños.

8. En el coche, y según la edad, debe ir siempre bien seguro en los asientos traseros, con silla adaptada, cojín u otro elemento, y con ayuda del cinturón de seguridad.

9. Vigilar sus movimientos en parques y zonas de recreo, sobre todo si hay columpios, toboganes, etc.

10. Nunca dejarlos solos en las proximidades del borde de una piscina, a orilla del mar o lugar semejante, aunque la profundidad sea escasa.

11. Debemos dar ejemplo con todos nuestros actos, para que el niño no adquiera malos hábitos o trate de imitarnos.

12. Mención especial merecen las fiestas y cumpleaños. En estos casos hay que acotar una zona de la casa, prohibiendo el acceso a otras dependencias. Quitar de esa zona todos los elementos peligrosos (pequeños objetos, lámparas). Procurar que los disfraces tengan pocos adornos y tiras de tela para reducir el riesgo de tropiezos y caídas. A la hora de comer, no utilice manteles largos; la vajilla debe ser irrompible, excluyendo sobre todo objetos punzantes.

caso especial: las ntoxicaciones

Como hemos indicado en párrafos anteriores, las intoxicaciones representan algunos de los accidentes domésticos más frecuentes entre los que pueden afectar a los más pequeños. En estos casos hay que actuar con cierta celeridad, pero sin perder la calma. Además de la información que proporcionamos en el capítulo de remedios en este mismo libro (véase intoxicaciones), sugerimos unas reglas básicas que pueden facilitar el camino a la hora de resolver el problema:

1. ¿ES UNA INTOXICACIÓN? Cuando ésta se produce, además de posibles signos de malestar que el niño puede presentar, observará que cerca hay restos de polvo, líquido, el paquete de un detergente, una botella de lejía, medicamentos, etc.

2. RETIRAR EL PRODUCTO CAUSANTE DE LA INTOXICACIÓN. Si se ha producido contacto con la piel o con los ojos, lavar abundantemente con agua. Si se trata de gases o humos, salir de ese ambiente.

3. SI DUDA O NO SABE QUÉ HACER, no haga nada y acuda al servicio de urgencias más próximo.

4. CONSULTE CON EL INSTITUTO NACIONAL DE TOXICOLOGÍA. Este Instituto tiene un Servicio de Información Toxicológica que, durante las 24 horas del día, proporciona todo tipo de información relativa a sustancia tóxicas y cómo tratarlas en caso de accidente. Su número de teléfono es 91 562 04 20. Cuando llame, deberá facilitar ciertos datos: nombre del tóxico, edad del niño, sexo, peso y tiempo transcurrido desde que se intoxicó.

Si pasados unos minutos hay todavía síntomas o lesiones en el niño, acuda al centro de urgencias más próximo, de ser posible llevando el producto responsable de la intoxicación, ya que esto ayudará mucho al especialista a la hora de proporcionar los remedios más eficaces.

cuidados del niño enfermo

Los cuidados del niño enfermo

Durante los primeros años de vida es frecuente que los niños adquieran enfermedades con orígenes muy diferentes, infecciosas, por accidentes, etc. Además de las medidas que con carácter específico debemos tomar para combatir cada lesión o enfermedad (véase capítulo de remedios), proponemos una serie de normas y actuaciones que pueden hacer más llevaderos los días de reposo y, en el fondo, combatir con mayor eficacia la enfermedad. En cualquier caso, la primera norma es tratar con cariño, sin excesos, al niño enfermo, darle la seguridad de que estamos cuidando de él y de que su situación nos preocupa. A veces, inconscientemente, el niño puede pensar que no nos ocupamos de él, y este sentimiento puede acelerar la enfermedad. Por ello, tratándole con ternura y constancia (insistimos, sin excesos) estamos aportando ya la "piedra angular" para su recuperación. ¡Ah! Muchas veces los niños pegan "un pequeño estirón" después de estar unos días en la cama. Esto se debe, como adelantamos en el capítulo relativo al crecimiento, a que la enfermedad puede estimular la liberación en el cuerpo de una hormona denominada somatomedina, que contribuye al crecimiento.

sugerencias para la alimentación

Completando los consejos especiales que en torno a la comida pueda ofrecer el médico o pediatra, proponemos las siguientes normas generales para el niño enfermo, en especial si guarda cama:

1. Distribuir la comida del día en un mayor número de tomas y con menor cantidad en cada toma (5-6).

2. Variar mucho el contenido de las comidas y presentarlas de forma atractiva y con mucho cariño.

3. Masticar mucho y bien cada alimento.

4. En cada comida, ingerir primero los alimentos sólidos y luego los líquidos.

5. Fuera de las comidas, "abusar" de los líquidos; y en especial de los zumos.

6. Reducir el consumo de alimentos que generan mucho volumen en el estómago y dan poca energía (ensaladas, sopas...).

7. Enriquecer las comidas con suplementos del estilo de huevo cocido, queso rallado, etc.

la habitación del enfermo

Por ser éste el recinto en donde el enfermo va estar varios días casi por entero, resulta imprescindible que apuntemos la mayor de las comodidades, compatibles siempre con el tratamiento de la enfermedad. Consideramos que las normas básicas son las siguientes:

1. La habitación debe contar con un ambiente tranquilo, con la menor cantidad posible de ruidos.

2. La cama debe disponerse de tal forma que se encuentre libre por ambos lados para facilitar todo tipo de movimientos, desde la cama hacia afuera o hacia adentro.

3. Utilizar dos almohadas para que el enfermo esté semisentado, postura muy beneficiosa sobre todo cuando hay problemas de las vías respiratorias. Procure "enderezar" las almohadas varias veces al día.

4. La ropa de cama debe estirarse un par de veces al día para mayor comodidad del niño. No hace falta acumular mucha ropa, sino la justa para que el enfermo

se encuentre a gusto y no sude. Es preferible un edredón a varias mantas.

5. Instale una mesa o mesilla cerca de la cama para poder colocar sobre ella los objetos de uso más frecuente (una jarra de agua, un vaso, algunos tebeos, una radio, unas pinturas).

6. Resulta muy práctico colocar en la mesa cercana a la cama un timbre o algo similar para que el niño lo utilice cuando necesite nuestra ayuda. Así, no tendrá que salir de la cama porque no le oímos, o "destrozarse" la voz dando gritos.

7. Siempre es útil contar con una camarera (una bandeja con patas) que será imprescindible a la hora de comer con cierta comodidad (recordar que el enfermo tiene 5-6 tomas al día), y que también puede servir para que el niño realice sobre ella juegos, dibujos, redacciones, etc.

8. Si no hace frío, es fundamental mantener un poco abierta alguna de las ventanas para que en todo momento se renueve el aire del recinto.

9. Vigile la humedad de la habitación, en especial si hay aire acondicionado. Si el ambiente es seco, puede perjudicar las vías respiratorias. Para evitarlo, coloque sobre la mesilla o en otro lugar de la habitación un recipiente con agua caliente y unas hojas de eucalipto o menta, que deberá cambiar cada día.

10. Para evitar los contrastes de temperatura, el enfermo debe usar una bata cuando salga de la cama.

11. Todos los niños enfermos deben contar con varios elementos que le sirvan de recreo durante las largas horas que estarán en la cama. Desde los tebeos hasta los rompecabezas, pasando por vídeos o juegos de construcción, hay multitud de posibilidades para elegir.

12. Todos los días debemos bañar al enfermo y para ello nada mejor que utilizar una toalla, una esponja y un recipiente con agua templada. Con la ayuda de estos elementos lavaremos cara, manos, axilas, cuello y pecho. Es preferible hacerlo por la mañana y por la noche todos los días; y fuera de estas horas, siempre que sea necesario porque se ha manchado o por cualquier otra circunstancia especial.

medidas especiales con los niños enfermos

Además de tratar los síntomas concretos en cada caso (tos, dolor, fiebre, etc.) de acuerdo con los consejos que especificamos en cada apartado correspondiente, hay una serie de actividades que atenderemos con frecuencia, sobre todo si estamos medicando al niño.

1. Las medicinas deben ser custodiadas por los padres en lugar seguro; no deben dejarse en la mesilla (a no ser que el niño sea mayorcito). Es importante que ese lugar, además de seguro, sea visible para cumplir en todo momento con el horario de administración de cada una de las medicinas.

2. A la hora de administrar medicinas, infusiones o cualquier otro remedio, puede utilizar diversos "sistemas" para disfrazar el sabor (miel, mermelada, un poco de yogur, una bebida que le guste al niño, zumos, etc.).

3. Toma de temperatura en mayores de 7 años: para consultar la temperatura debemos recurrir a la lengua o a la axila. En el primero de los casos situamos parte del termómetro debajo de la lengua y lo mantenemos en esa posición de 3 a 5 minutos. La temperatura normal es de 37 a 37,5 °C. En caso de la temperatura tomada en la axila, debemos esperar 3 minutos con el brazo bien pegado al cuerpo. La lectura normal es de 36´5 °C.

4. Toma de temperatura en menores de 7 años: por lo general, suele hacerse en la axila situando al niño sobre nuestro regazo y sujetando con nuestra mano su brazo pegado al cuerpo. Esperamos en torno a 3 minutos; la lectura de la temperatura, en condiciones normales, es de 36,5 °C.

5. Toma de temperatura en bebés: podemos efectuarla de dos formas en función de la edad. Cuando sea posible, la llevaremos a cabo en la axila siguiendo las normas antes indicadas. En los más pequeños, tomaremos la temperatura en el culito. Para ello mojamos la punta del termómetro en un poco de aceite crudo, sin usar, y lo introducimos 2 cm dentro del culito, colocando al niño tumbado boca abajo. Apretamos las nalgas con una mano y esperamos 2 minutos. La lectura normal de la temperatura es de 37,5 °C.

¿cuándo avisar al médico por una urgencia?

Existen algunos signos y/o síntomas que, por su significado, aconsejan avisar al médico de urgencias para que visite al niño. Las situaciones más frecuentes son las siguientes:

1. Temperatura superior a los 39 °C.

2. Presencia de convulsiones musculares, generalmente acompañadas de temperatura elevada.

3. Desmayos o pequeñas pérdidas de conocimiento.

4. Color muy pálido o, por el contrario, azulado (cianótico por falta de oxígeno).

5. Abombamiento, hinchazón o relieve en las "partes sin hueso" (fontanelas) de la cabeza de los bebés (sugieren aumento del líquido cefalorraquídeo).

6. Horas después de sufrir un golpe en la cabeza, el niño presenta vómitos o pérdida de conocimiento.

7. Vómitos abundantes y repetidos (unas pocas horas) en el caso de los bebés (hay riesgo de deshidratación).

8. Bebés con diarreas frecuentes y en poco tiempo.

Mientras consulta con el médico, pueden serle de utilidad las medidas que recomendamos en el capítulo de remedios naturales para cada uno de los síntomas (vómitos, diarreas, fiebre...).

anécdotas y curiosidades

Curiosidades, anécdotas y datos de interés

SE CRECE MÁS DESPUÉS DE ESTAR ENFERMO. Aunque pueda parecernos extraño, la mayoría de los niños crecen más después de un período de ayuno y enfermedad. En este tiempo dan "pequeños tirones" debido a que toda situación de "esfuerzo" o estrés para el organismo, como es una enfermedad (sobre todo de carácter infeccioso), promueve, entre otras cosas, un aumento de la producción de somatomedina, una sustancia que colabora con la hormona del crecimiento, situación ésta que facilita el "pequeño tirón".

¿CUÁNTAS CÉLULAS TIENE EL CUERPO HUMANO? La célula es la mínima expresión que podemos encontrar en el cuerpo humano; puede desarrollar por sí sola distintas funciones (digestión, defensa, reproducción, etc.). En el organismo de un adulto podemos contabilizar alrededor de 50.000 millones de células, mientras que en el caso del recién nacido apenas llegamos a los 3.000 millones. Gracias al crecimiento, los niños añaden células a su cuerpo y alcanzan las características propias del adulto.

TOMATE CONTRA EL CÁNCER. Recientes estudios de diferentes universidades han demostrado que el consumo habitual de tomate reduce a más de la mitad el riesgo de padecer lesiones cancerosas, en especial las que afectan a estómago, colon, próstata y vejiga. Estos benéficos resultados se deben al elevado contenido que presenta el tomate de unas sustancias denominadas licopenos, responsables de evitar la degeneración celular en esos órganos.

AGUA DEL GRIFO PARA LOS BEBÉS. Hasta los 3-4 meses de edad sólo debemos darle agua previamente esterilizada. Más tarde, sí podemos darle agua del grifo, poco a poco, aunque nunca de la primera parte del chorro. Hay que dejar que corra un poco de agua antes de dársela. En cualquier caso nunca prepare los biberones o papillas con el agua caliente del grifo, siempre hay que recurrir al baño María, agua hervida en el fuego, etc.

DROGAS QUE PUEDEN FAVORECER LA DEMENCIA. Casi el 8 por 100 de los jóvenes españoles entre 18 y 22 años consumen drogas sintéticas o de diseño (las que surgen de los laboratorios). Las dos más conocidas, la metanfetamina y su derivado la MDMA, ejercen ciertos efectos "a distancia" que pueden aparecer hacia los 40 o 50 años, como diversos grados de deterioro cerebral que provocan la involución del individuo (compatible con cerebros de 70 y 80 años) e incluso, en algunos casos, demencia.

PARA COMER A CUALQUIER HORA. Los niños, en general, están dispuestos a comer en cualquier momento debido a dos razones fundamentales: tienen un estómago reducido y queman abundantes calorías, a lo que debemos añadir que se encuentran en constante crecimiento. Con el fin de que no recurran de forma habitual a dulces, bollería, etc., conviene que siempre tenga preparados productos apetitosos y "de

buen ver" elaborados a partir de frutas y hortalizas (tacos de naranja, sandía, melón, plátanos, tiras de zanahorias, cuadrados de pepino, etc.).

PARA QUE SUS ARTERIAS ESTÉN LIMPIAS. Es importante que la alimentación del niño incluya, con regularidad, cítricos y verduras, ya que ambos alimentos contienen importantes cantidades de unas sustancias llamadas flavonoides. Estas sustancias facilitan el metabolismo de las grasas, favoreciendo arterias más libres de colesterol, previniéndo así enfermedades cardiovasculares, cerebrales e incluso algunos tipos de cánceres.

MAMAR Y DORMIR. Es frecuente que muchos bebés se duerman durante la lactancia en el pecho de la madre. Esta costumbre hay que reducirla y evitarla, ya que de lo contrario siempre que se despierte el bebé deseará dormirse con lo último que tenía, el pecho materno. Lo ideal es que cuando termine la toma en el pecho esté todavía despierto, podamos acostarle y salir de la habitación antes de que se duerma en compañía de un objeto musical, un osito, etc. De lo contrario, adquieren malas costumbres.

LAS FITOMINAS DE LA FRUTA. Tanto las verduras como las frutas incluyen en su composición unos elementos denominados fitominas, que tienen una notable capacidad para estimular nuestras defensas (el sistema inmunitario). Debido a la existencia de este mecanismo podemos entender por qué frutas y verduras son útiles en la lucha contra el cáncer y también para detener el crecimiento de tumores.

INFECCIONES Y EJERCICIO PREOCUPAN A LOS PREADOLESCENTES.

Un estudio reciente pone de manifiesto que los jóvenes entre 12 y 15 años consideran, las infecciones como el mayor problema para su salud, incluyendo las clásicas (rubeola, sarampión, etc.), las de transmisión sexual y el sida. Son también conscientes de que el ejercicio físico regular ayuda a conservar la salud y prefieren los juegos e imitaciones de las conductas de los adultos como técnicas para adquirir nuevos hábitos salutíferos.

VENTILAR LA HABITACIÓN DEL BEBÉ. Para evitar la humedad, la proliferación de ácaros, el polvo y facilitar la renovación del aire, hay que ventilar todos los días la habitación del bebé, sea verano o invierno.

Basta con hacerlo 10-15 minutos por la mañana e igual período de tiempo durante el atardecer.

CÓMO MEDICAR A LOS MÁS PEQUEÑOS. A veces resulta difícil dar los medicamentos a los bebés, especialmente si son líquidos. En estos casos conviene que utilice un cuentagotas, una jeringa sin aguja o cucharilla pequeña. Para abrir la boca del bebé basta con que sitúe la punta de su dedo meñique sobre ella: el bebé abrirá la boca como si fuera a succionar. Puede aprovechar ese momento para introducir el medicamento. En el caso de los supositorios, lo más práctico es colocar al bebé boca arriba y, sujetando los tobillos con una mano, levantarle las piernas, e introducir el supositorio por la parte sin punta y apretando un poco los glúteos

¿CUÁNDO SERÁ MAYOR? Por lo general hacia los 12 años aparecen cambios claros en los caracteres sexuales secundarios del 50 por 100 de los niños y niñas, si bien es cierto que el crecimiento de la adolescencia comienza 2 años antes en las chicas que en los chicos, por lo que ellas alcanzan la estatura adulta hacia los 15 años y los chicos a los 17.

EL CEREBRO MUERE A PARTIR DE LOS 16-18 AÑOS. La mayoría de las células que forman parte de nuestro cerebro, las neuronas, se encuentran presentes en el momento del nacimiento o poco después del mismo. Esto lleva a que cuando finaliza el período de crecimiento, hacia los 16-18 años, algunas de ellas se encuentran tan maduras y envejecidas que fallecen. Se calcula que a partir de esa edad pueden perderse alrededor de 1.000 neuronas al día, cantidad que se incrementa o disminuye en función del cuidado que prestemos a nuestro cuerpo (alimentación, actividad física, etc.).

PIEL ARTIFICIAL. Son muchas las lesiones que pueden ocasionar pérdidas permanentes de la piel (cicatrices, úlceras, heridas infectadas, etc.) en diabéticos, quemados y otros pacientes. Para resolver este tipo de problemas se ha perfeccionado un implante de piel humana que procede de los prepucios de los niños circuncidados y que apenas muestra rechazos una vez implantada, lográndose la "curación" en más del 50 por 100 de los pacientes tratados en apenas 8 semanas.

LAS PRIMERAS REACCIONES DEL BEBÉ. Durante el primer mes el bebé sonríe de vez en cuando, primero en sueños y luego con sus padres; pone

sus manos, bruscamente, sobre la boca de los padres; gira la cabeza de un lado para otro y mantiene las manos cerradas en puño; la mejor distancia para que pueda ver es de 25 a 35 cm; reconoce las voces de los habituales en su entorno; sólo distingue dulce y amargo (prefiere lo dulce) y reconoce, por el olor, la leche materna.

FIBRA HAY MÁS DE UNA. Alimentos como frutas, verduras, legumbres o panes integrales son ricos en fibra, elemento estimulante de las funciones del aparato digestivo, que, además, contribuye a disminuir los niveles de colesterol en la sangre. No obstante hay dos tipos de fibra: soluble e insoluble. La primera de ellas es "menos dura"; se encuentra en las frutas, es especialmente indicada para reducir el colesterol porque el intestino la absorbe en cantidades menores. La insoluble la obtenemos de la piel de frutas, verduras, etc., siendo más potente como estimulante de las funciones gastrointestinales, aunque también reduce la absorción de colesterol.

LOS PRIMEROS CUIDADOS DENTALES. Aunque los dientes de leche desaparecerán en pocos años, esto no quiere decir que no debamos dedicarles algunos cuidados, ya que la pérdida precoz de los mismos puede facilitar alteraciones en la posición de los dientes definitivos. Cuando casi se haya completado la dentadura de leche (hacia los 2-3 años), hay que entregar al niño su primer cepillo de cerdas finas (y pequeño) para que diariamente se limpie los dientes en nuestra compañía.

TABACO Y LACTANCIA. Si un bebé recibe lactancia materna, conviene que la madre no fume. Si ella continúa con este hábito, no debe practicarlo en casa y, lo que nunca debe hacer, es pasar al biberón porque fuma. Siempre, aunque la madre fume, resultará más completa para el niño la lactancia materna que el biberón.

CRECIMIENTO DESPROPORCIONADO. El crecimiento de los bebés y de los niños es continuo, aunque cada año crecen menos que el anterior (hasta la pubertad). El crecimiento de los primeros años nos puede dar una idea de su altura en la vida adulta. De hecho, un bebé tiene al año de edad la misma altura que crecerá hasta la pubertad (o lo que es lo mismo, a los 10-11 años tendrá el doble de altura que al año). La altura que alcanza a los 2 años de edad es, apro-

ximadamente, la mitad de la que llegará a tener en la vida adulta.

CUIDADO CON LA TUBERCULOSIS. España sigue situada entre los países occidentales con tasas más elevadas de enfermos de tuberculosis (alrededor de 55 casos por cada 100.000 habitantes). Hay zonas en las que esta incidencia es más elevada (Barcelona, Asturias con 60-70 casos por cada 100.000 habitantes; 50 en La Rioja; 45 en Madrid) y otras en las que es menos importante, aunque en ningún caso debemos bajar la guardia ante esta enfermedad, ya que un tuberculoso "activo" puede llegar a contagiar a tres personas como media a lo largo de su enfermedad.

MÁS PARTOS CON LUNA LLENA. Es ésta es una creencia popular muy extendida pero que carece de realidad. Los nacimientos se producen prácticamente por igual durante el día y la noche, con luna llena o menguante, en verano o invierno. Hoy por hoy, cualquier ligera desviación estadística en este sentido debemos atribuirla al azar.

RADIACIONES QUE BARREN LA PIEL. Cuando los rayos del sol alcanzan la piel del niño o del bebé, su piel apenas puede rechazar el 30 por 100 de las que le llegan, mientras que el 70 por 100 restante la atraviesan y pueden alcanzar tejidos profundos. La mayoría se quedan en la piel; por ello observamos las lesiones más frecuentes en esta zona, sin olvidar que también pueden desarrollarse otras alteraciones internas.

HERNIA UMBILICAL CONGÉNITA. En la mayoría de los casos este tipo de hernia tiene origen congénito (defectos en los músculos próximos al ombligo); la hernia suele manifestarse a partir de los 4-5 meses de edad, ya que es en este momento cuando la cicatrización del ombligo ha finalizado por completo y pueden exteriorizarse sus defectos. Vigile la aparición de "relieves" en el ombligo, sobre todo cuando el bebé tose o llora.

CADA HEMISFERIO CEREBRAL CUMPLE CON SUS PROPIAS FUNCIONES. Investigaciones recientes han confirmado algo que ya se sospechaba, en especial, el hecho de que cada uno de los dos hemisferios cerebrales que forman parte del cerebro es responsable de actividades muy concretas. Así, por ejemplo, el hemisferio cerebral izquierdo posibilita actividades de lenguaje, matemáticas, pensamiento lógi-

co y deductivo. Por el contrario, el derecho está especializado en aspectos imaginativos, funciones artísticas, música.

TRATAMIENTOS DE FERTILIDAD Y EMBARAZOS MÚLTIPLES. Durante los últimos años se ha registrado un cierto incremento en el número de embarazos múltiples, situación relacionada con un mayor uso de las técnicas de fertilidad (fecundación "in vitro", etc.). Hoy, una de cada 80 gestaciones son de gemelos; hace 10 años lo era una de cada 147. Hay que recordar que en muchas de estas técnicas se implantan varios embriones para que alguno de ellos se desarrolle y, a veces, lo hacen todos.

A MÁS COMIDA, MÁS TRABAJO PARA EL CORAZÓN. Tal como se ha demostrado recientemente, el trabajo del corazón después de una comida es directamente proporcional a la cantidad de comida ingerida. Por ejemplo, una pequeña comida de unas 300 kilocalorías (la mitad de la comida del mediodía) supone para el corazón bombear 100 l más de sangre en las dos horas siguientes a la comida. Si esta comida es casi 3 veces mayor, alrededor de 900 kilocalorías, el corazón trabajará también 3 veces más en las horas siguientes. Para no "explotar" el músculo cardíaco, tanto niños como adultos, debemos tomar un mayor número de comidas y con menos cantidad de lo habitual en cada una de ellas.

PÉRDIDA DE PESO EN LA PRIMERA SEMANA. Durante los 5 primeros días de vida, los recién nacidos suelen perder en torno al 10 por 100 de peso, lo que equivale a 300-350 g. Esta pérdida debe considerarse normal, a partir de los días 6-7 el niño empieza a ganar peso, de tal forma que al día 10, el peso es casi el mismo que el del nacimiento.

LOS HUESOS QUE FORMAN LA SANGRE. Los huesos planos y alargados que hay en el cuerpo, además de soportar músculos y cerrar cavidades (tórax, cavidad pélvica, etc.) también se encargan de formar células sanguíneas (glóbulos rojos o hematíes) desde la médula ósea roja que hay en su interior. Entre estos huesos se encuentran el hueso ilíaco, que forma parte de la cadera, las costillas, el esternón e incluso las vértebras.

QUEDARSE A DORMIR EN CASA DE UN AMIGO. La edad del niño a este respecto no es un factor decisivo; la decisión debe tomarse teniendo en

cuenta que debe tratarse de un período muy corto (al principio, no más de una noche), que conozca a las personas con las que va a estar, que sea algo de su iniciativa y le agrade, etc. Por lo general, cumpliendo estos requisitos puede resultarle muy positivo a partir de los 5 años.

HAY VARIOS TIPOS DE MEMORIA. La función de la memoria desempeñada por el cerebro presenta tres formas muy diferentes: memoria a corto, medio y largo plazo. Las tres no sólo se diferencian por su duración, sino también por la forma en que trabaja el cerebro para desarrollarlas. La memoria a corto plazo recuerda cosas durante algunos minutos y para ello utiliza unos pocos circuitos de neuronas. La memoria a medio plazo dura días, e incluso algunas semanas, y emplea circuitos más grandes de neuronas, junto con pequeñas modificaciones en las uniones de unas neuronas con otras (hay cierta huella). La memoria a largo plazo utiliza circuitos mucho más grandes, incluso algunos ya existentes, y produce grandes modificaciones en las uniones de las neuronas para dejar "más huella". La mejor manera de pasar información de un tipo de memoria a otro es mediante la "asociación", relacionándola con algo que ya tenemos almacenado y con su propio circuito.

CUIDADO CON LAS PLATAFORMAS. Algunas niñas menores de 13-14 años se sienten tentadas por el uso de zapatos con plataformas. Hay que considerar que este tipo de calzado no resulta nada saludable pues no se flexiona, mantiene rígida la planta del pie, facilita una mayor inestabilidad y posibilita esguinces y torceduras de tobillo. En general, los tacones nunca deben exceder los 5 cm para no perjudicar los músculos y tendones de la zona posterior de la pierna.

MEDIDAS DEL NIÑO AL NACER. En el momento del nacimiento destacamos en el niño 3 medidas fundamentales: talla, perímetro cefálico (cabeza) y perímetro torácico (en las mamas). La talla media se sitúa en 46 cm, la circunferencia de la cabeza (medida por las sienes y ligeramente por encima de las orejas) se acerca a los 34 cm y el perímetro del tórax, a los 32 cm.

¿QUÉ HAY DENTRO DE LAS PROTEÍNAS? La mayoría de los alimentos tienen, como parte de su constitución, proteínas, elementos imprescindibles para el crecimiento, mantenimiento y rehabilitación del cuerpo humano. En el fondo, las proteínas son una

especie de "rosarios" en los que cada "cuenta" o elemento más simple se denomina aminoácido. En total hay 20 aminoácidos distintos que, cuando se unen entre sí, dan lugar a las proteínas, pudiendo existir "rosarios" largos, cortos, medianos, etc. De los 20 aminoácidos, hay 12 que el cuerpo humano puede sintetizar, pero los 8 restantes no, por lo que se deben introducir en el organismo con la alimentación.

CADA AÑO DUERMEN MENOS. En la primera semana de vida, los bebés duermen 16 horas y media; al mes, 15 horas y media; a los 6 meses, 14 horas y media; al año, 13 horas y media; a los 2 años, 13 horas; a los 5, 11 horas, y a los 10 años, alrededor de 10 horas. Al principio duerme de noche y de día, pero a partir de los 3 años, casi sólo de noche.

A LA LARGA ES BUENO QUE LA MEMORIA OLVIDE. Ya que la memoria se basa en la creación de circuitos de neuronas propios y específicos para cada recuerdo, llega un momento en el que podemos tener tal acumulación de información que la creación de nuevos circuitos puede verse "ralentizada" o demorada. De hecho el propio cerebro realiza una cierta "autolimpieza" eliminando o dejando "en el desván" determinados recuerdos que no suelen ser utilizados, para permitir la formación de nuevas informaciones y, con ello, la formación de nuevos circuitos.

EL TIEMPO EXACTO ENTRE CADA COMIDA. Reiteradamente se ha demostrado que cuando transcurren más de cuatro horas entre comida y comida, el azúcar de la sangre baja de forma considerable, razón por la cual la fatiga aparece con prontitud. En el caso de los niños esta situación puede agravarse y aparecer de forma precoz, motivo por el que debemos cuidar el distanciamiento entre una comida y otra, fijando como límite 4 horas.

¿CUÁNDO PUEDEN LLEVAR LENTILLAS? Los ojos de los niños han conseguido cierta madurez a partir de los 10 años; es este momento cuando, si lo desean, pueden sustituir las gafas por lentillas. Para ellos son más cómodas, facilitan la práctica deportiva, dan una imagen más nítida y son muy prácticas cuando hay diferencias de graduación entre un ojo y el otro. Eso sí, hay que mantenerlas con una limpieza diaria muy precisa.

LATIDOS Y RESPIRACIÓN DEL BEBÉ. La actividad de los pulmones y del corazón del bebé es muy

superior a la del adulto, debido a su inmadurez. La respiración es muy rápida, alcanzando las 40 respiraciones por minuto. Los latidos del corazón, en condiciones normales, adquieren una frecuencia de ¡130 por minuto!

¿ADÓNDE VAN LOS ALIMENTOS QUE COMEMOS? Cuando llegan al intestino, los componentes de los alimentos se separan (aminoácidos, glucosa, ácidos grasos, etc). Luego, estas sustancias son absorbidas y, por la sangre, llegan al hígado, donde de momento se almacenan con el fin de no "concentrarse" en la sangre y alterar su composición. Más tarde pueden ser usados para sintetizar nuevas proteínas en el mismo hígado, para liberarse lentamente a la sangre (como la glucosa) y servir de alimento a todas las células, o para almacenarse en el tejido graso (caso de la glucosa que sobra) y aumentar la grasa...

DESDE QUE NACEN ACECHAN LAS OTITIS. Las infecciones del oído son mucho más frecuentes de lo que pudiéramos pensar. Uno de cada 4 bebés sufre este proceso antes de cumplir los 6 meses, y el 60 por 100 de los niños ha padecido una otitis media antes del primer año. Se calcula que en preescolar, uno de cada 5 niños ha presentado 6 o más otitis medias. Son más propensos al desarrollo de esta infección los bebés que acuden a las guarderías, los hijos de fumadores y los que no reciben lactancia materna.

VELOZ COMO EL RAYO. La información que se recoge en los órganos de los sentidos, o las respuestas y órdenes que se generan en el cerebro para facilitar el movimiento, circulan por los nervios como pequeños impulsos eléctricos a gran velocidad. Se calcula que esa información (o respuesta) circula por los nervios o la médula espinal a una velocidad cercana a los ¡400 kilómetros por hora!

GASES DEL LACTANTE. Los lactantes corren el riesgo de acumular grandes cantidades de gases en su aparato digestivo cuando al tomar el pezón o el biberón no acoplan perfectamente su boca a ellos y en cada mamada toman alimento y aire. También corren este riesgo si hay poca leche o el biberón está casi vacío. Dejarles el biberón para que jueguen es una mala práctica, porque, entre otras cosas, puede inundarles de aire.

EL CHOCOLATE ACTÚA COMO UNA DROGA. Diferentes grupos de investigadores han demostrado

recientemente que algunos de los componentes del chocolate actúan sobre determinadas zonas del cerebro que coinciden con las activadas por la marihuana, si bien sus efectos son menos intensos. Esta circunstancia prodría explicar una mínima adicción al chocolate, así como también por qué después de consumirlo podemos sentirnos mejor.

EL MÚSCULO MAS POTENTE. En el niño, y también en los adultos, el corazón es con mucho el músculo más potente que conocemos. Para comprobarlo sólo debemos recordar que durante el primer año de vida el corazón late a un ritmo de entre 100 y 200 pulsaciones por minuto, según el tipo de actividad que se esté realizando, la temperatura ambiente, la existencia o no de fiebre, etc.

LOS BEBÉS QUE MÁS DUERMEN. Un reciente estudio de la Universidad de Harvard demuestra que los bebés que son alimentados con leche materna duermen más que los que carecen de este alimento. El mismo equipo de investigadores certifica que la diferencia de estos resultados se debe a la presencia en la leche materna de una sustancia con efectos relajantes y tranquilizantes, de composición muy similar a las benzodiazepinas (como, entre otras, el valium).

AGUA Y CUERPO HUMANO. El agua es el componente fundamental del cuerpo humano, aunque en distintos porcentajes. Así, por ejemplo, a los 2 meses de gestación el 95 por 100 del embrión es agua; en el recién nacido, este porcentaje se reduce al 70 por 100 del peso; y en una persona adulta de 70 kg de peso, el 60 por 100 es agua, lo que equivale a 36 l de la misma.

AGUA EN LOS ALIMENTOS. Para mantener las necesidades de agua que tiene nuestro cuerpo, lo mejor es recurrir a diversos productos que la incluyen en cantidades elevadas. Así, por ejemplo, las frutas frescas presentan un 70-90 por 100 de agua, mientras que las verduras y hortalizas (otro alimento importante y fundamental para los más pequeños) incluyen un 70 por 100 de agua.

HUMO DE TABACO Y MUERTE EN LACTANTES. Desde hace tiempo se sabe que el humo del tabaco incluye centenares de sustancias agresivas para el organismo que hacen que aquellas personas que no fuman pero respiran el aire contaminado sean también víctimas de las lesiones producidas por esas sustancias. En este sentido, una investigación britá-

nica concluye que la exposición de los bebés al humo del tabaco favorece, entre otras cosas, la denominada muerte súbita, que puede presentarse durante el sueño. Es más, concretan que por cada hora que respiren en ese ambiente, se duplica el riesgo de esa fatal patología.

LA ZONA MÁS SENSIBLE DEL CUERPO HUMANO. La piel de nuestro cuerpo se encuentra repleta de terminales nerviosas y multitud de pequeños receptores que recogen todo tipo de sensibilidad, desde el dolor hasta la temperatura, pasando por la presión. Lo cierto es que algunas zonas de la piel son más ricas que otras en este tipo de elementos, con lo cual tienen mayor sensibilidad. Por ejemplo, los dedos, por residir en ellos el sentido del tacto, contienen miles y miles de estos elementos (sobre todo en las puntas), siendo el dedo índice el que mayor cantidad de estas estructuras posee, en consecuencia, es más sensible. En el caso de los niños, esta sensibilidad es aún mayor que en los adultos. Lo mismo sucede con las personas invidentes, que desarrollan en gran medida el sentido del tacto como cierta compensación a la pérdida visual.

ACEITE DE OLIVA, TAMBIÉN EN LOS NIÑOS. El consumo de aceite de oliva crudo aderezando ensaladas, pescado cocido, etc., es el mejor remedio para prevenir futuras lesiones cardiovasculares, exceso de colesterol en la sangre, diversos tipos de cáncer, etc. Eso sí, recuerde que una cucharada de aceite equivale a 120 kilocalorías.

EL TERMOSTATO DEL CUERPO. Todos nosotros contamos con el llamado centro de la temperatura situado en el cerebro. Gracias a su actividad, la temperatura del cuerpo humano se mantiene dentro de los parámetros de normalidad (36-38°C). Para ayudarle en ese control es imprescindible la participación de los vasos sanguíneos. De hecho, gracias a estos podemos eliminar o guardar calorías. Cuando hace calor, los vasos sanguíneos se dilatan y perdemos calorías (nos refrescamos y la piel es sonrosada), pero cuando hace frío, se cierran y apenas perdemos calorías (la piel se vuelve pálida). En el caso de los niños, y cuanto menor es la edad, las reacciones de los vasos sanguíneos son más lentas y, con ello, también el control de la temperatura corporal.

DIAGNÓSTICO PRECOZ DEL CÁNCER INFANTIL. La mayoría de los cánceres de tipo sarcoma que afectan a los niños (y que suponen el 20 por 100 de los tumores infantiles) pueden ser diagnosticados de forma precoz estudiando el RNA de sus células (una de las moléculas que gobiernan su actividad). Esta técnica, desarrollada en la Clínica Universitaria de Navarra, permite localizar la alteración genética de las células tumorales y aplicar un tratamiento más eficaz para hacer frente a cada tipo de sarcoma.

¡VAYA GUSANOS! Los parásitos intestinales son procesos frecuentes en los niños, sobre todo a partir de contaminaciones procedentes de la tierra, el agua, los alimentos escasamente tratados, etc. Entre ellos destacan los áscaris lumbricoides, gusanos que en el intestino pueden ser machos (15-20 cm de longitud) o hembras (20-25 cm). En las heces aparecen como diminutos ovillos "de hilo" de color blanco. Son muy fértiles, ya que una hembra, durante un año, puede llegar a producir 50 millones de huevos.

JUGAR EN LA ARENA PARA GANAR SALUD. Los baños de arena resultan de lo más gratificante para la piel, el aparato circulatorio y las articulaciones. Aprovechemos las visitas a la playa para practicar estos baños: emplee arena seca, extraída de una profundidad de 15 cm o más, pues es la que en algún momento de la marea ha estado en contacto con el agua y retiene minerales. Cubrir el cuerpo, menos la cabeza, con la arena, y permanecer en ella durante unos minutos.

PSICÓPATAS Y ALTERACIONES FETALES. Algunas investigaciones tratan de relacionar diversas enfermedades mentales como la esquizofrenia con alteraciones que se producen en la formación del cerebro durante el período fetal, esto es, antes del nacimiento. En concreto, se apunta a que durante el desarrollo del cerebro a lo largo de la gestación, diversos factores (mala alimentacion, drogas, etc.) pueden alterar el paso de las células nerviosas de unas zonas a otras y modificar la estructura normal del cerebro, facilitando su posterior mal funcionamiento (a partir de los 20 o 30 años).

LA MEJOR CÁMARA DEL MUNDO. Sin lugar a dudas, el ojo humano es la mejor y más sensible cámara que hay en el mundo, aunque también la más pequeña. En su interior encontramos varias decenas de millones de células destinadas a la recepción de

estímulos luminosos que lo dotan de una sensibilidad 900 veces superior a la mejor película fotográfica que exista en el mercado, además de representar una pequeña esfera de apenas 2,5 cm de diámetro. La organización del globo ocular tiene curso lentamente después del nacimiento y dura varios meses.

LA ASPIRINA NATURAL. Muchas frutas y verduras contienen unas sustancias denominadas flavonoides, a las que se les atribuyen numerosas funciones (en algunos casos, similares a la de la aspirina): protegen el sistema cardiovascular, previenen el cáncer, son antiinflamatorias, antialérgicas e incluso antivirales. Eso sí, los alimentos ricos en flavonoides los almacenan en zonas concretas. En las manzanas se encuentran en la piel; en las naranjas, dentro de la piel y en las partes blancas de la pulpa; en el caso de la cebolla, forman parte de toda ella.

INSEGURIDAD EN EL HOGAR. Anualmente se producen miles de accidentes que afectan a los más pequeños, incluso con pérdida de la vida. Un reciente estudio confirma que es precisamente el hogar donde con mayor frecuencia se producen estos accidentes, con casi el 40 por 100 de los casos. Dentro de este grupo, las lesiones por atragantamiento, quemaduras, intoxicaciones, o caídas y aquellas que tienen que ver con la electricidad son las principales. Además del hogar, otras "zonas peligrosas" y responsables de accidentes para los niños son la calle y los atropellos (22 por 100 de los accidentes totales), la escuela (18 por 100) y los parques infantiles y las zonas de juego públicas (7 por 100).

LOS BEBÉS SE GUÍAN POR EL OÍDO. El ojo de un recién nacido tiene mucha menos sensibilidad y capacidad perceptiva que el del adulto, formando muchas imágenes "borrosas". Por el contrario, la capacidad auditiva del bebé y en general de todos los niños es muy superior a la de los adultos, siendo capaces de percibir sonidos que para los adultos resultan insignificantes. De hecho, los más bebés comienzan a diferenciar a las personas adultas u otros objetos sólo por los sonidos y el timbre de voz.

MUCHO CALCIO EN EL CUERPO. Este mineral cumple, numerosas funciones en el organismo, por lo que su presencia es considerable. Sólo en lo que se refiere a la formación de los huesos, la cantidad de calcio recogida de todo el esqueleto equivale, en el adulto, ¡a 1 kg!

¡QUE ME MAREO! En el interior de los oídos se encuentran los canales semicirculares, órganos encargados de informar al cerebro de la posición en que nos encontramos en cada momento. Estos canales tienen en su interior un líquido, la endolinfa, que al moverse "agita" unos nervios y produce pequeñas descargas eléctricas que "dicen" al cerebro si estamos de pie, con la cabeza ladeada, etc. En los niños, esta endolinfa es abundante y sus canales algo más anchos que los del adulto. Por ello, al detenerse al dar vueltas sobre sí mismos la endolinfa, como líquido que es, sigue moviéndose y "agitando" los nervios, dando la impresión de que seguimos girando e incluso provocando el mareo.

MEJORA LA CURACIÓN DEL CÁNCER INFANTIL. Cada año se diagnostican en España 1.500 nuevos casos de cáncer en niños y adolescentes, de los cuales el 40 por 100 afectan a la sangre (leucemias, linfomas) y el 15 por 100 son tumores cerebrales. El 70 por 100 de los niños tratados supera la enfermedad en un plazo de 5 años tras el diagnóstico. En este sentido, la aplicación de tratamientos combinados (quimioterapia, radioterapia, cirugía), unida al diagnóstico precoz de la enfermedad, resultan fundamentales para hacer frente a un problema que afecta a 1 de cada 1.000 niños europeos en el año 2000.

DIME CÓMO ESTÁS Y TE DIRÉ QUÉ HAS DE COMER. Nuestro estado anímico depende en gran medida de la actividad cerebral (la parte interna del cerebro, el llamado cerebro emocional), y ésta, a su vez, de la existencia en mayor o menor cantidad de una serie de sustancias químicas que circulan en su interior denominadas neurotransmisores. Estas sustancias pueden aumentarse o disminuirse con otros productos que adquirimos desde los alimentos. Por ello para tratar diversos estados de ánimo conviene recurrir a un tipo de alimento u otro. Si hay estrés, recurrir a carne blanca (pollo, pavo, etc.). En caso de cefaleas, tensión nerviosa, utilizar azúcar (con un vaso de leche o una infusión). Para la ansiedad utilizar patatas, pasta o legumbres, ya que actúan como tranquilizantes al estimular la liberación de serotonina, un importante neurotransmisor cerebral.

HACIA LA VACUNA TOTAL. La investigación en favor de nuevas vacunas es uno de los principales objetivos de los grandes laboratorios. El mayor reto

en estos momentos, además de la vacuna contra el sida, es una vacuna pediátrica completa y eficaz, en una sola dosis, contra difteria, tétanos, tos ferina, poliomielitis, meningitis por meningococos, neumococos y *haemophilus influenzae* tipo B, contra la hepatitis B y la hepatitis C. Con ella se ahorrarían visitas al médico, gastos y... enfermos.

¿A QUÉ EQUIVALE UNA CALORÍA? Los alimentos, además de proporcionar sustancias para rehabilitar los órganos de nuestro cuerpo, aportan energía destinada a satisfacer funciones como el movimiento, la temperatura corporal, etc. Esta energía se mide en calorías, pero ¿qué es una caloría? Exactamente, la cantidad de energía necesaria para elevar un grado centígrado la temperatura de 1 l de agua. Más o menos, para pasar 1 l de agua de 20 a 100°C necesitamos una energía equivalente a 80 calorías.

¡QUÉ PIEL TAN FINA! La capa de piel que protege nuestro cuerpo, que sirve además para regular la temperatura e informar por el tacto, tiene, en el adulto, un espesor cercano a los 2 mm por término medio. Hay zonas muy sensibles, como la espalda, donde apenas supera 1 mm y otras, como la palma de la mano o el talón, en donde se supera ampliamente. En el niño estas dimensiones son mucho menores, pudiendo ser en algunos casos de hasta 10 veces menos (cara, la región del culito, etc.).

UN ESTETOSCOPIO MUY SIMPLE. El primer estetoscopio conocido y con utilidad para auscultar los ruidos producidos por los latidos cardíacos, la respiración o posibles movimientos del feto en el vientre de la madre fue desarrollado por el médico francés René Laënec en 1616. Lo curioso del caso es que utilizó simplemente un rollo de papel enrollado para conseguir sus objetivos. Usted puede probar ahora mismo la utilidad de este invento colocando un papel enrollado sobre la espalda desnuda de un familiar.

RÁNKING DEL CALCIO. El calcio es fundamental para el mantenimiento, crecimiento y desarrollo del cuerpo del niño. Por ello es importante conocer algunos de los alimentos que incluyen este elemento en mayores cantidades, tomando siempre como referencia 100 g, son: queso, con 300-900 miligramos de calcio; avellanas y almendras, con 200; habas, con 190; leche de vaca, con 130; legumbres en general, con 115; cereales, con 110; y chocolate, con 82 miligra-

mos. Debemos recordar que los niños necesitan cada día cerca de 1.500 miligramos de calcio.

ESPERMATOZOIDES EN EL TESTÍCULO. La formación de espermatozoides en el interior de los testículos aparece poco después de iniciarse la pubertad, en concreto entre los 14-16 años, surgiendo después del desarrollo de los caracteres sexuales secundarios (vello axilar y púbico, aumento de tamaño del escroto y testículos, etc.). La capacidad de formación de espermatozoides suele mantenerse hasta los 70-75 años.

LA FIEBRE AMARILLA, PERO MENOS. Ésta ha sido una de las grandes enfermedades de la historia; no en vano, junto con la peste, viruela, cólera y tifus exantemático ha dado origen a las grandes epidemias que arrasaron la humanidad. Sin embargo, en nuestros días desaparece lentamente, e incluso en la India, zona de grandes epidemias, hace tiempo que no aparece. En ésta, como en otras enfermedades, el desarrollo de medidas preventivas y de las vacunas ha sido decisivo.

DEMASIADOS OLORES PARA UNA SOLA NARIZ. La capacidad olfativa de los bebés es muy superior a la de los adultos. De hecho, algunas investigaciones recientes certifican que a partir de los primeros años de vida, y de forma continuada, nuestro olfato pierde poco a poco capacidad y eficacia. Aunque seamos capaces de diferenciar entre 3.000-4.000 olores distintos, la eficacia se reduce al 80 por 100 a los 20 años; se sitúa en torno al 40 por 100 a los 60, y sólo nos queda el 30 por 100 a los 80 años.

¡QUÉ GUSTO! En condiciones normales, la capacidad del gusto se encuentra en la lengua, en las llamadas papilas gustativas, que cubren la cara superior de la lengua; se distinguen aquí cuatro zonas diferentes para otros tantos sabores: dulce, ácido, salado y amargo. Lo curioso es que, en el caso de los bebés, estas papilas se encuentran distribuidas por toda la boca, no sólo por la lengua, lo que hace que su capacidad gustativa sea mucho mayor. Con el paso de los meses, las papilas que no se encuentran en la lengua desaparecen lentamente.

GIGANTISMO FETAL. No son muchos los casos, pero de vez en cuando se observan recién nacidos que tienen unas dimensiones muy superiores a las nor-

males. En estos casos, el peso del recién nacido supera los 5 kg y la altura se situa entre 58-60 cm.

HUEVO SÍ, PERO CON CUIDADO. Los huevos fritos son habitualmente uno de los alimentos preferidos de los niños. Cuando se consumen de vez en cuando contribuyen a una buena alimentación, pero en el caso de ser frecuentes "pasan su factura" a largo plazo. A título de ejemplo, podemos citar que la yema de un huevo contiene mucho más colesterol que el que un niño debe consumir en un solo día.

¿POR QUÉ APARECE LA VOZ RONCA? La voz se genera en el interior de la laringe, una parte del aparato respiratorio situado en el cuello. La laringe es más ancha en los hombres que en las mujeres, y por ello la voz "retumba" en su interior, haciéndose más grave. Cuando los niños llegan a la pubertad y aumentan también el tamaño de la laringe, su voz cambia gradualmente, se vuelve más "ronca".

HUESOS Y DIENTES QUE SOBRAN. A veces la naturaleza nos "regala" algún hueso de más. De hecho, con cierta frecuencia aparecen las llamadas costillas supernumerarias o "de más", que pueden ser una o dos unidas a la primera vértebra lumbar. Esta situación no tiene ninguna complicación. Casos más raros son aquellos en los que el recién nacido cuenta ya con casi toda la dentadura de leche en el momento del nacimiento, como sucedió con el conocido Luis XIV, que ya deslumbró en su nacimiento por esta circunstancia.

LA UTILIDAD DE LA MANTEQUILLA Y LA MARGARINA. Tomados de vez en cuando, estos productos deben formar parte de la alimentación de los niños; no en vano, entre otras cosas, suponen auténticos almacenes de vitamina A, especialmente la mantequilla. Esta vitamina es vital para el crecimiento, para facilitar la actividad de piel, ojos, dientes, encías, pelo y, en concreto, para estimular nuestras defensas frente a las infecciones.

LOS RADIADORES DEL CUERPO. Los músculos, además de proteger los huesos y articulaciones y facilitar el movimiento mediante sus contracciones, también son los responsables de la formación de calor dentro del cuerpo humano. En concreto, se ha calculado que el 85 por 100 del calor que hay en el organismo depende de la actividad de los músculos. En los niños, por presentar músculos más inmaduros, la producción de calor es más lenta, aunque apenas la per-

ciben ya que su centro de temperatura, situado en el cerebro, funciona con cierto "retraso".

500 MÚSCULOS NO SON TANTOS. Nuestro cuerpo cuenta con algo más de 500 músculos, pero, aunque pudieran parecer muchos, son numerosos los ejemplos que encontramos en la naturaleza de otras especies con una dotación muscular muy superior, De hecho, la mayoría de los animales que "reptan" (se arrastran por el suelo) cumplen con esta circunstancia (lombrices y orugas, de tamaño normal cuentan con 2.000 músculos o más).

EL CEREBRO DEL RECIÉN NACIDO. En una persona adulta el cerebro pesa alrededor de 1.300 g; en el recién nacido apenas supera los 350. Esto se debe a que durante los meses siguientes al nacimiento y proporcionalmente, el cerebro es uno de los órganos que más crece tal como lo demuestran las habilidades motoras, de aprendizaje, de memoria, etc., que el niño adquiere poco a poco.

INYECCIONES SIN AGUJAS. En poco tiempo se contará con medicamentos aplicables a la piel sin ayuda de agujas. Para aplicar fármacos en piel o músculo basta usar jeringas con un gas, el helio, el cual, una vez activado, provoca la salida del fármaco desde la jeringa a una velocidad cercana a los 2.700 km/hora, atravesando la piel sin dolor ni deterioro alguno.

VITAMINAS CON MENOS DE 100 AÑOS. Aunque nos pudiera parecer que las vitaminas nos han acompañado durante toda la vida, nada más lejos de la realidad ya que estas sustancias fueron descubiertas en 1912 por el bioquímico británico Frederick Gowland. Desde ese momento, la distribución y participación de los alimentos en las diferentes comidas del día ha sido muy distinta.

UNA CAÑERÍA INTERMINABLE. El sistema circulatorio forma una precisa red de vasos sanguíneos que se acercan a cualquier "rincón" del cuerpo humano. Aunque los niños tienen un enorme potencial de crecimiento, ya con corta edad cuentan con varios miles de metros de recorrido de sus vasos sanguíneos.

DROGAS Y SISTEMA INMUNITARIO. Cada vez son más numerosos los datos que demuestran negativas y graves influencias de las drogas sobre el sistema inmunitario, lo que a su vez facilita la adquisi-

ción repetida de infecciones por parte de quienes las usan. Incluso en el caso de la marihuana se ha demostrado que tiene capacidad suficiente para alterar la forma y la función de linfocitos y monocitos, células imprescindibles para el adecuado funcionamiento de nuestras defensas.

MUCHAS VUELTAS EN POCO TIEMPO. Las células de la sangre que presentan vida más corta son los glóbulos rojos o hematíes, que duran, por término medio, 120 días. A pesar de ello, en este corto período de tiempo transportan gran cantidad de oxígeno a todas las células del organismo; no en vano pasan por el corazón cerca de 160.000 veces, o, lo que es lo mismo, dan ese mismo número de vueltas por el sistema circulatorio (una vuelta por cada minuto y unos segundos).

LACTANCIA MATERNA Y CÁNCER. Un componente de la leche materna, la alfalactoalbúmina, parece tener una serie de propiedades capaces de inhibir la reproducción de células tumorales, y, en concreto, las del cáncer de pulmón. Es ésta una de las conclusiones aportadas por un reciente estudio que ha demostrado estos efectos en laboratorio, utilizando células aisladas de tumor frente a muestras de leche materna.

CONSERVAS Y VITAMINAS. Aunque es cierto que los alimentos frescos tienen mayores cantidades de vitaminas que los conservados, también hay que considerar que estos últimos no han perdido todas las vitaminas. En concreto, las conservas guardan gran parte de las vitaminas A, D y E, perdiendo hasta un 30 por 100 de las vitaminas C y B.

NIÑOS Y TABACO, INCOMPATIBLES. El humo del tabaco es uno de los principales agresores para las vías respiratorias de los niños, en especial para los bebés. Debemos recordar que este tipo de humo incluye más de 4.000 sustancias diferentes, muchas de las cuales, varios centenares, debilitan seriamente las defensas de los bronquios favoreciendo la aparición de infecciones, asma, etc.

UN CEREBRO DE 100.000 MILLONES DE NEURONAS. El cerebro de un recién nacido cuenta con cerca de 100.000 millones de neuronas, prácticamente la totalidad que tendrá durante el resto de su vida. Lo importante durante los primeros años es que estas células conecten entre sí formando redes y circuitos

funcionales útiles para la memoria, la inteligencia, la motricidad, etc. Para observar la complicación del proceso, hay que tener en cuenta que una neurona puede llegar a contar con más de 15.000 uniones o sinapsis, las que se verán favorecidas en su formación por una buena alimentación, estímulos externos (comunicación), afecto, etc.

UNA DIGESTIÓN MUY LARGA. Al igual que sucede en el caso de los adultos, los niños cuentan con casi 8 m de tubo digestivo, trayecto que lentamente deben recorrer los alimentos durante el proceso de la digestión. Es ésta una de las razones por las que el alimento tarda entre 2-3 horas en abandonar el estómago, y una media de 15 horas en abandonar el intestino grueso. Debemos tener en cuenta estas circunstancias a la hora de distribuir las horas de comida.

BANCOS DE CORDÓN UMBILICAL. La leucemia, una de las enfermedades más crueles que afectan a la infancia, tiene un nuevo enemigo. Hasta ahora, el tratamiento casi de elección que se seguía para combatir este mal estaba representado por el trasplante de médula ósea procedente de un donante. Sin embargo, al día de hoy se han realizado casi 2.000 intervenciones en las que en lugar de aportar este tejido se ha administrado a los enfermos sangre del cordón umbilical, la cual, al estar formada por células inmaduras, ha producido menores problemas de rechazo y de índole similar. Como quiera que la mayoría de estas intervenciones han reportado beneficiosos resultados, han surgido ya varios bancos de cordón umbilical en Estados Unidos con el objetivo de ser empleados como terapeútica frente a la leucemia.

NO SIEMPRE MÁS AZÚCAR IMPLICA MÁS CARIES. Los niños de Estados Unidos consumen el doble de azúcar (helados, golosinas, etc.) que los niños españoles; sin embargo, estos últimos tienen el doble de caries que aquéllos. La diferencia fundamental entre unos y otros radica en el hecho de que nuestros niños tienen una higiene bucal menos intensa que los residentes en Estados Unidos, en lugar de cepillarse los dientes después de cada comida, suelen hacerlo sólo por la mañana y por la noche.

¡MENUDA DEPURADORA! Los riñones tienen la misión de eliminar de la sangre todos aquellos productos que no son útiles para el organismo (la urea,

ácido úrico o agua que sobra). Para ello, filtran o depuran continuamente sangre, razón por la cual, en el caso de los niños, cada 4 minutos toda la sangre ha pasado por los riñones para ser limpiada. Por ello no es de extrañar que la formación de orina sea continua y mojen los pañales cada poco tiempo.

BEBÉS DE LABORATORIO. En 1978 nació en Inglaterra el primer bebé con ayuda de técnicas de laboratorio. Se llamaba Louise Brown, y fue la primera de varios miles de personas que deben su vida a la unión del óvulo con el espermatozoide fuera del aparato genital femenino. Eso sí, la fecundación asistida, todavia al día de hoy, tiene más riesgos de prematuridad, bajo peso al nacer y partos múltiples.

CHOCOLATE Y AZÚCAR: A LA LARGA, DEPRESIÓN. El consumo frecuente de chocolate y otros alimentos que incluyan abundantes cantidades de hidratos de carbono (azúcar) puede propiciar un estado de ánimo nervioso, irritable y depresivo. De acuerdo con estudios realizados en la Universidad de South Alabama (Estados Unidos), después de tomar productos con azúcar la concentración de este producto en la sangre se eleva y produce cierto efecto de bienestar. Sin embargo, más tarde, la bajada en esas mismas concentraciones facilita el nerviosismo y la irritabilidad (quien desayuna mal a las 11 o 12 de la mañana, tiene mal genio). Si esta situación se prolonga en el tiempo, modificamos sustancias químicas en el cerebro (como la serotonina) y facilitamos la depresión.

AJUSTAR LA MÁQUINA POCO A POCO. En el momento del nacimiento hay una serie de funciones del organismo que poco a poco se van ajustando. Por ejemplo, justo al nacer comienzan a respirar los pulmones; también en ese momento, la sangre comienza a pasar por el ventrículo derecho y de aquí a los pulmones, cosa que antes no hacía; los oídos funcionan a la perfección, pero los ojos todavía no pueden acomodarse perfectamente por lo que suelen ver algo "borroso".

DISTINTA ALTURA A LO LARGO DEL DÍA. Si es de las personas que miden con frecuencia a su hijo, hágalo siempre a la misma hora del día, ya que a lo largo de las 24 horas cambia la altura. Así, por ejemplo, y como sucede también en el caso de los adultos,

nuestra altura es menor por la tarde con relación a la mañana, ya que los discos situados entre las vértebras pierden agua y, con ello, casi 1 cm de altura, que recuperamos con el descanso.

SACARINA Y PETRÓLEO. Muchas personas utilizan la sacarina como sustituto del azúcar, e incluso en los niños también se observa su uso de vez en cuando. Hay que recordar, sin ningún sentido negativo pero sí de advertencia, que la sacarina se hace con petróleo y tiene una capacidad para endulzar 300 veces superior a la del azúcar. Imita, pero no es lo mismo.

¿POR QUÉ CRECEN NUESTROS HIJOS? Además de la hormona del crecimiento y de la hormona de la glándula tiroides, hay otras hormonas que participan en el crecimiento y desarrollo de los niños. En el caso de las niñas, los ovarios liberan progesterona y estrógenos a partir de los 11 años, posibilitando los caracteres sexuales secundarios y la menstruación. En los niños, a partir de los 12 años los testículos liberan testosterona, que propicia el desarrollo muscular, la distribución del vello, el agravamiento de la voz...

VACUNAS CON DIFERENTES EDADES. Hace 200 años, en 1796, el médico inglés Edward Jenner desarrolló la primera gran vacuna conocida, la de la viruela. Su descubrimiento se debió a una niña hija de granjeros que contaba por aquel entonces 8 años de edad. Otras vacunas son mucho más recientes, como la vacuna contra la polio descubierta por Jonas Salk en 1952.

CUIDADO CON LOS ANTIÁCIDOS. Las molestias de estómago de tipo ardor, repeticiones, dolor, pesadez, etc., tanto en adultos como en niños, tratan de calmarse por medio de los llamados antiácidos, sustancias que tienen efectos calmantes inmediatos pero que, a la larga, propician determinadas consecuencias a tener en cuenta. Por ejemplo, si tienen magnesio pueden provocar diarreas, y si incluyen aluminio, el estreñimiento puede estar a la vuelta de la esquina. En cualquier caso, recurra en primera instancia a los remedios naturales (descritos en otras páginas de este libro).

LOS EUNUCOS. Si por la causa que fuere (tumores, traumatismos, etc.) se perdiera la capacidad fun-

cional de los testículos antes de la pubertad, sería imposible la secreción de testosterona que permite el desarrollo muscular, de los huesos, de los caracteres sexuales secundarios, la voz ronca, etc. Esta situación genera también cierta impotencia e imposibilidad para la reproducción, razón por la cual las personas que se encontraban en esta situación, hace algunos siglos, eran destinadas a la custodia de los harenes.

MILLONES DE CÉLULAS PARA VER. La retina es la parte más profunda del globo ocular, encargada de recibir los rayos de luz y diferenciar con ellos los colores, la forma, etc., de la imagen. Para realizar este trabajo la retina cuenta con 120 millones de células que "ven" en blanco y negro, llamadas bastones, y 10 millones de células más para el color, denominadas conos. Con esta proporción, es más fácil ver en blanco y negro (sobre todo cuando hay poca luz) que en color. En el caso de los niños, todas estas células deben madurar y por ello la visión tarda algunos meses en ajustarse.

¿CÓMO SE DESTRUYEN LAS VITAMINAS EN LA COCINA? Las vitaminas A, B1, C y E se destruyen casi completamente con el calor. Las B3, B6 y D son más estables y resisten parcialmente el calor. La vitamina E se pierde en gran parte al congelar los alimentos, y la B1 también se destruye parcialmente al cortar, picar o enlatar los alimentos que la contienen. Como se puede comprobar, la mejor solución es tomar los alimentos limpitos y crudos, siempre que se pueda.

¿SON IGUALES LOS GEMELOS? El nacimiento de gemelos no significa que tengan idéntico material genético ni que los 100.000 genes que hay en cada una de sus células sean los mismos. Todo depende de si derivan del mismo óvulo fecundado o no. En el caso de gemelos idénticos que derivan del mismo huevo fecundado (y que se rompió en las primeras horas/días del embarazo), los genes son iguales en su totalidad. Si son gemelos no idénticos, derivan de distintos óvulos y en consecuencia comparten un 50 por 100 de sus genes, lo mismo que sucede entre hijos de una misma pareja nacidos en diferentes años.

GENES E INTELIGENCIA. Las investigaciones más recientes confirman que una parte de la capacidad intelectual está mediada por los genes. De hecho, se calcula que al menos el 50 por 100 de la variación total en la inteligencia depende de factores heredados,

mientras que el 50 por 100 restante se encuentra relacionado con aspectos ligados al entorno (hábitos de lectura, tipos de juego, capacidad de diálogo, estimulación, etc.). Estos últimos factores son los que debemos cultivar desde los primeros años de vida.

UNA VITAMINA CONTRA LAS ALERGIAS. La vitamina C es un gran aliado contra las reacciones alérgicas y sus manifestaciones. Se ha demostrado que las concentraciones elevadas de vitamina C en la sangre reducen considerablemente las de histamina, sustancia encargada de favorecer las molestias alérgicas (picor, abundancias de secreciones, manchas en la piel, etc.). Por esta razón hay que utilizar, sobre todo en el caso de alergias, mayores cantidades de alimentos con vitamina C (cítricos, albaricoques, aguacate, ajos, brecol, castañas, coliflor, espárragos, rábanos, zumos...).

HACE SIGLOS TAMBIÉN SE PREVENÍA LA ENFERMEDAD. Uno de los procedimientos más antiguos que se conocen para evitar enfermedades es la llamada cuarentena, que tiene su origen en Venecia allá por el siglo XV. Esta denominación viene del término italiano *quarantina,* que significa cuarenta días. Y es que en Venecia, para evitar la llegada de enfermedades a sus orillas, todas las personas y/o animales procedentes de zonas "sospechosas" de enfermedad debían pasar cuarenta días sin entrar en la ciudad para comprobar que no aparecía síntoma o enfermedad alguna en ellos.

PARA CICATRIZAR LAS HERIDAS. La mejor manera de favorecer la recuperación de las heridas y su rápida cicatrización consiste en utilizar un poco de limón (unas gotas). El limón contiene ácido fórmico, una sustancia con notable poder antiséptico (contra los gérmenes), que facilita la renovación de la piel y de los tejidos situados debajo de ella. Durante varios días hay que consumir un poco más de limón.

COMEDORES ESCOLARES. Un reciente estudio de la Universidad Complutense de Madrid confirma que la calidad de los comedores escolares en España es, en general, satisfactoria, aunque debemos tener un mayor control: incrementar el consumo de pescado, disminuir el consumo de grasa animal, reducir el uso de hidratos de carbono, favorecer la presencia de aceite de oliva y, especialmente, de frutas y hortalizas crudas.

DEPRESIÓN POSPARTO Y COCIENTE INTELECTUAL. Algunas investigaciones realizadas durante los últimos años confirman que los estados depresivos que puede experimentar la madre después del parto influyen negativamente en el desarrollo intelectual del bebé, pudiendo incluso reducir su cociente intelectual. Esta circunstancia demuestra la estrecha relación entre el ambiente psicológico que rodea al bebé y su posterior desarrollo.

EL CÁNCER EN LA INFANCIA. Aunque cada vez son más los niños que superan las lesiones de tipo canceroso, este tipo de enfermedades son la segunda causa de muerte entre los niños de 5 y 14 años en España, con una tasa de fallecimientos cercana a 4 por cada 100.000 niños. Las lesiones más frecuentes son leucemia, tumores del sistema nervioso central y linfomas.

PESO AL NACER Y TENSIÓN ARTERIAL. Un reciente estudio de la Universidad de Tasmania (Australia) muestra una relación inversamente proporcional entre el bajo peso al nacer y la tensión arterial futura. Esto es, los niños que presentan un bajo peso al nacer suelen mostrar en años posteriores tensiones arteriales elevadas; y a la inversa, peso al nacer normal o elevado, tensión arterial normal-baja.

ALTERACIONES PSIQUIÁTRICAS EN NUESTROS NIÑOS. Casi el 10 por 100 de las personas con edades comprendidas entre los 4 y 16 años, presentan alteraciones de tipo psicológico, e incluso, a veces, de carácter psiquiátrico. Las alteraciones que con mayor frecuencia podemos observar son hiperactividad, estados depresivos, agresividad, negativismo, conducta antisocial, ansiedad, tics y alteraciones de la alimentación.

LA ANEMIA, MÁS FRECUENTE DE LO QUE PARECE. Una amplia investigación del Instituto Dexeus de Barcelona concreta en un 10 por 100 la aparición de anemia ferropénica en los niños menores de 5 años. En otras palabras, de cada 100 niños, 10 de ellos tendrán en algún momento anemia ferropénica (por falta de hierro) antes de cumplir los 5 años. Para evitar esta situación se recomienda una alimentación equilibrada del niño, en la que lo fundamental es, según sugieren los autores, no dar leche de vaca antes de los 12 meses (después de esa edad, no superar los 700 cc al día), introducir los cereales fortificados a los

4 o 6 meses y ser constantes en el consumo de frutas y verduras.

CASI UN 7 POR 100 DE RECIÉN NACIDOS SON SORDOS. En los últimos meses se ha desarrollado un novedoso sistema que permite valorar, sin molestia alguna, la capacidad auditiva de los bebés, por medio del cual se ha demostrado que, en España, casi el 7 por 100 de los 360.000 niños que nacen cada año presentan alteraciones de la audición. Eso sí, el diagnóstico precoz de este tipo de lesiones permite, en muchos casos, un tratamiento eficaz.

ALGUNOS DEFECTOS DE NUESTROS NIÑOS Y JÓVENES. El 44 por 100 de las personas entre 2 y 24 años no practica ninguna actividad física semanalmente y con regularidad; sólo el 23 por 100 incluye en el desayuno los tres tipos de alimentos fundamentales: cereales, frutas y lácteos; los alimentos que más se rechazan son las verduras (por el 29 por 100) y el pescado (12 por 100), o sea, algunos de los que deben ser considerados fundamentales.

EFICACIA DE LA REPRODUCCIÓN ASISTIDA. Las diversas técnicas reproductivas encaminadas a facilitar la fecundación del óvulo por el espermatozoide tienen una eficacia diversa, aunque en general no se supera el 20 por 100 de éxitos. La inseminación artificial se sitúa en torno al 14 por 100; la fecundación "in vitro", cerca del 22 por 100; la inyección de espermetozoides dentro del óvulo o ICSI no supera el 25 por 100, y la GIFT o transferencia intratubárica de gametos se sitúa en torno al 26 por 100. Estas son las razones por las que el uso de estas técnicas requiere "varios intentos" a la hora conseguir la fecundación.

NUESTROS NIÑOS GASTAN POCAS CALORÍAS. La incidencia cada vez mayor del "juego pasivo" entre los niños es una de las causas del incesante aumento de sobrepeso y obesidad entre los más pequeños. La televisión, los videojuegos, etc., son sus mejores representantes y enemigos al mismo tiempo si no somos capaces de limitar su uso. Basta un dato: cualquier niño de 1930 gastaba al día cerca de 800 kilocalorías, mientras que nuestros hijos pequeños apenas se situan en las 300 kilocalorías, y en algunos casos menos de 200.

LA UTILIDAD DE LA SANGRE DEL CORDÓN UMBILICAL. Las células sanguíneas que se con-

servan en el interior del cordón umbilical durante el nacimiento son de gran ayuda para poder hacer frente con eficacia a una serie de graves enfermedades (leucemias, alteraciones de la médula ósea, etc.). Esta es una de las razones por las que se han creado los llamados Bancos de Sangre del Cordón Umbilical, uno de cuyos ejemplos lo encontramos en el Hospital Doce de Octubre de Madrid.

LAS ALERGIAS, EN GUERRA CON EUROPA. La incidencia de alergias en los diversos países que integran el viejo continente no sólo es importante, sino que aumenta cada año. Por término medio, casi el 20 por 100 de los niños europeos tienen algún tipo de alergia, aunque se observan diferencias notables entre distintos países. Los más afectados son; Inglaterra, con un 33 por 100; Irlanda, con el 29 por 100; Malta y Finlandia, con el 17 por 100. España se sitúa en torno al 12 por 100; y los que muestran menos porcentajes son: Albania, con el 2 por 100, Rumania, con el 2,5 por 100 y Grecia con el 3,5 por 100. Los hábitos alimenticios, la menor estabilidad del sistema inmunitario, la exposición al tabaco y a los ambientes contaminados son algunos de los elementos que impulsan este tipo de enfermedades.

DEMASIADO PESO EN LAS MOCHILAS. Un reciente estudio llevado a cabo en la Unión Europea certifica que la mayoría de los escolares transporta en sus mochilas un peso muy superior al deseado. En condiciones normales, este peso no debería superar el 15 por 100 del peso del niño; sin embargo, muchos son los casos que llegan al 25 por 100 e incluso 35 por 100 del peso corporal. Por ello no es de extrañar que los problemas de espalda, en particular el dolor en la parte inferior de esta zona, sea una molestia frecuente entre los escolares.

HÁBITOS, GENES Y OBESIDAD. Los hábitos son parte fundamental en el desarrollo de sobrepeso u obesidad en los niños, en especial el tipo de alimentación, los juegos pasivos y la falta de actividad física, etc. Sin embargo, también hay que recordar una cierta predisposición genética, porque, tal como se ha demostrado, la obesidad de los progenitores "marca" parcialmente el futuro de los hijos. Si uno de los progenitores es obeso, el niño tiene un 15 por 100 de probabilidades de serlo de adulto; y si ambos padres lo son, el riesgo se eleva hasta un 50 por 100.

UNA LUZ PARA PREVENIR LA MUERTE SÚBITA DEL LACTANTE. La muerte súbita del lactante es un trágico problema de salud, el bebé fallece mientras duerme debido a parada cardiorrespiratoria y sin ningún síntoma previo que pueda sugerir esta enfermedad. Desde hace tiempo sabemos que la arteria carótida (situada a ambos lados del cuello) cuenta con unos elementos denominados quimiorreceptores que detectan en todo momento la cantidad de oxígeno que hay en la sangre y, de acuerdo con la cantidad, aumentan o disminuyen la frecuencia de la respiración de acuerdo con las necesidades. Un grupo de profesores de la Universidad de Valladolid ha demostrado recientemente que en algunos casos de muerte súbita los bebés tenían alterados estos quimiorreceptores, o era escaso su número, razón por la cual al bajar el oxígeno en la sangre no se aumenta la frecuencia respiratoria, produciéndose parada cardiorrespiratoria. Este hallazgo puede facilitar en un futuro próximo el diagnóstico y tratamiento de esta enfermedad.

COLONIA Y BEBÉS, INCOMPATIBLES. Durante las primeras semanas de vida del bebé es preferible no darle colonias, ya que todas ellas incluyen alcohol en su composición, sustancia que puede irritar la delicada piel del bebé. Es preferible no utilizarla; si acaso, optar por un par de gotitas de vez en cuando una vez superados los dos primeros meses de vida.

NO A LOS VIDEOJUEGOS VIOLENTOS. Hay cierto tipo de videojuegos que pueden "moldear" la personalidad del niño a imagen y semejanza de su contenido; en consecuencia, debemos evitar su uso o, como mínimo, controlarlo. Tal es el caso de los videojuegos de contenido violento, racista, insolidario o machista. Aunque algunos especialistas dicen que su uso (en particular el de los violentos) puede ayudar a canalizar la agresividad del niño, son muchos más los que no lo recomiendan.

LA LACTANCIA PROTEGE DE LA OBESIDAD. Los niños que han sido amamantados durante más tiempo, sufren menos obesidad. Esta es una de las conclusiones de un estudio realizado en la Universidad de Múnich sobre más de 10.000 niños, que ha encontrado que los porcentajes de niños obesos eran del 4,5 por 100 entre los que nunca recibieron leche materna; del 3,8 por 100 si lo fueron durante 2 meses o menos; del 2,3 por 100 si tomaron leche materna

entre 3-5 meses; de 1,7 por 100 si recibieron leche materna entre los 6 y 12 meses, y sólo un 0,8 por 100 si fueron amamantados más de 12 meses.

UN TABURETE, EL MEJOR AMIGO DE LA MAMÁ. Durante los primeros meses de vida del bebé son muchos los momentos en que debemos sujetarlo (cada toma, para recojerlo, para sujetarlo en pie, etc.). En muchas de estas situaciones la espalda, y especialmente la columna vertebral, pueden sufrir sobrecargas que lentamente la van "minando". El mejor aliado de su columna en estas situaciones es un pequeño taburete. Así, cuando estemos sentados o de pie, descansemos los pies sobre el taburete ya que de este modo la presión que se ejerce sobre las vértebras es mucho menor.

LAS CEFALEAS SON FRECUENTES EN LA INFANCIA. Tanto las cefaleas como las jaquecas son problemas de salud más frecuentes de lo que parece entre los niños. Se calcula que cerca del 40 por 100 de los niños que habitan en los países europeos sufren ocasionalmente de dolores de cabeza, y casi un 10 por 100 se ve afectado por cefaleas de repetición. La mayoría de estos dolores de cabeza son de origen tensional y presión emocional, mientras que una pequeña parte son jaquecas. Muchas de estas cefaleas aparecen acompañadas por otros síntomas (palidez y parálisis transitoria).

diccionario médico

Pequeño diccionario médico para conocer la salud de nuestros hijos

Ofrecemos a continuación un pequeño diccionario en el que se recogen 400 términos médicos utilizados habitualmente entre los profesionales de la sanidad. Con ellos le resultará más fácil entender las enfermedades, sus causas, los métodos diagnósticos (como los análisis de sangre o de orina), los informes médicos e incluso los tratamientos más frecuentemente empleados.

A...: prefijo que indica "sin" o "con falta de". Por ejemplo: afonía, falta o disminución de la voz; atonía, falta o disminución del tono de los músculos; adinamia, falta o disminución del movimiento; anorexia, falta o disminución del apetito.

ABSCESOS: almacenes de pus que aparecen en la piel o en órganos y cavidades internas del organismo.

ÁCAROS: animales microscópicos que acompañan al polvo suspendido en el aire y son responsables de muchos procesos alérgicos que afectan a los niños.

ACETONA: olor dulzón parecido al de las manzanas o similar a la orina, presente en el aliento de algunos niños.

ACCIDENTE CEREBROVASCULAR: alteración de la circulación de la sangre en el cerebro como consecuencia de una embolia, hemorragia, etc.

ÁCIDO FÓLICO: sustancia vitamínica fundamental para la reproducción de las células que abunda en las espinacas y otras verduras.

ÁCIDO GRASO: forma elemental de las grasas que se obtiene de los alimentos durante la digestión y gracias a la cual éstos atraviesan el intestino para llegar a la sangre. Los ácidos grasos forman parte de las células y otras muchas estructuras del cuerpo humano.

ÁCIDO ÚRICO: producto residual que se forma en las células del organismo tras utilizar las proteínas que ingerimos con los alimentos.

ACNÉ: obstrucción de una o varias glándulas sebáceas que se sitúan al lado de los pelos (folículos pilosos), produciéndose un bultito enrojecido.

AFONÍA: disminución o pérdida de voz.

AFTAS: lesiones de tipo ulceroso que aparecen en la boca, la lengua o la parte interna de los labios.

ALBÚMINA: proteína que se encuentra en la sangre y colabora en el transporte de sustancias (medicamentos, etc.). También ayuda a "retener" el agua dentro de los vasos sanguíneos, por eso cuando disminuye su presencia aparecen los edemas. La clara de los huevos está constituida por albúmina. En condiciones normales disponemos de 44 gramos de albúmina por litro de sangre (4,4 gramos por 100 ml).

ALERGIA: reacción exagerada y anómala del organismo frente a determinados elementos, ya sean externos (ácaros, polvo, polen, etc.) o internos (articulaciones, proteínas, etc.).

...ALGIA: terminación o sufijo que acompaña a otra palabra e

indica dolor de esa zona. Por ejemplo: mialgia, dolor muscular; neuralgia, dolor nervioso; talalgia, dolor del talón.

AMIGDALITIS: inflamación de las amígdalas, situadas en la región posterior de la cavidad bucal.

ANÁMNESIS: exploración e interrogatorio médico de un paciente.

ANDRÓGENOS: hormonas sexuales masculinas que determinan las características sexuales del varón. Se producen en los testículos y en la glándula suprarrenal, situada encima de los riñones. Su producción se reduce considerablemente a partir de los 60 años.

ANEMIA: disminución del número de glóbulos rojos en la sangre y/o de la cantidad de hemoglobina.

ANGOR: sensación dolorosa o de opresión que se presenta en el tórax, justo por delante del corazón. Suele traducir falta de riego sanguíneo en el corazón y puede preceder a un infarto de miocardio.

ANOREXIA: falta o disminución de las ganas de comer o del apetito.

ANSIEDAD: sensación de angustia o temor que no responde a una situación real o presente. Miedo a lo desconocido.

ANTI...: prefijo que se traduce por "frente a", "contra". Por ejemplo: antiparkinsoniano: contra el párkinson; antiinflamatorios, contra la inflamación; antihistamínicos, contra la histamina; antibióticos, contra seres vivos patológicos como las bacterias.

ANTIINFLAMATORIOS: fármacos que combaten la inflamación.

ANTISÉPTICO: fármacos que combaten la infección o la presencia de gérmenes patógenos.

APENDICITIS: inflamación del apéndice vermicular, una especie de "dedo" que cuelga de la primera porción del intestino grueso en la fosa ilíaca derecha (parte derecha de la cadera).

AROMATERAPIA: tratamiento o curación por medio del empleo de diferentes aromas.

ARRITMIAS: alteraciones del ritmo o frecuencia de contracción del corazón (bradicardia: ritmo bajo; taquicardia: ritmo elevado; extrasístole: contracción del ventrículo a destiempo).

ARTERIOSCLEROSIS: término similar a la aterosclerosis. Alteraciones de la pared de las arterias que se endurecen y aumentan su grosor estrechando la arteria y dificultando el paso de la sangre.

ARTRODESIS: unión de los huesos que forman una articulación, dejándola sin movimiento. Se emplea en casos de graves lesiones articulares.

ARTRITIS: inflamación que afecta a una o varias articulaciones.

ARTROSIS: degeneración de uno o varios elementos de una articulación, que provoca su deformación.

ASCITIS: acumulación de líquido en la cavidad abdominal, que poco a poco favorece la formación de una tripa "notable".

ASMA: proceso alérgico y/o infeccioso que cierra los bronquios y dificulta la respiración.

ATROFIA: degeneración o disminución del estado normal de un órgano. Por ejemplo: atrofia muscular, disminución del músculo.

AUSCULTACIÓN: escuchar los sonidos que se producen en diferentes órganos del cuerpo humano, y en especial en el corazón, el pulmón, etc.

BABAS: exceso de secreciones salivales que constantemente abandonan la cavidad bucal y resbalan por la mandíbula, generalmente producidas por desarrollo de las piezas dentarias, lesiones en el interior de la boca o consumo de ciertos alimentos (limón y ácidos).

BACILOS: tipo de bacterias que se caracterizan por presentar forma alargada (bacilo de la tuberculosis, del tifus o del tétanos).

BACILO DE KOCH: bacteria causante de la tuberculosis.

BACTERIAS: gérmenes productores de numerosas infecciones que afectan a la mayor parte de los órganos del cuerpo (faringitis, sinusitis, gastroenteritis, cistitis, etc.).

BACTERIEMIA: presencia de bacterias en la sangre.

BACTERIURIA: presencia de bacterias en la orina.

BASÓFILOS: tipo de leucocitos o glóbulos blancos que actúan como células defensivas de la sangre.

BIOPSIA: extirpación de una pequeña parte de un órgano o tejido para su estudio al microscopio.

BLEFARITIS: inflamación de los bordes de los párpados que se muestran enrojecidos, aumentados de tamaño y con formación de pequeñas costras. Puede originarse por infecciones (estafilococo), procesos alérgicos, etc.

BRONCOSCOPIA: visualización del estado de los bronquios por medio de pequeños tubos que llevan una cámara incorporada.

BRONQUIECTASIA: alteración de los bronquios acompañada por dilatación de los mismos y abundante secreción que dificulta la llegada del aire a los alveolos.

BRONQUIOLITIS: infección de las vías aéreas que aparece sobre todo en otoño e invierno, y que se desarrolla por la invasión de un virus (en el 70 por 100 de los casos, virus respiratorio sincitial).

BRONQUITIS: inflamación de los bronquios por un agente infeccioso o por elementos físicos y/o químicos.

BULIMIA: apetito exagerado. Deseo continuado de comer.

BY-PASS: "puente" artificial que se establece en un conducto (arteria, vena, intestino) para salvar una obstrucción. Puede realizarse con otros conductos del propio cuerpo (venas) o con material artificial.

CALAMBRES: sensación de hormigueo, pinchazos o dolor que suele aparecer en las piernas.

CALCIO: mineral imprescindible para la coagulación de la sangre, formación de los huesos, liberación de hormonas a la sangre y contracción de los músculos.

CALCEMIA: cantidad de calcio presente en la sangre. La cantidad normal oscila entre 9 y 11 miligramos por cada 100 mililitros de sangre.

CÁLCULOS: concentrados de diversos elementos (minerales, grasa, etc.) que forman estructuras como piedras, generalmente alojadas en conductos (vías biliares, vías urinarias).

CALENTURAS: hinchazón que aparece en las proximidades de los labios o de la nariz, muestra color rojizo, ligeramente doloroso y acompañado por pequeñas ampollas de contenido transparente.

CALLOS: crecimiento exagerado de la capa superficial de la piel o epidermis.

CÁNCER: crecimiento exagerado, anárquico y aberrante de un grupo de células que, lentamente, invaden zonas cercanas y/o alejadas (metástasis).

CANDIDIASIS: infección desarrollada por un tipo de hongo, *Candida albicans.* Suele aparecer en vías respiratorias, aparato digestivo, aparato urogenital...

CAPACIDAD VITAL: cantidad máxima de aire que pueden movilizar nuestros pulmones realizando una inspiración (coger aire) al máximo, seguida de una espiración (echar aire) al máximo. Esta capacidad varía mucho con las enfermedades respiratorias. En

las personas mayores los valores medios suelen ser de 3,5-4 l para los hombres y de 3 para las mujeres.

CARIES DENTAL: pérdida del esmalte o superficie externa de la pieza dental, que lentamente se dirige hacia la pulpa o centro del diente. Está producida por ciertas bacterias que habitan en la cavidad bucal y utilizan los restos de comida como alimento.

CATÉTER: tubo de pequeño calibre que se introduce en alguna vía del cuerpo humano (venas, uretra, heridas abiertas, etc.).

CARDIOPATÍA: enfermedades del corazón.

CATARATAS: opacidades o zonas blanquecinas que aparecen en el cristalino del ojo.

CATARRO: inflamación de las vías respiratorias tras irritarse por agentes físicos, químicos o biológicos (virus, bacterias).

CÉLULAS: expresión mínima a la que se puede reducir el cuerpo humano. La reunión de miles de millones de células forman cada uno de nuestros órganos y, en definitiva, el cuerpo humano. La mayoría de las células tienen aspecto circular y su tamaño es miles de veces inferior a un milímetro.

CHICHONES: pequeños bultos que aparecen en la cabeza tras la rotura de pequeños vasos sanguíneos, que permiten la acumulación de sangre debajo del cuero cabelludo.

CIANOSIS: coloración azul-violácea que se observa en la piel, sobre todo en labios, manos, pies y alrededor de la boca. Se produce cuando hay poco oxígeno en la sangre.

CIÁTICA: lesión o irritación del nervio ciático, con presencia de dolor, calambres u hormigueos en la parte posterior de los glúteos y de la pierna.

CIFOSIS: alteración de la columna vertebral caracterizada por una curvatura exagerada en la parte superior de la espalda a modo de "pequeña joroba".

CIRROSIS: alteración del hígado que se caracteriza por la presencia de múltiples y pequeños nódulos a modo de cicatrices.

CISTITIS: infección de la vejiga urinaria.

COAGULACIÓN: formación de un tapón en la pared de un vaso sanguíneo cuando se ha roto.

COCOS: tipo de bacterias caracterizadas por presentar forma redonda (estafilococo, estreptococo, neumococo).

COLESTEROL: tipo de grasa fundamental, entre otras cosas, para la formación de la membrana de las células del cuerpo humano y

para sintetizar algunas hormonas. Su presencia en exceso en la sangre puede favorecer un buen número de enfermedades.

CÓLICO: enfermedad caracterizada por la obstrucción de un conducto en el organismo (vías biliares, vías urinarias) y la presencia de intenso dolor que "sube y baja", reflejo de una contracción brutal de los músculos de los conductos obstruidos.

CÓLICOS DEL BEBÉ: molestias intestinales que favorecen la presencia de ligero dolor y malestar en la región abdominal durante unas pocas horas. No se conoce exactamente su origen y son frecuentes durante el primer trimestre de vida.

COLITIS: inflamación, generalmente como consecuencia de una infección, que se localiza en el intestino grueso (colon).

COLON IRRITABLE: irritación del intestino delgado y del colon que se manifiesta con pesadez y dolor acompañados por episodios de estreñimiento o diarrea. Su origen suele estar relacionado con situaciones anímicas compatibles con estrés, irritabilidad, ansiedad...

COLOSTOMÍA: intervención quirúrgica en la que se corta una parte del colon y se la une con la pared abdominal para crear un "ano artificial".

CONJUNTIVITIS: proceso inflamatorio agudo o crónico que afecta a la conjuntiva de los ojos.

CONTUSIÓN: lesiones que se producen sobre la superficie del organismo sin cortes en la piel.

CONVULSIONES: contracciones musculares involuntarias que pueden afectar a parte o a toda la musculatura del organismo. Su origen es muy diverso: epilepsia, fiebre, tétanos, exceso de calcio en sangre, etc.

CORTICOIDES: sustancias con numerosas acciones, entre las que destacamos la antiinflamatoria y reguladora de la presencia de azúcares en el organismo. Los corticoides se producen de forma natural en la glándula suprarrenal, y también se administran como fármacos.

COSTRA LÁCTEA: capa blanquecina o amarillenta que aparece en el cuero cabelludo de algunos bebés como consecuencia de escamas o restos de células de esta zona.

CRANEOTOMÍA: intervención quirúrgica destinada a realizar una abertura en el cráneo.

CREATININA: residuo que continuamente se forma en el organismo y es eliminado por la orina. Hasta el riñón llega por la sangre, y la cantidad de creatinina en la sangre suele oscilar entre 0,8-

1,5 miligramos por cada 100 mililitros de sangre. Cuando aumenta, significa que el riñón no funciona bien.

CRUP: infección vírica de las vías respiratorias superiores e inferiores que provoca una notable obstrucción al paso del aire en laringe y tráquea.

DEPRESIÓN: estado anímico en el que "todo se ve negro" y no se tiene ilusión o deseo por nada.

DERMATITIS: inflamaciones superficiales de la piel, que pueden adquirir diferentes aspectos (vesículas, rojeces, escamas).

DESHIDRATACIÓN: pérdida excesiva de agua por parte del organismo, que pone en peligro sus funciones y actividades normales.

DIABETES INSÍPIDA: falta de una hormona llamada ADH o adiuretina en la sangre, que facilita una pérdida constante de agua con la orina, por lo que el enfermo orina mucha cantidad al día (poliuria), orina muchas veces al día (polaquiuria) y bebe mucha agua (litros) a lo largo del día.

DIABETES MELLITUS: presencia elevada de glucosa en la sangre (por encima de 120 miligramos por cada 100 mililitros de sangre) que, al eliminarse en grandes cantidades por el riñón, da lugar a que se orine mucho, muchas veces y se tenga una sed exagerada.

DIARREA: situación en la que el número de deposiciones es superior a 3 al día; suele ser de aspecto líquido o semilíquido.

DIÁSTOLE: movimiento de relajación del músculo del corazón que es aprovechado para que la sangre pase a su interior.

DIFTERIA: infección grave y contagiosa de la faringe, que dificulta de forma notable la respiración e incluso la alimentación. Está producida por una bacteria *(Corinebacterium diphtheriae)* que forma unas membranas en esas zonas, obstruyéndolas.

DIGITÁLICOS: grupo de fármacos que se utilizan para mejorar la actividad del corazón.

DIS...: prefijo que delata la alteración de un órgano y/o función. Por ejemplo: disfagia, alteración de la deglución; disartria, alteración de la voz; disuria, alteración de la orina.

DISHIDROSIS: alteración de la piel, especialmente entre los dedos, que por exceso de sudoración presenta pequeñas ampollas de contenido claro.

DISLALIA: alteración o trastorno en la pronunciación de algunas sílabas o fonemas, cuando a su edad el niño debería pronunciarlas correctamente.

DISLEXIA: alteraciones y trastornos que afectan a la lectura y escritura, dificultando el aprendizaje. No tiene causa neurológica conocida.

DIURÉTICOS: grupo de fármacos que facilitan la eliminación de orina.

DIVERTICULITIS: inflamación de pequeñas verrugas o pólipos que aparecen en el intestino.

DIVERTICULOSIS: presencia de numerosas verrugas o pequeños pólipos en el interior del intestino.

ECCEMA: inflamaciones superficiales de la piel acompañadas por pequeñas ampollas y picor.

ECOGRAFÍA: técnica no invasiva o indolora usada para conocer el estado de un órgano, en la que se emplean ultrasonidos que, al producir un eco o "rebote" con los órganos del cuerpo, genera una imagen en un monitor.

ECOCARDIOGRAFÍA: ecografía dirigida al corazón.

EDEMAS: acumulación de líquido en una zona del organismo, que provoca la hinchazón de esa región.

ELECTROCARDIOGRAMA: técnica indolora en la que se recogen en un gráfico las pequeñas descargas eléctricas generadas por el corazón.

ELECTROENCEFALOGRAMA: técnica indolora por medio de la cual se recogen en un gráfico las pequeñas descargas eléctricas generadas por el cerebro.

ELECTROMIOGRAMA: técnica indolora en la que se recogen en un gráfico las pequeñas descargas eléctricas generadas por el músculo durante su actividad.

ENCEFALITIS: inflamación del encéfalo (parte del sistema nervioso que agrupa al cerebro, cerebelo y tronco cerebral), que casi siempre es debida a una infección por virus o bacterias.

ENCOPRESIS: pérdida involuntaria de las heces en niños mayores de 3 años, en ausencia de una enfermedad conocida o defecto congénito.

ENDEMIA: presencia constante de una enfermedad infecciosa en una región determinada.

ENDOCARDITIS: inflamación de la capa interna del corazón o endocardio.

ENFERMEDAD DE ADDISON: insuficiencia de la glándula suprarrenal.

ENFERMEDAD DE BASEDOW: aumento de la función de la glándula tiroides con presencia masiva en la sangre de una hormona, la tiroxina, que acarrea numerosos problemas.

ENFERMEDAD DE HODGKING: enfermedad que afecta al sistema linfático (ganglios) y que provoca su degeneración.

ENFERMEDAD DE PERTHES: falta de crecimiento de la cabeza del hueso fémur en la zona en que se articula con el hueso ilíaco para formar la cadera. Su origen es muy diverso y en general incluye todos aquellos factores que disminuye la llegada de la sangre a la cabeza del fémur como es el caso de golpes o traumatismos en esa zona. Suele presentarse mediante dolor en la cadera afectada y cojera. El tratamiento frecuente es de tipo ortopédico.

ENFERMEDAD DE POTT: tuberculosis que afecta a la columna vertebral como si fuera una "caries del hueso", lo que facilita su aplastamiento.

ENTERO...: prefijo que se refiere a "del intestino". Por ejemplo: enterología, como ciencia que trata del intestino; enterococo, bacterias del intestino; enteritis, inflamación del intestino; enteropatía, enfermedad del intestino.

ENURESIS: emisión involuntaria de orina, generalmente por la noche, en niños con más de 4 años. Los conflictos de tipo psicológico representan una de sus principales causas.

EPIDEMIA: aparición brusca de numerosos casos de una enfermedad en una zona determinada.

EPILEPSIA: contracciones musculares involuntarias y descontroladas, o "ausencias" que surgen de manera repentina. Las causas son casi siempre desconocidas, aunque pueden relacionarse con traumatismos craneales previos, tumores cerebrales, infecciones previas, etc.

EPISTAXIS: hemorragia que se produce en las fosas nasales.

EPOC: abreviaturas de Enfermedad Pulmonar Obstructiva (bronquitis crónica, asma o enfisema).

ERISIPELA: inflamación de la piel y de las mucosas con producción de "placas" rojizas ligeramente elevadas, producidas por una bacteria, el *Streptococcus pyogenes.*

ERITEMA TÓXICO: abundantes y pequeñas vesículas con líquido transparente que aparecen en el tórax de los bebés, generalmente entre las 24 y 48 horas de vida. En pocas horas o días el proceso suele desaparecer.

ERUPCIONES: aparición en la piel y/o en mucosas (piel interna de órganos como boca, estómago, etc.) de pequeñas lesiones que adquieren formas muy distintas.

ESCARLATINA: enfermedad infectocontagiosa que altera el estado general y se acompaña por pequeños puntos rojizos distribuidos por casi todo el cuerpo. Está producida por el *Streptococcus haemolitico* tipo A.

ESCLEROSIS: proliferación de tejido conjuntivo que forma una "cicatriz", ya sea en la piel o en órganos internos (tejido nervioso, etc.).

ESCOLIOSIS: desviación lateral exagerada de la columna vertebral, por la que se forma una curvatura anormal, casi siempre en la zona dorsolumbar.

ESGUINCES: estiramientos o pequeñas lesiones que aparecen en los ligamentos o en otros elementos que forman parte de una articulación.

ESPUTO: secreciones que se producen en los bronquios y son expulsadas hacia el exterior. El estudio de los esputos (color, olor, estudio al microscopio, etc.) ayuda a conocer la enfermedad que puede afectar a los bronquios.

ESTRABISMO: asimetría en la posición de los globos oculares, de tal forma que uno se encuentra desviado hacia adentro en relación con el otro. Casi siempre se debe a problemas de los músculos que se encuentran alrededor del ojo.

ESTREÑIMIENTO: falta o disminución del número de deposiciones (menos de 1 cada 3 días), ya sea durante unos días o de forma prolongada.

ESTRADIOL: uno de los principales estrógenos de la mujer (hormonas), que también se encuentra en el hombre (participa, entre otras cosas, en la función testicular).

ESTRÉS: situación que provoca en el organismo una situación constante de alarma, alerta o defensa.

ESTRÓGENOS: hormonas sexuales femeninas que se producen en los ovarios y las glándulas suprarrenales. Colaboran en los ciclos ováricos y en el embarazo. Desarrollan los caracteres sexuales propios de la mujer (distribución del vello, aparición de las mamas, etc.). Su presencia en la sangre desaparece de forma progresiva durante la menopausia.

EXACERBACIÓN: agudización de un proceso determinado. Por ejemplo: exacerbación de la bronquitis crónica, de la esquizofrenia, etc.

EXPECTORACIÓN: eliminación con la tos de las secreciones o esputos presentes en los bronquios.

EXPECTORANTE: sustancias que ayudan a la expectoración o eliminación de secreciones bronquiales.

EXUDADO: líquidos o semilíquidos que se producen en una herida y con cuyo estudio podemos conocer los agentes que la contaminan.

FARINGITIS: inflamación de la faringe.

FERRITINA: proteína espacial que sirve para transportar el hierro en la sangre y almacenarlo en el hígado, médula ósea de los huesos, bazo, etc.

FIBRINÓGENO: proteína presente en la sangre y fundamental para la coagulación.

FIEBRE: aumento de la temperatura corporal por encima de los 38ºC.

FIEBRE DEL HENO: rinitis alérgica que se presenta sobre todo en primavera, verano u otoño, acompañada de faringitis y conjuntivitis. Es un proceso alérgico favorecido por determinados pólenes presentes en el ambiente.

FILTRADO GLOMERULAR: cantidad de líquido que pasa de la sangre a los riñones para limpiarse. Al día se filtran 180 l, la mayor parte de ellos retornan a la sangre, y sólo 1,5 l al día se eliminan en forma de orina.

FIMOSIS: estrechamiento de la piel o prepucio que recubre la parte final del pene (glande), que no permite su completa exposición, dificultando la emisión de orina y favoreciendo pequeñas infecciones y escozores.

FÍSTULAS: comunicación anormal entre la superficie del cuerpo y el interior del mismo, generalmente un órgano hueco (recto, faringe, etc.).

FITOTERAPIA: tratamientos de las enfermedades con plantas medicinales.

FLATULENCIA: abundante producción de gases en el estómago y/o intestino. En el primero de los casos se eliminan por la boca con los eructos; y en el segundo, por medio del ano como ventosidades.

FLEBITIS: inflamación que afecta a una o varias venas.

FLEMÓN: inflamación de los tejidos situados debajo de la piel como consecuencia de la llegada de bacterias diversas.

FOBIA: pánico o temor a determinados animales o situaciones. Por ejemplo: aracnofobia, fobia a las arañas; claustrofobia, fobia a los espacios cerrados.

FORÚNCULOS: infección de la piel con formación de pus, que afecta al vello de la piel.

FÓSFORO: elemento imprescindible para la integridad del hueso en la producción de energía y también en la síntesis de vitaminas. Su principal fuente son ciertos alimentos (derivados lácteos, frutos secos, carne y pescados).

FRACTURAS: rotura de un hueso.

FSH: hormona folículo estimulante, responsable de la maduración de los óvulos durante la primera quincena de cada ciclo menstrual.

GAMMAGRAFÍA: método indoloro que se utiliza para tener la imagen de un órgano, empleando sustancias que emiten pequeñas radiaciones que se recogen en una placa.

GASOMETRÍA: determinación de la concentración de gases en la sangre, principalmente oxígeno y dióxido de carbono.

GASTRECTOMÍA: intervención quirúrgica para la extirpación de todo el estómago o de una parte.

GASTRITIS: inflamación aguda o crónica de la pared interna del estómago.

GASTROENTERITIS: infección o irritación de parte del aparato digestivo (estómago e intestino) que se manifiesta con vómitos y diarreas.

GASTROTOMÍA: intervención quirúrgica para realizar una abertura en el estómago y unirlo a otras vísceras, principalmente al intestino delgado.

GENU VALGO: curvatura de las piernas hacia adentro porque las rodillas se pegan y los tobillos se separan. Suele estar relacionada con enfermedades de los huesos a edades tempranas, o con traumatismos que afectan a los ligamentos de las rodillas. Muchas veces su origen es desconocido.

GENU VARO: deformación que afecta a las piernas cuando las rodillas se alejan la una de la otra y los tobillos se acercan. Aunque muchas son de causa desconocida, otras se relacionan con infecciones de los huesos de la rodilla, o con luxaciones o fracturas que no se han recuperado en su totalidad.

GH: hormona del crecimiento, responsable en los niños del crecimiento del cuerpo, y en los adultos, de su mantenimiento y conservación. A partir de los 50 años desaparece poco a poco.

GINGIVITIS: inflamación, aguda o crónica, del tejido que rodea los dientes (encía), originada por efecto de las bacterias que pueblan la cavidad bucal.

GLÁNDULAS: elementos situados en la piel o en órganos internos, que se encargan de producir y elaborar determinadas sustan-

cias (por ejemplo: glándulas sudoríparas, páncreas, glándula suprarrenal, glándulas mamarias, glándulas mucosas, etc.).

GLAUCOMA: aumento de la presión que existe en el interior del ojo.

GLÓBULOS ROJOS: también denominados hematíes, son células de la sangre que contienen hemoglobina y se encargan de transportar el oxígeno a todas las células del cuerpo. En condiciones normales, la cantidad de glóbulos rojos en la sangre es de 4 a 5 millones por mm^3 de sangre.

GLOMERULONEFRITIS: alteración del riñón que favorece su mal funcionamiento y, con ello, la aparición de hipertensión arterial, edemas y albuminurias (pérdida de albúmina con la orina).

GLUCOSA: una de las formas más elementales de los hidratos de carbono o azúcares que, al mismo tiempo, es la más utilizada por las células del organismo, se encuentra en abundancia en la sangre, los músculos y el hígado.

GLUTEN: componente de algunos cereales, como trigo y centeno, que puede ocasionar alteraciones intestinales en las personas que presentan intolerancia al mismo.

GOTA: enfermedad provocada por la presencia en exceso de ácido úrico, que lesiona las articulaciones y algunos órganos internos.

GRIPE: enfermedad infecciosa y muy contagiosa producida por virus, que afecta principalmente a las vías respiratorias.

HALITOSIS: aliento desagradable.

HDL: proteínas que circulan por la sangre y se encargan de transportar grasas, en especial colesterol. Estas lipoproteínas también son conocidas como del "colesterol bueno", ya que el colesterol que va con ellas no se pega a las paredes de las arterias deteriorándolas.

HELIOTERAPIA: tratamiento de las enfermedades por medio del sol y sus radiaciones.

HEMATEMESIS: hemorragia que procede del estómago o del intestino delgado y sale al exterior por la boca.

HEMATO...: referente a la sangre. Por ejemplo: hematología, disciplina de la medicina que trata de la sangre y sus enfermedades; hemangioma, tumor benigno con proliferación de vasos sanguíneos.

HEMATOCRITO: porcentaje que hay en la sangre entre las células y el líquido. El porcentaje normal de células oscila entre el 40 y el 50 por 100. Si se encuentra por debajo, hay pocas células; y si se sitúa por encima, tenemos demasiadas células y la sangre circula lentamente, atascada.

HEMATOMA: acumulación de sangre por rotura de pequeños vasos sanguíneos.

HEMOCULTIVO: cultivo de la sangre para conocer la presencia o no de bacterias.

HEMOGLOBINA: proteína que se encuentra dentro de los glóbulos rojos en la sangre y que se encarga de transportar el oxígeno.

HEMOFILIA: enfermedad en que la sangre apenas puede formar coágulos y tapar, evitando la pérdida de sangre, las lesiones producidas en los vasos sanguíneos. La causa radica en la ausencia de un factor de coagulación de la sangre por motivos, generalmente, congénitos y hereditarios.

HEMOPTISIS: expulsión de sangre que procede del aparato respiratorio. La sangre suele acompañar a la tos y a los esputos.

HEMORRAGIA: salida de la sangre desde vasos sanguíneos rotos. Las hemorragias pueden ser internas (de las vísceras) o externas (la sangre sale al exterior).

HEPARINA: sustancia natural producida por el hígado (también se la utiliza como fármaco) que dificulta la coagulación de la sangre, permitiendo que ésta sea fluida.

HEPATITIS: inflamación del hígado generalmente causada por virus, aunque puede ser también producida por agentes químicos.

HERNIAS: desplazamiento de una víscera desde su lugar a otras zonas cercanas.

HERPES: frecuente infección viral que afecta sobre todo a la piel y/o al tejido nervioso, causada por virus del grupo herpesvirus (herpes simple y herpes zoster).

HIDROCEFALIA: exceso de líquido cefalorraquídeo que baña el cerebro y otros elementos del sistema nervioso central.

HIDRONEFROSIS: dilatación del riñón provocada por la acumulación de orina que ha sido retenida por existir obstáculos en su vía de eliminación natural (los uréteres). Esta alteración puede destruir poco a poco los riñones.

HIDROTERAPIA: tratamientos desarrollados con la utilización de agua.

HIERRO: mineral imprescindible para el desarrollo de varias funciones orgánicas. Forma parte sobre todo de la hemoglobina, proteína incluida en los glóbulos rojos y encargada de transportar el oxígeno a todas las células.

HIPER...: prefijo que significa "más", "exceso de". Por ejemplo: hipertermia, temperatura elevada; hipersecreción, secreción eleva-

da de algo; hipersalivación, abundante producción de saliva; hipermenorrea, sangrado menstrual elevado.

HIPERCALCEMIA: exceso de calcio en la sangre.

HIPERCOLESTEROLEMIA: exceso de colesterol en la sangre, situación que se produce cuando supera los 225-230 miligramos por cada 100 mililitros de sangre.

HIPERMETROPÍA: visión borrosa de los objetos cercanos.

HIPERTENSIÓN ARTERIAL: tensión arterial elevada. La baja se sitúa por encima de 8,5; y la alta supera los 13,5.

HIPERTIROIDISMO: exceso de actividad de la glándula tiroides, con producción elevada de tiroxina.

HIPERTROFIA: crecimiento superior a lo normal. Por ejemplo: hipertrofia muscular, músculos muy desarrollados y grandes.

HIPO: ruido agudo que se produce de forma reiterada e involuntaria por irritación del músculo diafragma.

HIPO...: prefijo que significa "escaso", "poco". Por ejemplo: hiponutrido, poco alimentado; hipomenorrea, escaso sangrado en la menstruación; hiposecreción, secreción escasa de una sustancia determinada.

HIPOCLORHIDRIA: producción escasa de ácido clorhídrico en el estómago.

HIPONATREMIA: presencia escasa de sodio en la sangre.

HIPOTENSIÓN ARTERIAL: tensión arterial baja.

HOMEOPATÍA: tratamiento de las enfermedades administrando productos en dosis muy reducidas.

HONGOS: grupo muy especial de plantas microscópicas, que incluye algunas familias capaces de producir enfermedades al ser humano, que afectan a órganos como intestino, vagina, pene, pies, axilas, manos, etc.

HORMONAS: sustancias elaboradas por diversas glándulas del organismo que regulan diferentes funciones y elementos. Por ejemplo: tiroxina, hormona del crecimiento o GH, estrógenos, andrógenos, etc.

HUESOS: órganos duros de forma alargada o plana que, en conjunto, definen el esqueleto que soporta al cuerpo humano. Su número es de 205, aproximadamente. En su interior se forman numerosas células sanguíneas.

ICTERICIA: coloración amarillenta de la piel y de las mucosas por abundancia en la sangre de una sustancia llamada bilirrubina, que se produce en el hígado.

IMPÉTIGO: infección de la piel que se caracteriza por presentarse en la cara, en número variable, vesículas que contienen un líquido contaminado y muy contagioso. Las bacterias responsables de esta enfermedad son el estreptococo y el estafilococo dorado.

INCONTINENCIA: pérdida involuntaria de pequeñas cantidades de orina, en una o varias ocasiones, durante el día o durante la noche.

ÍNDICE DE MASA CORPORAL: relación entre el peso y la talla que orienta sobre la existencia de sobrepeso u obesidad. El índice se calcula dividiendo el peso por el cuadrado de la altura o talla. Si el resultado se sitúa entre 20 y 25, el peso es normal; por encima de 26 es sobrepeso, y si supera los 29, obesidad.

INFARTO: muerte de parte de un tejido por ausencia de sangre. Por ejemplo: infarto de miocardio cuando afecta al corazón; infarto cerebral cuando se lesiona el cerebro.

INFECCIÓN NOSOCOMIAL: infecciones adquiridas en los centros sanitarios por contaminación de aire acondicionado, instrumental quirúrgico, catéteres, etc.

INFLAMACIÓN: respuesta del organismo ante una agresión interna o externa, caracterizada por hinchazón, dolor, enrojecimiento y calor en la zona afectada.

INMUNIDAD: conjunto de células y proteínas especiales que se encargan de proteger al organismo de agresiones externas e internas.

INMUNOGLOBULINAS: proteínas especiales que defienden al organismo de agresiones internas y externas (bacterias, virus, hongos, etc.).

INSOLACIÓN: alteraciones desarrolladas por una exposición prolongada a las radiaciones solares.

INSOMNIO: situación patológica caracterizada por la falta o escasez de sueño.

INSUFICIENCIA...: significa escasez de... Por ejemplo: insuficiencia hepática, funcionamiento deficiente del hígado; insuficiencia cardíaca: funcionamiento deficiente del corazón.

INSULINA: hormona producida en el páncreas que se encarga de sacar glucosa de la sangre para que siempre se encuentre en sus valores normales.

INTOLERANCIA A LA LACTOSA: incapacidad del intestino del bebé para absorber la lactosa de la leche, el azúcar presente en todos los productos lácteos. Supone una "pequeña reacción alérgica" que se manifiesta con diarreas tras las tomas.

INTOLERANCIA A LA LECHE DE VACA: reacciones alérgicas desencadenadas por uno o varios componentes de la leche de vaca, particularmente de las proteínas. Los síntomas pueden afectar al aparato digestivo y/o a la piel. Tiende a desaparecer con la edad.

INVAGINACIÓN INTESTINAL: penetración de una parte del intestino dentro de la porción que se encuentra exactamente debajo y a continuación de ella, como un dedo de guante cuando se le da la vuelta. Es de aparición brusca y se manifiesta con náuseas, vómitos, palidez y dolor. Requiere asistencia médica urgente.

ISQUEMIA: riego sanguíneo insuficiente de una zona determinada del organismo.

...ITIS: sufijo que significa inflamación. Por ejemplo: faringitis, inflamación de la faringe; otitis, inflamación del oído; gastritis, inflamación del estómago.

JAQUECA: fuertes dolores de cabeza que aparecen de forma recurrente, que pueden ir acompañados de trastornos visuales y gastrointestinales.

LAPAROTOMÍA: intervención quirúrgica que consiste en realizar una abertura de la pared abdominal para acceder a las vísceras que allí se alojan.

LARINGITIS: inflamación aguda o crónica de la laringe.

LAXANTES: sustancias (plantas, frutas con fibra, medicamentos) o hábitos (tipo de alimentación) que favorecen la evacuación de las heces.

LDL: proteínas que circulan por la sangre y se encargan de transportar colesterol, en este caso el denominado "colesterol malo" porque se pega con facilidad a la pared de las arterias y poco a poco las estrangula.

LEUCEMIA: enfermedad caracterizada por la proliferación "en masa" de leucocitos o glóbulos blancos en la sangre.

LEUCOCITOS: también llamados glóbulos blancos, son elementos defensivos que circulan por la sangre y desde ella penetran en los tejidos que se encuentran lesionados. En condiciones normales, tenemos entre 4.000-10.000 leucocitos por mm^3.

LEUCOCITURIA: presencia de leucocitos en la orina que suele delatar una infección en las vías urinarias.

LH: hormona lúteo-estimulante; colabora en la ovulación.

LINFOCITOS: células defensivas que se encuentran en la sangre y en los ganglios linfáticos.

LINFOMAS: lesiones tumorales de los ganglios linfáticos.

LÍPIDOS: elementos (del tipo de las grasas) que se incorporan al organismo con los alimentos y que se utilizan para formar diferentes estructuras. Cuando sobran, se almacenan en el interior de los adipocitos o células de grasa.

LIPOTIMIA: pérdida de conocimiento brusca que suele ir acompañada por una disminución de la tensión arterial.

LOMBRICES: gusanos o parásitos alargados que se desarrollan en el intestino favoreciendo la presencia de molestias abdominales. Pueden llegar a tener varios metros de longitud y producen centenares de huevos al día, que son eliminados en su mayor parte con las heces.

LORDOSIS: exageración de la curvatura lumbar de la columna vertebral (parte baja, por encima de los glúteos), favoreciendo la presencia de una "depresión" en esa zona que provoca dolor cuando se está mucho tiempo de pie.

LUMBAGO: dolor pesado e irritante que ocupa la región baja de la espalda.

LUXACIÓN: pérdida de contacto entre los huesos que forman parte de una articulación, deformando el aspecto de la misma. La causa más frecuente es de tipo traumático, en especial golpes sobre una zona determinada o caídas con apoyos inadecuados en las manos o los pies.

MACRÓFAGOS: células defensivas grandes (macro), dotadas de gran capacidad para devorar (fago) elementos agresores (bacterias, virus, células muertas, etc.).

MARCAPASOS: pequeña batería situada bajo la piel encima del corazón, que trata de regularizar el ritmo cardíaco.

MELENAS: presencia de sangre en las heces. Cuando muestran su aspecto rojo-vivo característico, la sangre procede de la última parte del tubo digestivo. Si procede de zonas más altas (intestino delgado, estómago) aparece con coloración oscura, negruzca.

MENINGITIS: inflamación de las meninges o bolsas que recubren el sistema nervioso central (cerebro, cerebelo, tronco cerebral y médula espinal).

MENINGOENCEFALITIS: inflamación que afecta a las meninges y al encéfalo (cerebro, cerebelo y tronco cerebral).

METÁSTASIS: diseminación de células cancerosas fuera de su lugar de origen.

MICOSIS: infecciones desarrolladas por hongos (pie de atleta, candidiasis, etc.).

MIGRAÑA: dolor de cabeza intenso que afecta a un solo lado de la cabeza.

MILIUM: aparición en la piel del recién nacido de numerosos y pequeños granitos. Se distribuye preferentemente en la piel de la cara, afecta al 40 por 100 de los recién nacidos y tiene una evolución muy favorable.

MIOCARDIO: músculo que constituye la mayor parte del corazón y del que depende casi toda su actividad.

MIOPÍA: visión borrosa o deficiente de los objetos lejanos.

MONOCITOS: células de la sangre de carácter defensivo que actúan como grandes macrófagos, atravesando con facilidad la pared de los pequeños vasos sanguíneos para alcanzar a los agentes agresores.

MUGUET: infección desarrollada por hongos que aparece en la boca formando granitos o placas de color blanco.

NECROSIS: muerte de parte de un tejido.

NEOPLASIA: formación de tejido nuevo, ya sea de tipo normal o patológico. Por ejemplo, una cicatriz, un tumor benigno, un tumor maligno o cáncer.

NEUMONÍA: infección del tejido de los pulmones causado por unas bacterias, entre las que destacan el neumococo, la *Chlamydia pneumoniae,* el *Haemophilus influenzae,* etc.

NEURALGIAS: dolor que se presenta en el trayecto de un nervio.

NEURASTENIA: estado psicofísico caracterizado por debilidad, fatiga, irritabilidad y dificultad de concentración, que se va acrecentando a medida que pasa el día.

NEUROLÉPTICOS: fármacos que afectan al estado de humor del individuo y a la formación de ideas.

NEUROSIS: estado emocional desequilibrado, con reacciones anormales ante situaciones ambientales o del entorno, cotidianas o habituales.

NEUTRÓFILOS: una clase, la más numerosa, de leucocitos o glóbulos blancos.

OBSTRUCCIÓN LAGRIMAL: dificultad para eliminar la secreción lagrimal por encontrarse obstruido el conducto lacrimonasal. Afecta a casi el 6 por 100 de los recién nacidos y tiene una evolución favorable.

OLIGOELEMENTOS: minerales que a pequeñas dosis (oligo) desarrollan actividades imprescindibles para el organismo (calcio, sodio, potasio, hierro, magnesio, yodo, etc.).

OMA...: sufijo que hace referencia, por lo general, al carácter benigno de un tumor (mioma, osteoma, fibroma, etc.).

OOFORECTOMÍA: intervencón quirúrgica por medio de la cual se extirpan uno o ambos ovarios.

ORQUITIS: inflamación de uno o ambos testículos.

ORZUELO: inflamación aguda de las glándulas situadas en la porción inicial de las pestañas.

...OSCOPIA: método empleado para visualizar un órgano por dentro utilizando pequeños tubos con una pequeña cámara incorporada. Por ejemplo: broncoscopia, cuando se ven los bronquios; colonoscopia, el colon; rectoscopia, el recto; gastroscopia, el estómago.

OTITIS: inflamación del oído.

PALPITACIONES: aceleración de la frecuencia de contracción del corazón que es fácilmente perceptible.

PAPERAS: inflamación de las glándulas salivales situadas alrededor de la boca y, en especial, de la glándula parótida, también conocida con el nombre de paperas. Está producida por virus y hay que tratarla debidamente para evitar complicaciones.

PAPILOMAS: tumor benigno que aparece en la piel y en las mucosas o capa interna de los conductos del organismo (intestino, bronquios, etc.).

PARASITOSIS: enfermedades desarrolladas cuando nos contaminamos con parásitos como los ácaros, gusanos, piojos, hongos, moscas, etc. (tiña, sarna y otras).

...PATÍA: sufijo que significa alteración. Por ejemplo: gastropatía cuando es una alteración del estómago; neuropatía cuando afecta a los nervios; enteropatía si la alteración está en el intestino.

PATOLOGÍA: enfermedad.

PEDICULOSIS: lesiones producidas por los piojos que pueden desarrollarse en la cabeza (es la más frecuente), en el cuerpo o en la región genital.

PERICARDIO: capa externa que recubre el corazón y que a veces sufre inflamaciones (pericarditis).

Ph: proporción de ácidos y bases que hay en cualquier medio y que se mide de 1 a 14. La sangre tiene pH 7,3; el interior del estómago, 1,5 (muy ácido).

PIE ADUCTO: alteración de los pies en los que, al andar, la punta queda hacia adentro.

PIE CAVO: el puente o parte central del pie se encuentra muy exagerado o pronunciado.

PIE DE ATLETA: lesiones producidas por ciertos hongos en la piel situada entre los dedos de los pies.

PIE EQUINO: deformidad del pie que provoca que al andar sólo se apoye su punta, los dedos.

PIE PLANO: malformación del pie en la que el puente ha desaparecido y se apoya toda la planta en el suelo.

PIE VALGO: al caminar, el niño apoya el pie sobre el borde lateral interno, dejando la parte externa libre.

PIE VARO: anomalía en la que al caminar el niño se apoya sobre el borde externo del pie.

PIORREA: inflamación con formación de pus que afecta a las encías y alveolos dentarios.

PIURIA: presencia de pus en la orina por una inflamación en los órganos superiores (vejiga urinaria, uréteres, riñón, uretra, etc.).

PLAQUETAS: células presentes en la sangre, responsables de la coagulación de los vasos sanguíneos cuando se lesionan o rompen. En condiciones normales hay entre 200.000-350.000 plaquetas por cada mm^3 de sangre.

PLASMA: líquido que compone la sangre (sin ninguna célula), y que en un 90 por 100 es agua.

PLEURA: membranas transparentes que recubren completamente los pulmones y facilitan la respiración.

POLI...: prefijo que significa "varios". Por ejemplo: politraumatismo, varios golpes o traumatismos; polimialgias, varios dolores musculares; polineuritis, inflamación de varios nervios.

PREMATURO: niños que nacen antes de tiempo y presentan bajo peso, así como una maduración incompleta de algunos de sus órganos (sistema respiratorio, sistema digestivo, sistema inmunitario, etc.).

PREVENIR: actividades encaminadas a evitar la aparición de enfermedades.

PROSTAGLANDINAS: hormonas elaboradas por diversos tejidos del organismo que tienen, entre otras funciones, las de aumentar el ritmo cardíaco, disminuir la utilización de las grasas, proteger la mucosa gástrica y facilitar las reacciones inflamatorias.

PRÓSTATA: órgano masculino situado debajo de la vejiga urinaria, encargado de producir un líquido que acompaña a los esper-

matozoides en el momento de la eyaculación y facilita su movimiento.

PRUEBAS METABÓLICAS: análisis de sangre que se practica al recién nacido o a las pocas semanas de vida, que trata de confirmar la presencia o no de ciertas enfermedades del metabolismo (entre otras, la de la glándula tiroides).

PRURITO: sensación de picor que se presenta en cualquier parte del cuerpo, provoca el rascado y favorece infecciones en la piel.

PSICOSIS: trastorno mental que presenta alteraciones de la conducta (extravagancia, excentricidad) y del pensamiento (delirios, etc.).

PSORIASIS: enfermedad crónica y recurrente que afecta a la piel, caracterizada por la presencia de placas blancas y escamosas acompañadas de picores.

QUIMIOTERAPIA: tratamiento del cáncer y otras lesiones tumorales empleando compuestos químicos que matan las células.

RADIOGRAFÍA: técnica indolora que "dibuja" una zona o región del cuerpo mediante la acción de los rayos X, mediante esta técnica se obtiene una imagen en blanco y negro.

RADIOTERAPIA: tratamiento del cáncer y otras enfermedades con el empleo de radiaciones.

RAQUITISMO: enfermedad que afecta a los huesos y produce retraso en el crecimiento y deformaciones. Su principal causa es la deficiencia de calcio y vitamina D.

RESFRIADO: inflamación de las vías aéreas superiores (nariz, faringe, laringe) que suele estar acompañada por estornudos y abundantes secreciones nasales.

REUMA: dolor y otras molestias de larga evolución que afectan a varios músculos, huesos y/o articulaciones.

RINITIS: inflamación aguda o crónica de las fosas nasales.

RONCUS: ruido anormal que se escucha en las vías respiratorias durante la toma o expulsión del aire y que se debe al estrechamiento de los bronquios.

RUBÉOLA: enfermedad infecciosa producida por un virus del grupo de los togavirus y que afecta sobre todo a la piel.

SABAÑONES: lesiones de aspecto rojizo, calientes y con picor que aparecen en dedos, nariz y orejas, especialmente en las épocas frías.

...SARCOMA: sufijo que significa tumor maligno que afecta a los tejidos blandos. Por ejemplo: osteosarcoma, de los huesos; con-

drosarcoma, del cartílago; liposarcoma, del tejido graso; miosarcoma, del músculo.

SARAMPIÓN: enfermedad infectocontagiosa que afecta sobre todo a la piel, las vías respiratorias y al estado general. Desarrolla en la piel unas manchas típicas de color rojizo a modo de granos pequeños, que aparecen primero en la boca y descienden después por todo el cuerpo.

SARNA: lesiones desarrolladas en la piel por un ácaro denominado *Sarcoptex scabiei* y que producen un gran picor que induce al continuo rascado.

SEPTICEMIA: invasión de la sangre por parte de uno o varios gérmenes, lo que hace que se distribuyan por todo el organismo.

SHOCK: insuficiencia o falta de llegada de sangre a todas las células del organismo, lo que propicia que las funciones (cardíaca, cerebral, del hígado, etc.), comiencen a fallar.

SIBILANCIAS: ruidos finos o agudos que se escuchan durante la auscultación de los bronquios y que son consecuencia de la "estrangulación" de los mismos. Típicos de bronquitis aguda, bronquitis crónica, asma...

SIGNO DE BABINSKY: respuesta refleja que se produce en el pie cuando rascamos lentamente la planta, desde el talón hasta la base del dedo 5º o dedo pequeño. Si hay lesiones de los nervios motores del organismo, los dedos se mueven "hacia arriba", en extensión, indicando algún tipo de enfermedad en la vía piramidal, la que controla los movimientos finos, precisos y voluntarios.

SIGNO DE BLUMBERG: respuesta dolorosa que aparece en el abdomen cuando hay peritonitis (inflamación del peritoneo, bolsa transparente que cubre y protege las vísceras abdominales). El signo es positivo o existe cuando al apretar con la palma de la mano la pared abdominal, y al soltar de golpe, se produce un fuerte dolor "en puñalada".

SÍNDROME DE DOWN: anomalía congénita caracterizada por la presencia de tres cromosomas 21 en lugar de dos, y que propicia un aspecto y características peculiares a quienes la padecen.

SÍNDROME DE MALA ABSORCIÓN: incapacidad del intestino delgado para absorber ciertos alimentos o algunos de sus componentes, como los minerales. Muchas veces es consecuencia de una reacción alérgica a determinados productos.

SINUSITIS: inflamación e infección de los senos paranasales (cavidades de aire que hay en los huesos de la cara), producidas generalmente por diversos tipos de bacterias y que suele asociarse, cuando se repiten con frecuencia, a lesiones de las paredes de las fosas nasales, de las raíces de los dientes, etc.

SÍSTOLE: movimiento del musculo del corazón durante el cual éste se contrae con fuerza y expulsa toda la sangre que hay en su interior.

SOPLO CARDÍACO: ruido anormal que se escucha al auscultar el corazón y que parece un pequeño soplido. Muchas veces no tiene importancia (soplos funcionales), pero otras se debe a lesiones de las válvulas que comunican las aurículas con los ventrículos (soplos patológicos).

SUDAMINA: lesiones que aparecen en la piel durante los días calurosos en forma de pequeñas vesículas claras que contienen el exceso de sudor eliminado.

SUERO: plasma sin fibrinógeno. Si a la sangre le quitamos las células, nos quedamos con el líquido, el plasma. Si a éste le quitamos la proteína que coagula la sangre, el fibrinógeno, nos quedamos con un líquido claro y rico en glucosa, que denominamos suero.

TAC: iniciales de Tomografía Axial Computerizada. Es una técnica indolora con la que estudiamos cada rincón de nuestro cuerpo; se basa en el empleo de radiaciones que, tras pasar por un ordenador, dibujan la parte que nos interesa en diferentes posiciones y con gran nitidez.

TENIAS: parásitos (del tipo de gusanos) que penetran en nuestro organismo por el aparato digestivo (alimentos contaminados, manos sucias, etc.); se desarrollan en el intestino, y pueden generar lesiones en esta misma zona o en órganos internos como hígado, pulmón, músculos, etc. Algunas tenias son: saginata, solium, etc.

TERMIA: significa temperatura. La temperatura normal de nuestro cuerpo, en los órganos internos, es de 38ºC. En la piel se sitúa alrededor de 36ºC. Cuando se eleva hablamos de hipertermia; y si disminuye, de hipotermia.

THS: iniciales de Terapia Hormonal Sustitutiva. Con este tratamiento se combaten los problemas que durante la menopausia y después de ella pueden surgir en el sistema circulatorio, en los huesos, etc.

TIMO: órgano situado en el tórax, detrás del esternón, que participa en las funciones del sistema inmunitario o defensivo, sobre todo en las primeras décadas de la vida.

TIÑA: enfermedad producida por un grupo de hongos, con especial apetencia por cabello, vello y uñas, que propicia la caída de los folículos pilosos y la pérdida del pelo.

...TOMÍA: intervención quirúrgica mediante la cual se realiza una

abertura o extirpación de un órgano o cavidad. Por ejemplo: colostomía, cuando afecta al colon; toracotomía, cuando es en el tórax; laparotomía, cuando se abre la pared abdominal; mastectomía, cuando se extirpa la mama.

TORACOTOMÍA: abertura de la cavidad torácica para observar las características de los órganos allí alojados o para intervenir sobre uno de ellos.

TOS: mecanismo defensivo que emplean las vías aéreas (laringe, tráquea, bronquios) para eliminar sustancias extrañas y secreciones que allí se acumulan. Se produce mediante la contracción brusca de los músculos respiratorios, "estrujando" los pulmones.

TOS FERINA: infección respiratoria que produce importantes accesos de tos. Está producida por una bacteria *(Haemophilus pertussis)* y se transmite fácilmente mediante la tos.

TOXOPLASMOSIS: enfermedad infecciosa desarrollada por un parásito llamado *Toxoplasma gondii* relacionada con el consumo de carne poco hecha. Aunque en el niño su evolución suele ser benigna, es muy peligrosa en el caso de que se vea afectada una mujer embarazada en el primer trimestre de la gestación.

TROMBOSIS: situación patológica en la que se facilita la formación de coágulos en las paredes de los vasos sanguíneos, con riesgo de que se rompan y circulen libres por la sangre, denominándose, en este caso, embolia.

TUMOR: crecimiento de una zona determinada del organismo a partir de la proliferación exagerada de células. Cuando las células tienen características y funciones iguales a sus progenitoras y no alteran el órgano, hablamos de tumor benigno. Si por el contrario son células aberrantes, que invaden las zonas próximas y alteran la función del órgano afectado, hablamos de tumor maligno o cáncer.

ÚLCERA: pérdida de tejido en una zona concreta. Cuando es en la piel, úlcera dérmica; si es en el estómago, úlcera gástrica, etc.

ULTRASONIDOS: técnica indolora empleada para conocer el estado de un órgano y para tratar diversas enfermedades (piedras, lesiones articulares). Se basa en el uso de ondas sonoras que no pueden ser oídas por nosotros.

UREA: residuo que se obtiene en las células del organismo tras utilizar las proteínas que incorporamos al cuerpo con los alimentos, y que, para no alterar nuestras células, se elimina con la orina.

UREMIA: presencia elevada de urea en la sangre porque el riñón no la elimina de forma adecuada, con riesgo de alterar la función de muchos órganos (hígado, cerebro, etc.).

...URIA: presencia en la orina de alguna sustancia o células. Por ejemplo: glucosuria, glucosa en la orina; bacteriuria, bacterias en la orina; leucocituria, leucocitos en la orina.

URTICARIA: reacción brusca que aparece en una zona de la piel con la formación de pequeñas placas ligeramente elevadas, de color rosado o rojizo y que están acompañadas por picor. Por ejemplo: cuando nos picamos con ortigas.

VACUNAS: sustancias que tratan de estimular nuestras defensas para evitar el desarrollo de enfermedades infecciosas o reacciones alérgicas. Las vacunas están constituidas por virus atenuados (sin capacidad patógena) o fragmentos de bacterias para que los mismos puedan ser "cómodamente" estudiados por el sistema inmunitario para elaborar las defensas apropiadas frente a ellos.

VAGINITIS: proceso inflamatorio que afecta a la vagina y que suele estar producido por hongos.

VÁLVULAS: dos orificios situados en el corazón que permiten y regulan el paso de las aurículas a los ventrículos. En la parte derecha se sitúa la válvula tricúspide, y en la parte izquierda, la mitral. Cuando se alteran, producen ruidos anormales que se denominan soplos.

VARICELA: enfermedad infecciosa producida por el herpes virus, que se caracteriza por la presencia en la piel de vesículas con líquido claro.

VARICES: venas dilatadas o "hinchadas" que pueden estar en el interior o el exterior del cuerpo (debajo de la piel).

VARICOCELE: acumulación de sangre en uno o ambos testículos, que produce una notable hinchazón.

VASCULITIS: inflamación que afecta a los vasos sanguíneos, principalmente a las arterias.

VEGETACIONES: inflamaciones de los órganos defensivos situados en las proximidades de las fosas nasales (amígdalas, etc.), que dificultan la respiración e incluso la alimentación.

VELOCIDAD DE SEDIMENTACIÓN: prueba de laboratorio que sirve para conocer el contenido de la sangre. Se mide en milímetros; en condiciones normales, durante la primera hora la velocidad es de hasta 15 mm para el varón y de hasta 20 mm para la mujer.

VÉRTIGO: sensación de inestabilidad y pérdida del equilibrio que suele acompañar a las lesiones o irritaciones del oído interno, donde se encuentra el órgano del equilibrio.

VIRUS: microorganismos capaces de producir numerosas enfermedades en el hombre. Son mucho más pequeños que una célu-

la, y cuando penetran en ella la utilizan para multiplicarse y romperla invadiendo otra célula nueva. Ejemplo: virus de la gripe, del sarampión, de la varicela, etc.

VULVITIS: inflamaciones, generalmente de carácter infeccioso, que afectan a la vagina y a los genitales externos o vulva (de donde procede vulvitis).

VULVOVAGINITIS: infección que se produce en las niñas; afecta a los órganos genitales externos (labios menores y mayores) y también a la vagina. Su principal origen son los gérmenes que habitan en la región anal.

YATROGENIA: complicaciones y enfermedades que pueden aparecer como consecuencia del empleo de los medicamentos. Por ejemplo: procesos alérgicos, lesiones en la piel, alteraciones del hígado, náuseas, vómitos, etc.

YODO: sustancia que necesita el cuerpo en pequeñas cantidades para asegurar la función de la glándula tiroides, del metabolismo, en la producción de energía; incluso participa decisivamente en el crecimiento.

ZOONOSIS: enfermedades que son transmitidas al hombre desde los animales. Por ejemplo: rabia, carbunco, tiña, sarna, etc.

teléfonos *de interés*

servicios sanitarios y sociales generales

MINISTERIO DE SANIDAD Y CONSUMO
PASEO DEL PRADO 18-20
28014 MADRID
TEL.: 91-4200000

INSTITUTO NACIONAL DE SERVICIOS SOCIALES (INSERSO)
AGUSTÍN DE FOXÁ 31
28036 MADRID
TEL.: 91-7333600 (ext. 340)

INSALUD
ALCALÁ 56
28014 MADRID
TEL.: 91-3880000

INFORMACIÓN TOXICOLÓGICA
TEL.: 91-5620420

DIRECCIÓN GENERAL DEL MENOR Y DE LA FAMILIA
CONDESA DE VENADITO 34
28027 MADRID

ASOCIACIÓN UNICEF ESPAÑA
SEDE CENTRAL
MAURICIO LEGENDRE 36
28046 MADRID
TEL.: 91-7333336

CRUZ ROJA ESPAÑOLA
AVENIDA REINA VICTORIA 28
28003 MADRID
TEL.: 91-5332317-5061

ASOCIACIÓN DE AMAS DE CASA Y CONSUMIDORES
RUIZ DE ALARCÓN 14
28014 MADRID

ASOCIACIÓN DE CONSUMIDORES Y USUARIOS DE ESPAÑA
ERGUILAZ 6
28010 MADRID
TEL.: 91-4488609

ASOCIACIÓN NACIONAL PROBLEMAS DE CRECIMIENTO "CRECER"
POL. SAN JUAN, edif. SANTA MÓNICA
30003 MURCIA

ANDE (ASOCIACIÓN ESPAÑOLA DEPORTE, OCIO Y TIEMPO LIBRE MINUSVÁLIDOS)
AVENIDA RAFAELA YBARRA 75
28041 MADRID
TEL.: 91-5696548

FEDERACIÓN ESTATAL DE ASOCIACIONES
DE FAMILIARES DE ENFERMOS PSÍQUICOS
(FEAFES)
SALVADOR 25-3°
46003 VALENCIA

asociaciones de ayuda al niño enfermo

ASOCIACIÓN DE AYUDA AL DEFICIENTE MENTAL
GENERAL YAGÜE 62
28020 MADRID
TEL.: 91-2707040

ASOCIACIONES DE DIABÉTICOS ESPAÑOLES
GENERAL RAMÍREZ MADRID 8
28020 MADRID
TEL.: 91-5709843

ASOCIACIÓN ESPAÑOLA DE AYUDA A LOS MINUSVÁLIDOS
GENERAL RICARDOS 216
28025 MADRID
TEL.: 91-4610866

ASOCIACIÓN ESPAÑOLA CONTRA EL CÁNCER
AMADOR DE LOS RÍOS 5
28010 MADRID
TEL.: 91-3194138

ASOCIACIÓN DE PADRES DE NIÑOS AUTISTAS
NAVALENO 9
28033 MADRID
TEL.: 91-7662222

ASOCIACIÓN DE PADRES DE NIÑOS CON DISLEXIA
PLAZA DE SAN AMARO 7
28020 MADRID
TEL: 91-5709718

FEDERACIÓN NACIONAL DE SOCIEDADES DE
SORDOMUDOS DE ESPAÑA
FUENCARRAL 58
28004 MADRID
TEL: 91-2317649

ASEM (ASOCIACIÓN DE ENFERMEDADES MUSCULARES)
VIA CORTS CATALANES 652
08011 BARCELONA
TEL.: 93-4125273

ASOCIACIÓN ESPAÑOLA DE ATAXIAS HEREDITARIAS
POETA ALBEROLA 25
46018 VALENCIA
TEL.: 96-3854671

FEDERACIÓN ESPAÑOLA DE HEMOFILIA
SINESIO DELGADO 4
28029 MADRID
TEL.: 91-3146508

FEDERACIÓN ESPAÑOLA DEL SÍNDROME DE DOWN
CASA BLANCA 2
07009 PALMA DE MALLORCA
TEL: 971-795055

AEST (ASOCIACIÓN ESPAÑOLA PARA SUPERDOTADOS)
ALMANSA 58
28039 MADRID
TEL.: 91-5536028

AVAST (ASOCIACIÓN VALENCIANA DE APOYO AL SUPERDOTADO)
TEL.: 96-3418614

AGRUPANS (AGRUPACIÓN PARA NIÑOS SUPERDOTADOS DE CATALUÑA)
TEL.: 93-2325241

ASUPE (ASOCIACIÓN DE SUPERDOTADOS DE EUSKADI)
TEL.: 945-464124

ASOCIACIÓN DE SUPERDOTADOS DE ANDALUCÍA
TEL.: 952-173282

ASOCIACIÓN DE MALFORMACIONES CONGÉNITAS
LIBERTAD 44
28937 MADRID
TEL.: 91-6474762

FEDERACIÓN ESPAÑOLA DE ASOCIACIONES DE ESPINA BÍFIDA E HIDROCEFALIA
ANDRÉS MELLADO 63
28015 MADRID
TEL.: 91-5438838

ASOCIACIÓN EN DEFENSA DE LA ATENCIÓN A LA ANOREXIA NERVIOSA
MIRABLE 17
28044 MADRID
TEL.: 91-4158572

FEDERACIÓN DE ASOCIACIONES DE PADRES DE NIÑOS ONCOLÓGICOS
CANAL DE LA MANCHA 15
28022 MADRID
TEL.: 91-4051736

ASOCIACIÓN DE DIABÉTICOS ESPAÑOLES
GENERAL RAMÍREZ DE MADRID 8
28020 MADRID
TEL.: 91-5709843

ASOCIACIÓN NACIONAL PARA PROBLEMAS
DEL CRECIMIENTO
COMUNERO 2
30003 MURCIA
TEL.: 968-213478

FEDERACIÓN ESPAÑOLA DE FENILCETONURIA
Y DESÓRDENES ASOCIADOS
AVIÓN CUATRO VIENTOS 17
41005 SEVILLA
TEL.: 95-4634590

CONFEDERACIÓN ESPAÑOLA DE AGRUPACIONES
DE FAMILIARES Y ENFERMOS MENTALES
FRANCISCO SILVELA 51
28028 MADRID
TEL.: 91-4025905

ASOCIACIÓN DE CELÍACOS
POZAS 4
28004 MADRID
TEL.: 91-5230494

CONFEDERACIÓN ESPAÑOLA DE MINUSVÁLIDOS FÍSICOS
EUGENIO SALAZAR 2
28002 MADRID

FEDERACIÓN ESPAÑOLA CONTRA LA FIBROSIS QUÍSTICA
LLADRÓ I MALLÍ 10
46007 VALENCIA
TEL.: 96-3461414

consejería de sanidad y bienestar social

ANDALUCÍA
AVENIDA DE LA INNOVACIÓN S/N
41071 SEVILLA
TEL.: 95-4558083

ARAGÓN
PASEO MARÍA AGUSTÍN 36
50071 ZARAGOZA
TEL.: 976-714302

BALEARES
CECILIO METELO 18
07003 PALMA DE MALLORCA
TEL.: 971-176868

CANARIAS
RAMBLA GENERAL FRANCO 53
35071 SANTA CRUZ DE TENERIFE
TEL.: 922-604260

CANTABRIA
MARQUÉS DE LA HERMIDA 8
39009 SANTANDER
TEL.: 942-207705

CASTILLA-LA MANCHA
AVENIDA FRANCIA 4
45071 TOLEDO
TEL.: 925-267200

CASTILLA Y LEÓN
AVENIDA DE BURGOS 5
47071 VALLADOLID
TEL.: 983-413632

CATALUÑA
TRAVESSERA DE LES CORTS 131-159
08028 BARCELONA
TEL.: 93-2272901

COMUNIDAD VALENCIANA
ROGER DE LAURIA 19
46071 VALENCIA
TEL.: 96-3866607

EXTREMADURA
PASEO DE ROMA S/N
06800 MÉRIDA-BADAJOZ
TEL.: 924-385636

GALICIA
SAN CAETANO S/N
15704 SANTIAGO DE COMPOSTELA
TEL.: 981-542712

MADRID
O´DONNELL 50
28009 MADRID
TEL.: 91-5867000

MURCIA
RONDA DE LEVANTE 11
30008 MURCIA
TEL.: 968-243820

PAÍS VASCO
DUQUE DE WELLINGTON 2
01011 VITORIA
TEL.: 945-189179

RIOJA
VILLAMEDIANA 17
26071 LOGROÑO
TEL.: 941-291100

sociedades científicas relacionadas con la salud del niño

LIGA ESPAÑOLA CONTRA LA EPILEPSIA
MENÉNDEZ PELAYO 65
39006 SANTANDER
TEL.: 942-276864

SOCIEDAD ESPAÑOLA DE ALERGOLOGÍA E INMUNOLOGÍA CLÍNICA
GRAN VÍA DE LAS CORTES CATALANAS 184-7, 1
08004 BARCELONA
TEL.: 93-4318833

SOCIEDAD ESPAÑOLA DE CIRUGÍA ONCOLÓGICA
AMADOR DE LOS RÍOS 5-5º
28010 MADRID
TEL.: 91-3196793

SOCIEDAD ESPAÑOLA DE CIRUGÍA ORTOPÉDICA Y TRAUMATOLOGÍA
FERNÁNDEZ DE LOS RÍOS 108-2º IZDA
28015 MADRID
TEL.: 91-5441062

SOCIEDAD ESPAÑOLA DE CIRUGÍA PEDIÁTRICA
PASEO VALLE DE HEBRÓN 119-129
08035 BARCELONA
TEL.: 93-4893018

SOCIEDAD ESPAÑOLA DE NEONATOLOGÍA
PASSEIG SAN JOAN DE DEU 2
08950 ESPLUGES DE LLOBREGAT-BARCELONA
TEL.: 93-2532161

SOCIEDAD ESPAÑOLA DE ONCOLOGÍA PEDIÁTRICA
AMADOR DE LOS RÍOS 5
28010 MADRID
TEL.: 91-3196793

ASOCIACIÓN ESPAÑOLA DE PEDIATRÍA
VILLANUEVA 11
28001 MADRID
TEL.: 91-4354916

SOCIEDAD ESPAÑOLA DE PEDIATRÍA EXTRAHOSPITALARIA
VILLANUEVA 1
28001 MADRID
TEL.: 91-4354916

SOCIEDAD ESPAÑOLA DE PUERICULTURA
ATOCHA 107-3º D
28012 MADRID
TEL.: 91-4294797

TELÉFONOS DE INTERÉS

asistencia de urgencia y seguridad

PROVINCIA	CRUZ ROJA	BOMBEROS	PROTECCIÓN CIVIL	POLICÍA
A CORUÑA	981222222	080	981228888	091
ÁLAVA	*945222222*	*112*	*945161161*	*091*
ALBACETE	967222222	080	967223400	091
ALICANTE	*965252525*	*085*	*965205833*	
ALMERÍA	950222222	080	950233680	091
ASTURIAS	*985222222*	*080*	*1006*	*091*
ÁVILA	920222222	920224450	920250784	091
BADAJOZ	*924222222*	*080*	*924210511*	*091*
BARCELONA	934222222	080	934820300	091
BURGOS	*947232222*	*080*	*947205500*	*091*
CÁCERES	927222222	080	927214900	091
CÁDIZ	*956222222*	*085*	*956228500*	*091*
CANTABRIA	942322005	080	1006	091
CASTELLÓN	*964222222*	*085*	*964220500*	*091*
CEUTA	956502222	080	956510047	091
CIUDAD REAL	*926222222*	*085*	*1006*	*091*
CÓRDOBA	957222222	080	957238700	091
CUENCA	*969222200*	*969221080*	*969222511*	*091*
GIRONA	972222222	085	972418655	091
GRANADA	*958222222*	*080*	*958278650*	*091*
GUADALAJARA	958222222	949887080	949220442	091
GUIPÚZCOA	*943222222*	*112*	*943470625*	*091*
HUELVA	959222222	080	959210112	091
HUESCA	*974222222*	*974220000*	*112*	*091*
ILLES BALEAR	971202222	080	971218100	091
JAÉN	*953251540*	*080*	*953220650*	*091*
LA RIOJA	941222222	941225599	085	091
LAS PALMAS	*928222222*	*080*	*928367728*	*091*

asistencia de urgencia y seguridad

PROVINCIA	CRUZ ROJA	BOMBEROS	PROTECCIÓN CIVIL	POLICÍA
LEÓN	987222222	080	987222225	091
LLEIDA	*973222222*	*085*	*973241512*	*091*
LUGO	982222222	982212000	982231313	091
MADRID	*915222222*	*080*	*915371700*	*091*
MÁLAGA	952222222	080	952214733	091
MELILLA	*952672222*	*080*	*952672865*	*091*
MURCIA	968222222	080	968214609	091
NAVARRA	*948222266*	*088*	*1006*	*091*
OURENSE	988242222	080	1006	091
PALENCIA	*979722222*	*080*	*1006*	*091*
PONTEVEDRA	986852077	080	986805500	091
SALAMANCA	*923222222*	*923232080*	*1006*	*091*
S. C. TENERIFE	922281800	080	922282202	091
SEGOVIA	*921440702*	*921422222*	*1006*	*091*
SEVILLA	954222222	080	1006	091
SORIA	*975222222*	*975220700*	*975224061*	*091*
TARRAGONA	977222222	085	1006	091
TERUEL	*978602222*	*978604080*	*978602500*	*091*
TOLEDO	925222222	925226080	925226050	091
VALENCIA	*963671870*	*080*	*085*	*091*
VALLADOLID	983222222	080	1006	091
VIZCAYA	*94222222*	*112*	*112*	*091*
ZAMORA	980523300	980527080	980530525	091
ZARAGOZA	*976222222*	*080*	*1006*	*091*

mis remedios naturales

MIS REMEDIOS NATURALES

para tratar

MIS REMEDIOS NATURALES

para tratar

MIS REMEDIOS NATURALES

para tratar

MIS REMEDIOS NATURALES

para tratar

para tratar

MIS REMEDIOS NATURALES

para tratar

MIS REMEDIOS NATURALES

para tratar

para tratar

diario de *mi hijo*

fecha:

fecha:

DIARIO DE MI HIJO
fecha:

fecha:

fecha:

fecha:

fecha:

DIARIO DE MI HIJO

fecha:

ÍNDICE DE MATERIAS

B

C

I

J

L

N

S